횡단적 역사 담론의 형성

이 책은 동아시아역사연구소 총서 11권입니다.

횡단적 역사 담론의 형성

초판 1쇄 발행 2015년 4월 30일

저 자 │ 이찬행 외
펴낸이 │ 윤관백
펴낸곳 │ 도서출판 선인

등록 │ 제5-77호(1998.11.4)
주소 │ 서울시 마포구 마포대로 4다길 4(마포동 324-1) 곳마루빌딩 1층
전화 │ 02)718-6252 / 6257
팩스 │ 02)718-6253
E-mail │ sunin72@chol.com
Homepage │ www.suninbook.com

정가 33,000원
ISBN 978-89-5933-887-0 93900

횡단적 역사 담론의 형성

이찬행 외 지음

도서출판 선인

서문

시간과 공간은 역사 연구의 씨줄과 날줄이라고 할 수 있다. 사건과 행동이 어느 곳에서 어떻게 그리고 어떠한 순서로 발생했는지를 기술하기 위해 역사가들이 사용하는 내러티브에서 시간과 공간은 마치 좌표평면의 X축과 Y축처럼 가장 기본적인 요소로 기능해왔기 때문이다. 근대적인 학문분과로서의 역사학 역시 이러한 씨줄과 날줄에 대한 고유한 인식론을 기반으로 성립하였는데, 그것의 핵심적인 내용은 한편으로는 단일하고 연속적인 시간이라는 코드로 역사를 이해할 수 있다고 가정하고 다른 한편으로는 이와 같은 동질적인 시간성이 전개되는 공간으로 근대적인 국민국가를 상정하는 것이다. 이른바 대문자 역사(History)의 탄생은 인간 주체와 그(들)의 경험을 동질적인 시간이라는 씨줄과 일차원적인 공간이라는 날줄이 빚어낸 함수 관계를 통해 파악한 결과물이다. 『횡단적 역사 담론의 형성』은 역사 연구의 가장 기본적인 분석 단위인 시간과 공간에 대해 질문을 제기하는 책이다. 제1부 "시간과 횡단적 역사학," 제2부 "공간과 횡단적 역사학"이라는 두 가지 주제로 구성된 이 책은 시간과 공간에 관한 역사가들의 가정 안에 존재하는 틈새에 주의를 기울이고 시간과 공간이라는 기표 아래 흐르는 기의들의 불연속성과 그것들의 통약 불가능성을 경험적으로 그리고 이론적으로 탐구하고자 하는 노력의 일환이다.

제1부는 연속적이고 동질적인 시간성의 외부를 고민함으로써 횡단적인 역사 담론을 모색하고자 하는 한국사 관련 논문들로 시작한다. 김영하의 논문 「7세기 후반 한국사의 인식 문제」는 단절적이고 불연속적인 시간성이 신라통일론의 상이한 결들을 구성했음을 밝히고 있다. 이 글에서 김영하는 7세기 후반 전쟁을 고구려, 백제, 신라, 당, 왜가 각자의 이해에 따라 "횡적으로 연동"한 "다중적인 국제전"으로 규정한다. 특히 저자는 최근의 연구 즉, 7세기 후반을 국제적인 관점에서 이해하면서도 신라에 의한 삼국통일전쟁론을 고수하는 해석에 대해 면밀한 논리 분석을 실시하면서 삼국통일이라는 것은 신라에 의한 백제통합전쟁으로 봐야 한다고 주장한다. 박재우의 논문 「고려의 정치제도와 권력관계: 통일신라의 정치제도와 비교」는 고려의 정치제도사를 재구성하기 위해 비교사 방법론을 활용한다. 일반적으로 고려는 귀족사회이기에 왕권이 상대적으로 미약했다고 간주되곤 했지만 박재우는 이 글에서 역사적 시간을 거슬러 횡단하면서 고려와 신라를 소상하게 비교함으로써 고려의 국왕은 국정의 중심에서 최고 통치권자로 존재했고 신료와 합의를 통해 국정을 운영했다는 새로운 해석을 제시한다. 「18세기 후반~19세기 전반 조선의 세시풍속서(歲時風俗書)와 '일상'의 기술」이라는 제목의 논문에서 조성산은 세시풍속서를 18세기 후반에서 19세기 전반기에 등장한 특징적인 문화현상으로 파악한다. 아울러 저자는 세시풍속이 당대 사회에서 어떤 의미를 지니고 있었는지를 문화사적 방법론을 통해 분석할 뿐만 아니라 세시풍속이 보존의 대상으로 변모되는 과정은 기존의 일상생활과 공동체가 해체되는 것에 대한 위기의식을 반영하는 것이라고 주장한다. 한편 임경석의 논문 「사회주

의 사상 수용에 반영된 전근대와 근대의 중층성:『동아공산』신문을 중심으로」는 시베리아 이르쿠츠크에서 간행된 신문『동아공산』을 분석함으로써 초기 사회주의자들의 내면 의식과 심리적 특성을 밝히고 있다. 임경석에 따르면『동아공산』을 제작한 사람들은 1920년대 러시아에 거주하던 한인의 입장에서 세계를 바라보았으며 그들은 공산주의라는 사상 속에서 자신들이 '대동'이나 '개벽'이라고 불러왔던 과거의 이상적인 세계를 발견했다. 저자는 한국의 초기 사회주의자들은 이처럼 과거의 익숙한 관념을 매개로 하여 사회주의라는 새로운 이념을 수용했다고 설명한다.

　한국사 논문들에 이어 제1부의 나머지 부분은 시간적 횡단을 시도하는 동양사 연구들을 소개하는 데 할애되어 있다. 하원수의 글 「북송 초기『송형통(宋刑統)』에 보이는 당률(唐律)의 계승과 변화」는 북송(北宋)의 태조 조광윤(趙匡胤)이 편찬한 법전『송형통』을 분석하는 연구이다. 이 논문에서 저자는 당대(唐代)의 형법 체계가『송형통』의 주요 부분을 구성하고 있기에 전통을 계승하는 측면이 존재하지만 이와 동시에『송형통』에는 송대(宋代)의 변화를 반영하는 새로운 형식과 내용이 추가되었다고 말하면서 법과 제도에 있어서의 연속과 불연속 문제를 법제사적 · 지성사적인 시각에서 고찰하고 있다. 구태훈의 논문 「덕천막부(德川幕府)의 '가부키 풍속' 규제와 근세사회의 성립」은 덕천막부가 시행한 풍속 규제를 통해 일본 근세사회의 성립 과정을 추적하는 연구이다. 구태훈에 따르면 대도(大刀) 즉, 유난히 긴 도검으로 형상화되는 가부키 풍속이란 전국적(戰國的) 질서의 상징으로서 평화의 보장이라는 덕천막부의 정당성 확보를 위해 부정되어야 할 대상이었다. 저자는 지배 이데올로기와 대립양상까지 보였던 가부키 풍속은 덕천막부의 탄압에 의해 17세기 후반에 사라졌다면서 이를 근세적 질서 수립의 계기 가운데 하나로 규정한다. 박기수의 논문 「20세기 중후반 한국과 중국의 자본주의 맹아론 대두와 역사적 배경」은 제국주의에 의해 고안된 정체성(停滯性) 이론을 극복하기 위해 20세기 중반 한국과 중국에서 개발된 자본주의 맹아론의 동시적이면서도 비동시적인 역사를 비교하고 있다. 저자는 이 글에서 자본주의 맹아론은 한국과 중국의 역사 속에 봉건제 후기에서 자본주의 사회로 이행하기 위한 역사 발전의 원동력이 내재하고 있음을 규명함으로써 식민주의자들의 정체성 이론을 지양하고 자국사가 세계사적인 보편성에 부합함을 입증하려 했지만 실증적 한계와 이데올로기적 제약으로 인하여 다양하게 변주되었다고 이해한다.

"공간과 횡단적 역사학"이라는 제목의 제2부는 트랜스내셔널리즘과 로컬리티를 이론적으로 검토하는 글들로 시작한다. 정현백의 「트랜스내셔널 히스토리의 가능성과 한계」는 일국사 중심의 역사서술을 비판하면서 등장한 트랜스내셔널 역사학의 다양한 연구 경향과 이를 둘러싼 논의를 충실히 소개하고 있다. 정현백은 국민국가를 횡단하는 트랜스내셔널 역사학은 아직 방법론적 모호함을 완전히 극복하지는 못했지만 "역사가의 시계 확장"에 크게 기여할 것이며 "민족주의 역사서술 대 탈민족주의 역사서술"이라는 이분법을 극복하는 데 도움이 될 것이라고 전망한다. 김택현은 「'로컬' 역사를 다르게 인식하기: 이론적 모색들」에서 서발턴 연구 집단의 작업은 자본주의 세계체제의 부속물이나 마찬가지인 지역사와는 달리 지배 담론의 인식론적 경계 지점, 나아가 지배 담론이 작동하는 지정학적 한계 지점을 다시 사유하게 만들기에 로컬 역사로서의 성격을 갖는다고 말한다. 그에 의하면 서발턴 공간으로서의 로컬은 자본주의 세계체제와 서구의 지식체계가 강요하는 전 지구적 정치와 담론 내부에서 자신들만의 단독성과 식민적 차이를 생산하고 그에 대해 사유할 수 있도록 하는 장소이며 이와 동시에 타자성과 차이, 혼성성과 융합에 대한 강조를 통해 "대항적 범세계성(counter-globality)"이 구성되는 공간이기도 하다.

트랜스내셔널리즘과 로컬리티에 이어 제2부는 영토, 역사적 실재, 디아스포라 등을 다루고 있다. 주권 개념을 영토 문제와 관련하여 검토하는 이진일의 논문 「공간적 역사로의 확산: 주권－영토－경계」는 "역사의 공간화와 공간의 역사화"라는 주제에 대해 역사가들의 관심을 환기시키는 글이다. 저자는 이 논문에서 근대적인 의식인 영토 절대주의 혹은 영토 귀속성 등이 점차 소멸하는 추세이지만 이것이 전통적인 영토 국가의 종말을 의미하지는 않을 것이라고 예측하면서 역사학과 인문/사회과학에서 활발히 논의되는 공간적 전환(spatial turn)은 패러다임의 변화라기보다는 여태 소홀히 다루어졌던 공간을 새로운 연구 대상으로 파악하려는 시도로 봐야 한다고 주장한다. 이진일의 논문이 역사 연구 대상으로서의 공간 문제와 공간적 전환에 주목했다면 이찬행의 글 「언어학적 전환과 실재－효과」는 역사 인식론과 포스트구조주의 논의를 횡단하면서 역사가들이 가정하는 실재(reality) 개념에 대해 비판적 검토를 촉구하고 있다. 특히 그는 실재가 담론에 의해 구성된다는 언어학적 전환의 주장은 역사학의 종말을 의미하는 것이 아니라 오히려 역사 지식이 생산되는 과정 즉, 과거 사건들이 학문분과가 제시하는 기준에 따라 지식의 대상으로 구성되는 과정을 이론적으로 사유하는 데 기여할 것이라고 옹호한다. 후지이 다케시의 논문 「낯선 귀환: 〈역사〉를 교란하는 유희」는 재일조선인 작가 이양지의 작품에서 드러나는 디아스포라의 귀환에 주목함으로써 역사에 대한 우리의 사유를 더욱 극단으로 밀고 나간다. 「유희(由熙)」로 아쿠타가와상을 수상한 바 있는 이양지의 문학 세계에서 후지이 다케시는 무엇보다도 작가의 정체성을 소수자로 고정시키려는 환원론적인 역사와 그것에 맞서는 이양지의 몸짓과 목소리를 읽어낸다. 이 과정은 역사를 이미 하나로 정해진 "결과"로 보는 것을 거부하는 것이며 그렇기에 저자는 이양지의 「유희」는 역사를 교란시키는 "유희(遊戲)"로 읽어야 한다고 제안한다.

『횡단적 역사 담론의 형성』에 실린 논문들은 역사 연구의 기본적 틀인 시간과 공간 개념에 대한 새로운 접근을 보여주고 있다. 독자들은 이 책을 통해서 역사학의 재구성을 모색하는 다양한 길들을 체험하길 바란다.

2015년 2월

이 찬 행

차례

제2부 공간과 횡단적 역사학

제1부

시간과
횡단적
역사학

7세기 후반 한국사의 인식 문제

김영하

1. 문제의 소재

역사 연구에서 같은 사실에 대한 다른 인식은 역사의식의 차이로 인해 불가피하다. 한국사에서 주요 주제들도 이에 해당하며, 7세기 후반의 한국사에 대한 인식도 예외가 아니다. 오히려 한 세기를 넘은 근대사학의 발전 과정에서 대표적인 논쟁 주제의 하나로 자리를 잡았다. 전근대 儒家史學의 정통론적 편찬과 근대사학의 비판적 서술이 만나는 지점에서 주목된 이래,[1] 현대사학에서도 민족문제로 인해 새롭게 해석될 여지가 있었기 때문이다.

7세기 후반에 한반도를 주전장으로 벌어진 동아시아 세계의 전쟁은 642년 백제의 대야성 공함으로부터 시작되어 698년 고구려고지에서 발해의 건국으로 끝났다. 당시는 물론 동아시아의 국제전에서 자유로울 수 없었고, 한국사의 전개 과정에 미친 영향도 컸다. 이에 대한 역사인식의 하나는 왕조에 관한 것으로서 신라의 삼국통일을 강조하는 통일

---

[1] 申采浩, 「讀史新論」, 『大韓每日申報』, 1908; 『改訂版 丹齋申采浩全集』 上 (螢雪出版社, 1977).

신라론과 발해와의 병립에 유의하는 남북국론으로 나뉜다. 다른 하나
는 시대구분에 관한 것으로서 신라의 中代를 中古의 연장선상에서 파
악하는 고대연속설과 高麗의 소급선상에서 이해하려는 중세분기설로
구분된다.

이중에서 통일신라론과 고대연속설이 공식적인 견해라는 점은, 국
사편찬위원회가 『한국사』 9·10권을 각각 '통일신라'와 '발해'로 편찬
한 데서 잘 알 수 있다. 신라 중심으로 통일전쟁의 전개 과정을 정리
했으며,[2] 중대의 정치체제는 전제왕권의 확립이라는 관점에서 서술
했다.[3] 한편 현재 사용되는 국정 교과서인 『고등학교 국사』에서는 조
금 다른 입장도 나타난다. 신라의 삼국통일이 갖는 영토적 한계와 민
족사적 의의를 인정한 위에서 남북국시대라는 용어를 사용한 다음,
전제왕권과 중앙집권체제, 中央集權的 專制國家 등으로 설명하고 있
다.[4]

비록 통일신라와 발해가 병존하는 남북국시대로 서술하고 있지
만, 滿鮮史觀이 한국사로부터 발해를 배제하기 위해 신라의 삼국통
일을 강조했던 잔영은 남았다. 그것은 식민사학의 통일신라론을 수
용하는 한편, 과거에는 제외했거나 부록으로 취급되던 발해를 한국
사로 인입하는 데서 기인하는 신라와 발해의 위상 차이에서 확인된다.
이처럼 한국사의 인식에서 신라의 삼국통일을 강조하면서 발해도
우리나라의 역사라는 二重善의 추구는 논리에 맞지 않는다. 식민사
학에 대한 비판과 극복 과정에서 발해의 역사도 새롭게 인식할 수

---

2) 이호영, 「삼국통일」, 『한국사』 9 (국사편찬위원회, 1998).
3) 김수태 외, 「전제왕권의 확립」, 『한국사』 9 (국사편찬위원회, 1998).
4) 국사편찬위원회, 『고등학교 국사』 (두산동아(주), 2002).

있게 되었기 때문이다. 남북국론이 발전적으로 재조명되었고,[5] 발
해에 대한 실증적 연구도 진행되었다. 그러나 신라의 삼국통일을 부
정함으로써 발해를 정당하게 자리매김할 수 있는 단계로는 나아가
지 않았다.

이에 필자는 신라와 발해에 대한 인식의 변천과 더불어 7세기 후반
의 전쟁에 관한 사실들을 검토해왔다. 신채호가 신라의 삼국통일을 부
정한 사실과,[6] 그런 논리가 일제시기의 민족주의사학과 해방 후의 북
한학계로 계승된 사실을 밝힐 수 있었다.[7] 또한 사학사적으로 검증한
남북국론의 시각에 입각하여 7세기 후반의 한국사를 동아시아 국제전
의 관점으로 재검토했다.[8] 이러한 문제 제기와 역사 해석은 학계의 관
성과 풍토로 인해 쉽게 받아들여지지 않았다. 북한학계의 견해를 추종
한 것이라는 오해도 있었으며,[9] 신라가 삼국을 통일한 역사적 의미는
여전히 재음미되었다.[10]

7세기 후반의 한국사를 인식하는 필자의 기본적인 논리는 다음 두
가지이다. 그 하나는 신라 중심의 삼국통일전쟁으로 이해한 종래의 해
석에 대해 7세기 동아시아 국제전의 결과로서 백제통합전쟁으로 한정
하는 것이었다. 다른 하나는 중고의 中央集權的 貴族國家가 중대의 전

---

5) 李佑成, 「南北國時代와 崔致遠」, 『韓國의 歷史像』 (創作과批評社, 1982).

6) 金瑛河, 「丹齋 申采浩의 新羅三國統一論」, 『民族文化研究』 17, 1983.

7) 金瑛河, 「韓末·日帝時期의 新羅·渤海認識」, 『泰東古典研究』 10, 1993; 「후기신
라와 발해의 성립」, 안병우·도진순 편, 『북한의 한국사인식』 Ⅰ (한길사, 1990).

8) 金瑛河, 「新羅의 百濟統合戰爭과 體制變化」, 『韓國古代史研究』 16, 1999; 「高句
麗 內紛의 국제적 배경」, 『韓國史研究』 110, 2000.

9) 李昊榮, 「統一新羅 號稱 問題」, 『白山學報』 52, 1999.

10) 邊太燮, 「三國統一의 民族史的 意味」, 『新羅文化』 2, 1985; 金相鉉, 「新羅 三國統
一의 歷史的 意義」, 『統一期의 新羅社會 研究』 (東國大學校 新羅文化研究所,
1987); 申瀅植, 「三國統一의 歷史的 性格」, 『韓國史研究』 61·62, 1988.

제왕권으로 전환한 것으로 보는 기존의 관점[11]에서 역사 발전의 정합
성을 찾기 어렵다는 데 있었다. 결국 남북국론과 중세분기설에 입각한
것으로서 관련 내용을 저서로 매듭지었다.[12]

이에 대한 이영호의 서평[13]에서 답변을 요하는 지적도 있던 차에, 노
태돈이 신라의 백제통합전쟁론을 비판하고 신라의 삼국통일전쟁론을 다
시 천명하는 저서를 출간했다.[14] 여기에 대해서는 이문기가 내용을 소
개한 데 이어 적절한 비평을 더한 바 있었다.[15] 이제 7세기 후반의 한국
사에 대한 인식 문제는 상이한 관점의 여과를 거치면서 새로운 단계로
진입한 느낌이다. 새로운 차원의 연구를 위한 디딤돌로서 논의를 정리하
고, 과제를 전망해보는 일도 무의미하지 않을 것으로 생각되었다.

2. 백제통합전쟁론의 논리

삼국통일전쟁론이 갖는 연구사적 의미를 알기 위해서는 필자의 백
제통합전쟁론과 비교가 필요하다. 7세기 후반의 한국사를 파악하는 데
서 전근대의 유가사학과 근대 이후의 실증사학이 구축한 통일신라론,

---

11) 李基白, 『新修版 韓國史新論』(一潮閣, 1990). 신라 중고의 국가적 성격을 중앙집
권의 단계로 설정하는 견해들의 문제점은 크게 두 가지이다. 그 하나는 중앙집권
의 필요조건으로서 귀족세력에 대해 초월적인 대왕이 출현했을 뿐, 충분조건으
로서 중앙의 지방에 대한 전면적 지배가 제도적으로 관철되지 않았다. 다른 하나
는 중앙집권의 단계라면 7세기 동아시아 국제전으로 인한 사회 변동에 대왕과
지방민 사이의 모순이 반영되어야 하지만, 그러한 모순 관계에 있지 않았기 때문
에 대왕과 귀족은 대규모의 인민을 동원하여 전쟁을 수행할 수 있었다.

12) 金瑛河, 『新羅中代社會研究』(일지사, 2007).

13) 이영호, 「서평」, 『韓國古代史研究』 52, 2008.

14) 노태돈, 『삼국통일전쟁사』(서울대학교출판부, 2009).

15) 李文基, 「書評」, 『歷史學報』 202, 2009.

신라중심론, 전제왕권론 등은 유용한 인식틀일 수 있었다. 그러나 한국의 근대사학은 전근대사학과 식민사학의 비판적 극복이라는 이중의 과제를 아울러 해결하지 않으면 안 되었다. 이와 같은 입장에서 필자는 저서에서 다음의 세 가지 문제를 검토했다.

먼저 근대사학에서 나타난 통일신라론과 남북국론의 변주 관계를 고찰했다. 7세기 후반의 한국사를 인식하는 개념의 성립과 변천은 역사의식의 시대적 반영으로서, 그에 대한 연구는 역사학의 또 다른 중요한 범주이다. 과거의 사실은 인식 주체의 현재적 조건에 따라 달리 해석될 개연성을 안고 있기 때문이다. 7세기 후반의 한국사에는 다양한 역사적 의미가 내포되어 있었으므로 인식상의 변주를 피할 수 없었다.

'통일신라'는 전근대의 유가사학에서 신라가 삼국을 통일했다는 이른바 一統三韓意識의 영향으로 언제나 정통의 위치에 있었다. 이러한 입장이 근대사학에서 극복되지 않았을 뿐만 아니라 실증을 표방한 식민사학에 의해 한층 강화되었다. 신라의 삼국통일을 강조하는 통일신라론이 발해를 만주의 역사로 편입하려는 만선사관의 주요 논리였기 때문이다. 유가사학의 일통삼한의식과 만선사관의 통일신라론은 신라의 삼국통일을 인정하는 형식에서는 같았다. 다만 유가사학이 신라만을 정통으로 인식한 데 비해, 만선사관은 발해를 한국사에서 배제함으로써 그 함의가 달라졌다. 식민지배의 특징 하나가 전근대사회의 관행을 오히려 강화한 데 있듯이, 식민사학도 유가사학의 논리를 답습하면서 현실의 목적에 맞게 재해석했기 때문이다.[16]

---

16) 이런 경우 일제시기에 일본학자들이 韓國史像의 구축과 연구에 기본 사료보다 조선시대의 편찬서인 『東國通鑑』, 『東史綱目』, 『燃藜室記述』 등을 주로 이용했다는 사실의 지적은 시사하는 바가 크다 (金哲埈, 「硏究生活의 一斷面」, 『韓國史市民講座』 5, 1989, 170쪽 참조).

근대사학에서 통일신라론은 실증적인 고증학의 학풍에 충실한 하야시 타이스케(林泰輔)[17]의 『朝鮮史』(1892년)에서 처음 제기되었다. 그는 '신라의 통일'이라는 개념을 최초로 사용하는 한편 발해를 따로 서술했지만, 여기에는 식민사학의 타율성론으로 발전할 인식의 맹아가 복재되어 있었다. 그런데도 玄采가 확실한 증거와 내용의 명료성을 들어 『조선사』를 역술하여 『中等敎科東國史略』(1906년)을 편찬함으로써 한말의 신라와 발해인식에 지대한 영향을 미쳤다.

한편 한국의 근대사학에서 민족주의사학을 개척한 신채호는 유가사학과 식민사학의 비판을 통해 근대사학의 요체를 터득할 수 있었다. 그는 한말에 이미 『삼국사기』의 사대성과 봉건성은 물론, 일제시기에 만선사관의 허구성을 간파함으로써 통일신라론에 대한 비판적 인식의 기반을 마련했다. 그가 신라의 삼국통일을 비판하고, 삼국시대에서 신라와 발해로의 변화만을 인정한 兩國時代論은 다음과 같은 내용으로 구성되었다.

첫째, 당시의 인물 평가에서 김춘추의 외교 활동과 김유신의 군사 활동은 민족사적 의의를 결여한 사대적 행위로 비판한 반면, 연개소문을 역사상 제일의 자주적 영웅으로 평가했다. 둘째, 서술 구조에서 신라 중심의 역사에 매몰될 수밖에 없었던 백제와 고구려의 멸망 원인으로 외인론보다 내인론을 강조함으로써 양국의 상대적 독자성을 부각시켰다. 셋째, 통일 영역에서 신라의 한반도 남부 통합은 전체적 통일은 고사하고, 반변적 통일에도 미치지 못할 것으로 비판했다.

일제시기에는 식민사학의 통일신라론이 더욱 심화되었는데, 만선사관이 발해를 만주의 역사로 인식하는 데서 파생된 필연적 현상이었다.

---

17) 鎌田正, 「林泰輔」, 江上波夫 編, 『東洋學の系譜』(大修館書店, 1992), 14~17쪽.

한국사에서 발해를 배제하고 신라의 삼국통일을 강조한 통일신라론이
朝鮮史編修會의 공식적인 입장이었으며,[18] 마침내 고구려까지 만주의
역사에 포함시키는 단계로 나아갔다. 이에 대해 민족주의사학은 남북
국론에 입각하여 신라의 삼국통일을 부정함으로써 발해를 한국사로
인식하는 데서 야기될 수 있는 논리적 장애를 제거했다.

이상의 검토는 한국사의 지리적 공간을 확대하려는 의도보다 사실
이해의 지평을 넓히기 위한 방법으로 모색했던 것이다. 이에 대한 평
자의 지적 중에서 첫째, 신채호의 고대사인식이 갖는 한계성의 문제이
다.[19] 그의 고대사인식이 갖는 한계성은 이미 시대적 조건과 연구 환
경에 의해 규정되고 있었다. 그러나 한국 근대의 민족주의사학이 전근
대사학과 식민사학의 비판적 극복에서 출발할 수밖에 없었다면, 신채
호의 역사인식은 객관성과 학술성을 넘어 일제를 거부한 지식인의 담
론으로 독해할 필요가 있다.

둘째, 남북국론의 대두가 갖는 사학사상의 근대성 여부이다.[20] 유가
사학의 일통삼한의식과 만선사관의 통일신라론이 지배적 담론인 상황
에서 신라와 발해 병존의 남북국론은 비판적 대안일 수 있었다. 남북
국론이 비록 조선 후기에 태동되었더라도, 그것의 근대성은 통일신라
론과의 대립 속에서 논리적 내용을 담보함으로써 확보되었기 때문이
다. 그러한 까닭에 남북국론은 일제시기의 민족주의사학과 해방 후의

---

18) 이러한 입장은 조선사편찬위원회가 신라와 발해를 포함하는 시기를 1923년에
'신라시대'로 결정했다가 관제 개편으로 바뀐 조선사편수회에서 1927년에 '신라
통일시대'로 변경하고, 이마니시 류(今西龍)가 1930년의 조선사편수회 위원회의
에서 한국사와 관련이 없는 한 발해를 편찬 대상에서 생략할 방침이라고 발언한
데서 잘 드러난다(朝鮮總督府 朝鮮史編修會 編, 『朝鮮史編修會事業槪要』(朝鮮
總督府 朝鮮史編修會, 1938), 46쪽).

19) 이영호, 앞의 서평, 477쪽.

20) 이영호, 앞의 서평, 480쪽.

북한학계로 계승될 수 있었다. 그러나 북한학계는 신라와 발해의 역사를 현재의 남북한 상황과 동일시하는 주체사관의 오류에 빠진 데 비해, 남한학계에서는 역사적 사실을 이해하는 시각의 하나로서 재인식되고 있다.

이밖에도 사실과 해석의 문제에서 실증 부재의 역사 해석에 대해 부정적인 의견을 피력했다.[21] 필자도 개별 사실의 실증 위에서 역사 해석이 가능하다는 입장이며, 신라와 발해에 대한 역사인식의 검토에서 남북국론의 유효성을 확인했을 뿐 실증을 도외시하지 않았다. 다음에 서술하는 바와 같이 7세기 동아시아의 국제전을 검토한 결과, 신라의 백제 통합에 불과한 사실의 구명은 구체적인 실증에 다름 아니다.

다음으로 7세기 동아시아 국제전의 전개 과정을 각국의 전략적 관점에서 접근했다. 역사인식의 논리로서 통일신라론은 관련 사실의 해석에서 신라중심론으로 나타났다. 신라가 서술의 주체인 데 비해, 백제와 고구려는 객체로서 신라 중심의 서술에 매몰될 수밖에 없었다. 신라가 삼국을 통일한 요인으로는 원대한 통일 의지, 탁월한 외교 능력과 당 세력의 축출 등을 언급한 반면, 백제와 고구려의 멸망 원인으로는 도덕성이 강한 부패와 무능, 내분 등을 강조했다. 그러나 백제 및 고구려와 같이 다른 왕조로 교체되지 않고 외침으로 멸망하고 말았던 경우에는 내인론보다 외인론에 비중을 둘 수밖에 없다.

일제 식민사학이 고구려의 멸망 원인으로 내분을 언급한 이래, 내분론은 淵蓋蘇文의 독재가 갖는 부정적인 의미로 말미암아 더욱 강화되었다. 그러나 당이 중국 중심의 국제질서를 제대로 운영하기 위해서는 고구려의 점령 혹은 복속이 불가결했다. 당은 원정의 실패 요인이었던

---

21) 이영호, 앞의 서평, 477쪽.

고구려의 강력한 방어 역량을 약화시키려고 내분을 획책한 끝에 숙원을 이룰 수 있었다. 이러한 경우 고구려의 멸망 원인으로 거론된 내분조차 외침론의 일환으로 파악될 성질의 것이었다.

신라가 백제를 통합한 원인으로는 나·당연합을 성립시킨 신라의 외교 능력을 우선적으로 꼽았다. 나·당연합에 이르는 신라의 노력을 부인하지는 않지만, 당의 전략 변화도 함께 고려할 때 신라의 외교적 성과에 대한 정당한 평가가 가능하다. 나·당연합은 백제를 통합하려는 김춘추와 고구려 점령이 여의치 않았던 당 태종의 전략적 이해가 일치함으로써 결성될 수 있었기 때문이다. 당의 백제 원정은 신라의 의도와 달리 고구려를 침공하기 위한 우회전략의 일환이었던 것이다.

7세기 후반의 전쟁은 신라 중심의 일국사적 관점만으로 설명하기 어려운 국제전이었다. 신라가 종적으로 수행해간 삼국통일의 과정이 아니라, 동아시아 각국이 전략적 이해에 따라 횡적으로 연동하고 있었기 때문이다. 삼국이 각각 소국복속전－영역확장전－세력각축전의 단계를 거쳐 발전함으로써[22] 동아시아 국제전으로의 확전은 필연적인 추세였다. 삼국 말기에 신귀족세력의 등장이라는 국내적 요인과 중국 대륙에서 수·당 통일왕조의 출현이라는 국제적 조건이 맞물린 결과, 나·제와 려·당의 전쟁에서 비롯된 관련 국가들의 다중적인 국제전은 불가피했던 셈이다.

백제 義慈王은 642년에 친위적 정변을 통해 권력을 강화하고 신라를 파상적으로 공격했다. 대내외적으로 위기를 맞은 신귀족세력의 金春秋는 고구려를, 구귀족세력은 643년에 당을 상대로 각각 청병외교를 펼쳤다. 그러나 연개소문이 무단적 정변으로 집권하고, 당이 고구려 원

---

22) 金瑛河,「三國의 發展段階와 戰爭의 機能」,『韓國古代社會의 軍事와 政治』(高麗大民族文化研究院, 2002).

정을 준비하는 정세 때문에 실패하고 말았다. 단기 점령전략에 따른 당 태종의 친정이 645년에 실패한 이후, 647년~648년의 당 태종과 655년~659년의 당 고종은 장기 소모 전략으로도 고구려를 복속시킬 수 없었다. 이러한 遼東攻略策의 실패는 고구려의 성공적인 방어와 더불어 당의 단독작전에서 기인한 것이었다.

이와 같은 국제정세에서 신라 공략만을 추진한 백제는 당의 연합 대상에서 제외될 수밖에 없었다. 647년에 毗曇의 난을 진압함으로써 실권을 장악한 김춘추는 왜에 다녀온 뒤 다시 648년에 당으로 가서 나·당연합의 기반을 닦았다. 신라의 제의에 응한 당의 새로운 전략은 백제 원정에 이어 평양을 직접 공격하는 平壤直攻策으로의 전환이었다. 당은 신라와 연합하여 660년에 백제를 멸망시키고, 662년까지 두 차례에 걸쳐 평양을 공격했으나 역시 실패했다. 백제 구원을 표방한 왜가 663년 白江에서 패퇴한 뒤, 熊津都督府는 백제고지에 대한 羈縻支配와 고구려 점령을 위한 후방기지로 남게 되었다.

이제 당의 선택 가능한 전략은 고구려의 강력한 방어 역량을 와해시킬 내분 공작이었다. 평양직공책이 실패로 끝나고, 666년에 당의 공격이 재개될 때까지 양국 간에 소강의 기운이 흘렀다. 이러한 가운데 665년에 연개소문이 죽고, 보장왕의 태자 복남은 666년 정월 초하루에 당의 泰山 封禪에 참석했다. 두 나라의 치열했던 적대 관계에 비추어 볼 때 이례적인 사건인 바, 당의 내분 공작이 없이는 불가능한 일이었다. 이것을 계기로 연개소문의 자제 간에 내분이 일어났으며, 이를 틈탄 당의 공격이 재개되어 고구려는 668년에 멸망했다.

신라는 674년부터 고구려유민의 부흥운동을 진압한 당과 본격적인 전쟁에 돌입했다. 나·당전쟁은 각각 백제 통합과 고구려 점령이라는 서로의 기본 전략을 달성하기 위한 것이었다. 신라는 671년에 所夫里

州의 설치로 백제고지를 실질적으로 통합한 뒤 당과의 전쟁을 통해 임진강 이남을 확보했다. 당이 676년에 고구려고지를 관할하던 安東都護府를 요동 고성으로 옮김으로써 698년에 발해가 건국될 수 있었다. 신라가 대동강 이남의 고구려고지를 영유한 것은 735년에 발해를 견제한 대가로 당에게 인정받은 이후의 일이었다.

이상과 같이 고구려와 당의 전쟁을 기본 축으로 7세기 동아시아의 국제전을 살펴보았다. 전쟁의 과정과 결과를 통해 신라의 삼국통일이 아니라 백제 통합에 불과한 사실을 새삼 확인했다. 인식 주체의 관점에 따라 관련 사실은 새로운 방향에서 재구성될 수 있었던 것이다. 이에 대해 평자는 7세기 동아시아 국제전의 개념과 시간적 범위, 7세기 동아시아 국제전의 용어와 그 성격을 구별할 필요성을 거론했다.[23)]

개별 사실에 기초한 용어에는 각각의 사실에 내재한 성격이 일정하게 반영되기 마련이다. 642년부터 698년까지 한반도를 둘러싼 동아시아 세계의 전쟁을 포괄할 용어는 역사 서술에서 중요한 문제이다. 신라의 삼국통일전쟁은 698년의 발해 건국은 물론, 676년 당 세력의 축출에 이르는 일련의 전쟁을 설명하는 용어로도 한계가 있었다. 이에 필자는 신라 중심의 일국사적 관점을 벗어난 '7세기 동아시아의 국제전', 또는 문맥에 따라 '7세기의 전쟁'이라는 용어를 사용했다. 종래 따로 이해했던 고구려와 수·당, 나·당연합과 백제·왜·고구려의 전쟁을 국제전으로 범주화하여 연동 관계를 살핀 결과, 신라가 수행한 전쟁은 각국들이 벌인 전쟁의 한 부분일 뿐이었다.

이러한 과정에서 필자는 주제의 성격상 발해 건국의 배경만을 언급하는 데서 그쳤다. 그러나 발해가 한국사라는 논거가 불분명할 경우

---

23) 이영호, 앞의 서평, 479쪽.

환상에 빠질 가능성을 언급한 평자의 지적은[24] 논의해볼 가치가 있다. 근래 한·중·일·러 학계에서는 발해의 귀속 문제를 자국 중심으로 해석하려는 경향이 농후하기 때문이다.[25] 만선사관 이래의 통일신라론은 발해 자체에 대한 연구의 진전을 통해 한국사로서의 정체성을 확인함으로써 불식시킬 수도 있다.[26]

그러나 남북국론에 입각한 연구의 필요조건으로 고구려계승론에 따라 한국사로서의 발해에 대한 천착은 당연한 일이지만, 충분조건으로 신라의 삼국통일을 부정함으로써 발해를 한국사로 인입할 논리적 근거의 마련도 중요하다. 당시 피지배의 말갈족은 아직 발해를 자국사로 기억할 주체로 발전하지 못했고, 중국사에서는 아예 발해를 列傳에서 취급함으로써 자국사로 기억하지 않았기 때문이다.[27] 필자가 남북국론의 입장에 서면서도 발해의 건국보다 신라의 삼국통일을 부정하고 백제 통합에 주목했던 이유이다.

끝으로 중대의 정치체제로서 중앙집권과 지배윤리로서 儒家倫理의 관계를 검토했다. 특정 사회의 구성에 관한 이해에서 토대에 조응한 정치체제와 통치이념의 상관성 파악은 유용하다. 지배층과 피지배층으로 구성되는 현실의 지배구조와 사상은 상호 밀접한 관계에 놓여 있

---

24) 이영호, 앞의 서평, 478쪽.
25) 송기호, 「발해사, 남북한·중·일·러의 자국 중심 해석」, 『역사비평』 18, 1992.
26) 이영호, 앞의 서평, 478쪽.
27) 후대에 중국의 동북지방을 근거로 건국한 여진족의 金과 淸이 발해의 계승을 표방했는지의 여부는 검토해볼 과제이다. 다만 발해 이후의 두 왕조가 중국사로 편입됨으로써 중국의 동북지방은 한국사로서의 시공적 의미를 상실했다. 한편 일제는 대륙팽창정책의 일환으로 滿洲國을 세우고 기존의 만선사관에 따라 만주사의 체계화를 위해 노력한 바 있었다. 그러한 연고로 일본학계도 발해의 귀속 문제에 대해 관심을 기울일 수 있겠지만, 이때 만주사를 한국사와 중국사로부터 분리했던 만선사관의 유산으로부터 자유롭지 않으면 안 된다.

기 때문이다. 지배층이 선취하여 피지배층을 사회적으로 규제하는 강제 규범인 율령과 함께 실천 규범인 윤리도 예외가 아니었다. 신라 중대와 같이 사회경제적 토대에 관한 사료가 소략할 경우에 그 의미는 더욱 커질 수밖에 없다.

종래에는 신라 중대를 고대사회인 중고의 연장에서 파악함으로써 동아시아의 국제전이 유발한 사회 변동의 의미를 간과했다. 그러나 신라에서는 전쟁 기간에 권력 집중의 한 형식으로서 군사지휘체계, 개별적 공민지배의 실현으로서 군역동원체제, 귀족세력의 경제기반을 제한하는 전공포상체계 등에서 변화가 일어났다. 이러한 전시체제가 평시체제로 전환하는 과정에서 새로운 사회로 이행할 여건이 조성되었다. 7세기 동아시아의 국제전은 한국 중세사회의 전형적 지배체제인 중앙집권체제의 성립을 촉진했던 것이다.

신라가 한반도의 중남부나마 통합한 이후의 정치체제를 일반적으로 專制王權體制로 파악했다. 한 사람의 군주에게 권력이 집중되는 형태로서 귀족세력에 대해 절대적 우위를 확보한 중대 왕권의 전제성을 강조했고, 화엄종의 統和思想이 이념적 근거로 제시되었다. 그러나 전제왕권에 관한 논의는 토대로서 인민에 대한 성격 규정을 전제하지 않으면 안 된다. 상부구조에서 왕과 귀족간의 권력 향배에 따른 규정은 편의적일 뿐만 아니라, 해당 왕권의 역사적 성격도 파악하기 어렵다. 왕과 귀족 또는 관료 간의 길항 관계는 전근대사회에서 통시적 현상이었기 때문이다. 기실 전제주의는 왕권의 전제성 여부보다 아시아적 생산양식론의 總體的 奴隸制에 입각한 사회 구성의 측면에 역사성이 있었다.

중대 왕권은 나·당의 연합작전으로 전쟁을 수행하는 과정에서 唐制의 영향으로 중고와는 다른 정치체제를 지향했다. 우선 總管制의 도입을 계기로 왕에게 권력을 집중함으로써 일원적 통치체제의 기반을 마련했다. 중대 왕권은 골품귀족의 관료화를 통해 위상의 약화를 유도함으로써 中央集權的 貴族官僚體制를 수립하고, 양인의 확보를 위해 왕경 평인과 지방 백성의 공민화를 추진함으로써 中央集權的 郡縣支配體制를 관철시켰다. 여기에 7세기 동아시아의 국제전이 한국사에 초래한 사회 변동의 의미가 있었던 것이다.

신라에서 유학이 통치이념의 차원에서 주목된 것은 김춘추의 정치적 활동과 관련이 있었다. 중대 왕권이 수용한 문물과 제도는 당과 신라의 국제 관계는 물론, 신라왕과 신민의 국내 질서도 아울러 규정하는 이중의 함의를 내포하고 있었다. 신라의 유학은 통치이념의 성격을 띠었던 漢·唐儒學으로서 국학의 교육과 시험을 매개로 재생산되었다. 중대 왕권이 선취하여 공적 범주의 관료와 사적 공간의 양인을 규제한 유가윤리인 忠과 孝는 중앙집권체제의 안정과 유지에 기여한 통치이념에 다름 아니었다. 이러한 유가윤리의 기능은 이후 한국사의 전개 과정에서 내면화의 과정을 밟게 되었다.

이에 대해 평자는 첫째, 골품제와 양천제의 양립 가능성, 귀족과 관료의 개념적 결합에 대해 의문을 제기했다.[28] 골품귀족은 진골 중심에 6두품도 포함되는데,[29] 중대 왕권은 각급 행정 단위의 고위직에 진출할 수 있는 진골·6두품의 귀족관료층과 실무직을 담당하는 5·4두품의 실무관료층으로 편제했다. 전근대 지배층의 출신과 역할의 복합으로서 귀족/관료는 가문의 음덕으로 신분을 세습하는 귀족과 왕권에 예속되어 직무를 담당하는 관료로서의 양면성을 띠는 존재였다. 이처럼 중대의 골품제가 상급 지배질서를 규제하는 고려시대의 人品과 官品의[30] 선구적 형태로 변질된 상황에서, 전체 인민에게 적용할 신분제로

---

28) 이영호, 앞의 서평, 474쪽; 479~480쪽.

29) 朱甫暾, 「三國時代의 貴族과 身分制」, 『韓國社會發展史論』 (一潮閣, 1992), 40~41쪽.

서 양천제의 수용이 필요하였다.

둘째, 신라 중대부터 조선시대까지 중세사회로서의 동질성 및 통일신라론과의 관계에 대해서도 물었다.[31] 한국사에서 지방분권적 요소의 확인이 식민사학의 정체성론을 극복하는 일과 관련이 있더라도, 유럽 중세사회의 전형적인 지방분권과는 달리 중앙집권적 군현제도에 의해 굴절된 것이었다. 지배층의 충원방법이 골품제 – 음서제 – 과거제로 변화한 데서 보듯이 중세사회에서 혈연 우선의 귀족성과 능력 중시의 관료성은 물론, 통치 이념으로서 불교와 유학의 비중 관계는 강약의 추세가 엇물려 있었다. 또한 양천제에 따른 담세층인 양인과 면세층인 노비의 상대적 증감 여부는 해당 왕조의 부세정책에서 중요한 과제였다. 이러한 장기지속적인 중앙집권체제의 운영에서 골품귀족/문무관료전 – 문벌귀족/전시과 – 양반/과전법으로 고위 관료의 출신과 토지분급제의 변화는 양적인 정도의 차이일 수 있었다. 이와 같은 추세와 맞물려 일통삼한의식의 통일신라론이 유가사학의 정통론적 述而不作에 따라 점차 강화되어갔던 것이다.

결국 신라의 삼국통일을 강조하면 할수록 한국사에서 발해가 위치할 논리적 공간은 더욱 좁아지며, 개별적 공민지배에 입각한 중앙집권이 총체적 예민지배에 입각한 전제왕권에 선행하는 역사 발전의 단계일 수는 없었다. 이에 필자는 7세기 후반의 한국사를 남북국론의 입장에서 신라의 백제통합전쟁으로 한정함으로써 삼국통일을 부정하고, 고대국가의 大王專制體制에서 중세사회의 중앙집권체제로의 이행으로 파악했던 것이다.

---

30) 尹漢宅, 「新羅 骨品貴族의 經濟的 基盤」, 『邊太燮博士華甲紀念史學論叢』 (三英社, 1985), 173~177쪽 참조.

31) 이영호, 앞의 서평, 480쪽.

3. 삼국통일전쟁론의 논지

백제통합전쟁론에 대해 저자는 7세기 동아사아 국제전의 관점에서 다시 신라의 삼국통일전쟁론을 개진했다. 동아시아의 차원에서 전개되는 국제 관계의 추이와 각국 지배층이 선택한 대외정책의 상호 과정을 통해 삼국통일에 관한 역사의 구체성을 확보하고자 시도했던 것이다. 서술 순서에 따라 내용을 소개한 다음 필자의 논리와 관련되는 부분에 대해 약간의 소견을 덧붙일 생각이다.

제1부는 삼국통일전쟁사의 연구 서설로서 삼국통일의 개념과 시기 설정을 이론적으로 고찰했다. 우선 삼국통일의 개념에서 7세기 말에 형성된 신라의 삼한일통의식은 고구려 계승을 표방한 발해의 건국으로 무색해졌지만 발해와의 대립 때문에 신라 말기까지 지속될 수 있었다. 그러나 고려에 의한 새로운 삼한일통의식의 대두로 김부식은『三國史記』에 삼국사와 신라사를 함께 편찬할 수밖에 없었다. 이러한 이중의 삼한일통의식을 청산한『東國通鑑』의 단계에서 비로소 三國紀와 新羅紀가 분리되는데, 저자는 조선시대 이후 현재까지 통용되는 삼국통일론의 사학사적 연원으로 파악했다.

한편 삼국통일을 부정하는 남북국시대론은 조선 중기에 한백겸이 영토의 불완전성을 지적하고, 후기에 유득공이 신라와 발해의 병립에 유의함으로써 제기되었다. 근대사학에서 신채호가 그 과정의 비자주성까지 거론함으로써 남북국시대론은 강화되었으며, 신라의 백제통합전쟁론 및 북한학계의 발해와 후기신라론에 영향을 미쳤다. 저자는 삼국은 물론 신라와 발해도 이질적인 실체이므로 동일한 한국사의 범주에서 파악하기 곤란하다는 일본학계와, 고구려가 중국사이기 때문에 통일의 대상으로 삼국을 설정하는 것 자체가 무리라는 중국학계의 견해도 삼국통일론을 부정하는 논리라는 점에 주목했다.

이러한 부정적인 견해들을 비판하면서 삼국통일의 개념 정립에 필요한 근거를 피력했다. 저자는 삼한일통의식에 입각하여 편제된 9州에서 한 · 삭 · 명주는 과거 고구려의 문화요소가 잔존한 고구려의 영역인데, 신라가 아우름으로써 삼국통일은 개념의 주관적 조건을 갖춘 것으로 파악했다. 또한 김춘추의 동맹 요청에 응한 당 태종은, 고구려와 백제를 평정하면 "平壤已南 百濟土地"를 신라에게 줄 것을 약속한 바 있었다. 이것을 '평양 이남의 백제토지'가 아니라 '평양 이남과 백제토지'로 읽은 다음 신라의 백제통합전쟁론을 비판했다.[32]

한편 삼국의 주민은 묘제를 비롯한 제반 문화요소의 상호 교류를 통해 점차 동질성을 확보해간 결과, 수 · 당대의 중국은 삼국을 동질적인 존재로 파악하게 되었다. 이처럼 동질적인 삼국의 주민을 합친 것은 통일의 개념에 합당하며, 당과의 대결을 통해 동질의식을 더욱 자각함

---

[32] 저자는 "이 기사의 사실성을 '부정'하여도 그것이 곧 신라 조정의 전쟁 목적이 백제 병합에 있었다고 단정할 근거가 되는 것은 아니다"(노태돈, 앞의 책, 31쪽)라고 했는데, 문맥상 사실성의 '인정'으로 표현해야 옳을 듯하다. 사료의 해석 문제는 차치하더라도, 필자는 '평양 이남의 백제토지'로 해석하여 백제통합전쟁론의 근거로 삼지 않았다. 신라의 백제 통합과 당의 고구려 점령이라는 전략의 일치로 "점령지의 귀속문제"(金瑛河, 앞의 책, 2007, 133쪽), 또는 신라의 "대동강 이남의 영유만을 조건으로 군사 지원의 획득"(金瑛河, 앞의 책, 2007, 255쪽)으로 양측의 협상이 타결됨으로써 나 · 당연합을 결성할 수 있었던 조건으로 이해했다. 다만 백제 멸망 이후의 백제고지에 대한 당의 기미지배는 "대동강 이남의 백제고지에 대한 영유권은 신라의 귀속으로 결정한 약속의 위반"(金瑛河, 앞의 책, 2007, 260쪽)으로 설명했을 따름이다. 기실 백제를 통합하려는 신라의 방침은 이미 642년 대야성의 함락을 계기로 결정되었고, 668년까지도 고구려를 통합할 전략을 고려하지 않았기 때문이다. 김춘추가 고구려를 상대로 청병외교를 펼친 사실과, 고구려에 대한 신라의 군사작전이 주도적으로 추진되지 않았던 사실로도 반증된다. 다만 신라가 고구려를 통합하려는 것이 아니라 멸망시키기 위해 666년에 당의 침공을 요청한 일은 백제고지에 대한 당의 관심을 고구려로 돌리기 위한 책략일 수 있었다.

으로써 나중에 삼한일통의식으로 표출될 수 있었다. 이에 신라의 삼국통일은 개념의 객관적 조건까지 구비하게 되었으므로, 저자는 삼국통일을 부정하는 논리를 수긍할 수 없었던 셈이다.

다음은 삼국통일전쟁의 시기 설정과 구분에서 당 사신의 평양 방문으로 파문이 일어난 641년을 시점으로 보고, 종점은 전쟁의 여진이 700년까지 미친 것으로 설명함으로써 필자가 설정한 642년~698년과 조금 달랐다. 7세기 동아시아의 국제전이라는 동일한 인식틀로 사실을 파악하더라도, 현상 파악에 포함되는 시간적 범위는 달라질 수 있다. 이것은 논증할 범주의 설정 차이에서 파생되는 바, 신라의 삼국통일전쟁으로 이해하려는 저자의 논리에서는 불가피한 측면도 있었다.

이상의 논지에서 신라가 대동강과 원산만 이남을 통일했다는 식민사학의 통일신라론을 언급하지 않음으로써 신라통일론의 근대적 맥락이 모호하게 되었다. 저자는 삼국통일의 연구에서 신라통일론이 일제의 유산인 식민사학과의 무관함을 내비침으로써 주체적 인식의 일단을 드러냈다. 그러나 필자의 백제통합전쟁론은 통일신라론을 비판한 남북국론의 민족주의적 담론까지 수용한 것이 아니라, 다만 그와 같은 시각에서 신라가 당시 연동하는 국제정세에 대응한 결과일 뿐이라는 점을 구명한 것이었다. 민족으로서의 동질의식은 역사 발전에 따라 고대/문화-중세/정치-근대/경제로 시대마다 매개 요소가 달라졌는데, 고대의 동질의식은 자연발생적 원초성으로 인해 사회적 구속력을 발휘할 수 없었기 때문이다.

기왕에 필자는 신라의 일통삼한의식이 전쟁 이전의 동기이기보다 전쟁 이후의 필요에서 창안된 골품귀족의 의식인 점을 지적한 바 있다.[33] 신라가 安勝의 고구려국을 684년에 흡수함으로써 삼국통일을 자부하는 의식이 발현한 것으로 본 관점[34]도 같은 맥락이다. 신라가 670

년에 고구려의 유민 안집과 제사 계승을 위해 안승을 고구려왕에 책봉한 이면에는, 고구려의 왕도와 왕조를 통합하지 못한 신라 지배층의 자기 위안도 자리를 잡고 있었던 셈이다. 그와 같은 의식은 신라와 연합한 고구려의 부흥운동이 673년에 종식된 이후, 문무왕이 674년에 안승을 報德王으로 다시 책봉한 데서 한층 분명해졌다.[35] 이러한 경우 신라의 삼국통일에 과연 고구려가 포함되는가의 문제가 제기될 수 있다.

저자는 신라가 475년~551년 동안 고구려의 지배하에 있던 한강 유역을 확보함으로써 삼국통일의 요건을 충족한 것으로 이해했다.[36] 이처럼 후대의 의식에 근거하여 삼국통일의 실제를 파악한다면, 신라는 553년에 백제로부터 과거 고구려의 영역 일부를 공취한 때에 이미 고구려를 통합했다는 논리도 성립할 수 있다. 그러나 신라의 고구려에 대한 통합 여부는 시간적 기준을 553년으로 소급하지 않고, 저자의 시기 설정에 따르더라도 641년 이후의 사실로 검증해야 개념상에서 의식과 실제의 혼동이 일어나지 않는다. 필자가 백제통합전쟁론에서 신라로 편입된 고구려 영토와 주민의 다과 문제를 떠나, 신라가 675년에 당과의 전쟁을 통해 공간적 기준으로 임진강 이남만을 다시 차지한 사실을 강조했던 이유이다.

---

33) 金瑛河, 앞의 책, 2007, 241~242쪽.

34) 노태돈, 앞의 책, 9쪽.

35) 이것은 당이 665년에 백제의 제사와 고지를 보전하도록 부여융을 웅진도독에 임명한 뒤 신라와의 취리산 서맹에 대처함으로써, 나·당연합을 통해 백제를 통합하려던 신라의 기본 전략에 차질이 빚어졌던 점과 비교되는 부분이다. 이와 같은 사실이 비록 고구려가 멸망한 668년 이후의 상황 변화에 따른 신라의 대응에 불과했을지라도, 신라의 입장에서는 나·당연합의 결성 과정에서 자신이 통합하려던 백제와 달리 당을 고구려에 대한 원정과 점령의 주체로 인정했기 때문에 가능한 조치일 수 있었다.

36) 노태돈, 앞의 책, 29쪽.

제2부는 삼국통일전쟁의 전개로서 전쟁의 서막, 백제·고구려의 멸망과 신라·당의 전쟁, 전쟁의 여진 등으로 구성되었다. 먼저 전쟁의 서막에서 고구려와 당의 갈등을 검토했다. 당 태종은 641년에 陳大德을 파견하여 고구려의 사정을 탐문하는 한편, 전해에 고창국이 멸망한 사실을 전함으로써 고구려 지배층의 위기의식을 고조시켰다. 또한 백제와 신라의 갈등도 국제전의 배경을 이루었다. 642년에 친위적 정변을 일으킨 의자왕은 자신의 정당성을 위해 신라에 대한 공세를 강화했다. 김춘추는 연개소문과의 협상을 통해 대내외적 위기를 타개하고자 고구려를 찾았다. 저자는 정변 후의 연개소문이 大模達 = 莫何羅繡支/莫離支에 취임하여 軍權을 장악한 대장군이었던 것으로 보았다. 두 사람의 회담은 553년 이전의 양국 관계로 되돌리려는 연개소문의 의지 때문에 무산되었다. 신라가 다시 당을 상대로 청병외교를 펼친 기회에, 당 태종은 相里玄奘을 고구려와 백제에 보내 중재를 시도했다.

당 태종은 연개소문의 영류왕 시해와 중재 거부를 명분으로 고구려 원정을 결정했다. 당 태종은 645년에 친정에 나섰으며, 신라와 백제에게는 후방에서 도울 것을 요구했다. 당이 안시성 회전에서 고전하는 동안 고구려는 薛延陀에게 당의 공격을 요청함으로써, 당군은 전면 철수를 결정하지 않을 수 없었다. 한편 당이 요동에서 고구려를 공략할 때, 신라는 당의 요구에 따라 고구려의 水口城을 공격했다. 그러나 백제는 오히려 방어력이 약화된 신라의 서부를 공략함으로써 고구려를 돕는 결과를 가져왔다. 고구려와 당의 전쟁에 신라와 백제도 자국의 이해에 따라 참전하는 상황이 연출되었던 것이다.

당의 고구려 원정이 실패한 이후 동아시아 각국에서는 새로운 정세가 조성되었다. 당 태종은 당에게 위협적 존재인 설연타를 정벌하여 동방 원정의 후고를 덜었다. 당 또한 647년부터 장기 소모 방략으로 전

7세기 후반 한국사의 인식 문제

환하여 고구려에게 상당한 손실을 입혔고, 648년에는 다시 고구려 원정을 위한 전쟁 준비에 몰두했다. 이러한 때에 김춘추가 파견되어 당 태종과 협상함으로써 합종의 전기를 마련했다.

한편 고구려는 당과의 관계 개선을 바랐으나, 고구려를 재침하려는 당의 반응은 냉담할 수밖에 없었다. 고구려는 대내적으로 전쟁 준비에 부심하는 한편, 대외적으로 당의 팽창정책에 공동 대처할 연횡을 모색했다. 저자는 사마르칸트의 아프라시압 궁전벽화의 고구려 사신도 永徽 연간(650~655)에 康居都督으로 책봉된 와르흐만(拂呼縵)에게 당의 견제를 요청하기 위해 파견된 존재로 이해했다. 또한 고구려는 요서의 거란 사회에도 영향력을 뻗쳐 당의 침공을 견제할 세력을 부식시켰다.

고구려가 당의 공격을 저지할 것으로 판단한 백제는 신라에 대한 공격으로 일관했다. 왜는 645년의 大化改新 이후 당에 遣唐使를 파견하고 한반도의 삼국과도 교류하면서, 특히 백제에 대해서는 우호적인 입장을 취했다. 저자는 신라에서 647년에 비담의 난이 일어난 배경과 의미 등을 검토한 뒤, 중고 왕권이 귀족세력을 누르고 중앙집권체제를 지향하는 과정에서 발생한 사건으로 파악함으로써 필자의 견해[37]와 다르지 않았다. 비담의 난을 김유신과 함께 진압한 김춘추는 국가적 위기를 해결하고자 외교 활동에 나섰다.

김춘추는 647년에 왜로 건너가 백제와 우호 관계에 있던 왜와의 관계 개선을 도모했지만 여의치 못했다. 648년에 찾아간 당에서는 환대를 받았는데, 645년의 친정이 실패한 뒤 신라의 후원을 얻으려는 당 태종의 의도에서 연유했다. 김춘추와 당 태종은 고구려 공략에 신라가 협조하고, 백제 원정에 당이 동참한다는 합의를 이끌어냈다. 동아시아

---

37) 金瑛河, 「新羅 中古期의 政治過程試論」, 『泰東古典硏究』 4, 1988; 「中古期의 官職 分離와 大王專制體制」, 앞의 책, 2007.

의 국제정세에서 당-신라축과 고구려-백제-왜축의 국제전으로 비화할 가능성이 점차 가시화되었다.

이상의 논지와 관련하여 삼국 말기에 의자왕, 연개소문, 김춘추 등의 권력집중과 적극적인 대외정책은 신귀족세력의 정치적 동향과 무관하지 않았다.[38] 평양계로서 국내계 귀족세력을 타도한 연개소문은 莫離支 = 莫何何羅支 = 太大兄으로서[39] 國事를 오로지했다. 그런데 그가 막리지/대모달에서 大對盧로 승진했다면,[40] 男生이 부조의 음덕에 따라 28세에 막리지로서 三軍大將軍에 승진하고 32세에 太莫離支를 세습하여 軍國를 총괄한[41] 사실을 이해하기 어렵다. 남생의 승진과 세습은 역시 정변 후 막리지에 취임한 연개소문이 다시 태막리지로 승진했기 때문에 가능했을 것이다. 이때 막리지에 '太' 또는 '太大'와 같은 加號는 임시적인 것이 아니라, 정변 후에 무력화된 대대로 대신 막리지를 격상시키기 위한 제도적 장치로서 고구려 말기의 비상체제에서 기인한 직함일 수도 있었다.[42]

또한 삼국통일전쟁에 연동하는 국제 관계의 외연을 당과 왜에 국한

---

[38] 金瑛河, 「韓國 古代社會의 政治構造」, 『韓國古代史研究』 8, 1995; 앞의 책, 2002, 317~323쪽.

[39] 武田幸男, 「高句麗官位制の史的展開」, 『高句麗史と東アジア』(岩波書店, 1989), 385쪽.

[40] 노태돈, 앞의 책, 208쪽.

[41] 김영하, 「古代 貴族의 존재양태와 변화」, 『강좌 한국고대사』 2 (가락국사적개발연구원, 2003), 405~407쪽.

[42] 이러한 경우 남생과 獻誠의 墓誌銘에서 연개소문을 태막리지보다 상위의 '太大對盧로 기록한 사실의 해석 문제가 제기될 수 있다. 이에 대해서는 정변 전에 이미 취임한 바가 있었을 뿐만 아니라, 고구려 멸망 이전에 죽은 연개소문을 당시의 최고 관직인 대대로로써 현창하려는 데서 연유한 것으로 추측된다. 또는 고구려 멸망 이후에 당에서 살았던 남생과 男産이 과거에 취임했던 최고 직함인 태막리지와 태대막리지를 부자 사이에 회피하려는 것일 수도 있다.

하지 않고, 설연타와 강거까지 확장하여 치밀하게 분석한 데서 저자의 특장은 여실히 드러났다. 그러나 고구려의 요청에 응한 설연타와 달리 강거의 경우는 구체적인 동향이 없었다. 더구나 강거는 지정학적 여건상 당을 견제할 수 있는 현실적 수단이 모호했으므로, 연횡 대상으로서의 실효성에 대한 의문 제기가 가능하다.

다음으로 동아시아 국제전의 관점에서 백제와 고구려의 멸망, 신라와 당의 전쟁을 고찰했다. 당은 백제 원정에 앞서 서돌궐을 평정하고, 고구려가 백제를 구원하지 못하도록 요동도 공략했다. 신라와 당의 연합군은 백강과 탄현봉쇄책 대신 사비유인책을 채택한 백제의 왕도를 함락시켰다. 당은 백제부흥군의 활동에도 불구하고 철군을 결정했는데, 당의 백제 원정은 고구려 공략을 위한 전략의 일환이었기 때문이다. 실제로 당은 661년과 662년에 평양을 직접 공격했지만 역시 실패로 끝났다. 저자는 당의 백제 원정이 갖는 의미를 신라로부터의 군수품 보급으로 인해 고구려의 전략적 입지가 약화된 데서 찾았다.

당의 평양 직공이 실패한 이후 부여풍과 복신의 백제부흥군은 더욱 기세를 떨쳤다. 劉仁願이 지휘하는 주둔군의 철수가 논의되었지만, 劉仁軌가 고구려 점령을 위한 백제의 전략적 가치를 들어 반대함으로써 중지되었다. 신라와 당의 연합군이 663년에 금강 하구의 白江口에서 왜의 수군을 격파하고, 한산의 주류성을 함락시킴으로써 백제부흥운동도 종지부를 찍었다. 당은 부여융을 웅진도독에 임명한 뒤 문무왕과의 취리산 회맹을 주선하여 백제고지에 대한 지배권을 확보하였다.

한편 연개소문은 백제 멸망 이후의 국제정세에 대응하기 위해 자식들에게 군권을 이관하였다. 저자는 세 아들에게 모두 군국정사에 참여할 수 있는 기회를 부여함으로써 권력 투쟁의 소지가 있었던 것으로 이해했다. 연개소문의 사후 자제 간에 내분이 일어났고, 남생의 투항을

계기로 당의 원정이 666년에 재개되었다. 신라군도 협력하기 위해 북
상했지만, 당군은 월동을 위해 일시 요동으로 퇴각했다. 당은 668년에
재차 신라와 연합하여 평양성을 포위했고, 승려 信誠이 당군에 내응함
으로써 고구려도 멸망하고 말았다.

저자는 고구려가 멸망한 이후 유민들의 반발은 두 가지 형태로 나타
난 것으로 보았다. 그 하나는 적극적인 형태로서 당의 지배에 대한 봉
기였고, 다른 하나는 소극적인 형태로서 다른 지역으로의 이주였다. 고
구려의 오랜 지배하에서 고구려화한 말갈족은 당과의 전쟁에서도 크
게 활약한 바 있었다. 그러나 고구려의 멸망 이후 말갈 諸部 중에서 흑
수부를 제외한 나머지는 대부분 미약해졌다. 이들이 다시 세력을 규합
한 것은 대조영이 발해를 건국한 이후의 일이었다.

신라는 당과 연합하여 백제와 고구려를 멸망시킨 다음 백제고지의
통합을 위해 당과의 전쟁이 불가피해졌다. 신라는 668년에 당에 대해
위기의식을 느끼던 왜와의 관계 개선을 꾀하고, 669년 후반부터 백제
고지에 대한 군사작전을 개시했다. 670년 압록강 이북에서 신라의 활
동은 백제고지의 점령을 위한 일종의 양동작전이었다. 저자는 토번의
당에 대한 공격이 신라와 당의 개전 이후에 있었으므로, 양국 간에 전
쟁이 발발한 동인이기보다 오히려 당군 철수의 배경일 것으로 이해했
다.

두 개의 전선에서 위기에 처한 당이 백제고지에서 물러난 기회에, 신
라는 672년에 所夫里州를 설치하고 지배력을 강화했다. 당은 신라군과
연합한 고구려부흥군을 상대로 싸운 결과, 673년 임진강 유역에서 고
구려부흥군을 격파했다. 이제 신라와 당은 임진강을 사이에 두고 마지
막 승부를 겨룰 수밖에 없었는데, 당이 676년에 토번 문제에 주력하고
자 안동도호부를 요동 고성으로 철수함으로써 두 나라의 전쟁도 끝나

게 되었다.

끝으로 전쟁의 여진은 신라가 당과 이면적으로 대립하는 상황 때문에 일본과의 관계에도 영향을 미쳤다. 저자는 당의 지배력이 요동 반도의 일대에 국한되었고, 신라는 대동강 이남을 완충지대로 남겨둔 것으로 파악했다. 신라는 당과의 대립 속에서 일본과 우호를 유지하기에 노력했으며, 힘의 공백지대이던 만주에서 발해가 건국됨으로써 기존의 국제질서는 종막을 고했다. 신라가 발해 견제의 대가로 당에게 대동강 이남의 영유권을 인정받은 점을 고려하면, 실제로 여진은 735년까지 미치고 있었던 셈이다.

이상에서 보는 바와 같이 백제와 고구려의 멸망과 부흥운동은 물론 신라와 당의 전쟁과 일본·토번 관계까지 치밀하게 분석함으로써 당시의 역사상을 복원할 수 있게 되었다. 이러한 과정에서 저자는 나·당연합군의 통수권이 당군에게 장악되지 않았음을 입증하기 위해, 蘇定方이 김문영을 참수하려고 할 때 보여준 김유신의 반발에 주목했다.[43] 그러나 신라와 당의 연합군이 백제를 멸망시키는 과정에서 당이 작전권을 주도한 사실은 여러 사료에서 확인된다. 이것은 목전의 백제 통합만을 염두에 두고 당과의 연합을 추진한 신라 외교의 자기 한계에서 연유하는 현상일 따름이었다.

이밖에 고구려부흥운동과 더불어 당과 토번의 관계가 상대적으로 소략하게 다루어진 점에 대해서는 평자도 지적했다.[44] 다만 당이 676년 이후에 사실상 압록강 이남을 공지화한 상태에서[45] 신라가 임진강이북을 완충지대로 방기했다면, 이것은 신라의 백제통합전쟁론을 방증

---

43) 노태돈, 앞의 책, 151쪽.

44) 李文基, 앞의 서평, 422~423쪽.

45) 노태돈, 앞의 책, 245쪽.

하는 근거에 다름 아니다. 735년 이전의 임진강 이북과 대동강 혹은 압록강 이남에 대한 실상 파악은 향후 과제일 수 있다. 그러나 식민사학의 통일신라론이 유가사학의 일통삼한 의식과 달리 676년에 고구려의 南境에서 북단에 해당하는 대동강과 원산만 일대의 이남을 통일한 것으로 해석한[46] 이래의 착각을 탈피하지 않으면 안 된다.

삼국통일전쟁에 대한 이론과 사실을 검토한 위에서 역사적 의의를 총괄하는 것으로 맺었다. 첫째, 민족형성사에서 민족을 구성하는 객관적이고도 주관적 요소를 고려할 때, 삼국통일전쟁은 민족 형성에서 획기적인 의미를 지녔다. 신라의 삼국통일 이후 삼한일통의식에 기초한 동질성이 확고해졌기 때문이다. 둘째, 국가발달사에서 중앙집권적 영역국가체제가 확립되었다. 삼국통일전쟁이 지방민의 징발과 人丁 중심의 수취를 촉진함으로써, 중앙집권체제가 더욱 강화되었기 때문이다. 셋째, 대외 관계사에서 신라는 당과의 이면적인 대립 속에 조공·

---

[46] 朝鮮史學會 編,『朝鮮史大系』上世史 (朝鮮史學會, 1927), 201~203쪽; 大原利武,『朝鮮史要』(朝鮮史學會, 1929), 25~26쪽. 이러한 신라의 통일 영역에 대한 인식조차 일정한 내용 검토를 요하는 사료인 "然多取百濟地 遂抵高句麗南境爲州郡"(『三國史記』卷7, 文武王 15年)에 '고구려의 南境'을 대동강 이남으로 해석한 데 따른 것일 뿐이었다. 그러나 신라는 형식적이나마 고구려의 王統을 계승하도록 다시 인정한 안승의 보덕국을 684년까지 존속시킨 결과, 정작 전근대사회의 통일 요건으로 영토와 주민보다 중요한 왕조가 아직 통합되지 않음으로써 일통삼한의식마저 형성될 수 없었던 정황에 유의할 필요가 있다. 더구나 이와 같은 사실이 원산만 이남은 한국사, 그 이북은 만주사의 영역으로 파악하려는 만선사관의 境域認識과도 결부되었는데(김영하,「일제시기의 진흥왕순수비론」,『韓國古代史硏究』52, 2008, 458~460쪽 참조), 현행『고등학교 국사』에서 해당 단원의 지도에도 그대로 표기되어 있다. 이처럼 대동강과 원산만 이북의 발해를 만주의 역사로 편입하려는 만선사관의 역사인식과 경역인식이 극복되지 않은 채, 실제와 괴리된 내용의 역사교육이 통일신라론을 지속시킨 배경의 하나일 수도 있었다. 백제를 통합한 신라와 고구려고지에서 건국한 발해가 병립하는 '신라와 발해'로 인식하고, 신라는 발해와의 관계 속에서 735년 이후에야 대동강 이남을 지배할 수 있었다는 사실의 교육이 중요하다.

책봉관계를 정착시키는 한편, 일본은 이웃 나라인 동시에 잠재적 적국
으로 인식했다. 이와 같이 중국에 대한 事大와 일본과의 交隣은 이후
고려와 조선에서 대외 관계의 기조를 이루었다.

이상은 역사적 의의의 천명인 동시에 중세분기설에 대한 비판을 전
제하고 있었다. 국가의 발달에서는 기존의 요소가 강화되는 연속설의
입장이지만, 민족의 형성과 대외 관계에서는 새로운 요소를 부각시킨
단절설의 관점이었다. 시대구분의 문제를 굳이 거론하지 않더라도, 7
세기 동아시아의 국제전이 한국사에 초래한 사회 변동의 의미만큼은
정합적으로 해석할 필요가 있다. 결국 저자의 논지는 7세기 동아시아
국제전의 관점에 서면서도, 기존의 신라통일론과 고대연속설의 입장을
다시 확인하고 논리적으로 보완했던 셈이다.

4. 정리와 과제

필자와 저자는 논지의 강조점에서 차이가 있었지만, 논리의 전개에
서는 유사성을 보이고 있었다. 적어도 7세기 후반의 한국사를 신라가
삼국을 통일하는 과정만으로 이해한 종래의 시각에서 벗어났던 것이
다. 7세기 동아시아의 국제전이라는 인식틀 위에서 필자는 전략적 차
원에서 신라의 백제통합전쟁으로 파악했고, 저자는 국제 관계의 다중
적인 연동 속에서 신라의 삼국통일전쟁으로 이해하는 차이가 있었을
뿐이다. 동일 주제의 인식에서 유사는 서로 삼투한 결과이며, 차이는
입장이 다른 데서 파생했을 것이다.

필자가 백제통합전쟁론에서 제기한 국제전의 주요 과정은 당의 요
동공략책에서 단기 점령전략과 장기 소모전략—나·당연합의 백제 원

정에 따른 평양직공책과 후방기지화—당의 고구려에 대한 내분 공작과 원정의 단계로 이루어졌다. 이러한 전개는 유인궤의 百濟先誅論과 百濟抛棄不可論과도 일부 부합하는 바로서 저자도 부정하지 않았으며, 고구려의 내분이 당 또는 신라의 細作에 의해 일어났을 가능성까지 언급함으로써 인식의 유사를 보여주었다.

한편 저자의 삼국통일전쟁론은 각국 지배층의 동향과 국제 관계의 외연, 개별 전투의 상황과 백제부흥운동 등에서 필자보다 구체성을 확보함으로써 풍부한 역사상의 묘사가 가능해졌다. 다만 신라와 당의 전쟁 결과에서 신라의 백제 통합과 삼국통일로 달리 이해함으로써, 통합 영역의 범위와 임진강 이북에 대한 이해, 전쟁 이후의 사회 성격 등에서는 인식의 차이를 드러냈다.

이러한 유사와 차이를 딛고 7세기 동아시아 국제전이 동아시아 세계에 미친 영향을 생각해볼 필요가 있다. 당이 백제를 원정한 660년 말에 섭정을 맡은 則天武后는 661년에 당 고종의 고구려에 대한 친정 계획을 중지시켰으며, 664년부터 수렴청정에 임한 측천무후는 666년의 태산 봉선을 주도하고 亞獻官으로 참례했다. 이와 같은 당의 내정 변화가 대외정책에도 영향을 끼쳤을 것으로 추측되는데, 고구려에 대한 고강도의 전쟁에서 일시나마 저강도의 공작으로 전략을 바꾼 배경일 수도 있었다.

7세기 동아시아의 국제전이 인간의 삶에 고통을 안겼을지라도, 그 역설은 문명을 교통시킨 계기라는 데 있었다. 당의 율령문화가 신라와 일본으로 전파되었으며, 해당 사회의 성격을 크게 변화시켰다. 다만 삼국 간의 전쟁에서 생존한 신라는 국가체제를 개혁하는 데 필요한 율령 제도의 전면적 수용에 소극적이었다. 그런 반면 일본에서는 백강 패배에서 연유한 672년 壬申의 난으로 즉위한 천무천황이 율령제도를 적극적으로 수용했다. 신라에 대한 일본의 경쟁의식에서 촉발된 측면도 없지 않았겠지만,[47] 전쟁과 내란이 국가체제의 개편에 미치는 영향에 관한 비교사적 연구를 요하는 부분이라 여겨진다.

7세기 동아시아의 국제전은 한반도의 삼국은 물론 동아시아의 세 지역이 서로의 전략적 이해관계에 따라 참전한 결과, 동아시아 세계가 연동하는 하나의 역사적 실체라는 점을 처음으로 확인시킨 전쟁이었다. 이와 같은 성격의 전쟁이 이전에는 없었지만, 이후에는 임진왜란과 청·일전쟁 등으로 이어졌다. 중세의 중국중심적 국제질서 속에서 한반도를 둘러싼 동아시아의 국제전은 관련 국가에 커다란 변화를 가져왔다. 이러한 관점에서 필자는 7세기 후반의 한국사를 새로운 사회로의 이행기로 파악했던 것이다.

이처럼 외적 연동에 수반한 내적 변화의 양상은 근대 자본주의적 세계질서로의 전환기에도 유사하게 나타났다. 개항 이후의 한국과 일본은 서구 문명의 수용 태도에서 일정한 차이를 노정했던 것이다. 이와 같은 현상이 만약 7세기 이후 한국과 일본이 겪었던 장기 지속의 역정과 그 변화에서 기인하는 것이라면, 신라 중대에서 중앙집권체제의 성립이 갖는 한국사상의 의미에 대한 탐색은 과제일 수밖에 없겠다. 다만 전근대 동아시아의 왕조 중에서 '통일신라'처럼 통일로 수식된 왕조명이 없다는 사실을 새삼 환기하면서 마친다.

---

47) 李成市, 「新羅文武·神文王代の集權政策と骨品制」, 『日本史研究』 500, 2004, 44쪽 참조.

고려의 정치제도와 권력관계: 통일신라의 정치제도와 비교

박재우

1. 머리말

고려시대 정치제도에 대한 연구는 1970~1980년대에 형성된 통설이 1990~2000년대를 지나면서 비판적으로 재해석되는 상황에 있다. 이로 인해 정치제도에 대한 이해는 물론 그것을 통해 그려지는 고려의 시대 상이 보다 풍부하게 이해되고 있어 의미가 적지 않다.

그동안 정치제도사 연구는 해당 시기의 지배층에 대한 연구와 밀접 한 관련을 가지고 이루어졌다. 한국사의 전개 과정에서 정치를 이끌었 던 지배층은 신라의 진골, 고려의 귀족, 조선의 양반으로 알려져 왔 다.[1] 이들 지배층이 해당 시대의 역사상을 이해하는 데 중심적인 지위 를 갖게 되면서 정치제도에 대한 해석도 그와 관련을 가지고 이루어졌 던 것이다.

특히 고려는 귀족사회로 인식되면서 정치제도는 귀족제적 관점에서 해석되었다.[2] 고려는 귀족의 대표적 존재인 宰相이 정치를 이끌어갔

---

[1] 변태섭, 「고려 귀족사회의 역사성」, 『고려사회의 귀족제설과 관료제론』(지식산 업사, 1985).

고 그래서 왕권은 상대적으로 약했다는 것이다.[3] 이러한 관점에서 연구가 이루어지면서 중서문하성, 상서성, 중추원을 비롯한 고려의 정치제도에 대한 많은 이해가 가능해졌으나[4] 문제점도 없지 않았다.

왕조 국가인 고려의 정치는 국왕과 재상(신료)이 이끌어갔다. 그런데 기존 연구는 귀족의 대표적 존재인 재상이 정치의 중심에 있었다고 믿었기 때문에 재상을 중심으로 연구를 하였을 뿐 왕권 자체에 대해서는 거의 관심을 기울이지 않았다. 그러면서 왕권이 상대적으로 약했다고 말해왔는데, 이는 실증되지 않은 선험적인 결론에 불과한 것이었다. 이러한 상황에서 왕권에 대한 연구가 이루어지면서 고려의 정치제도에 대한 새로운 이해가 가능하게 되었고,[5] 고려의 역사상에 대해서도 기존과 다른 시각에서 바라볼 수 있게 해 주었다.

이러한 최근의 연구 경향에 더하여 고려의 정치제도가 갖는 역사적 성격을 이해하기 위해서는 신라의 정치제도와 비교할 필요가 있다고 생각된다. 고려의 정치제도를 정치 사회적 토대나 제도 운영의 원리가 달랐던 신라의 제도와 비교해서 살펴본다면 그것의 정치 역사적 성격이 더욱 분명하게 드러날 것이기 때문이다.

그러므로 여기서는 고려의 정치제도와 권력관계의 문제를 다루면서 신라의 제도와 비교하여 살펴보고자 한다. 이와 관련해서 살펴볼 문제

---

[2] 변태섭, 「고려의 정치체제와 권력구조」, 『한국학보』 4, 1976.

[3] 박용운, 「중앙정치체제의 권력구조와 그 성격」, 『한국사』 13, 1993; 박용운, 「고려시기의 兼職과 重複職에 대한 논의와 권력구조」, 『한국사연구』 136, 2007.

[4] 변태섭, 『고려정치제도사연구』(일조각, 1971); 박용운, 『고려시대 臺諫制度 연구』(일지사, 1980); 박용운, 『고려시대 中書門下省 宰臣 연구』(일지사, 2000); 박용운, 『고려시대 尙書省 연구』(경인문화사, 2000); 박용운, 『고려시대 中樞院 연구』(고려대학교민족문화연구원, 2001).

[5] 박재우, 『고려 국정운영의 체계와 왕권』(신구문화사, 2005); 이정훈, 『고려전기 정치제도 연구』(혜안, 2007).

는 다음과 같다. 고려가 중국제도를 전면적으로 도입한 이유는 무엇인
가? 성립한 관부의 구조는 신라와 어떻게 달랐는가? 국왕과 신료의 권
력관계는 어떻게 변했는가? 합의정치의 발전 양상과 이유는 무엇인가?
본고에서는 이러한 문제를 하나씩 살펴보면서 고려시대 정치제도의
역사적 특징을 설명하고자 한다.

2. 중국제도의 도입과 배경

고려의 일대에 걸쳐 운영된 정치제도는 성종대에 中書門下省과 尙
書省, 6部를 설치하면서 성립하였다.[6] 이러한 제도 정비의 중요한 특
징 중에 하나는 중국제도를 전면적으로 도입했다는 것이었다.

물론 중국과 밀접한 관계를 가지고 제도와 문물을 수용한 것은 삼국
이래 한반도 국가들의 외교의 기본적인 특징이었다. 하지만 중국제도
를 전면적으로 도입하여 통치제도를 정비한 것은 고려 성종대가 처음
이었고, 신라는 중국제도의 영향을 받기는 하였으나 정치제도의 조직
과 운영 전반에 걸쳐 전면적으로 수용한 것은 아니었다. 그러므로 중
국제도를 전면적으로 도입했다는 것은 고려 정치제도의 특징으로 이
해할 수 있겠다.

그러므로 여기서는 고려가 통치제도의 수립을 위해 중국제도를 전
면적으로 도입한 배경에 대해 살펴보기로 하겠다.

---

[6] 고려 초기에는 태봉의 제도를 계승한 廣評省, 內奉省, 內議省, 徇軍府, 兵部 등의
관부들이 설치 운영되었으나, 이들 제도는 성종대에 중국제도가 도입되어 새로
운 통치제도가 정비되자 더 이상 사용되지 않았다 (변태섭, 「고려초기의 정치제
도」, 『한우근정년기념사학논총』, 1981).

한국사의 전개 과정에서 중국제도의 전면적인 도입은 六典制의 도입과 관련이 있었다. 六典制는 중국 정치제도사의 발전 과정에서 중서성, 문하성, 상서성의 3省 제도와 상서성 아래의 6部의 설립으로 가장 체계적인 형태를 갖추었다고 평가되고 있는데, 이러한 3성 6부 제도는 隋唐에서 제도적으로 완비되었다.[7]

고려에서 3성 6부 제도는 성종대에 당의 제도를 도입하여 中書門下省과 尙書省을 설치하고 尙書省 아래에 6부를 설치하면서 처음으로 모습을 갖추었다.[8] 구체적으로 말하면, 고려는 성종 원년에 內史門下省과 御事都省, 御事六官을 설치하였는데, 어사도성과 어사육관은 성종 14년에 尙書都省과 尙書六部로 개칭되었고, 내사문하성은 문종 15년에 中書門下省으로 개칭되었다. 뿐만 아니라 省·寺·監과 署·局 등의 중하급 관청도 갖추었다. 그야말로 중국제도의 전면적인 도입이라고 할만하다.

문제는 고려 성종대에 중국제도가 전면적으로 도입된 이유가 무엇인가 하는 점이다. 이는 신라 말 고려 초의 정치 문화적 배경과 밀접한 관련이 있었다. 신라는 통일 이후에 6두품을 중심으로 중국의 문화와 유교이념을 경험한 세력이 늘어나고 있었고[9] 이러한 분위기는 신라 말이 되면서 지방세력으로 확산되어 지방 학교가 설립될 정도였다.[10]

---

[7] 唐進, 鄭川水, 『中國國家機構史』(요녕인민출판사, 1993). 당 현종대에 편찬된 『大唐六典』을 보면, 내용은 3성 6부 제도이면서 書名은 大唐의 '六典'으로 칭하고 있고 尙書令 아래의 6尙書를 주나라의 6卿을 본받은 것으로 설명하고 있어, 당시에 3성 6부 제도는 六典制의 대표적 제도로 인식되고 있었음을 알 수 있다.

[8] 변태섭은 고려초기의 광평성, 내의성, 내봉성은 당제의 3성으로 볼 수 없고, 성종대에 비로소 당제를 모방하여 3성 6부 제도를 설립했다고 하였다(변태섭, 「고려시대의 중앙정치기구의 행정체계」, 『역사학보』 47, 1970).

[9] 이기백, 「신라통일기 및 고려초기의 유교적 정치이념」, 『대동문화연구』 6·7, 1970.

게다가 지방세력에서 성장하여 새롭게 건국한 후백제나 태봉, 그리고 고려는 정치운영에서 골품제적 원리를 폐기하였고, 특히 왕건은 유교를 정치이념으로 채택하고 있었다. 이후 성종대에 최승로가 시무책에서 '釋敎를 행하는 것은 修身의 근본이고 儒敎를 행하는 것은 理國의 근원이다'[11]라고 말했던 것은, 당시에는 이미 고려 지배층이 유교를 정치운영의 기본 원리로 생각하고 있었음을 의미하는 것이다.

이렇게 되자 중국의 제도와 문화를 수용하는 분위기가 고조되었는데, 왕건이 「訓要十條」에서 '우리 東方은 예로부터 唐風을 사모하여 文物과 禮樂은 모두 그 제도를 따랐다'[12]고 말한 것은 그러한 사정을 보여준다. 실제로 고려는 중국제도와 문화의 수용에 매우 적극적이었다. 가깝게는 광종대에 과거제, 문산계, 공복제, 황제 제도 등 다양한 중국제도를 수용하였고, 성종대에 들어서는 유교정치의 실현을 위한 제도적 장치의 마련이 최승로를 비롯한 지배층의 중요한 관심사였다.

성종은 圓丘를 설치하고, 籍田을 갈고, 神農과 后稷에게 제사하는 등 유교 의례를 적극 도입하였는데, 당시에 성종은 지나치게 華風을 추구하여 비판을 받을 정도로 중국의 제도와 문화의 도입에 열성이었다.[13] 그러므로 성종이 3성 6부 제도를 도입하여 통치제도를 새로 수립한 것은 유교정치를 실현하는 제도적 장치를 마련하기 위해서였던 것으로 이해해야 한다.

다만 중국제도의 전면적인 도입 시점인 당시에 고려는 송과 외교 관계를 맺고 있었는데 그럼에도 불구하고 송의 제도가 아니라 멸망한 당

---

10) 김광수, 「나말여초의 지방학교 문제」, 『한국사연구』 7, 1972.

11) 『高麗史』 권93, 열전6, 崔承老.

12) 『高麗史』 권2, 태조 24년 하4월.

13) 『高麗史』 권94, 열전7, 徐熙.

의 제도 특히 당 전기의 제도를 중점적으로 도입하였던 것에 대해서는 설명이 필요하다.

당의 멸망 이후 유교 이념이 확산되면서 五代, 十國과 宋, 遼, 金 등 동아시아 각국은 이를 실현하기 위해 당의 정치제도를 널리 수용하였다. 다만 五代와 宋은 3성 6부 제도가 무력화되고 樞密院, 三司 등의 다양한 令外官이 중심이 되어 제도가 운영된 반면에, 十國에서는 3성 6부 제도가 중심이 되어 운영되면서 令外官이 도입되었다.14)

고려가 중국제도를 전면적으로 도입한 것도 이러한 유교 이념과 당 제도의 확산이라는 동아시아적 정치 환경 속에서 이루어진 것이었다. 다만 고려가 3성 6부 제도를 중심적으로 도입한 것은 당시 고려 지배층 사이에 『貞觀政要』의 정치이념에 대한 공감이 널리 확산되고 있었던 것과 관련이 있었다.

『貞觀政要』는 당 태종의 제왕학적 통치술이 담긴 책으로, 군주가 정치의 중심에 있으면서 군주와 신료가 함께 국정을 조화롭게 운영해야 함을 말하고 있다. 고려 지배층은 이러한 『貞觀政要』를 정치운영의 모범으로 생각하였다. 고려에서 『貞觀政要』에 대한 관심은 광종 초반의 기록에서 확인되며 이러한 분위기는 성종대로 이어졌다. 성종 초반에 최승로는 전제적인 정치 행태를 보인 광종에 대해 비판적인 태도를 취했지만, 『貞觀政要』를 즐겨 읽으며 통치의 운영 원리로 삼았던 광종 초반의 정치에 대해서는 매우 긍정적으로 평가하였다. 사실 최승로가 지향했던 유교정치는 『貞觀政要』의 이념을 배경으로 하는 것이었고 그것을 모델로 삼아 五祖治積評과 시무책을 올렸던 것이다.15)

이처럼 성종 초반의 고려 지배층은 『貞觀政要』의 정치이념에 대해

---

14) 김대식, 「10~12세기 동아시아의 당제 수용」, 『역사와 현실』 73, 2009.
15) 오영섭, 「최승로 상서문의 사상적 기반과 역사적 의의」, 『태동고전문화』 10, 1993.

공감하고 있었고, 그래서『貞觀政要』의 정치운영 방식을 모범으로 삼
아 유교정치를 전면적으로 시행하고자 하였다.[16] 그래서 고려 지배층
은 그것을 구현해 낸 통치기구인 당 전기의 3성 6부 제도를 도입하였던
것이다.[17]

신라 역시 중국제도를 수용했으나 고려와 비교하면 수용 정도가 상
당히 달랐다. 신라는 정치제도의 성립과 형성 과정에서 중국제도의 영
향을 받기는 하였으나 고려처럼 중국제도를 전면적으로 도입하지 않
았고 또 그렇게 할 정도의 정치 문화적 필요가 없었다. 유교가 도입되
기는 하였으나 골품제가 사회 운영의 원리로 신라 말까지 영향력을 발
휘하고 있었으므로 정치운영의 원리로 정착하지 못했기 때문이었다.

신라의 정치를 이끌어갔던 상급관청을 보면, 법흥왕 3년(516)에 兵部
令이 설치되고 다음해에 兵部가 처음 설립되면서 만들어지기 시작하
여 이후 여러 관청과 관원이 필요에 따라 증치되었고, 신문왕 6년(686)
에 例作府가 설치되면서 기본적인 조직이 구비되었다. 이렇게 해서 정
비된 관청으로는 執事部, 兵部, 調府, 倉部, 禮部, 乘府, 司正部, 例作府,
船府, 領客府, 位和府, 左理方府, 右理方府 등이 있었다.

이러한 신라의 관부는 일시에 체계를 가지고 조직을 형성한 것이 아
니라 국가의 성장 과정에 맞추어 필요가 생길 때마다 관부를 설치하는

---

16) 물론 고려 지배층이 유교정치를 위한 텍스트로『정관정요』만을 참고했다는 것은
아니다. 삼국 이래로 유교 경전이 들어와 학교에서 가르치고 있었기 때문에 고려
지배층이 그러한 경전들과 그 기본 사상을 모를 리는 없었다. 하지만 성종대에
고려 지배층이『정관정요』를 정치운영의 모범으로 삼았다는 것은 여러 자료에서
확인된다. 예를 들어 성종이 5품 이상의 관리에게 시무책을 올리라고 명령한 것
은『정관정요』에서 당태종이 5품 이상 관리에게 명령을 내린 것을 본받은 것이며,
金審彦이 劉向의 六正, 六邪설을 중외에 반포하자고 말한 건의는 魏徵이 六正, 六
邪로 관리를 선발하고 다스려야 한다고 말한 것을 본받은 것으로 생각된다.
17) 박재우,「고려전기 君臣의 위상과 역할에 대한 관념」,『한국사연구』132, 2006.

방식으로 성립하였기 때문에 체계적인 六典制를 갖추기는 어려웠다.[18] 더구나 골품제가 형성 정착하는 때에 중앙의 관청과 관등, 관직이 성립 발전하였고, 그래서 골품제가 관청과 관등, 관직의 형성 과정에서 제도 의 운영 원리로 작용하였으므로, 성립하는 제도들이 유교정치를 시행 할 수 있는 구조로 만들어지는 것 자체가 불가능하였다.

　신라가 중국의 제도를 도입하고자 했으나 실제로는 한계가 뚜렷했 다는 것을 보여주는 것이 경덕왕의 한화정책이다. 경덕왕은 신라식 관 명을 漢化하였는데, 예를 들어 상급관청의 명칭을 보면, 調府는 大府, 乘府는 司馭府, 司正府는 肅正臺, 船府는 利濟府, 領客府는 司賓府, 位 和府는 司位府, 內省은 殿中省으로 고쳤고, 또한 관직의 명칭에서는 中 侍는 시중으로, 典大等과 大監, 卿은 시랑으로, 大舍는 낭중과 主簿로, 舍知는 원외랑, 佐는 評事 등으로 고쳤다.[19] 하지만 이러한 변화는 중 국제도의 전면적인 도입과는 상관이 없는 것으로서 일부 관청과 관직 의 명칭을 바꾼 것에 불과하였다. 골품제의 운영 원리를 포기하지 않 았기 때문에 3성 6부 제도의 전면적인 도입은 근본적으로 불가능한 것 이었다.

　이처럼 고려에서 중국제도의 전면적인 도입은 유교정치의 실현을

---

18) 신라의 제도에서 3성 또는 6부를 추정하는 견해들이 있다. 신라 말의 執事省, 中 事省, 宣敎省 등의 3개 省을 제시하기도 하고(이기동, 「나말여초 근시기구와 문 한기구의 확장」, 『역사학보』 77, 1978), 병부, 조부와 창부, 예부, 위화부, 좌리방 부와 우리방부, 예작부 등의 존재를 근거로 六典 조직의 관부가 갖추어졌다고 보는 견해가 있으나(이기동, 「신라 중대의 관료제와 골품제」, 『진단학보』 50, 1980), 그것으로 신라가 3성 6부 제도를 시행했다고 보기는 힘들다. 왜냐하면 그 러한 3성 또는 6부가 정치제도에서 가지는 위상과 역할이 당제와는 상당히 달랐 기 때문이다. 반면에 고려에서 3성 6부는 당제를 그대로 채용한 것은 아니지만 당에서처럼 고려의 제도운영에서 가장 높은 위상과 역할을 담당하였다. 그러므 로 六典制의 도입은 고려에서 비로소 제대로 이루어진 것으로 보아야 할 것이다.
19) 『三國史記』 권38, 雜志 7, 職官 上.

위한 것이었다. 이에 비해 정치제도가 골품제의 원리에 따라 운영되어 유교정치의 전면적인 실현이 근본적으로 불가능했던 신라에서 중국제도의 전면적인 도입이 가능했다고 생각되지는 않는다. 그러므로 고려 성종대의 3성 6부 제도의 성립은 골품제의 운영 원리를 대체하는 유교 이념 실현을 위한 제도적 장치를 마련한 것이라는 역사적 의미가 있었다. 한국사의 전개 과정에서 처음으로 유교정치를 본격적으로 시행할 제도적 장치가 제대로 마련되었던 것이다.

3. 관부의 구성과 특징

고려시대 정치제도의 특징은 우선적으로 관부의 구성을 통해 확인할 수 있는데, 이러한 점은 신라의 정치제도와 비교하면 보다 분명해진다. 여기서는 이들의 비교를 위해『삼국사기』직관지에 수록된 신라의 정치제도와『고려사』백관지에 기록된 고려의 정치제도의 구성에 대해 살펴볼 것이며, 이를 통해 고려 정치제도의 특징을 설명하고자 한다.

중앙의 통치제도는 대개 행정관부와 왕실관부로 구분된다. 이는 신라와 고려도 마찬가지였다. 먼저 신라의 경우를 살펴보면, 행정관부는 상급관청에 執事部, 兵部 등 13개, 하급관청에 賞賜署, 大日任典 등 31개가 있었고, 왕실관부로는 상급관청인 內省과 御龍省을 중심으로 內省 계열 71개, 御龍省 계열 35개, 東宮 계열 9개가 있었다.[20]

이에 비해 고려의 중앙관청을 정치제도가 완비된 문종 제도를 대상

---

20) 이인철,「신라 중앙행정관부의 조직과 운영」,『신라정치제도사연구』(일지사, 1993).

으로 보면, 행정관부는 상급관청은 中書門下省, 尙書省과 中樞院 등 3
개, 중급관청은 三司와 6부, 그리고 秘書省 등의 省, 衛尉寺 등의 寺,
軍器監 등의 監 등 23개, 문한관은 翰林院 등 4개, 하급관청은 太廟署
등의 署, 尙食局 등의 局 등 43개가 있었다. 왕실 관련 제도로 內職, 종
실제군과 이성제군의 封爵이 있었고, 관청으로 東宮官 계열 11개, 諸妃
主府, 諸王子府 등이 있었다.[21] 그리고 고려에는 필요가 생길 때에 설
치했다가 일이 끝나면 폐지했던 도감류 관청이 都兵馬使 등 38개가 있
었다. 이를 〈표〉로 정리하면 다음과 같다.

〈표 1〉 신라와 고려의 중앙관청 비교

		신라	고려
정규관청	행정관부	44	73
	왕실관부	115	13
임시관청	도감		38
합계		159	124

※ 비고: 신라의 제도는 『삼국사기』 직관지를, 고려의 제도는 『고려사』 백관지
　　문종관제를 기준으로 정리하였다.

　여기서 보면 고려의 중앙관청은 몇 가지 점에서 신라와 비교된다.
첫째, 고려의 중앙관청은 신라에 비해 숫자가 적다. 이와 관련해서 둘
째, 고려는 신라에 비해 행정관부의 숫자는 많지만 왕실관부의 숫자는
현저히 적었다. 셋째, 고려는 신라에는 없는 도감류의 관청이 새로 생
겨났고 숫자도 적지 않았다. 이러한 차이에 각국의 제도 운영의 특징

---

[21] 문종 22년에 설치한 동궁관의 제도에 따르면 師傅 계열, 詹事府 계열, 率府 계열,
侍衛 계열로 구분되었는데, 사부 계열은 다양한 관직, 첨사부 계열 1개 관부, 率
府 계열은 8개 관부, 侍衛 계열은 상대장군으로 되어 있다. 그래서 사부 계열은
관직으로 이루어졌으나 1개 관부로, 시위 계열도 1개 관부로 계산하였다. 諸妃主
府와 諸王子府는 개수를 정하기 어려워 각각 1개로 처리하였다.

이 들어있음은 물론이다. 그러면 이러한 문제를 좀 더 자세히 살펴보기로 하자.

먼저 고려 중앙관청의 전체 숫자는 124개로서[22] 신라의 159개에 비해 적었다.[23] 게다가 임시관청 38개를 제외하고 정규관청만을 대상으로 계산한다면 고려는 86개에 불과하여 훨씬 더 적었다. 그러면 고려의 중앙관청 특히 정규관청이 신라에 비해 적었던 이유는 무엇일까? 그것은 무엇보다 왕실관부의 숫자가 적었던 것이 가장 중요한 이유라고 생각된다. 왕실관부의 숫자가 적었던 문제에 대해서는 뒤에서 살펴볼 것이므로, 여기서는 정규관청의 숫자가 신라에 비해 적었던 것에 대해 생각해보기로 하자.

사실 고려의 정규관청은 기본적으로 중국제도를 근거로 도입하여 설립한 것이므로 처음부터 관부의 숫자가 무한정 늘어나기는 어려웠다. 그런데다 고려는 국가 규모가 당송보다 훨씬 작았기 때문에 당송처럼 많은 관부를 필요로 하지도 않았다. 그러므로 그들보다 관부의

---

[22] 중앙관청 중에 都監은 사안이 발생하면 설치했다가 끝나면 폐지하는 임시관청이었으므로 38개가 동시에 상설된 것은 아니었다. 그러므로 특정 시점의 중앙관청의 전체 숫자는 124개보다 훨씬 적었다.

[23] 신라와 고려의 중앙관청에 소속된 관리의 숫자를 비교하면 다른 측면도 확인된다. 『삼국사기』 직관지에 있는 신라의 중앙관청의 관리 숫자는 행정관부 770여 명, 왕실관부 550여 명으로 전체 1,320여 명인데, 이들 중에 고려시기에 吏屬으로 분류되는 史 470여 명을 제외하면 850여 명이다. 이에 비해 고려는 문종대 중앙의 정규관청에 관리가 521명(박용운, 「관직과 관계」, 『한국사』 13, 1993), 吏屬이 1,477명으로, 전체 1,998명이었다. 이들 숫자는 兼職을 고려하지 않은 편제상의 숫자이지만, 이를 보면 고려는 신라에 비해 관리의 숫자는 줄이고 실무를 보는 吏屬의 숫자를 늘렸다. 이러한 현상을 고려의 중앙관청의 숫자가 신라에 비해 적었다는 사실과 함께 생각해 보면, 고려의 행정 운영이 훨씬 체계적이고 합리적이었던 것으로 이해된다. 대신 정규관청으로 해결되지 않은 업무들은 임시관청을 통해 처리했는데, 임시관청에는 관원이 196명, 吏屬이 135명이 있었다. 물론 이들은 필요에 따라 설치했기 때문에 이들 모두가 함께 존재했던 것은 아니었다.

숫자가 훨씬 적은 것은 당연한 것이었다. 예를 들어『대당육전』에서 확인되는 당의 중앙관청의 숫자는 172개였는데 고려의 정규관청은 그의 절반 수준인 86개였던 것이다.[24] 그렇다고 해도 고려에 비해 영토가 훨씬 작고 인구도 적었을 신라의 통치기구가 159개였다는 점을 고려하면, 고려가 86개의 정규관청만으로 국가를 운영할 수 있었다고 생각되지는 않는다.

고려에서 신라에는 없는 도감류의 임시관청이 설립되어 운영되고 숫자도 적지 않았던 것은 이러한 측면과 관련해야만 이해가 가능하다. 다시 말해 都監은 정규관청 86개만으로는 국가를 운영하기 어려웠기 때문에 설립한 제도였다.[25] 게다가 3성 6부 제도는 중국제도를 도입한 것이고 각기 관청마다 정해진 업무가 있었으므로 고려의 현실 속에서 발생하는 일시적이고 긴요한 정치 사회적 필요를 모두 해결하기가 쉽지 않았다. 그래서 고려는 이러한 정규관청의 한계를 보완하기 위해 국정의 필요가 생길 때에 설치했다가 일이 끝나면 폐지한다는 개념으로 도감을 설치 운영하였던 것이다.

이러한 都監은 문종대에 38개나 설치 운영되어 정규관청의 86개와 비교해도 적지 않은 숫자인데, 이는 도감이 고려의 제도 운영에서 차지하는 비중이 적지 않았음을 의미한다. 게다가 도감의 관원들은 사무를

---

24) 고려의 정치제도가 당제를 도입하기는 했지만『대당육전』에 나타나는 것과 같은 제도를 그대로 수용한 것은 아니었다. 다만 당제에서 중앙관청의 숫자를 이해하기 위해 이를 살펴보면, 3성 6부 계열의 39개, 비서성, 전중성, 내시성 등 省 계열의 27개, 태상시 등 寺 계열의 53개, 국자감 등 監 계열의 23개와 태자 계열로 25개, 친왕부 계열의 3개, 친왕국 1개, 공주읍사 1개로서 전체 172개 관부로 이루어졌다. 이에 비해 고려는 송제까지 도입했으나 정규관부의 숫자가 86개에 불과하여 당제에 비해 절반 수준이었다.

25) 도감 중에는 업무가 끝나도 계속 유지되는 것들이 있었다(이정훈, 「고려시대 도감의 구조와 기능」,『한국사의 구조와 전개』(혜안, 2000). 하지만 업무가 끝나면 폐지하는 경우도 많았다(변태섭, 「사와 도감」,『한국사』13, 1993).

관장하는 관직을 제외하고는 대개 정규관청의 관리들이 겸직으로 임명되는 방식으로 운영되었으므로 재정을 절감하는 효과가 있었기 때문에 고려의 입장에서는 매우 유용한 제도였다.

이처럼 도감의 존재는 당송제도를 수용하여 통치제도를 수립한 고려의 상황에서 매우 필요한 제도적 장치였다. 이러한 점에서 都監은 고려의 독자적인 제도이자[26] 고려 정치제도 운영의 특징을 잘 보여주는 제도로 이해할 수 있겠다.

한편 앞서 말한 대로 정규관청의 구성에서 고려는 신라에 비해 행정관부의 숫자는 많지만 왕실관부의 숫자는 현저히 적었다. 이러한 점을 이해하기 위해서는 먼저 신라의 정치제도에서 행정관부와 왕실관부를 서로 비교할 필요가 있다. 신라는 왕실관부의 숫자가 행정관부에 비해 훨씬 많았는데 행정관부가 44개, 왕실관부가 115개였다. 이들 왕실관부의 상당수는 통일 이후에 설립되었는데, 왕권강화의 일환으로 이루어진 것으로 알려져 있다.

그런데 신라에서는 이들 왕실관부가 단순히 숫자만 많았던 것이 아니라 정치제도 내에서 행정관부와 구분되는 독자적인 범주로 인식되고 있었다. 이는 무엇보다 신라의 왕실관부가 단지 국왕과 왕실의 필요를 공급하는 업무만을 담당한 것이 아니라 국정 일반을 담당하고 있었다는 점에서 확인된다.

예를 들어 洗宅과 詳文師는 문한 기능을, 內司正典은 감찰 기능을, 少年監典은 음악 담당 기능을, 崇文臺는 왕실 자제의 교육 기능을, 尻驛典은 驛亭의 관리 기능을, 平珍音典은 하천 관리 기능을, 煙舍典은 烽臺 관리 기능을, 源谷羊典은 양을 기르는 기능을, 廩典은 녹봉 지급

---

26) 변태섭, 「고려의 정치체제와 권력구조」, 『한국학보』 4, 1976.

기능을, 藥典과 醫學은 의약 담당을, 物藏典은 工技寶藏의 기능을, 天文博士는 천문 기능을, 律令典은 율령의 교수 기능을, 陵色典은 왕릉 관리 기능을, 倭典은 왜의 사신 영접 기능을, 嶽典은 산천 제사 기능을, 染宮은 염색 기능을, 錦典 등은 물품 제작 기능을, 春典은 술을 만드는 기능을 담당하였다.[27] 이들 외에도 국왕과 왕실의 필요를 공급하는 것으로 생각하기 어려운 국정의 다양한 사안에 대해 왕실관부가 담당하고 있었다.

이들 중에 왕실관부만을 대상으로 하는 감찰기구인 內司正典과 녹봉기구인 天祿司가 확인되는데, 이는 신라에서 왕실관부가 독자적인 범주로 운영되고 있었음을 더욱 분명히 보여주고 있다.

먼저 內司正典에 대해 살펴보자. 원래 신라의 감찰기구는 진흥왕 5년(544)에 司正卿의 설치로 시작되어 무열왕 6년(659)에 卿 위에 장관인 令이 설치되면서 司正府라는 독립 관부로 확대되어 중앙관청 전체에 대한 감찰을 담당하였다. 그런데 경덕왕 5년(754)에 새로 內司正典을 설치하고 왕실관부만을 대상으로 따로 감찰하게 하였다. 이러한 內司正典 설치의 정치적 의미는 작지 않았다. 왜냐하면 그것은 경덕왕이 왕실관부에 대한 감찰을 독립시켜 왕실관부가 행정관부와는 다른 독자적인 운영의 범주임을 보여줌으로써 왕권강화를 시도한 것이었기 때문이다.

이러한 점은 天祿司도 마찬가지였다. 신라는 문무왕 17년(677)에 좌사록관, 21년에 우사록관을 설치하여 행정관부의 관리에 대한 녹봉 또는 녹읍미 지급을 담당시켰다.[28] 대신 왕실관부의 관리에 대해서는 天祿司가 녹봉을 지급하였다. 天祿司는 처음에 廩典으로 불렸는데, 늠전

---

27) 이인철, 「신라 內廷官府의 조직과 운영」, 『신라정치제도사연구』(일지사, 1993).
28) 『삼국사기』권38, 잡지7, 직관上, 左司祿官, 右司祿官.

은 설치 시점이 불분명하나 경덕왕대에 天祿司로 개칭하였다.[29] 당시 왕실관부를 설립하고 이를 통해 왕권강화를 추구했던 경덕왕이 改名을 통해 얻고자 했던 것은 內司正典의 설치를 통해 얻고자 하였던 정치적 효과와 다르지 않았을 것으로 생각된다.

신라가 왕실관부를 독자적인 정치운영의 범주로 운영한 이유에 대해서는, 그것이 왕권강화의 일환이기는 했지만 역으로 신라의 왕권이 진골 귀족을 초월하지 못했기 때문에 그러한 방식을 사용했다는 해석이 있다. 신라의 왕권이 초월적 위상을 가졌다면 그것은 국왕 개인 또는 왕실과 관련된 업무를 관장하는 궁정관부가 아니라 국가의 공적 업무를 관장하는 관료 조직을 통해 발휘되었을 것이라는 것이다.[30] 공감이 되는 견해이다.

이에 비해 고려는 왕실관부가 13개에 불과하여 신라에 비해 현저히 적었던 반면에 행정관부는 73개로서 신라보다 숫자가 많았다. 고려는 왕실관련 제도로 內職과 封爵이 있었고, 관청으로는 동궁관 계열 11개, 제비주부, 제왕자부가 있었으며, 그밖에는 하급관청으로 대표적인 왕실관부인 內庫와 도감류 관청으로 분류되는 內莊宅이 있었을 뿐이었다.[31]

이처럼 고려의 왕실관부가 현저히 적었던 것은, 신라에서는 왕실관부가 담당했던 국정 일반의 기능을 고려에서는 더 이상 왕실관부가 담

---

29)『삼국사기』권38, 잡지7, 직관中, 廩典; 전덕재,「신라 중앙재정기구의 성격과 변천」,『신라문화』25, 2005.

30) 하일식,「통일기의 정치기구와 관료제 운영」,『신라집권관료제연구』(혜안, 2006).

31) 하급관청인 내고와 도감류 관청인 내장택은 왕실관부이므로 본문의 〈표 1〉의 숫자는 조금씩 달라져야 한다. 하지만 〈표 1〉에서는 편의상 동궁관 계열, 제비주부, 제왕자부만을 왕실관부로 계산하였다.

당하지 않고 翰林院, 御史臺, 太樂署, 供譯署, 司宰寺, 典廏署, 三司, 太醫監, 小府監, 司天臺, 刑部, 諸陵署, 禮賓省, 掌牲署, 都染署, 雜織署, 良醞署 등의 행정관부가 담당하면서 그런 식의 왕실관부가 설치되지 않았기 때문이었다. 심지어 고려에서는 국왕의 일상생활을 돕거나 왕실 재정을 지원하는 기능을 했던 殿中省과 尙食局, 尙藥局, 尙衣局, 尙舍局, 尙乘局 그리고 良醞署, 中尙署, 守宮署 등도 왕실관부가 아니라 행정관부로 분류 운영되었다.[32]

이는 고려 국왕의 초월적 위상이 신라에 비해 훨씬 강화되어 국왕이 왕실관부를 통해 따로 권위를 행사하거나 국정을 이끌어갈 필요가 없어졌기 때문에 생긴 결과였다. 그리고 이는 고려에서 행정관부가 늘어나는 결과를 가져오는 것이기도 하였다.

이처럼 신라가 중앙관청을 행정관부와 왕실관부로 이원화하고 이들 각각을 독자적인 운영의 범주로 설정하여 운영하면서 왕권강화를 위해 왕실관부를 확충하는 방식을 취했던 것과 달리, 고려는 국왕의 초월적 위상이 강화되어 있었으므로 왕실관부는 최소화하고 행정관부는 크게 늘려 이를 중심으로 국가를 운영하였다.

4. 국왕과 신료의 권력관계

고려의 왕권과 제도 운영이 신라에 비해 훨씬 공적으로 인식되면서 국왕과 신료 사이의 권력관계도 신라와는 상당히 다른 모습을 갖게 되

---

32) 안병우, 「재정구조의 성립」, 『고려전기의 재정구조』 (서울대학교출판부, 2002); 박종진, 「조세제도의 성립과 조세체계」, 『고려시기 재정운영과 조세제도』 (서울대학교출판부, 2000).

었다. 이러한 고려의 권력관계 역시 신라의 제도와 비교해 보면 특징이 분명하게 드러난다.

주지하듯이 신라의 정치제도는 골품제적 운영 원리에 기반하였고, 진골의 기득권을 배타적으로 인정하는 방식으로 제도가 운영되었다. 그런데 이러한 제도 운영은 국왕과 頭品에게는 매우 불리한 것이었다.

예를 들어, 국왕의 고유 권한 중에 하나가 인사권인데, 신라에서는 국왕의 인사권이 제대로 발휘되기 어려웠다. 골품에 따라 받는 관등의 상한이 정해져 있고, 관등에 따라 받는 관직의 상한이 정해진 상황에서, 국왕이 능력 있는 인물에게 적절한 직임을 맡기고 싶어도 신분을 뛰어 넘어 관등을 높여줄 수 없었기 때문에 국왕의 인사권은 한계가 있을 수밖에 없었다.

그래서 국왕이 상급관청의 장관이나 재상에 임명하고자 하는 인물이 있다고 해도 진골에서만 선발해야 했기 때문에[33] 頭品은 전혀 기회가 없었다. 다시 말해 6두품은 대아찬 이상의 관등을 받지 못해 상급관청의 장관에 임명될 여지가 전혀 없었으며 宰相에 임명될 기회도 주어지지 않았다. 이러한 점에서 신라 국왕의 인사권은 법제적으로 한계가 뚜렷하였다. 신라에서 국왕과 頭品의 권력은 골품제로 인해 커다란 제약을 받고 있었던 것이다.

하지만 고려에서는 골품제가 폐기되었기 때문에 국왕의 인사권이 신라에서와 같은 제약을 받지 않았다. 무엇보다 상급관청의 관리로서 고려의 재상을 구성했던 중서문하성의 宰臣과 중추원의 樞密에 임명되는 신분이 귀족으로 제한되지 않았고, 중앙의 관리나 지방의 향리에

---

[33] 하일식, 「통일기의 정치기구와 관료제 운영」, 『신라집권관료제연구』(혜안, 2006).

서 진출한 인물도 人選의 대상이 되었다. 이렇게 人選의 범주가 넓어지면서 고려 국왕의 인사권은 신라에 비해 크게 확대되었다.

이러한 변화는 고려에서 宗室의 정치적 영향력이 크지 않았다는 점과 맞물려 있는 것이었다. 이는 신라의 왕족이 신라의 정계에서 가진 영향력과 비교하면 잘 드러난다. 신라의 왕족은 왕비족과 함께 골품제의 신분질서 속에서 진골에 속했고, 정치적 이유로 진골에서 몰락하는 경우를 제외하고는 원리상 진골의 혈연을 계승하기만 하면 세대를 제한받지 않고 계속해서 진골의 신분을 유지할 수 있었다. 하지만 고려의 宗室은 국왕의 아들과 사위, 태자의 妃父, 그리고 그들의 아들과 사위로 범주가 제한되었고,[34] 그래서 종실 집안에서 계속 종실을 배출하려면 혈연이나 혼인 관계를 통해 종실의 범주에 들어가야 했다.

게다가 신라의 왕족은 진골로서 상급관청의 장관이나 재상에 임명되어 국정을 논의하였고 국왕이 되는 자격까지 있어 신라의 정계에서 차지하는 정치적 영향력이 매우 컸던 반면에, 고려의 종실은 公, 侯, 伯과 司徒, 司空 등의 작위를 받았을 뿐 정치 참여가 인정되지 않아 고려의 정계에서 차지하는 영향력이 크지 않았다. 다만 왕건이 「訓要十條」에서 말한 '만약 元子가 불초하거든 次子에게 주고 또 불초하거든 형제의 무리 중에 추대를 받은 자에게 大統을 잇게 하라'[35]는 내용에 따라 왕위계승에 잠재적인 자격이 있었다. 하지만 신라의 진골처럼 政爭을 통해 왕위를 찬탈하는 경우는 거의 없었고,[36] 그러한 상황이 발생하는

---

34) 김기덕, 『고려시대 봉작제 연구』(청년사, 1998). 종실의 범주에서 벗어나면 祖宗
    苗裔라고 하여 왕실의 후손으로서 음서의 혜택을 받았는데, 官界에 들어가는 첫
    번째 관직을 받는 것일 뿐 그 외에 배타적인 특혜가 제도적으로 보장되어 있지
    는 않았다.

35) 『高麗史』 권2, 태조 26년 하4월.

것 자체가 매우 어려웠다.

이처럼 고려의 종실은 신라의 왕족에 비해 범주와 권한이 대폭 제한되었는데, 이는 국왕과 종실을 뚜렷이 구분시켜 국왕의 위상을 크게 높이는 결과를 가져왔다. 뿐만 아니라 종실에게 제약이 가해진 만큼 종실 외의 일반 지배층의 정치적 입지가 상대적으로 넓어지게 되었다.

이렇게 되자 신라와 달리 고려에서는 다양한 異姓의 귀족이 등장할 수 있었고 또 그들은 고려 왕실의 혼인 대상으로 선택될 수 있었다. 실제로 현종 이후 고려 왕실의 혼인 대상으로 異姓의 가문이 많이 참여하였고,[37] 이들은 왕실과의 혼인을 계기로 귀족으로 성장하거나 귀족의 지위를 누렸다.[38] 이는 종실의 영향력이 약해지면서 일반 지배층의 정치 사회적 위상이 상대적으로 높아진 결과였던 것이다.

그동안 고려를 귀족사회로 보는 입장에서 고려 왕실을 최대의 귀족가문으로 생각하는 경향이 있었다.[39] 물론 고려의 문벌은 계급내혼을 지향하며 문벌끼리 혼인 관계를 맺고 나아가 왕실과 혼인 관계를 맺어 정치 사회적 지위를 높이기도 했다. 하지만 그렇다고 해서 고려의 국왕을 귀족의 일원으로 보는 것은 문제가 있다.

신라에서는 통일 이후 국왕이 진골 출신이고, 또한 왕족도 진골로서

---

36) 고려 숙종은 文宗의 아들이자 順宗과 宣宗의 동생인데, 선종의 아들 獻宗이 즉위하자 李資義의 난을 평정하고 조카인 헌종의 양위를 받아 왕위에 올랐다. 숙종의 즉위가 정변을 통한 것이기는 하였지만 왕위계승에 대한 「훈요십조」의 교훈을 따르는 것이어서 문제가 되지 않았다. 당시 지배층도 '선종에게 다섯 동생이 있는데 어린 아들을 세워 옳은 것을 그릇되게 했다'고 하여, 어린 헌종의 즉위를 비판적으로 보고 그럴 경우에 宗室의 즉위 가능성을 열어놓고 있었던 것이다.

37) 정용숙, 『고려시대의 后妃』(민음사, 1992).

38) 박용운, 『고려사회와 문벌귀족가문』(경인문화사, 2003).

39) 변태섭, 「고려 귀족사회의 역사성」, 『고려사회의 귀족제설과 관료제론』(지식산업사, 1985).

정치의 중심에 참여하였으며 심지어 권력투쟁을 통해 왕위에 오르는 것이 가능하였다. 그러한 상황에서 신라의 국왕은 초월적 존재로 인식되거나 신료와 뚜렷이 구별되는 존재로 인식되기가 어려웠을 것이다.

하지만 고려에서는 국초 이래로 天命 사상이나 龍孫 관념의 영향으로 국왕의 초월적 위상이 인정되면서 이로써 왕위는 臣民이 감히 넘볼 수 없는 자리로 인식되었고, 그 결과 고려의 국왕은 지배층 내에서도 신료와는 뚜렷이 구별되는 존재로 인식되었다.[40] 그러므로 신라의 국왕이 진골의 일원이었던 것처럼 고려의 국왕을 귀족의 일원으로 생각하는 것은 잘못이다. 고려의 국왕은 권력관계에서 종실이나 귀족과는 뚜렷이 구별되는 높은 정치적 위상을 가지고 있었던 것으로 보아야 한다.

한편 국왕과 일반 지배층의 정치적 입지가 넓어지고 영향력이 확대되면서 이들이 권력을 남용할 여지도 커지게 되었다. 실제로 이러한 변화를 수용할 지배체제가 형성되기까지 고려초기에는 상당한 정치적 혼란이 발생하였다.

특히 광종은 노비안검법으로 정치상황을 혼란케 하고, 서열을 뛰어넘는 인사 정책을 시행했으며, 勳臣과 宿將을 숙청하여 정치적 파란을 일으켰다. 이에 반해 경종대는 權臣이 권력을 잡아 광종대의 개혁세력인 後生讒賊과 宗室을 살해하여 왕권이 위축되기도 하였다. 이들 사건은 골품제의 폐기로 인해 정치적 입지가 넓어진 국왕과 신료가 어느 쪽이든 간에 권력을 남용할 수 있음을 보여주는 것이었다.

국왕과 신료의 불법적인 행위를 견제하는 臺諫 제도가 고려시대에 크게 발전하였던 것도[41] 이 때문이었다. 물론 신라에도 신료를 감찰하는 司正府, 內司正典과 같은 대관이 존재하였지만 국왕을 견제하는 독

---

40) 박재우, 「고려전기 君臣의 위상과 역할에 대한 관념」, 『한국사연구』 132, 2006.
41) 박용운, 『고려시대 대간제도 연구』 (일지사, 1980).

자적인 諫官은 없었다. 신라에 독자적인 諫官이 부재하였다는 것은 신라의 왕권이 골품제의 제약을 받고 있어 간관을 필요로 하지 않았기 때문으로 해석된다.

하지만 고려는 초기부터 臺官과 함께 諫官을 설치하였다. 태봉 제도를 계승하여 內奉省에 理決, 評察, 史 등 7명을 두어 監察 기능을 하게 하였고, 內議省에 內議舍人 2명을 두어 간관으로서 간쟁을 담당하게 하였다. 고려가 신라에는 없던 諫官을 설치한 것은 고려의 정치체제 내에서 국왕의 위상이 높아져 그것을 견제할 제도적 장치가 필요했기 때문이었던 것이다.[42]

다만 이들 고려초기의 臺諫은 통치기구 내에서 위상이 낮아 국왕과 신료의 불법적 행위를 효과적으로 제어하지 못했다. 그래서 광종이 전제적인 정치운영으로 권력을 남용하고, 경종대는 權臣이 권력을 잡고 횡포를 부렸으나 막아내지 못했다.

이러한 정치적 상황을 경험했던 고려 지배층은 성종대에 당제를 도입하여 제도를 정비하면서 臺諫의 위상을 높이고 구성과 기능을 크게 확대하였다. 그래서 간관은 中書門下省의 정3품에서 종6품까지 관원 14명으로, 대관은 御史臺의 정3품에서 종6품까지 19명으로 설치하여 관직의 위상을 높이고 숫자를 늘렸으며, 기능도 확대되어 종래의 간쟁, 감찰의 기능 외에 봉박, 탄핵, 署經 등을 통해 다양한 방식으로 국왕과 신료의 불법적인 행위를 감시하게 하였다. 이렇게 해서 고려의 臺諫은 행정을 담당했던 6부와 함께 宰臣과 樞密 다음으로 정치적으로 중요한 비중을 차지하는 제도로 자리 잡게 되었다.

이처럼 고려시대 臺諫 제도의 강화는 골품제 폐기 이후에 국왕과 신

---

42) 박재우, 「고려초기의 대간제도」, 『역사와 현실』 68, 2008.

료가 각각 정치적 영향력이 확대되고 입지가 넓어져 불법적인 행위를 할 여지가 커졌기 때문에, 이를 견제하기 위한 제도적 장치를 마련하는 차원에서 이루어진 것이었다.

5. 합의정치의 발전

고려시대 정치운영의 특징 가운데 하나는 합의정치가 발달해 있었다는 것이다. 고려는 신라에 비해 중앙정치에 참여하는 지배층의 범주가 크게 확대되면서 지배층 내부에서 정치적 대립의 가능성이 커졌다. 이에 지배층 사이에 합의의 필요가 크게 대두하여 그것을 위한 다양한 제도적 장치가 마련되었고 그 결과 합의정치가 발전하였다.

특히 군신합의는 유교정치의 기본 원리이지만 궁예의 전제적인 정치 행태를 경험한 고려 지배층에게 골품제의 해체로 생겨난 새로운 정치 환경에서 정치적 입지가 넓어진 국왕과 신료 모두의 이해를 조정할 수 있는 좋은 대안이었다.

이러한 점을 인식한 왕건은 「訓要十條」에서 '諫言을 따르는 것이 聖君'[43]이라 하여 국왕이 정치를 독주하지 말고 신료와 합의하에 이끌어가야 한다는 것을 분명히 하였다. 국왕을 정치의 중심에 두고[44] 국왕과 신료 어느 한쪽이 독주하지 말고[45] 서로 합의하에 정치를 이끌어가야 한다는 관념은 성종대 지배층 사이에 널리 퍼져 있었는데, 이는 광종의

---

[43] 『高麗史』 권2, 태조 26년 하4월.

[44] 고려가 귀족정치를 지향했다고 주장한 이기백도 최승로가 국왕을 국가의 중심으로 생각했다고 평가하였다[이기백, 「최승로와 그의 정치사상」, 『최승로상서문연구』(일조각, 1992)].

[45] 하현강, 「고려초기 최승로의 정치사상연구」, 『이대사원』 12, 1975.

독단적인 정치 행태와 경종대 權臣의 권력남용을 경험했던 당시 지배층
의 일반적인 인식이었다. 그래서 성종대 지배층은 이러한 합의정치의
실현을 위해 중국제도를 도입하여 통치제도를 수립하였던 것이다.

그러면 고려의 제도운영과 비교되는 신라의 합의정치에 대해 먼저
살펴보자. 신라의 정치운영에서 합의제와 관련해서 논의되는 것은 크
게 두 가지이다. 하나는 신라의 상급관청의 장관을 보면 집사부, 사정
부, 예작부, 선부의 장관은 1인이지만, 조부, 창부, 예부, 좌리방부, 우
리방부, 영객부, 승부는 2인, 병부, 위화부는 3인, 경성주작부는 5인으
로 이루어져 복수인 경우가 많았고 또 이들 장관은 서로 겸하는 겸직
제로 운영되어, 여기에 임명되는 소수의 진골이 합의제의 방식으로 운
영했다는 것이다.[46] 이렇게 되면 상급관청의 上奏 내용은 진골의 입장
이 반영되므로 국왕이 국정을 최종 결정한다고 해도 정치적 영향력은
제약될 수밖에 없었다.

다음으로 신라의 합의정치의 모습을 보여주는 것은 會議이다. 신라
에서 회의는 6부제의 전통에서 비롯되어 대등에 의한 회의가 있었고,
이후 골품제가 형성된 이후에 진골 중심의 회의가 이루어졌다. 특히
통일 이후의 회의를 보면 재상이 회의의 구성원이었는데,[47] 당시 이들

---

46) 이기동, 「신라 관직제도의 특성」, 『삼국사기연구논선집』 3, 1985.

47) 전덕재, 「신라 화백회의의 성격과 그 변화」, 『역사학보』 182, 2004; 이인철, 「신라의
  군신회의와 재상제도」, 『한국학보』 65, 1991; 김희만, 「신라 화백회의의 인적 구성
  과 운영」, 『신라문화』 21, 2003. 고려는 태조 즉위 직후에 신라식 관등을 사용하면
  서 신라에서 진골이 받았던 韓粲(대아찬) 이상의 관등을 가진 인물 중에서 재상을
  선발하였다. 그러다가 곧이어 태봉식 관등을 사용하면서 大相 이상의 관등을 가진
  인물 중에서 재상을 선발하였다. 당시에 大相은 韓粲과 비슷한 위계로 인정되었던
  것이 아닌가 한다. 이후 문산계가 도입되면서 大相은 金紫興祿大夫로 개칭되었고,
  금자흥록대부는 문종대에 銀靑光祿大夫로 바뀌었는데, 이는 고려시기에 宰相의
  관계로 운영된 것이었다. 골품제는 폐기했어도 고려는 관등 혹은 관계상 재상의
  위계는 비슷하게 설정하였고 이것이 성종 이후로 전해졌던 것이 아닌가 한다.

재상은 上大等을 비롯하여 兵部令, 侍中, 內省私臣 등의 상급관청의 장관으로 이루어져 있었다.

그런데 신라에서 상급관청의 장관은 진골만 임명되는 관직이었으므로 會議의 구성원은 기본적으로 진골로 구성된 것이었다. 이렇게 되면 재상들이 회의한 결과를 국왕이 결정하거나 국왕이 자문을 통해 회의를 이끌어갔다고 해도 회의 내용은 기본적으로 진골의 영향력 속에서 결정되는 것으로 볼 수 있다.

이처럼 신라에서도 합의를 위한 제도적 장치가 있었지만 이는 기본적으로 진골의 입장이 반영되도록 만든 제도였고, 그래서 국왕이 국정에 대한 최종 결정권을 가졌다고 해도 결정 내용 자체가 진골에 의해 제약을 받을 수밖에 없었다.

고려는 정치운영에서 합의를 위한 훨씬 다양한 제도적 장치를 가지고 있었다. 먼저 고려는 업무의 처리 과정에서 합의를 통한 제도운영이 이루어지도록 통치제도를 수립하였다. 중국제도를 도입한 정규관청에서 상급관청과 중급관청은 합의를 위한 장치가 마련되어 있었다. 상급관청으로 중서문하성, 상서성, 중추원이 있었는데, 이들 중에 中書門下省의 宰臣은 처음부터 국정의 논의를 위해 만든 관직이므로 합의를 위한 제도로 이해된다. 게다가 이들 宰臣 중에 문하시중, 평장사는 本職이지만 참지정사, 정당문학, 지문하성사는 僕射나 尙書 등의 兼職으로 운영하여 행정실무를 국정의 의결과 연결하여 효율적인 합의가 가능하도록 만들었다.[48] 그리고 3~4품의 장관이 있는 중급관청인 6部나 三司, 省・寺・監 등의 행정관청은 장관이 1명이지만, 다른 관청의 관리로서 겸직하게 하는 判事・知事를 두어 장관을 견제하면서 동시에

---

48) 박재우, 「고려전기 재추의 운영원리와 권력구조」, 『역사와현실』 26, 1997.

장관과 함께 합의하에 업무를 처리하게 만들었다.[49]

또한 임시관청인 都監은 고려가 제도 운영에서 합의를 중시했다는 점을 더욱 잘 보여준다. 앞서 말한 대로 都監은 정규관청의 숫자가 적어 이를 보완하기 위해 만든 임시관청으로서, 정규관청이 처리하지 못하는 문제가 발생하면 필요에 따라 설치하여 안건을 처리했던 제도였다. 그런데 이들 都監은 정규관청의 관리들이 겸직으로 임명되어 회의를 통해 안건을 처리하는 회의기구였다. 그러므로 정규관청의 절반에 가까운 숫자의 都監이 회의를 통해 안건을 처리하는 기구였다는 점은 고려가 합의정치를 추구하였다는 점을 잘 보여주는 것이다.

다음으로 국정의 운영방식을 보면 합의를 위한 제도적 장치가 확인된다. 이는 왕명의 반포와 신료의 上奏에 대한 결재 방식에서 나타난다. 고려에서 국왕이 국정을 이끌어가는 가장 강력한 수단 중에 하나가 왕명의 반포였는데, 고려는 여기에서 국왕과 신료가 왕명의 내용을 합의하는 제도를 마련하였다.

고려에서 정무의 수행과 관련되는 대표적인 왕명으로는 制書, 詔書, 敎書, 宣旨 등이 있었는데, 이들 왕명은 기본적으로 왕명 출납을 담당한 중추원의 承宣을 통해 반포되었다. 다만 詔書, 敎書, 宣旨는 承宣을 통해 곧장 담당 관청이나 신료에게 전달되어 시행되었으나, 制書는 中書門下省의 심의를 거쳐 반포되었다.

이들 중에 국왕과 신료가 합의를 통해 내용을 만들어갔던 왕명은 중서문하성의 심의를 받은 制書였는데, 制書로 작성된 왕명을 중서문하성에 보내면 門下侍中, 門下侍郎平章事, 給事中이 심의를 담당하였다. 이들은 승선이 전달한 제서의 내용을 검토하여 그에 동의 혹은 반대를

---

[49] 권영국, 「고려전기 상서6부의 판사 지사제」, 『역사와현실』 76, 2010.

하거나 다른 대안을 제시하는 방식으로 심의하였고, 그에 대해 국왕은 중서문하성의 입장을 받아들일 것인지 여부를 정하여 제서의 내용에 대하여 최종 결정을 내렸다.[50]

이처럼 制書는 내용에 대한 최종 결정권은 국왕에게 있었지만 국왕과 신료가 합의를 통해 내용을 만드는 왕명이었다. 특히 제서는 다른 왕명에 비해 보다 권위 있는 왕명이었던 것으로 추정되므로 이러한 점에서도 고려 지배층이 합의를 매우 중요하게 생각하였음을 알 수 있다.

또한 고려는 신료의 上奏에 대해 국왕이 결재하는 과정에서 국왕과 신료가 합의하는 제도를 만들었다. 고려는 중앙과 지방 관청의 上奏가 재상을 거치지 않고 국왕에게 곧장 전달되어 국왕이 국정을 직접 관할하였다. 대신 국왕의 결정 과정에서 신료의 견해가 반영되도록 하는 제도가 마련되어 있었다.

고려에서 신료의 上奏에 대한 국왕의 결재는 두 가지 종류가 있었는데, 먼저 신료가 上奏하면 담당관청에 안건을 보내 시행안을 마련하도록 명하는 결재가 있었고, 다음으로 그러한 시행안에 대해 최종 결정을 내리는 결재가 있었다.[51] 즉 국정의 결정은 국왕의 고유 권한이지만, 구체적인 시행안의 마련과 관련해서는 담당관청의 견해를 존중하였고 그것을 바탕으로 최종 판단을 내렸던 것이다. 그러므로 이 과정에서 국정의 사안에 대해 국왕과 신료 사이에 합의가 이루어졌다고 하겠는데, 여기서 합의 방식은 신료의 입장에서는 시행안을 마련해서 올리는 것이 되고, 국왕의 입장에서는 시행안의 마련을 명령했다가 시행안이 올라오면 그것에 대해 판단하고 결정을 내리는 것이 되는 것이다.

또한 고려는 국왕과 신료가 일상적으로 국정을 논의하는 제도적 장

---

50) 박재우, 「고려전기 王命의 종류와 반포」, 『진단학보』 95, 2003.
51) 박재우, 「고려전기 國政의 결정과 시행」, 『한국사연구』 121, 2003.

치인 朝會를 운영하고 있었다. 고려는 元正, 冬至, 節日에 朝賀를 하고 한 달에 세 번씩 조회를 하였는데 이는 특별 행사로 생각된다. 대신 평소에 행하는 常朝가 있었는데 이는 宰樞가 죽었을 때에 추모하기 위해 輟朝하는 경우를 제외하고는 거의 매일 열렸다.

이러한 常朝에서는 국왕과 신료가 국정을 논의하였는데, 參上官 이상의 신료들이 참여하였다. 일상적인 조회에 참여한 신료의 범주가 參上官이었다는 것은 고려에서 국정의 논의에 참여할 수 있는 신료의 범주를 이해하는 데 매우 중요한데, 이는 뒤에서 다시 살펴보고자 한다.

마지막으로 고려의 합의정치는 다양한 會議를 통해서도 확인된다. 고려는 회의의 종류가 다양했는데, 이러한 것으로는 宰相이 참여하는 재상회의, 宰樞가 참여하는 재추회의가 있었고, 재상과 추밀의 범주를 넘어서는 신료들이 참여하는 확대회의 등이 있었다.[52] 또한 확대회의에는 式目都監使가 참여하는 회의, 輔臣이 참여하는 회의, 참상관 이상의 群臣이 참여하는 다양한 형태의 회의가 있었다. 국정의 일상적인 안건은 대개 국왕과 재상 사이에서 논의가 이루어졌지만 국정의 중대 사안은 재상의 범주를 넘어 宰樞, 群臣으로 회의의 참여 대상이 확대되었다.

이들 회의는 운영상 두 가지 특징을 가지고 있었다. 첫째는 재상의 경우 자문이 없어도 논의가 가능했지만, 대개는 국왕의 자문에 기초하여 회의가 이루어졌다. 다시 말해 고려의 會議는 국왕이 국정을 결정하는 과정에서 국왕의 결정권을 보좌하는 역할을 했는데, 이것이 會議를 통해 국왕과 신료가 합의하는 것이 갖는 의미였다.

---

52) 박재우, 「고려전기 國政의 결정과 회의」, 『한국문화』 30, 2002.

둘째는 재상은 신료의 대표적 존재였으므로 국정의 논의에서 중심
적인 역할을 하였지만, 재상 또는 재추의 범주를 넘어 더 많은 신료들
이 모인 회의에서 그들보다 지위가 낮은 신료들의 견해를 배제하고 자
신들의 입장만 내세우지는 못했다. 이러한 점은 매우 중요한데, 만약
재상이 지위를 이용하여 자신과 다른 입장을 제시하는 신료들의 견해
를 배제하는 방식으로 회의가 운영되었다면, 그러한 회의 결과를 참고
하여 국왕이 최종 결정을 내린다고 해도 국왕 결정권의 위상이 높다고
보기 힘들기 때문이다. 하지만 고려의 會議에서 재상은 다른 신료의
견해를 배제하지 못했고, 논의의 결과를 신료를 대표해서 그대로 국왕
에게 전달하는 역할을 하였다.[53] 이는 고려의 회의가 국왕의 결정권을
존중하는 방식으로 제도화되어 있었음을 뜻한다.

고려가 신라에 비해 합의를 위한 다양한 제도적 장치를 마련했던 것
은 국정의 논의에 참여하는 신료의 범주가 훨씬 넓고 다양하였고, 그래
서 그들의 입장이 국정의 결정 과정에 반영되어야 했기 때문이었다.
즉 신라에서 합의정치는 기본적으로 진골이 중심이 되어 이루어졌으
나, 고려는 최고 신분인 귀족의 범주를 넘어 더 다양한 신분이 참여하
였던 것이다.

이러한 점은 고려의 신분제가 良賤制로 운영된 사실과 밀접한 관련
이 있었다. 양천제는 인민을 良人과 賤人의 둘로 구분하는 신분제였
으나 실제로는 양인 내부에 법제적 사회적 관습적 요인에 따라 다양

---

[53] 예를 들어 인종 초반에 국왕이 兩府, 兩制, 侍從官에게 회의하여 이자겸을 특별히
대우하기 위한 방법을 모색하라는 명령을 내리자, 보문각학사 鄭克永과 어사잡단
崔濡가 稱臣하지 말게 하자고 하므로 모두 따랐는데, 보문각대제 金富軾이 반대
하였다. 이에 대해 宰輔는 兩議를 모두 왕에게 아뢰었다(『高麗史』권98, 열전 11,
金富軾). 여기서 김부식을 제외하고 宰相을 비롯한 회의에 참석한 관리들이 모두
稱臣하지 못하게 하자고 주장했으나 宰輔 곧 재상은 결국 김부식의 견해를 무시
하지 않고 두 가지 견해를 모두 올려 국왕이 판단하도록 하였던 것이다.

한 신분이 존재하였다. 그리고 골품제가 骨品 내에서 신분의 변동이 거의 불가능했다면, 양천제는 賤人이 良人이 되는 것은 엄격히 금지했지만 양인 내의 다양한 신분 사이에서는 어느 정도 신분 상승이 가능하였다.

그래서 고려는 賤人이나 천한 부류로 인식되는 신분이 아니면 국정의 논의에 참여할 수 있는 參上官에 임명되는 데 아무런 제약이 없었다.[54] 심지어 賤人이나 천한 부류도 국가에 대한 공로, 국왕에 대한 충성, 과거 급제와 같은 개인 능력에 의해 限職의 상한이 높아지거나 限職에서 벗어나기도 했다.[55]

이처럼 고려는 신분제 운영이 신라의 골품제에 비해 훨씬 유연했기 때문에 비록 귀족 출신이 상급관청의 장관이나 재상이 될 사회적 조건을 더 많이 갖추고 있었다고 해도, 신라가 진골에게 법적 혜택을 주었던 것과는 달리, 단지 귀족 출신이라는 이유만으로 그러한 관직을 독점적으로 받을 자격이 주어진 것은 아니었다. 귀족 출신이 아닌 중앙의 관리나 지방의 향리 출신도 얼마든지 상급관청의 장관이나 宰相에 임명되었던 것이다.

이렇게 되자 고려의 통치제도는 신분제와 관련을 가지고 운영되기는 했어도 신라에 비해 훨씬 관료적으로 운영될 수 있었고, 고려의 국왕도 국가의 관료기구를 통솔하는 최고 통치권자이자 국정의 최종 결정권자로서 국정의 중심에서 신료와 합의를 통해 국정을 이끌어갈 수 있었다.

---

[54] 김당택, 「고려시대의 參職」, 『성곡논총』 20, 1989; 이진한, 『고려전기 관직과 녹봉의 관계 연구』 (일지사, 1999).
[55] 김창현, 「고려시대 限職 제도」, 『국사관논총』 95, 2001.

6. 맺음말

본 연구는 고려시대의 정치제도와 권력관계의 특징을 신라의 제도와 비교하면서 살펴본 것이다.

고려 성종대에 성립한 중서문하성, 상서성과 6부 등은 고려 지배층이 유교정치 실현을 위한 제도적 장치를 마련하기 위해 중국제도를 전면적으로 도입한 것이었다. 당시 지배층은 『정관정요』의 유교이념을 실현하기 위해 그것을 구현한 당의 3성 6부 제도를 도입하였다. 신라역시 중국제도의 영향을 받았으나, 골품제가 제도 운영의 원리로 작용하고 있었으므로 고려처럼 전면적으로 도입하지는 못했다.

관부의 구조와 특징을 살펴보면, 고려 중앙의 정규관청은 신라에 비해 숫자가 적어 그것만으로 국가를 운영하기 어려웠고, 게다가 중국제도를 도입한 것이어서 고려의 현실에서 발생하는 긴요한 필요를 다 채우기는 어려웠다. 그래서 일이 생기면 설치하고 끝나면 폐지하는 임시관청인 도감을 설치 운영하였다.

신라는 정규관청에서 왕실관부가 행정관부보다 많았는데, 이는 왕실관부가 행정관부와 구분되는 독자적인 범주로 운영되면서 국정 일반을 관리했기 때문이었다. 반면 고려에서는 신라에서 왕실관부가 담당했던 국정 일반의 기능은 물론, 심지어 국왕의 일상생활을 관장하는 관청들도 행정관부로 배치되었다. 이는 신라와 비교해서 고려 왕권의 초월적 위상이 강화되고 그로 인해 관청 업무의 공적 성격이 강화되었음을 뜻한다.

국왕과 신료의 권력관계를 보면, 신라는 정치제도가 골품제의 원리로 운영되고 진골의 기득권이 인정되면서 국왕과 頭品은 매우 불리하였다. 하지만 고려는 골품제가 폐지되어 국왕과 일반 지배층의 정치적 입지가 크게 넓어졌다. 특히 고려는 宗室의 정치 참여가 허용되지 않아 정치적 영향력이 크지 않았다. 그로 인해 국왕의 위상이 높아졌고 종실 외의 일반 지배층의 정치적 입지가 넓어져 異姓의 가문도 왕실의 혼인 대상이 되었다. 국왕과 일반 지배층의 정치적 입지가 넓어지고 영향력이 확대되면서 이들이 권력을 남용할 여지도 커지게 되었다. 고려시기에 국왕과 신료의 불법적인 행위를 견제하는 臺諫 제도가 크게 발전한 것은 이러한 변화를 반영한 것이었다.

합의정치의 발전에 대해 살펴보면, 신라의 합의정치는 상급관청의 장관이 복수제와 겸직제로 운영된 것과 국정에 대한 會議를 통해 확인된다. 이에 비해 고려는 골품제의 폐기로 중앙정치에 참여하는 지배층의 범주가 넓어져 합의의 필요성이 더욱 커졌고 그래서 합의를 위한 더 다양한 제도적 장치가 있었는데, 정규관청과 임시관청은 합의를 통해 운영했고, 왕명의 반포와 上奏에 대한 국왕의 결재 방식, 朝會, 다양한 會議 등이 있었다.

국정의 합의에 참여하는 신료를 보면 신라는 진골이 중심이 되었으나 고려는 최고 신분인 귀족의 범주를 넘어 더 다양한 신분이 참여하였다. 고려의 신분제는 良賤制를 기본으로 이루어져 賤人이나 천한 부류가 아니면 參上官에 임명되어 국정의 논의에 참여할 수 있었다. 이처럼 신분제의 운영이 신라에 비해 유연했기 때문에, 고려의 통치제도는 신라에 비해 훨씬 관료적으로 운영되었고 국왕은 국정의 중심에서 신료와 합의를 통해 국정을 이끌어갈 수 있었다.

18세기 후반~19세기 전반
조선의 세시풍속서(歲時風俗書)와 '일상'의 기술

조성산

1. 머리말

18세기 후반에서 19세기 전반기는 淸나라 제국이 전성기를 구가하는 동시에 쇠퇴의 조짐을 보이는 전환기적 성격을 갖는 시기였다. 四庫全書의 편찬 등 문물의 융성이 극에 달한 시기였으며, 그러한 분위기 속에서 조선에서는 北學思想이 등장하고 일본에서도 다양한 문화조류들이 생성되었다. 이 시기에 동아시아의 문화는 중요한 재편의 기회를 맞았다. 그 가운데 자국의 고유한 문화와 풍속에 관심 갖는 풍조가 널리 확산되었다는 사실은 흥미롭다. 특히 민간의 풍속이 이 시기 적극적으로 발굴되고 지식인들 사이에서 활발히 논의되었다.

본 글은 당시 확대된 민간풍속 논의 가운데 세시풍속에 대해서 주목하고자 한다. 세시풍속은 曆法에 정해진 바의 節日에 습관적으로 행하는 일정한 행위들을 말하며, 이것에는 그것을 공유하는 공동체의 다양한 도덕관념, 공동체관념, 가치관념 등이 내재되어 있었다.[1] 또한 세시풍속은 중세 농업생산력과 직접적으로 관련되어 있었던 이유로, 사람들과 사회생활의 각 방면에 많은 영향을 부여했다. 그러한 점에서 세시풍속은 그것을 공유하는 구성원들에게 '사회적 시간'이라는 의미를 주었다.[2] 이와 같은 이유들로 인해 세시풍속은 전체적인 풍속 논의 가운데에서 많은 부분을 차지하였다.[3]

세시풍속의 기술 형태는 『禮記』의 月令에서 비롯되었다고 할 수 있지만 이것은 왕의 입장에서 구성된 시간의 의미가 강했고, 현재 알려진 의미에서의 민간 세시풍속에 대한 기술은 梁나라 사람이었던 宗懍(B.C. 498, 502~561, 565)의 『荊楚歲時記』에서부터 비롯되었다.[4] 『형초세시기』는 동아시아 세시풍속의 기본 형태가 구성되는 데에 중요한 영향을 끼쳤다. 조선의 세시풍속에 대한 부분적인 기술들은 오래 전부터 있어왔지만 『형초세시기』와 같은 독립된 형태의 조선 세시풍속서가 본격적으로 등장하는 것은 18세기 후반에서 19세기 전반기였다.

이 시기 조선 후기 대표적인 세시풍속서인 柳得恭(1749~1807)의 『京都雜誌』(18세기 후반경), 金邁淳(1776~1840)의 『洌陽歲時記』(1819), 洪錫謨(1781~1857)의 『東國歲時記』(1849)가 차례로 나왔다. 이렇게 정리된 형태의 세시풍속서 등장은 하나의 중요한 문화현상으로서 살펴볼 필요가 있다.[5] 물론 일찍부터 민간의 세시풍속을 기록하는 전통이 外

---

1) 馬興國,「第七章 歲時節日の民俗」, 宮田登·馬興國 編,『民俗』(日中文化交流史 叢書 第5卷) (大修館書店, 1998), 351쪽.

2) 이진경,「조선의 '세시기'에서의 사회적 시간의식에 관하여」, 김만태 외,『歲時風俗의 歷史와 變化』(민속원, 2010).

3) 馬興國,「序論 中日民俗交流民俗研究」, 宮田登·馬興國 編,『民俗』(日中文化交流史叢書 第5卷) (大修館書店, 1998), 40쪽.

4) 月令과 歲時記의 시간관념 차이에 대해서는 蕭放,『荊楚歲時記研究』(北京師範大學出版社, 2000), 157~161쪽 참조.

5) 세시풍속이 많은 관심을 받고 시기별 풍속을 정리한 歲時記가 본격적으로 등장하는 것은 18세기 후반 이후부터였다. 이에 대해서는 이창희,「옥소 권섭의 기속시 연구」,『우리어문연구』30, 2008, 200쪽 참조.

史라는 형태로 있어왔지만,[6] 이 시기 세시풍속서는 단편적인 서술에서
벗어나고 또한 지리지로부터 독립하여 단일 저술의 형태로 등장했다
는 측면에서 특징적인 문화현상이 아닐 수 없다.[7] 본 글은 왜 이 시기
독립된 형태의 세시풍속서가 나타났는가를 '일상'의 문제와 관련하여
분석해 보고자 한다.

　본 글에서 의미하는 '일상'은 일상생활과 그것에 대한 관점을 폭넓게
의미하며, 구체적으로는 이념과 구별되는 영역에서 영위되던 일반적인
생활, 풍속 등을 가리킨다. 민인들의 일상생활은 정치·종교 이념과 항
상 같은 방향에서 전개되는 것은 아니었다. 때로는 일치하기도 했지만
때로는 상충적이기도 했던 양자는 다양한 형태로 병존하고 있었다. 본
글은 이 점을 염두에 두면서 당대 사회에서 세시풍속이 어떠한 의미로
인지되고 있었는가에 대한 문제를 검토해보고자 한다.[8] 이는 조선 후
기 자국 풍속에 대한 관심이 갖는 의미들을 조망하는 데에도 도움을
줄 수 있을 것이라고 생각한다.

---

[6] 洪奭周, 『淵泉集』 卷15 「抄啓故寔下」, "臣謹按古之所謂史者 不惟記朝廷之政令而
已 外而四方之異聞 細而閭巷之風謠 蓋莫不具收而備載 故周之國史 實掌採詩之政
而周禮春官 外史又掌達四方之志 其所以責史職也 如此其詳 秦漢以後 此制雖廢
如所謂三輔決錄 荊楚歲時記者 尙有外史之遺意 而細金置探石室者之所不敢遺也"

[7] 洪錫謨는 『東國歲時記』와 같은 저서가 그동안 조선에는 없었다고 하였다(洪錫
謨, 『東國歲時記』 序, "一日陶厓洪友抽兀上一編書 示之日 此所述東國歲時記也
中州則自宗懍以來 作此書者 不爲不多 而吾東 則至今闕如 故聊爾效響 以誌土風
之各異焉").

[8] 세시풍속은 엄격한 의미에서 볼 때 '일상' 그 자체는 아니라고 할 수 있다. 세시풍
속이란 "각별한 의미가 부여된 날을 맞이하여 일상과 차별화된 행위를 하는 것
(김미영, 「일본 세시풍속 연구의 동향과 전망」, 『비교민속학』 37, 2008, 49쪽)"이
라고 정의할 수 있기 때문이다. 하지만 이러한 관점은 일상의 층위를 어떻게 보
느냐에 따라서 달라진다. 세시풍속은 일상을 벗어나는 축제의 성격을 띤 것으로
볼 수도 있지만 도덕적, 의리적인 이념의 측면에서 보면 일상생활의 한 영역으로
서 인식될 수도 있다. 본 글은 이념, 의리에 대비되는 관점에서 세시풍속을 일상
생활의 한 영역에 두고자 한다.

2. 민간풍속에 대한 관심 확대

조선 후기 사회에는 민간풍속에 대한 관심이 이전 시대에 비해서 비약적으로 확대되고 있었다. 세시풍속 등을 읊은 紀俗詩가 활발히 지어졌고, 타 지역의 기이한 생활 습속에 대한 관심도 높아졌다. 이와 같이 증대된 민간풍속에 대한 관심은 세시풍속서 형성에도 매우 중요한 영향을 끼쳤다고 생각한다. 민간풍속에 대한 관심이 확대되는 배경에는 다음과 같은 이유들을 들 수 있다.

우선, 조선은 18세기 들어서 性理學 이외의 다양한 풍문과 세계정세에 대한 관심들이 나타났다. 이러한 관심 속에서 도덕성을 강조하는 성리학으로 포섭하기 힘든 사물 자체에 대한 박학적 지식들이 조선에 퍼져 나갔다. 특히 18세기 후반에서부터 기존의 도덕적이고 윤리적인 삶에서 벗어난 일상생활이 갖는 의미가 새롭게 부각되고 있었다. 그동안 玩物喪志로 비하되던 花卉, 鵝鴿, 茶 등 다양한 여가 활동 등에 대한 지식이 비약적으로 증가하는 것은 새로운 지식의 경향성을 잘 보여준다.[9] 일상 여가활동에 대한 지식이 증가하는 이유를 하나의 원인으로 설명할 수는 없지만 전통적인 성리학 질서의 퇴조와 무관하다고 볼 수는 없다. 이러한 사조는 민간풍속과 같은 일상생활에 대한 관심을 견인하는 데에 일정한 역할을 하였다.

이에 더하여 이 시기 민간풍속에 대한 관심은 陽明學에 기반한 문화조류와도 깊은 관련성을 가졌다. 양명학에 뿌리를 둔 晩明의 문학 유파인 公安派의 경우, 일상성과 당대성을 기반으로 자신의 문학이론을 전개해 갔다.[10] 이는 反擬古主義와 창의성을 강조하는 것으로 요

---

9) 정민, 『18세기 조선지식인의 발견』(휴머니스트, 2007), 181~313쪽.

약할 수 있으며, 그들이 사물의 현실 묘사에서 탁월한 능력을 발휘하여 山水遊記 분야에 특장을 보였던 것도 이러한 이유 때문이었다.[11] 그러할 때 당대의 민간풍속은 그들에게 중요한 문학의 소재가 될 수 있었다. 가령, 『帝京景物略』을 지은 劉侗(約1593~約1636)과 于奕正(?~約1636)은 공안파처럼 작자의 개성을 강조하고 反擬古를 기치로 내건 鍾惺(1574~1625)·譚元春(?~1631)을 대표로 하는 竟陵派의 인물들이었다.[12]

공안파와 경릉파의 주장은 18세기부터 조선의 지식인 사회에 전래되어 있었고 18세기 후반에는 燕巖 그룹 등을 포함하여 광범위하게 퍼져 있었다.[13] 張之琬(1806~1858)이 쓴 柳晩恭(1793~1869)의[14] 『歲時風謠』(1843) 서문의 문장은 세시풍속과 양명학이 표명하는 가치가 어떠한 방식으로 연관되어 있는지를 잘 보여주고 있다. 장지완은 다음과 같이 말했다.

> 옛것을 귀하게 여기고 현재의 것을 천하게 여기는 것은 평범한 선비의 소견이니 그들이 어찌 古今을 같이하고 物理를 고르게 하여 眼目을 크게 할 수 있겠는가.[15]

---

10) 강명관, 「조선후기 한시와 회화의 교섭−풍속화와 기속시를 중심으로」, 『韓國漢文學研究』 30, 2002.

11) 심경호, 「조선후기 한문학과 袁宏道」, 『韓國漢文學研究』 34, 2004, 137~138쪽 참조.

12) 劉侗·于奕正, 「前言」, 『帝京景物略』(上海古籍出版社, 2001).

13) 조선후기 문학계에 끼친 공안파의 영향에 대해서는 심경호, 앞의 논문; 강명관, 『공안파와 조선후기 한문학』(소명출판, 2007) 참조.

14) 柳晩恭은 『京都雜誌』를 지은 柳得恭과는 사촌 사이였다. 이에 대해서는 이희목, 「歲時風謠 研究 1」, 『인문과학』 35, 2005, 43쪽 참조.

15) 張之琬, 『斐然箱鈔』 卷2 「歲時風謠序」.

　장지완이 지적한 '옛 것을 귀하게 여기고 현재의 것을 천하게 여기
는 것'은 일반적인 성리학자들의 사유였다. 그런데 장지완은 여기에
반대하면서 古와 今을 함께 중시해야 한다고 하였다. 이것에서 당시
풍속서 서술이 今 즉, 당대성을 소중히 하고자 하는 의식과 밀접한 관
련성이 있음을 알 수 있다. 대부분의 세시풍속서가 기존 풍속에 대하
여 矯俗的이고 비판적인 입장을 취하기보다는 있는 그대로의 사실을
충실히 서술하고자 노력하였던 것은 이것과 관련 있을 것이라고 생각
한다.

　한편, 일상지식의 확대, 공안파의 전래와 함께 이 시기 箕子에 입각
한 조선 풍속의 긍정과 새로운 보편성 논의에 입각하여 각 지역과 나
라의 풍속을 그대로 인정하고자 하는 사유 경향 또한 주목하지 않을
수 없다. 예를 들어 李瀷(1681~1763)은 조선의 編髮, 折風笠, 婚姻 제도
에 내재해 있는 기자의 유풍을 강조하였고, 이러한 조선 풍속을 그대로
긍정하였다.[16] 물론 엄격히 볼 때 고유 풍속을 있는 그대로 긍정하는
것이 아닌 箕子를 매개로 하는 것이기는 하였지만, 조선의 고유 풍속에
주목하고 이를 인정할 명확한 근거를 만들었다는 점은 조선중기 사림
파나 조선후기 서인·노론의 엄격한 矯俗的 태도와는 거리가 있었
다.[17] 趙秀三(1762~1849)의 다음과 같은 말은 이러한 기자 인식과 세시
풍속서의 관련성을 잘 말해준다.

　　우리 동방은 箕子가 가르침을 세운 이후로부터 夷狄에서 中華로 변하였
　다. 이를 이어 받아서 우리 조정이 점차 연마한지 벌써 오래되었다. 民俗

---

16) 이 부분에 대해서는 이승연, 「다시 읽혀지는 『朱子家禮』-星湖 李瀷의 禮論을
　　중심으로」, 『동양예학』 2, 1999, 73~74쪽; 조성산, 「조선후기 西人·老論의 풍속
　　인식과 그 기원」, 『史學研究』 102, 2011, 65~68쪽 참조.
17) 조선 후기 서인·노론의 교속적 태도에 대해서는 조성산, 앞의 논문, 2011 참조.

이 화려하고 아름다워 신라, 고려의 누추함을 한번에 씻어내니 세상은 평화로와 人物은 풍성하고 年時가 좋아 밤낮으로 遊賞하니 자못 볼만한 것이 많다. 옛날에 小中華라고 칭했던 것을 절로 믿을 수 있겠다. 마침내 고인의『風俗通』과『荊楚歲時記』의 뜻에 의거하여 세시기 한 통을 짓는다.[18]

이익과 조수삼 등은 기자와 조선 풍속과의 관련성을 강조함으로써 조선의 고유 풍속을 그대로 긍정할 수 있는 논리적 근거를 만들어냈다. 이것은 이 시기 고유 풍속에 대한 관심에 일조하였음은 물론이다.

이밖에 明淸交替 이후 조선, 일본, 베트남에서는 새로운 보편성 논의를 통하여 자국의 고유한 풍속을 있는 그대로 인정하고자 하는 풍조도 발생하였다. 이는 과거의 고정적인 中華-夷狄 도식에서 어느 정도 벗어나 자국의 풍속과 문화 안에서도 中華性이 존재한다는 입장으로 요약할 수 있다.[19] 이러한 사유는 자국의 고유 풍속 등 일상생활의 모습들을 결여되거나 편벽된 것으로 보지 않고 있는 그대로 인정하고자 하는 것으로 옮겨갔다. 이는 자국의 민간풍속에 대한 관심 확대에도 일정한 기여를 하였을 것으로 생각된다.

3. 세시풍속서가 일상을 서술하는 방식

앞에서 살펴본 바와 같이 새로운 일상지식의 확대, 공안파의 일상성과 당대성 중시, 箕子를 통한 자국풍속의 긍정 등은 조선 후기 민간풍

---

18) 趙秀三,『秋齋集』卷8 歲時記「歲時記敍」.

19) 이 부분에 대해서는 조성산,「18세기 후반~19세기 전반 對淸認識의 변화와 새로운 中華 관념의 형성」,『韓國史硏究』145, 2009a, 75~86쪽; 조성산,「18세기 후반~19세기 전반『朝鮮學』형성의 전제와 가능성」,『東方學志』148, 2009b, 197~210쪽 참조.

속에 대한 관심과 인식을 확산시키는 데에 많은 기여를 하였다. 하지만 이와 같은 민간풍속 논의의 확산은 조선에만 한정된 것이 아니라, 다른 나라에서도 존재하고 있었다. 양명학은 말할 것도 없거니와 箕子를 통한 자국풍속의 긍정도 일본에서는 泰伯을 통하여 비슷한 형태로 존재하였고,[20] 새로운 중화주의를 통한 從俗의 논리도 일본에서 오히려 더욱 활발히 발전하였다.[21]

따라서 앞서 언급한 사실들만으로 조선의 풍속 관념이 갖는 특성들을 찾아내기는 어렵다. 특히 본 글에서 서술하고자 하는 18세기 후반에서 19세기 전반기에 존재했던 세시풍속서의 의도를 온전히 이해하는 데에도 부족함이 있다. 이 시기 세시풍속서에는 앞에서 열거한 것 이외의 고유한 이유들이 배경으로서 존재하였다. 그 동안 축적된 민간풍속에 대한 관심에 더하여 이 시기 집중적으로 저술의 형태로서 세시풍속이 정리되는 이유는 무엇인가에 대하여 좀 더 세밀하게 고찰할 필요가 있는 것이다.

세시풍속은 기본적으로 일종의 '행위'이며, 이것은 일반적으로 관습의 반복적 형태로 전승되었다. 따라서 문자적인 속성보다는 비문자적인 즉, 구술적인 성격이 강하였다.[22] 이렇게 구술적인 성격이 강한 세시풍속이 문자의 형태로 기술되기 위해서는 '관심' 그 이상의 것이 있어야 했다. 평소 세시풍속과 같은 일상생활은 지극히 평범한 것이어서

---

20) 와타나베 히로시(渡辺浩) 著, 박홍규 譯, 『주자학과 근세일본사회』 (예문서원, 2007), 70~71쪽 참조.

21) 이에 대해서는 조성산, 앞의 논문, 2009b, 197~208쪽 참조.

22) 구술문화와 문자문화의 차이와 관계에 대해서는 월터 J. 옹, 『구술문화와 문자문화』 (문예출판사, 1995) 참조. 세시풍속의 이러한 성격에 주목한 연구로는 주영하, 「문자와 관습의 교류: 한국과 중국의 세시기에 나타난 문자성과 구술성」, 『제3회 세계한국학자대회발표문(민속분과)』, 2006을 참조할 수 있다.

잘 인식되지 않고 자연히 記述의 대상도 되지 않는다. 일상이 기술의 대상이 되는 것은 모순되게도 일상이 더 이상 일상이지 않게 되는 순간이었다.[23] 이 문제와 관련하여 세시풍속서 가운데 많은 수가 과거의 풍속을 그리워하거나 회고하는 과정에서 만들어졌다는 점은 중요한 시사점을 준다.[24]

예를 들어『荊楚歲時記』는 宗懍이 망국의 신하로서 과거 荊楚 지역의 세시풍속을 회고하면서 지어졌다.[25] 北魏의 楊衒之가 지은『洛陽伽藍記』 또한 전란으로 이미 폐허가 된 과거 洛陽의 번영을 회상하면서 지어졌다.[26] 孟元老의『東京夢華錄』은 남송 초에 북송 東京(汴京)의 풍속을 기록한 저작이며, 吳自牧의『夢粱錄』은 남송 말인 1274년(咸淳 10)에 臨安의 융성함을 기록하였다.[27] 남송 말 원나라 초에 周密(1232~1298)의『武林旧事』도 남송이 멸망한 이후 臨安의 번영을 회고하며 기록된 글이다.[28]『歲華紀麗譜』는 원나라 때 費著라는 인물이 四川省 成都 지역의 宋代 風俗들을 기록한 글이다.[29]『帝京景物略』은 명나라가 멸망하

---

[23] 예를 들어, 어떠한 대상이 회화적으로 재현되는 것은 그것이 재현될 만하고 관심을 끌 만하고 그림에 등장한 순간을 넘어서 존속될 만하기 때문이다(츠베탕 토도로프(Tzvetan Todorov) 著, 이은진 譯,『일상예찬』(뿌리와 이파리, 2003), 92쪽). 즉 어떠한 것이 기술되고 그려지는 것은 최소한 서술자와 화가에게 있어서는 특이하기 때문에 기술되고 그려지는 것이다.

[24] 이와 같은 回想式의 민속기록은 중국 고대 민속지의 특징 가운데 하나라는 지적이 있었다. 蕭放, 앞의 책, 154쪽; 鍾敬文,『建立中國民俗學學派』(黑龍江教育出版社, 1999), 15쪽 참조.

[25] 이에 대해서는 蕭放, 위의 책, 2~6쪽, 154쪽, 235쪽 참조.

[26] 入失義高,『東京夢華錄: 宋代の都市と生活』(孟元老 著・入失義高, 梅原郁 譯注) 解題 (平凡社, 1996), 13쪽.

[27] 吳自牧,『夢粱錄』序,“昔人臥一炊頃 而平生事業揚歷皆遍 及覺則依然故吾 始知其爲夢也 因謂之黃粱夢 剗時異事殊 城池苑囿之富 風俗人物之盛 焉保其常如疇昔哉 緬懷往事 殆猶夢也 名曰 夢粱錄云 脫有遺闕 識者幸改正之 毋哂”

[28] 入失義高, 앞의 글, 16쪽.

기 직전인 1635년(崇禎 8)경에 만들어졌다. 陸啓浤(1590~1648)의『北京
歲華記』, 孫承澤(1592~1676)의『春明夢餘錄』은 명나라 멸망 이후 과거
북경의 번영과 풍속을 묘사한 글이다. 이러한 경향은 후대에도 계속되
어 만주족 富察敦崇(1855~1922)의『燕京歲時記』는 淸末인 1900년(光緖
26)에 만들어졌다.

　이처럼 세시풍속서 가운데 많은 수가 과거 회상적인 방식으로 만들
어진 것은 일상이 특별하게 인식되는 순간에 기술되었다는 사실을 보여
준다. 즉 국가가 멸망한 이후 또는 국가가 위태로울 때 일상은 재발견되
었으며, 이 과정에서 과거 풍속을 회상하고 세세히 기록한 세시풍속서
가 지어지고 대중들 사이에 널리 알려지게 된 것으로 보인다. 여기에는
자신들의 생활공동체를 유지해야 한다는 절박감이 담겨져 있었다. 다음
『東京夢華錄』의 自序에 보이는 孟元老의 언급은 이를 잘 보여준다.

　　나는 수십 년 동안 마음껏 구경하고 여러 번 유람하면서도 싫증날 줄
　몰랐다. 하루아침에 兵火가 일어나 靖康 丙午의 다음 해에 도성을 나와 남
　쪽으로 와서 江左 지역에 피하였는데, 정서는 메마르고 점점 나이 들어 늙
　어갔다. 그때를 가만히 생각해보면, 철 따라 풍류를 즐기고 人情이 조화롭
　고 아름다웠으니 다만 한탄스럽다. 근래 친척들과 모여 지난날을 이야기
　할 때면 후생들은 종종 망령되게도 그렇게 생각하지 않았다. 그래서 나는
　세월이 오래되어 풍속을 논하는 자들이 사실을 잃어버리게 되면 진실로
　애석한 일이라고 생각하였다. 이에 삼가 내용을 살피고 분류를 하여 책을
　완성하였으니, 이 책을 펼쳐보아 당시의 성대함을 볼 수 있기를 바란다.[30]

　맹원로는 金나라의 침입으로 東京(汴京)을 떠나 남쪽에 내려와 살면
서 과거 동경의 번화함을 그리워하였고, 이는『동경몽화록』저술의 계

---

29) 이창희 외,『중국대세시기』I (국립민속박물관, 2006), 435쪽 참조.
30) 孟元老,『東京夢華錄』「自序」.

기가 되었다. 맹원로는 후생들이 옛 동경의 번성함을 잘 몰라서, 세월이 지나면 풍속을 논하는 자들이 그 사실을 잃어버리게 될까 걱정스럽다고 하였다.

이와 같은 사실은 맹원로에게 세시풍속이 갖는 의미가 얼마나 중요했는가를 말해준다. 그것은 자신들의 정체성 문제와 관련된 것이었다. 이 점 때문에 과거를 회상하는 측면에서 만들어진 세시풍속서들은 자신들의 과거 풍속을 미화하고 이상적인 모습으로 기록할 수밖에 없지 않았나 생각한다. 이러한 경향은 「淸明上河圖」의 예에서도 확인할 수 있다. 北宋 수도인 汴京의 번성을 상세하게 그린 「청명상하도」는 주지하듯이 후세에 계속해서 그려져서 회화의 한 장르가 될 정도로 유명한 그림이며, 정조대 「太平城市圖」의 모델이 되기도 하였다.

「청명상하도」는 北宋 徽宗朝 張擇端(1085~1145)에 의해서 처음 그려졌다고 한다. 이후 南宋 사람들이 과거 汴京의 융성을 그리워하는 과정에서 이 그림은 많은 사람들에게 추억을 불러일으키는 매개가 되었고, 이로 인해 유명해졌다.[31] 변경에 대한 회상은 현실을 반영했다기보다는 이상적인 형태로 나타났다고 생각되며, 실제 일부 연구는 「청명상하도」는 변경을 그린 것이 아니라 이상적인 도시를 그렸다는 의견을 제시하기도 하였다.[32] 이러한 정황을 고려해 보면 「청명상하도」가 묘

---

31) 董其昌, 『容臺集』別集 卷4 題跋 畵旨, "張擇端淸明上河圖 皆南宋時追慕汴京景物 有西方美人之思"; 孫承澤, 『庚子銷夏記』卷8「張擇端淸明上河圖」, "上河圖乃南宋 人追憶故京之盛 而寫淸明繁盛之景也 傳世者不一 而足以張擇端爲佳". 자료는 那志良, 『淸明上河圖』(國立故宮博物館, 1977), 21쪽에서 재인용. 이와 관련한 「청명상하도」의 繪製時代와 時代背景에 대해서는 那志良, 위의 책, 20~24쪽 참조.

32) 일부 연구는 「청명상하도」가 北宋의 汴京을 직접적으로 묘사한 그림이 아니며 이상적인 도시를 그린 것이라는 의견을 제시하였다. 「청명상하도」가 이상적인 도시를 그렸다는 대표적인 견해로는 Valerie Hansen, "The Mystery of the Qingming Scroll and Its Subject: The Case Against Kaifeng", *Journal of Sung-Yuan Studies*, vol.26(1996) 참조. 이와 같은 다양한 「청명상하도」 제작 배경에 대한 논의는

사한 변경은 과거 변경에 대한 기억과 추억이 이상화된 형태로 나타난 것이라고 볼 수 있다. 이는 앞서 언급했던 세시풍속서가 만들어지는 과정, 특히『동경몽화록』과도 궤를 같이한다.

「청명상하도」와 더불어 일본의「洛中洛外圖」또한 일상이 기술되는 방식을 이해하는 데 도움을 준다.「낙중낙외도」는 도시 京都를 그린 그림으로서 도쿠가와 시기 많이 반복되어 그려졌다. 흥미로운 것은 일본 京都를 이상향으로서 묘사한 이 그림은 경도 사람에 의해서 작성된 것이 아니라 처음에는 지방의 사람이 경도를 동경하고 이상화하는 과정에서 그려졌다는 사실이다.[33] 또한 전국시대 혼란기에 상상된 天皇 중심의 세계관도 담겨져 있었다.[34] 따라서 경도를 사실적으로 묘사했다기보다는 그들이 이상화하고자 한 '京都'를 그려낸 것이었다.[35]「낙중낙외도」는 회상적인 형태는 아니었지만, 현실의 묘사가 아닌 상당한 의도성 속에서 이상화된 모습으로 그려졌다.

尹愭(1741~1826)의「泮中雜詠」220수 또한 세시풍속서를 이해하는 데 중요한 시사점을 준다. 윤기는 현 成均館의 폐해를 언급하면서 과거 성균관의 이상적인 모습을 읊었다. 그가 묘사한 성균관은 가장 완벽히 구현된 성균관의 모습이었다. 그는 이것이 '感古傷今'의 뜻에 의탁하는 것이며 後人들이 因流溯源하는 자료에 대비하고자 하는 것이

이수미,「國立中央博物館 所藏 太平城市圖 屛風 硏究」, 서울대학교 박사학위 논문, 2004, 19쪽, 각주 38의 내용을 참조할 수 있다.「청명상하도」가 현실의 배경을 묘사한 것이라기보다는 이상화되고 상상된 풍경을 묘사했을 것이라는 점에 있어서는 많은 연구자들이 상당 부분 동의하고 있는 것으로 보인다.

33) 小島道裕,『描かれた戰國の京都』(吉川弘文館, 2009), 4~5쪽.

34) 松島仁,「洛中洛外圖の政治學」,『哲學會誌』32, 2008, 180쪽.

35) 이에 대해서는 並木誠士,「靈地에서 天下로—洛中洛外圖의 成立과 그 機能」,『미술사학』13, 1999, 108~112쪽을 참조할 수 있으며,「낙중낙외도」와 관련한 본 문단의 서술도 이를 참조하여 구성하였다.

라고 하였다.36) 이와 같은 사라져 가는 현 풍속의 보존 의식과 과거 풍속에 대한 회고는 세시풍속서 저술의 중요한 동기 가운데 하나였다고 생각한다. 이는 세시풍속서가 당대의 풍속만을 반영하는 것일 뿐만 아니라 과거와 당대의 세시풍속을 이상화된 모습으로, 또는 우호적으로 회고하고 정리하였을 가능성을 말해준다.

요컨대, 일상은 평소에는 잘 포착되지 않다가 어떤 계기를 통하여 특별한 것으로 인식될 때, 비로소 기술되거나 그려지게 된다. 이 점은 일상이 문자나 그림으로 표현될 때에는 이미 특정한 목적이 있다는 것을 말해준다. 일상을 그대로 반영했다고 생각되는 풍속화의 경우에도, 사실 일상을 본 모습대로 보여주는 것은 아니었다.37) 따라서 중요한 것은 일상이 기술되었다는 점보다 왜 일상이 그 시기에 그러한 방식으로 기술되었는가이다.

이러한 점에서 역사상 많은 세시풍속서들이 과거의 세시풍속을 회

---

36) 尹愭, 『無名子集詩稿』冊二「泮中雜詠」, "余往來泮中殆數十年矣 聞故老之言 觀成典之書 先王所以待士之意 盖甚盛甚盛 然世漸遠而俗漸下 法愈久而弊愈生 爲士者旣不能以古之爲士者自待 而爲下輩者 亦皆專以欺匿凌慢爲事 爲官長者又以苟且彌縫爲務 甚則徇下輩之請 挫抑士氣 減削士供 駸駸然月移而歲不同 馴至于今 則凡百事爲 悉歸有名無實 更沒餘地 稍知自好者皆恥入焉 吁其可傷也已 近閒居無事 因隨記雜詠 遂至二百二十首之多 諷詠而反復之 則足見故事之如彼其盛而末路之莫可收拾也 聊自附於昔賢感古傷今之意 以備後人因流溯源之資云爾"

37) 예컨대, 17세기 네덜란드의 장르화는 모두 실제 생활 속에 있는 것이었지만 그렇다고 실제 생활이 모두 그려졌던 것은 아니었다. 정작 그들에게 일상이었던 전쟁은 그려지지 않았다. 또한 그려진 일상의 풍경은 어느 정도 양식화되어 있었으며 따라서 그들의 일상풍속화도 엄격한 의미에서 일상 그대로의 모습은 아니었다(츠베탕 토도로프 著, 이은진 譯, 앞의 책, 56쪽). 또 비근한 예로 1830년 혁명 이후 프랑스 회화에서 군중을 표현하는 방식이 획기적으로 바뀌게 되는 것을 들 수 있다. 군중은 이전의 불량배, 거지와 같은 기괴한 인물에서 점차 깨끗하고 옷을 잘 차려입은 이상적인 모습으로 그려지기 시작했다. 이는 민중 그 자체의 모습이라기보다는 민중을 이상화하여 표현하는 것이었다(피터 버크 著, 박광식 譯, 『이미지의 문화사』(심산, 2005), 187~188쪽).

고하는 형태로 기술되었다는 것은 흥미롭다. 흔히 일상성과 당대성은 풍속을 이해하는 대표적인 핵심어로서 인식된다. 여전히 이는 중요하지만, 실제 많은 세시풍속서의 기술을 이것으로만 규정하기는 어렵다. 오히려 많은 경우, 일상이 더 이상 일상이지 않게 되는 순간 만들어졌다. 이것은 세시풍속서 서술의 중요한 일면이라고 할 수 있으며, 또한 특정한 목적을 암시해준다.

4. 세시풍속서와 일상의 보존

1) 세시풍속의 수집과 예찬

앞서 언급했듯이 南宋 시기, 元初 시기, 淸初 시기에 전 왕대의 번영과 생활풍속을 묘사한 세시풍속서가 다수 등장했다는 사실은 흥미롭다. 아마도 여기에는 과거를 회상하고 이를 그대로 전수하고 싶어하는 의식, 그럼으로써 자신들의 고유한 생활공동체를 지키고자 하는 의식이 강하게 반영되어 있다고 볼 수 있다. 이것은 19세기 조선의 세시풍속서가 갖는 의미들을 이해하는 데에도 적지 않은 시사점을 준다.

19세기 조선의 세시풍속서도 일정한 목적 속에서 풍속들을 포착해내고 있었다. 이 시기 세시풍속서가 이전 시기의 矯俗的인 것과는 다른 목적을 가졌다는 사실은 최초의 전국적 세시풍속서라고 할 수 있는 『東國歲時記』의 서문을 통하여 추론해 볼 수 있다. 서문을 쓴 李子有는 『동국세시기』가 "가까이 서울로부터 멀리 벽촌에 이르기까지 설사 아무리 鄙俚한 것이라도 버리지 않고 모두 기록했다"고[38] 했다.

실제 홍석모는 설사 그 내용이 성리학적 질서와 어긋나는 이단적인 것이라도 세시와 관련이 있다면 모두 찾아서 기록하였다. 가령, 무속적인 민간신앙에 대해서 다수 언급하였고, 道敎에 연원한 세시풍속도 기술하였다.[39] 또한 그는 당시 향유되지도 않았던 3월의 '四節遊宅'과 같은 사라진 옛 풍속들도 기록하였다.[40] 그가 中宗代에 만들어진 『新增東國輿地勝覽』에 있는 관련 자료들까지 찾아 그대로 인용한 것은 세시풍속 관련 자료들을 모두 보여주고자 하는 의도에서였던 것으로 보인다.[41]

이처럼 이른바 '鄙俚'한 것과 과거의 풍속들이 기술의 대상이 되었을 때에는 엄연한 이유가 있었다. 물론 단정 짓기는 어렵지만, 이러한 사실은 『동국세시기』가 세시풍속의 '보존'이라는 것과 깊은 관련성이 있었음을 말해준다. 그 보존의 의미를 좀 더 상세히 살펴보면, 상류 계층뿐만 아니라 일반 민인들의 세시풍속들까지도 모두 보존하고자 한 것

---

38) 洪錫謨, 『東國歲時記』 序文, "近自京都遠暨窮陬 苟有尋常一事之稱於當節者 雖涉鄙俚 無遺悉錄"

39) 洪錫謨, 『東國歲時記』 四月 「月內」, "熊川俗 熊山神堂 士人 海四月迎神下山 陳鍾鼓雜戲 遠近爭來祭之 十月又如之 以爲常"; 같은 책 十月 「月內」, "報恩俗 俗離山頂 有大自在天王祠 其神 每年十月寅日 下降于法住寺 山中人 設藥迎神 以祠之 留四十五日而還"; 같은 책 十二月 「除夕」, "人家樓廳房廚 張油燈 白磁一盞 絮絮爲心 以至廁溷 晃如白晝 達夜不睡曰守歲 卽守庚申之遺俗也"

40) 진경환, 「세시기(歲時記) 서술의 방식과 의미 ─『동국세시기』의 '중국 근거 찾기'를 중심으로」, 『어문논집』 53, 2006, 59~60쪽.

41) 예를 들어 端午와 관련해서 『新增東國輿地勝覽』 자료들을 인용한 항목들을 살펴보면 다음과 같다. ① 김해 지역의 돌싸움, ② 군위 지역의 신라 김유신 관련 풍속, ③ 삼척 지역의 오금비녀, ④ 안변 지역의 霜陰神祀를 『신증동국여지승람』에서 그대로 인용하여 『동국세시기』에 실었다. 홍석모는 『신증동국여지승람』에서 발견할 수 있는 단오 관련 풍속을 모두 싣고자 하였던 것이다. 특히 주목해야 할 것은, 그가 기록한 각 지역의 단오 관련 풍속은 엄밀하게 말해 中宗代 기록된 풍속이었지 당대에 그가 직접 찾아낸 세시풍속은 아니었다는 점이다. 어느 세시풍속이건 시간에 따라 다소의 변화 과정을 겪기 마련인데 세시풍속의 변화 상황은 관련 서술에서는 보이지 않는다. 비록 원형대로 유지되어 따로 서술할 필요를 못 느꼈다고 하더라도 그는 중종대 자료를 그대로 인용하였다.

임을 알 수 있다.[42) 홍석모에게는 기존에 비리한 것으로 인식되는 것
조차 소중한 수집의 대상이었던 것이다.

이러한 점들은 홍석모가 기록한 세시풍속이 모두 일상적이거나 현
재적인 것만은 아니었다는 것을 말해준다. 일단 수집과 보존의 의미가
개재되었을 때, 기록된 일상은 엄밀히 말해서 모두 일상적이거나 현재
적인 것만은 아니게 된다. 예컨대, 기존에는 무시되던 이단적인 풍속들
이나 당시에는 사라진 과거의 풍속들도 수집과 보존의 과정에서 기록
되는 것이다. 이와 관련하여 이 시기 세시풍속서들 속에 나타난 正祖
에 대한 회고적 기록들은 특히 주목할 필요가 있다. 『경도잡지』,『열양
세시기』,『동국세시기』 속에 등장하는 세시풍속과 관련한 正祖의 언행
은 다음과 같다.

첫째, 정조는 해마다 설날이 되면 농사를 권장하는 교서를 친히 지어
관찰사와 유수에게 내렸다.[43) 둘째, 정월 亥·子日에 정조는 그 동안
폐지되었던 곡식의 종자를 태워서 주머니에 넣어주던 세시풍속을 부
활시켰다.[44) 이때는 정조 6년(1782)경으로 보이며,[45) 홍석모는 이에 대

---

42) 이러한 언급은 柳晩恭의 『歲時風謠』 서문에서도 보였다. 서문을 쓴 張之琬은
『세시풍요』가 위로는 왕조의 고사로부터 아래로 시골의 유속에 이르기까지 모두
언급하였던 점을 지적하였다. 張之琬, 『斐然箱鈔』 卷2 「歲時風謠序」, "潤松柳子
就京下士女時節 燕嬉之事 作小詩二百首 名曰歲時風謠 上自王朝故事 下及閭里
遺俗 天時之嬗改 人事之作爲 無不蒐羅鍊琢 一變爾雅 潤松之好事 可謂勤矣"

43) 金邁淳, 『洌陽歲時記』, 正月 「元日」, "先祖每於元朝 下御製勸農綸音 于八道觀察
使四都留守 盖東京以立春日 下寬大書之意也"

44) 柳得恭, 『京都雜誌』 卷2 歲時 「亥巳子日」, "燒穀種 盛于囊 頒賜宰執近侍 以際祈
年之意 頒囊尋廢矣 當宁御極 復頒"; 洪錫謨, 『東國歲時記』 正月 「上亥上子日」,
"燒穀種 盛于囊 頒賜宰執近侍 以目+示祈年之意 始有亥囊子囊之稱 用錦製 亥囊
圓 子囊長 及健陵御極 復古制頒囊"

45) 亥子囊을 하사한 관련 사실은 『正祖實錄』과 『日省錄』에 보인다. 『正祖實錄』 卷
13, 正祖 6年 1月 2日(己亥); 『日省錄』 正祖 6年 1月 16日(癸丑) 참조.

해 '다시 子囊 내려 받잡은 은혜'라는 표현을 썼다.[46] 셋째, 정조대에는 입춘날 부적에 기존에 사용하던 『後漢書』「禮儀志」에 있는 글귀 대신 『恩重經』의 진언을 인쇄하여 나누어주고 문에 붙여 액을 막도록 했다.[47] 이 사실은 『弘齋全書』에서도 찾아볼 수 있다.[48] 또한 이 날에는 승정원에서 초계문신과 임금을 가까이 모시는 신하들에게 春帖子를 지어 올리게 하였다.[49] 넷째, 二月 朔日에 정조가 중국의 고사에 의거하여 中和尺을 신하들에게 나누어 주었다. 이는 1796년(정조 20) 2월 초부터 행해졌으며 『동국세시기』,[50] 『경도잡지』,[51] 『열양세시기』[52] 모두에 실려 있다. 이에 대하여 홍석모는 「都下歲時紀俗詩」에서 정조의 신묘한 공적이 여전히 회자되고 있음을 기록하였다.[53] 다섯째, 김매순은 자신의 사촌형님 댁에 정조가 단옷날에 하사한 艾花(艾虎: 쑥호랑이)가 있다고 말한 뒤, 그 모양을 상세히 묘사하였다.[54] 여섯째, 1790년(정조 14) 12월 臘日에 정조는 새로 제중단과 광제환 두 종류의 환약을 만들어 영문의 군사들에게 나누어 주었다.[55] 또한 정조는 경기도 내의 山郡이 臘日에 쓸 멧돼지

---

46) 洪錫謨, 『陶厓詩集』 卷20 都下歲時紀俗詩 「亥子囊」, "更與子囊荷賜恩"

47) 洪錫謨, 『東國歲時記』, 正月 「立春」, "此卽後漢書禮儀志 先臘一日 大儺逐疫 侲子 所和之詞 而今作立春符 端午日亦貼之 健陵印頒恩重經眞言 貼楣饟之"

48) 正祖, 『弘齋全書』 卷56 雜著 三 「印頒恩重經偈語 仍倣其體 命諸臣和之」.

49) 柳得恭, 『京都雜誌』 卷2 歲時 「立春」, "承政院 抄啓侍從 製進 殿宮春帖子"

50) 洪錫謨, 『東國歲時記』, 二月 「朔日」, "頒中和尺于宰執侍從 尺用斑竹亦木制之健 陵丙辰 盖修唐中和節故事也"

51) 柳得恭, 『京都雜誌』 卷2 歲時 二月 「初一日」, "當宁丙辰 頒中和尺 于宰執侍從 尺 用斑竹及紅染木制 修中和節故事也"

52) 金邁淳, 『洌陽歲時記』 二月 「朔日」, "先朝丙辰仲春朔日 頒公卿近臣尺 修中和節 故事"

53) 洪錫謨, 『陶厓詩集』 卷20 都下歲時紀俗詩 「中和尺」, "代天理物皆從此 尙說神功 正廟時"

54) 金邁淳, 『洌陽歲時記』 五月 「端午」, "堂兄直學宅有先朝詩 端午所賜艾花一枝"

를 바치는 데 郡民을 동원했으므로 이를 면제해 주었다.[56]

  이러한 서술들은 정조의 행위가 이 시기 세시풍속서 저자들의 의식 속에 세시풍속의 한 부분으로서 자리 잡아가고 있었음을 보여주는 것이 아닌가 생각된다. 『열양세시기』 3월조에 보이는 정조에 대한 다음과 같은 김매순의 감회는 이러한 점을 잘 보여주었다.

  서울의 꽃과 버들은 3월에 장관을 이룬다. 南山의 蠶頭와 北岳山의 弼雲臺와 洗心臺 두 臺는 유람객들이 많이 모여드는 장소이다. 사람들이 구름과 안개처럼 모여들어서 한 달이 다하도록 줄어들지 않는다. 세심대는 宣禧宮의 뒷산 기슭에 있다. 신해년(1791, 정조 15) 늦봄에 先王께서 毓祥宮과 宣禧宮을 찾아가 뵙고 步輿를 타고 세심대에 올라서 耆老臣과 가까운 신하들을 거느리시고 활도 쏘시고 시도 지으셨다. 이 해부터 이를 연례행사로 삼았다. 아마도 두 궁과 영조의 옛 집이 모두 북악산 아래에 있었던 까닭에 聖上의 뜻이 이 지역을 마치 豊沛나 南陽과 같이 여겼기 때문일 것이다. 父老士女들이 목을 길게 빼고 선왕의 행차를 보지 않는 이 없었으니 아득히 옛날 靈臺와 沜水의 유풍과 같았다. (……) 선왕께서 송나라 때의 옛 일에 의거하여 3월에 內閣의 여러 신하들을 거느리고 후원에서 꽃을 玩賞하고 낚시하는 잔치를 베풀었다. 계축년(1793, 정조 17) 봄 蘭亭 옛 시절의 曲水流觴之會를 만들어 여러 신하에게 명하여 그 자제들까지 모두 모이게 했다. 승지와 사관까지 아울러 39명이나 되었다. 정조께서 승하하신 지 5년 후인 갑자년(1804, 순조 4)에 나는 내각의 직책을 맡아 奉謨堂에 숙배하고 이어 春節大奉審을 행하고서 皆有窩의 四部書를 햇볕에 쬐어 말렸다. 후원에는 백화가 만발해 있었다. 老吏로서 앞에서 인도하던 자가 지나온 연못, 누대, 정자 등을 가리키면서 말하기를 "이것들은 모두 선왕께서

---

55) 柳得恭, 『京都雜誌』 卷2 歲時 「臘平」, "當宁朝新劑二種等分加減 寔出睿思"; 洪錫謨, 『東國歲時記』 十二月 臘, "健陵庚戌 新製濟衆丹廣濟丸二種 寔出睿思 比蘇合元效尤速 頒示諸營門 俾爲軍卒救療 又自耆老所造臘劑 分諸耆臣 各司亦多造出 分供又相送遺"

56) 柳得恭, 『京都雜誌』 卷2 歲時 「臘平」, "畿內山郡 舊貢臘猪 發民搜獵 當宁朝 特罷之"; 洪錫謨, 『東國歲時記』 十二月 「臘」, "臘肉用猪用兎 畿內山郡 舊貢臘猪 發民搜捕 健陵特罷之"

閣臣들을 위하여 잔치를 베푸시던 곳입니다"라고 하였다. 우두커니 서서 바라보니 珠簾과 羽帳의 감회가 있었다.57)

김매순은 궁궐의 세시풍속 행사 과정에서 정조를 회상하였다. 그는 정조가 1791년(정조 15) 늦봄에 세심대에 올라서 신하들과 활도 쏘고 시를 지었던 것과, 1793년(정조 17) 여러 신하들과 궁궐에서 모여 잔치를 베풀던 정황을 상세히 묘사하였다. 정조와 관련된 이러한 회상은 앞서 언급했듯이 일부 세시풍속서가 가지고 있었던 과거 회상의 측면과 깊은 관련성을 갖는다. 과거의 일상을 아름답게 회고하고 이를 보존하고자 하는 感古傷今의 의식이 여기에 내포되어 있는 것이다. 정조는 이 감상적 회고 과정에서 등장하는 중요한 기억의 요소였다. 그들이 보기에 美風良俗은 聖君의 교화가 만들어낸 소산이었기 때문이다. 성군과 아름다운 풍속에 대한 감회는 세시풍속서가 갖는 기존 풍속 보존의 의미를 보여준다.58)

한편, 19세기에는 세시풍속을 수집, 정리하는 것을 넘어서 세시풍속에 대한 극단적인 찬양 또한 활발하게 등장하였다.『歲時風謠』를 쓴 柳晩恭은 다음과 같이 조선의 세시풍속을 칭찬하였다.

羲皇 때의 즐거운 풍속 우리나라에도 있으니, 시절마다 즐기고 기뻐하는 것은 남녀가 같네. 삼백 육십일을 이와 같이 보내니, 거리의 노래에서 民風을 보리라.59)

---

57) 金邁淳,『洌陽歲時記』三月.
58) 이러한 모습은 사실 앞서 남송대의『東京夢華錄』, 청말에 만들어진『燕京歲時記』에서도 다수 보였다. 맹원로는 세시풍속 부분에서 皇帝의 행적을 강조하였고, 富察敦崇은『연경세시기』곳곳에 淸 皇帝들의 글들을 배치하여 연경과 청 황제의 관계성을 부각하였다. 이것은 세시풍속서가 과거를 우호적으로 회상하면서 이를 성군과 배치시켜 미화하고자 하는 의도와, 그러한 점에서 정치적인 의미를 가지고 있었음을 보여준다.

유만공은 조선의 현 풍속을 찬양하면서 이를 羲皇(伏羲) 시절에 비
견하였다. 이는 겉으로 보면 단순한 태평성대에 대한 칭송처럼 보이지
만, 그 가운데에는 더욱 심층적인 의미들이 있었다. 즉, 그는 조선의 세
시풍속이 희황 시절의 풍속처럼 모범의 대상이 되고 있음을 말하고 있
었던 것이다. 이것에는 앞서 언급했듯이 자국문화의 긍정, 양명학의 영
향, 정조대의 새로운 세시풍속에 대한 관점 등 많은 요소가 그 배경으
로 작용하고 있겠지만, 중요한 것은 그에게 조선의 모든 세시풍속을 이
와 같이 극도로 아름답게 보아야 하는 이유들이 만들어지고 있었다는
사실이다.『세시풍요』의 서문을 쓴 張之琬의 말은 이 점과 관련하여 주
목할 필요가 있다.

> 本朝가 세워진 지 이미 460여 년이다. 들은 평화롭고 백성들은 열심히
> 일하니 이미 풍성하고 넉넉하게 되어 함께 恭階에 올랐다. 더욱이 京師는
> 四方의 한가운데에 있어서 배와 수레가 많이 다니고 화려하고 사치스러움
> 으로 관습을 이룬다. 좋은 때와 아름다운 절후 때마다 놀고 구경하고 잔치
> 하고 모임을 가지니, 일 년에 이를 하지 않는 달이 없다. 이로써 하늘의
> 부여함을 받아들여서 그 아름다움을 같이하고 그 경사로움을 떨친다.
> (……) 全篇의 실린 바는 兒女들의 기능과 市井의 俚語가 많아 비록 세상
> 과 무관한 것 같지만, 옛 사람이 洛陽 동산의 盛衰로 天下 治亂의 징후를
> 삼은 바 있으니 곧 이 책은 그 지극한 정치의 향기이며 太虛의 한 점 구름
> 인 것인가! 만약 교화가 흡족하지 못한 것이 있고, 백성이 삶에 편안하지
> 않다면 어찌 다시 이러한 즐거움이 있는 줄을 알겠는가![60]

장지완이 이 서문을 지었던 것은 1835년(헌종 1)으로, 국내외적인 정
세는 결코 순탄하지 않았다. 하지만 그는 당대를 태평성대로 규정하고

---

59) 柳晚恭,『歲時風謠』(閭巷文學叢書 第十册) (여강출판사, 1991), 229쪽.
60) 張之琬,『斐然箱鈔』卷2「歲時風謠序」.

이를 찬양하였다. 그러면서 과거와 함께 지금의 삶도 잘 알아야 한다고 하였다. 위의 글을 이어서 장지완은 다음과 같이 언급하였다.

上古 때에 風姓이 서로 이은 것이 15世이니 장차 君子도 있었을 것이며 野人도 있었을 것이다. 그들이 읽은 것은 어떤 책이며 業으로 하는 것은 무엇이었으며 겨울 밤, 여름 날, 자고 난 다음과 밥 먹은 뒤에 무슨 생각을 하였으며 무엇으로 시간을 보냈을까 알지 못하였다. 매번 『史記』를 읽다가 여기에 이르면 일찍이 책을 덮고 생각에 잠기지 않은 적이 없었다. 지금 이 책을 보니 이에 風氏의 집에도 역시 歲時의 遺風이 있어 여러 가지 놀이를 한 것이 우리들이 오늘날 한 것과 같은 것이 있었음을 알겠다. 단지 澗松子(= 柳晩恭)의 경우처럼 太平의 기상을 표현하고 국가의 융성을 노래한 것은 없었을 뿐이다. 옛 것은 귀하게 여기고 현재의 것을 천하게 여기는 것은 평범한 선비의 소견이니 그들이 어찌 古今을 같이하고 物理를 고르게 하여 眼目을 크게 할 수 있겠는가!⁶¹⁾

장지완은 평소 상고시절의 風姓 즉, 伏羲氏의 일상생활이 어떠했을까 늘 궁금해했는데 그들도 아마 세시풍속을 즐기고 태평성대를 기뻐했을 것이라고 하면서, 옛것뿐만 아니라 바로 지금의 일상생활도 귀하게 여겨야 한다고 하였다.

  2) 세시풍속서의 정치성

  그렇다면 이 시기 세시풍속을 수집·보존하고자 하고, 심지어 이를 극도로 찬양한 배경과 그 이유는 어디에 있는가. 우선, 정조대 변화된 세시풍속에 대한 관점이 일차적인 배경으로서 작용하고 있었다. 이전 시대의 세시풍속에 대한 입장을 살펴보면 정조대 새롭게 생겨난 세시

61) 張之琬, 『斐然箱鈔』 卷2 「歲時風謠序」.

풍속관을 확연히 알 수 있다. 예를 들어 李珥(1536~1584)는 「節序策」
(『栗谷全書拾遺』 卷5)이라는 글을 통하여 세시풍속에 대한 전면적인
교정을 주장했다.[62] 宋時烈(1607~1689)은 세시풍속의 하나였던 春幡,
人勝 등을 없애고자 했다.[63]

英祖 또한 세시풍속에 대해서 강한 교정의 의지를 보였다. 다소 길
지만 이를 살펴보면 다음과 같다.

> 임금이 하교하기를, "옛부터 儺禮가 있었으니 이것은 孔子께서 시골 사
> 람들이 나례를 행할 때에는 朝服을 입고 섬돌에 서 있었다고 하는 것으로
> 이 예는 주나라 때부터 있었다. 지난 갑술년에 제거하도록 명하였고, 또
> 春幡과 艾俑의 부류들도 있어 그 유래가 오래되었는데, 昔年에 역시 제거
> 하였으니, 아! 거룩하도다. 단지 歲末의 庭燎가 있는데 단지 貢人에게 폐단
> 을 끼칠 뿐만이 아니라 푸른 대나무를 사용하였다가 일시에 태워버리므로
> 내가 역시 昔年의 盛意를 따라 그것을 제거하도록 명하였다. 그러나 오히
> 려 交年과 庚申 같은 것은 본래의 유래를 알지 못하여 承宣에게 명하여 詳
> 考하도록 하였더니 비록 古文에 있었으나 모두 不經하여 부엌 신에게 아
> 첨하는 데에 가까웠다. (……) 아!『周禮』에 있는 바의 儺禮도 昔年에 오히
> 려 제거하도록 명하였는데, 더욱이 三代 이후의 昊下의 풍속을 제거하지
> 않으면 무엇을 하겠는가? 지금 이후로는 경신일에 촛불을 올리는 것과 교
> 년일에 거행하는 행사는 모두 그만두게 하여 내가 正道를 지켜 昔年을 체
> 득한 뜻을 보이고 한결같이 昊下의 비루한 풍속을 씻어버리도록 하라.
> (……)" 하였다.[64]

> 예전에 春幡, 青牛, 人勝, 艾容 따위가 있었으나 옛날 先正이 제거하기
> 를 아뢰었기 때문에 나 또한 내국의 3개의 붉은 비단주머니와 단오절의 쑥
> 띠(艾帶)를 제거하도록 명하였다. 신구 庚申日과 過歲하는 밤에 進排하는

---

[62] 조성산, 앞의 논문, 2011, 52~53쪽 참조.
[63] 『顯宗實錄』 卷16, 顯宗 10年 2月 13日(丙子).
[64] 『英祖實錄』 卷94, 英祖 35年 12月 26日(壬寅).

것은 그 유래를 알 길이 없다. 지금 『事文類聚』를 상고하여 보고서 스스로, '올바른 말을 듣고 올바른 일을 행하는 방법에 있어서는 마땅히 항상 마음을 바로 잡고 몸을 수양해야 하는 것이지, 경신일과 제석에 앉아서 밤을 지샌다 하여 무슨 보람이 있는가' 생각하였다. 때문에 進排하는 것을 그만두라고 명한 것이다. 또 동짓날의 팥죽은 비록 陽氣의 회생을 위하는 뜻이기는 하지만 이것을 문에다 뿌린다는 共工氏의 설에 이르러서는 불경함이 심하다. 역시 그만두라고 명하였는데 지금 들건대 內贍寺에서 아직도 진배를 한다고 하니, 차후에는 문에 팥죽 뿌리는 일을 제거하여 이것으로써 잘못된 풍속을 바로잡으려는 나의 뜻을 보이도록 하라.[65]

영조는 위와 같이 중요한 세시풍속들을 교정하거나 없애고자 하였다. 그것을 하나하나 열거해 보면, 우선 儺禮, 春幡, 靑牛, 人勝, 庭燎, 交年, 庚申守歲, 艾俑, 동짓날 팥죽 등의 풍속을 제거하고자 했다. 이러한 시각은 세시풍속의 행사 가운데 상당수를 정리하는 것으로 매우 파격적인 것이 아닐 수 없었다. 또한 위의 자료들은 각각 1759년(영조 35)과 1770년(영조 46)의 것으로서, 영조의 생각이 즉흥적이지 않았으며 상당히 오랜 기간 동안 유지되었던 것임을 알 수 있다.[66]

하지만 이러한 태도는 정조대 들어오면서 상당한 변화를 맞이한다. 정조는 민간풍속에 대하여 비교적 관대한 태도를 다음과 같이 보여주었던 것이다.

한성부에서 아뢰기를, "매년 上元日의 前夜가 되면 각 洞市의 아이들이 대개 모여서 體俑을 두드리는 놀이를 합니다. 이번에는 洞任들이 모여서

두드리는 놀이를 하지 말도록 여러 家戶에 지휘하여 마치 禁令이 있는 것처럼 해서 자못 소요가 생기는 폐단이 많았습니다. 이미 上司의 지휘가 없었음에도 갑자기 閭里에 소요를 이르게 하였으니 청컨대, 해당 각부의 이날 入直 官員들을 모두 잡아다 추문하여 감처하소서" 하니 그렇게 하게 하고는 이어 하교하기를, "상원일의 전야에 街市의 아동들이 무리를 이루고 隊伍를 만들어 다투어 草人을 두드리는 것을 이름하여 處容戲라고 하는데 일이 不經함에 가깝기는 하지만 또 하나의 勝事이다. 鄕人들이 儺禮를 행할 때 聖人도 오히려 경건하게 여겼다. 대개 除夕의 나례와 元宵의 俑戲는 모두 國俗에서 비롯된 것이니 어찌 設法하여 금지시킴으로써 소요가 생기는 폐단을 이르게 할 수 있겠는가! (……)" 하였다.[67]

정조는 上元日(1월 15일)에 사람들이 모이지 못하게 허위 명령을 내린 관원들을 처벌하면서 상원일의 민간 세시풍속을 그대로 존중하려는 입장을 가졌다. 이 자료는 1781년(정조 5)의 것인데, 이때는 세시풍속에 대하여 비용절감 등의 이유로 부정적인 입장이 강했던 영조대 직후라서 관료들은 예전처럼 세시풍속을 억압하고자 하였던 것 같다. 정조는 이를 개선하고자 하였고, 그 과정에서 위와 같은 일들이 발생했던 것으로 생각된다.

앞서 살펴보았듯이 정월 亥·子日에 조정에서 곡식 주머니를 내려주는 것을 복원한 일 등에서 볼 수 있듯이 정조는 세시풍속에 대하여 적극적이었다. 다음의 자료도 정조가 세시풍속에 대하여 얼마나 우호적인 입장을 가졌는지를 보여준다.

　　매번 佳辰과 名節마다 고관들과 근신들에게 하사품을 나누어주는 일은 예로부터 그러하였다. 立春에는 綵勝이 있었고 人日에는 銀幡이 있었고 冷節에는 蠟燭이 있었고 端午에는 宮袍와 執扇이 있었고 복날에는 고기가 있었고 重陽에는 柑橘과 茱萸가 있었고 嘉平에는 양고기가 있었다. 오직

이른바 歲饌이라는 것은 옛날에는 들려진 바 없는 것이지만, 東俗은 이 절
기를 가장 중요하게 여겼던 까닭에 또한 풍속을 따르지 않을 수 없다.[68]

이러한 서술은 영조대와 정조대 사이에 세시풍속에 대한 미묘한 인
식 차이가 발생하고 있었음을 말해준다. 정조대는 사상적인 문제나 비
용절감 등 다양한 이유로 세시풍속을 교정하고자 했던 이전 시대와는
확연히 구별되었다.[69]

정조대 세시풍속에 대한 관점이 달라지는 것에는 정치적인 이유 또
한 적지 않았다고 생각한다. 다음의 글은 정조가 세시풍속을 어떻게
정치적인 문제와 연관시켜 바라보았는가 하는 점을 말해준다.

三節이 처음 두어지니 昇平을 수식할 만하며 四民이 아울러 나오니 번
화함을 자랑할 만 하도다 (……) 시절이 조화롭고 해가 풍년이 든 이후에
야 백성들이 좋은 날에 보답할 수 있고, 정치가 평화롭고 풍속이 밝은 이후
에야 사람들이 좋은 시절을 즐길 수 있다. 近歲 이래로 물가의 車馬는 매
우 희소하고 樂園에서 놀이한다는 것은 들리지 않는다. 단지 元巳라는 이
름만 있을 뿐 上除의 성대함을 따르지 못한다. 아마도 나의 對育之工이 요
령을 얻지 못하여 군중의 심정에 즐거움은 적고 피곤함이 많으며 농사는
자주 흉년이 들고 풍년이 적어서 이 백성들로 하여금 그 즐거움을 즐길 수
없게 하여 그러한 것인가! 지금 時序가 순하게 펴지고 비오고 갬이 고르게
조화되어 화락하게 우리 백성을 春臺 위에 올려 좋은 때를 즐기고 좋은 날
에 보답하게 하고자 한다면 그 방법은 무엇으로 말미암아야 하는가?[70]

---

68) 正祖, 『弘齋全書』 卷178 日得錄 十八 訓語 五.

69) 正祖는 燈夕이 종묘의 제삿날과 겹치자, 그 다음날 밤 여러 신하들을 불러 음식을
내리면서 이 모임은 예로부터 내려오는 규례이니 완전히 폐기해 버릴 수 없다고
하면서 과거 세시풍속을 존중하고자 하는 입장을 보이기도 하였다. 正祖, 『弘齋
全書』 卷178 日得錄 十八 訓語 五, "燈夕適値廟享 其翌日夜 김諸臣宣饌 敎日 年年
此會 故事也 節日雖蹉過 而終不可全廢 故今夜所以特召 諸君但知予心可矣"

70) 正祖, 『弘齋全書』 卷49 策文 二 「三日」.

위의 글에서 볼 수 있듯이 정조는 백성들이 각 절기마다 평화롭고 즐거워하는 모습을 善政의 증험으로 삼고자 했다. 그러할 때 세시풍속은 정치적으로 중요하게 활용될 수 있었다. 정조가 1792년(정조 16) 신하들에게 城市全圖詩를 짓게 하였던 것도 번영한 서울의 풍속과 세태를 통하여 자신의 통치질서를 과시하고 인정받고자 하기 위함이었다.[71] 이러한 성시전도시 속에는 과거 비판받았던 사월초파일과 같은 세시풍속도 가감 없이 묘사되어 있었다.[72]

세시풍속은 정조와 신하들의 관계를 돈독히 연결시키는 데에도 중요한 매개가 되었다. 신하들이 하사받은 子亥囊과 臘藥을 통해서 정조의 은혜에 감사하는 것은 세시풍속이 정조와 신하들의 관계에 어떠한 역할을 하였는가를 잘 보여준다.[73] 정조는 中和尺을 내릴 때에는 다음과 같이 하교하기도 하였다.

이월 초하룻날에 中和尺을 公卿과 近臣들에게 나누어 주고 詩를 지어서 은혜를 베풀었다. 賤臣의 入侍로 인하여 하교하기를, "근래 조정의 신하들이 忠逆是非와 言議出處의 사이에서 義理로 재정하지 않는 것이 많다. 그러한 까닭에 자를 하사하는 것에는 은미한 뜻이 있으니, 그것을 알 것이다"하였다.[74]

---

[71] 안대회, 「城市全圖詩와 18세기 서울의 풍경」, 『고전문학연구』 35, 2009, 218쪽.

[72] 朴齊家, 『貞蕤閣集』 卷3 「城市全圖 應令」, "市色居然月建已 如來生日作燈市 雜還傾城上元似"

[73] 亥子囊에 대해서는 정조대 여러 사람들이 글을 남겼다. 朴準源, 『錦石集』 卷8 「子亥囊銘」; 柳得恭, 『泠齋集』 卷4 「亥子囊詞」; 朴齊家, 『貞蕤閣集』 卷1 「子囊銘」; 成海應, 『研經齋全集』 卷56 「頌囊」. 이 가운데 유득공은 해자낭의 경위에 대해서 상세히 설명하면서 정조가 하사한 亥子囊을 받은 것을 영광으로 생각하는 글을 남겼다. 柳得恭, 『泠齋集』 卷4 「亥子囊詞」, "臣等以草莽之賤 奔走供奉于閣中 亦得與焉 跪受而佩之 榮輝之極" 이덕무 또한 하사받은 亥囊과 臘藥에 대해서 감사해 하였다. 李德懋, 『雅亭遺稿』 卷7 「與朴在先書」, "身邊亥囊 長需聖渥 懷中臘藥 滿襲天香 時時敬奉 魂馳北闕"; 같은 책 卷8 附錄 「先考府君遺事」, "先君對日 臣父 年老多病 因臘藥之賜 此劑屢試屢效 不勝感泣"

중화척을 하사하는 것을 통하여 신하들에게 올바른 의리를 강조하였던 것이다. 이는 세시풍속이 정치행위의 일부로서 활용되었음을 보여준다.

이상과 같은 사실들을 종합해 볼 때, 정조대에는 이전 시대와 비교해서 세시풍속에 대한 새로운 관점이 열리고 있었음을 분명히 알 수 있다.75) 정조를 통하여 마련된 세시풍속에 대한 새로운 관점들은 지식인 사회에 확산되었고, 19세기 세시풍속서 저술에도 많은 영향을 끼쳤던 것으로 보인다. 그러한 점에서 19세기 세시풍속서에 정조에 대한 기억이 많은 부분 등장하는 것은 자연스러운 일이었다.

둘째, 세시풍속이 가지고 있는 고유한 정치적 기능을 들 수 있다. 세시풍속은 고래로부터 다른 지역의 이질적인 구성원들과 공동체를 매년 반복되는 일상의 행위를 통하여 하나로 엮어주는 역할을 수행하였다.76) 또한 일상생활을 표준화함으로써 民人들의 내면적 일상을 통일적으로 규정하기도 하였다.77) 이는 공동체의 결집과 매우 밀접한 연관

---

74) 正祖, 『弘齋全書』 卷177, 日得錄 十七 訓語 四.

75) 이와 관련해서 18세기 중반까지 風俗畵가 政敎的인 風俗이라는 개념으로 인식되다가 18세기 후반에는 시정의 적나라한 생활을 담는 俗畵라는 개념으로 변화하였고, 差備待令畵員 祿取才에서 세시풍속에 관한 주제가 정조와 순조대 자주 보인다고 지적한 연구도 있었다. 강관식, 『조선후기 궁중화원 연구(상)』(돌베개, 2001), 275쪽, 547쪽 참조.

76) 민간의 세시풍속은 국가적 연중행사와는 개념상 다소 차이가 있지만 曆에 따르고 정해진 날 공동의 행위를 한다는 관점에서 보면 이에 비견될 수 있는 측면이 있다. 공동체의 모든 구성원들이 같은 날에 같은 행위를 한다는 것은 정치적인 의미를 가지며, 특히 고대 율령국가 성립에 수반하는 '시간의 지배'가 표현되는 것이었다. 이점에 대해서는 大日方克己, 『古代國家と年中行事』(講談社, 2008), 314쪽 참조.

77) 이 문제와 관련하여 역법·월령·세시기 등은 民에게 실시하는 규범교육의 텍스트였을 가능성이 있다는 지적도 있었다. 이에 대해서는 주영하, 「19세기 세시풍속에 대한 지식인의 인식」, 한국학중앙연구원 編, 『19세기 조선, 생활과 사유의 변화를 엿보다』(돌베개, 2005), 133쪽 참조.

성을 갖는다. 앞서 맹원로의 언급에서 이러한 모습들을 구체적으로 찾아 볼 수 있다. 맹원로는 앞의 글에서 근래 친척들과 모여 지난날을 이야기할 때마다 후생들은 다르게 생각하였고, 그러한 이유로 세월이 지나면 풍속을 논하는 자들이 사실을 잃어버리게 될까 걱정스럽다고 하였다.[78] 즉, 함께 같은 세시풍속을 공유했던 자들 사이에 정신적 연대가 존재했으며, 그렇지 못한 자들과는 이를 통하여 의식적으로 분리되었던 것이다.

정조 또한 세시풍속이 그것을 향유하는 공동체에게 연대의식을 줄 수 있을 것이라고 생각한 듯하다. 이것은 다음 자료를 통하여 짐작해 볼 수 있다.

> 다섯 번째 다리를 가고 또 오니 환히 밝은 달 上元의 밤이로세. 어느 집의 주렴 안에 새로 빚은 술독을 열었으며 어느 곳 樓臺에서 碧玉 퉁소를 부는가. 흡족하구나. 비는 삼일 밤에 개었다. 즐겁게 노닐고 시절 좋으니 한 봄의 넉넉함이라네. 昇平한 百世를 그 누가 내리셨는가. 아이들 춤추고 늙은이 노래함은 바로 우리 聖朝 덕이라오.[79]

위의 글은 상원일 踏橋 놀이를 통하여 이를 수행하는 공동체가 조화로운 모습으로 구성되는 상황을 묘사한 글이다. 여기에서 세시풍속을 통한 연대의식 형성을 직접적으로 검출해내기는 어렵지만, 세시풍속이 태평성대를 칭송하는 하나의 공동체를 형성하는 데에 중요한 요건이 됨은 충분히 생각해 볼 수 있다. 이는 탕평군주로서 세시풍속을 통하여 善政을 증험하고, 다시 이를 통하여 민인들을 조화로운 구성체로 만들고자 한 정치적 의도를 보여준다고 할 수 있다.[80]

---

[78] 각주 30) 참조.
[79] 正祖, 『弘齋全書』 卷2 「春邸錄」 二 「國都八詠」.

한편, 19세기 세시풍속이 갖는 정치성은 당시 역사적 상황을 고려해 볼 때, 정조대 善政의 증험을 통하여 민인들을 결속시키는 것과는 구별 되는 또 다른 배경이 있었던 것으로 보인다. 즉, 세시풍속으로 대표되 는 현재의 일상생활마저 지켜내기 힘든 어려운 상황들이 당대 지식인 들 사이에서 포착되고 있었음을 추측해 볼 수 있는 것이다. 내외의 어 려운 상황으로부터 생활공동체를 지켜내기 위한 노력은 자신들이 오 래도록 지켜왔던 생활의 습속들을 기록하고 수집ㆍ정리하는 행위로 나 타났음은 앞서『동경몽화록』의 경우에서도 살펴볼 수 있었다.

이 시기 세시풍속서에 정조의 통치행위가 회고의 형태로 기술되는 것도 이러한 이유 때문이었다. 과거의 聖君을 회상하고 과거의 번영을 유지하고자 하는 의식이 반영되어 있는 것이다. 孟元老의『東京夢華錄』 이나 富察敦崇의『燕京歲時記』에서 보이는 황제에 대한 서술도 이러한 맥락에서 이해할 수 있다.[81] 삼백육십일을 고유한 세시풍속으로 채우 는 일은 곧 일상생활의 공간에 어떠한 빈틈도 주지 않는 것이었다. 이 것은 그들에게 일상생활에 대한 방어가 얼마나 절박했는지를 잘 보여 준다. 세시풍속을 공유함으로써 공동체의 연대의식이 강화될 수 있었 고 그러한 필요성의 배후에는 공동체의 해체라는 위기의식이 있었다.

세시풍속서가 갖는 이러한 성격은 비슷한 시기 간행된『農家月令歌』, 『漢陽歌』등을 통해서도 살펴볼 수 있다. 丁學游(1786~1855)는『農家月 令歌』에서 농민들이 각 절기마다 반드시 해야 할 것들을 상세히 열거

---

80) 金邁淳의『洌陽歲時記』에는 상원일에 위로는 宰相과 貴人으로부터 아래로는 시 골의 서민에 이르기까지 다리에 나오지 않는 이가 없었다고 하였다(金邁淳,『洌 陽歲時記』正月「上元」, "自卿宰貴人 以至委巷庶民 除老病外 無不畢出"). 이와 같이 모든 이들이 어울릴 수 있는 세시풍속은 탕평정치 구현의 측면에서 보았을 때도 무척 중요하다.

81) 각주 58) 참조.

하였다.[82] 그것들은 농촌생활을 위하여 매우 이상적인 행위라고 할 만
한 것이었다. 일종의 준칙이라고 할 수 있는 세시풍속들이 상세히 제
시되는 것은 그 만큼 농촌의 일상생활이 위태롭다는 것을 반증하는 것
일 수 있었다. 정학유는『농가월령가』말미에 농업 이외의 활동이 얼마
나 위험한지를 언급하고서 다음과 같이 마무리하였다.

> 예로부터 이른 말이 農業이 근본이라. 배 부려 船業하고 말 부려 장사하
> 기 典當 잡고 빚주기와 場판에 遞計 놓기. 술장사 떡장사며 순幕질 가게보
> 기 아직은 흔전하나 한번을 失手하면 破落戶 빚구러기 사던 곳 터가 없다.
> 農事는 믿는 것이 내 몸에 달렸느니 (……) 제 시골 제 지키어 騷動할 뜻
> 두지 마소. 皇天이 仁慈하사 怒하심도 一時로다. (……) 千萬 가지 생각 말
> 고 農業을 전심하소.[83]

정학유는 일상의 행위들을 철저히 준수함으로써 농촌의 정치적 안
정을 바랐다.[84] 이러한 정황들을 통하여 볼 때, 이 시기 세시풍속서는
일상이 처하게 된 위기적 상황과 긴밀한 관련성을 가지고 있었다고 할
수 있다. 기존의 일상생활을 보존하고자 하는 측면이 강했던 것이다.
그 과정에서 세시풍속은 矯俗의 목적이나 善惡이라는 가치 판단이 최
대한 억제된 상태에서 있는 그대로 기록되었다.

이러한 위기의식을 통하여, 왜 18세기 후반에서 19세기 중반 사이에

---

82) 이러한 시각에서 다음 연구는『농가월령가』가 '고압적'이라는 평가를 하기도 하
    였다. 임치균,「농가월령가 일 고찰」, 정병욱선생 10주기추모논문집 간행위원회
    編,『한국고전시가작품론』2 (집문당, 1992), 747쪽.

83) 박성의, 앞의 책, 75쪽.

84)『농가월령가』가 기존의 질서가 그대로 유지되기를 바라는 것을 주제로 삼았다는
    견해에 대해서는 조동일,『한국문학통사』3 (지식산업사, 1984), 333쪽 참조. 이와
    함께『농가월령가』가 농촌사회의 해체를 막고 농촌경제를 안정적으로 유지하고
    회복하기 위한 향촌 사대부의 지향점이 드러났다고 보는 견해에 대해서는 김은
    희,「「農家月令歌」의 짜임새와 그 意味」,『語文研究』37-4, 2009, 220쪽 참조.

조선왕조의 통치를 찬양하고 수도 漢陽을 칭송하는 경향이 집중적으로 등장했는가도 이해할 수 있다. 정조대 城市全圖詩, 姜彝天(1768~1801)의 『漢京詞』, 姜浚欽(1768~1833)의 『漢京雜詠』, 민간의 『漢陽歌』(작자는 漢山居士로 추정), 柳本藝(1777~1842)의 『漢京識略』(1830) 등이 나왔고, 差備待令畵員 祿取才에서도 「城市圖」는 총 8회에 걸쳐 출제되어 속화 화제 가운데 단일 화제로서 가장 많이 출제되었다.[85] 즉, 이 시기 문학과 회화를 통해 수도 한양에 대한 관심이 증폭된다고 할 수 있는 것이다.

한양에 대한 찬양이 이 시기 다양한 분야에서 활발하게 등장하는 것은 세시풍속서의 등장과 함께 흥미로운 현상이 아닐 수 없다. 사실 세시풍속서 또한 한양에 대한 칭송과 밀접한 관련성을 가졌다. 『동국세시기』는 전국적인 세시풍속서를 표방하였지만 역시 한양의 세시풍속이 중심이었고, 『경도잡지』와 『열양세시기』는 직접적으로 한양의 세시풍속을 묘사하였다. 따라서 넓은 의미로 보면 세시풍속서도 한양에 대한 칭송 경향과 그 맥이 닿아있는 것이다.

다음 李德懋(1741~1793)의 말은 한양에 대한 예찬과 위기의식이 어떻게 함께 나타나기 시작하였는가를 잘 보여주었다. 이덕무는 城市全圖詩 말미에 "원컨대 이 그림으로 '無逸'을 대신하여 昇平을 항상 믿지 못할 것 같이 하소서. 우리 임금 밝으시어 위태한 것 잊지 않으시니 어찌 신의 말을 기다려 조심하리까. 선왕의 덕을 이어 자손에게 좋은 법을 물려주면 영원히 복 내리는 것을 지켜보겠네"[86]라는 말을 남겼다. '無逸'이란 『書經』 「周書」의 편명으로 안일해서는 안 된다는 뜻이다. 이덕무는 성시전도를 보면서, 번성함 속에서 그 번성함을 보존하기 위

---

85) 강관식, 앞의 책, 545쪽.

86) 李德懋, 『靑莊館全書』 雅亭遺稿 12 「城市全圖」, "願將此圖替無逸 昇平恒若不足恃 吾王聖明不忌危 惕慮詎必臣言俟 肯堂丕責在貽燕 佇看綿綿垂福祉"

해서는 위기의식을 가지고 임할 것을 국왕에게 건의했던 것이다. 예찬, 보존의 노력, 위기의식이 동시적으로 일어나고 있음을 볼 수 있다. 19세기 『한양가』의 마지막 부분 또한 이와 같은 위기의식을 보여주었다.

> 太古時節 못보거든 우리 세계 자세 보소. 이런 國都 이런 세상 自古及今 또 있으랴 엎드려 비나이다. 北極殿에 비나이다. 우리나라 우리 人君 本枝 百世無疆休를 與天地로 偕老하게 비나이다. 비나이다.[87]

『한양가』는 수도 한양을 극도로 찬양하고, 이 한양을 보호해달라고 천지신명에게 비는 것으로 글을 마무리하였다. 수도 한양을 태고시절에 비하였고 이러한 국도가 옛날과 지금 어디에 있겠느냐고 하였다. 그리고서는 이 나라가 영원하기를 빌었다. 수도 한양에 대한 극도의 예찬은 한양에 대한 강렬한 보존의식으로 연결되고 있었다.

이상화된 모습으로 한양을 그려내는 것 속에는 사실 현실에 대한 불안감과 결여감이 내재해 있었던 것이 아닌가 생각된다. 「성시전도」, 『한양가』의 전범이 된 것으로 보이는 「淸明上河圖」가 왜 北宋 徽宗朝에 만들어졌으며, 이후 南宋 사회에서 그렇게 널리 퍼지고 주목되었는가에 대한 것에서 이미 그 근거들을 찾아볼 수 있다. 특히 「청명상하도」가 처음 그려진 北宋 徽宗朝에서는 자신의 治世를 과시하기 위한 그림들이 많이 그려지고 있었다. 이에 대해서 徽宗의 시대가 理想鄕과는 정반대였던 이유로 오히려 이상향의 필요성이 증가했다는 지적은[88]이

---

87) 강명관, 『漢陽歌』(신구문화사, 2008), 138쪽.

88) 이에 관해서는 Julia K. Murray, "Water under a Bridge: Further Thoughts on the Qingming Scroll", *Journal of Song-Yuan Studies*, vol.27 (1997), p.104; ジュリア・K・ムレー (吉田眞弓 譯), 「橋の下, 水は流るる: 「淸明上河圖」に關するさらなる一考察」より拔粹」, 伊原弘 編, 『淸明上河圖をよむ』(勉誠出版, 2003), 310쪽 참조.

시기 한양에 대한 다양한 예찬이 갖는 의미들을 이해하는 데에도 도움을 준다고 생각한다.

유본예는『한경지략』의 서문에서 "비록 지금 한 개의 작은 縣邑이라도 반드시 邑誌가 있는데 당당한 국가의 수도로서 오래도록 기록한 문서가 없어서야 되겠는가?"[89]라는 문제의식에서 이 책을 저술하게 되었음을 밝혔다. 그에게 수도 한양에 대한 기록을 남겨야 한다는 의식이 강하게 형성되고 있었던 것이다. 이러한 문제의식은『帝京景物略』의 그것과 흡사했다.『제경경물략』의 저자 劉侗 또한 "燕京은 책이 없어서는 안되지만 또한 쓰기도 어렵다"[90]라고 하였다. 그러면서 수도 북경이 피폐하게 됨에 따라 도읍을 생각하는 마음이 가볍게 됨을 안타까워하는 부분이 나온다.[91] 이는 북경에 대한 일종의 위기의식을 보여주는 것이라고 할 수 있다.『한경지략』의 저술 의도도 이러한 부분과 관련이 깊다고 생각한다. 수도 한양의 권위가 추락하는 것을 우려하여 문헌으로 한양의 위대함을 적극 증명하고자 하는 의식이 발생했을 가능성이 있는 것이다.

『농가월령가』에는 농촌에 대한 위기적 상황 인식,『한양가』에는 한양에 대한 위기적 상황 인식이 그 내면에 숨겨져 있었다. 세시풍속서에도 이와 같은 위기적 상황들이 전제되어 있었던 것으로 보인다. 羲皇 시대와 비견되는 세시풍속으로 삼백육십일을 지낸다고 현 조선의 풍속을 칭송하는 것은 그들의 세시풍속에 대한 방어가 얼마나 절박했는가를 역으로 말해주었다. 그렇다면 왜 그들은 세시풍속에 주목하였

---

89) 柳本藝,『漢京識略』序, "雖今一小縣邑 必有邑誌 而况堂堂王京久無誌記乎"

90) 劉侗·于奕正,『帝京景物略』序, "燕不可無書而難爲書"

91) 劉侗·于奕正,『帝京景物略』序, "三百年來 率土臣民 罔不輻輳 紅塵白日 無有閒人 目指所及 風高沙飛 土剛水鹹 幽岩勝跡 非所經心 輒有小警 而懷都意輕矣"

는가. 그 이유는 세시풍속이 개개의 성원들에게 '일정한 시기'에 '일정한 행위'를 공유케 함으로써 하나의 생활공동체로 만들어주는 역할을 하였기 때문이다. 그러한 점에서 세시풍속의 공유는 그 자체로 정치적 · 사회적인 의미를 가졌다. 또한 같은 측면에서 세시풍속서 또한 정치적 · 사회적인 의미를 가졌다.

5. 맺음말

18세기 후반에서 19세기 전반에는 세시풍속에 대한 관점이 이전 시대와 비교해서 확연히 달라졌다. 과거 대부분의 지식인들이 矯俗의 관점에서 세시풍속을 바라보았다면, 이 시기에는 세시풍속에 대해서 상당히 포용적인 모습을 보였다. 이처럼 세시풍속을 있는 그대로 서술하려는 세시풍속서의 등장에는 민간풍속의 관심 확대라는 전제가 필요했다. 조선의 문화계는 18세기부터 그동안 玩物喪志로 비하되던 일상생활에 대한 다양한 지식들이 등장하면서 새로운 변화를 맞이하였다.

이에 더하여 양명학에 영향받은 公安派와 같은 문학사조들이 조선에 전래되면서 민간의 풍속에 관심 갖는 사유들이 형성되었다. 또한 箕子를 통한 조선 고유 풍속의 가치를 선양하는 풍조도 발생하였고, 새로운 중화주의에 입각하여 각 지역과 나라의 풍속을 있는 그대로 인정하고자 하는 사유경향도 생겨났다. 이것은 이 시기 조선의 민간풍속에 대한 관심을 배가시키는 배경으로 작용하였던 것으로 보인다. 이러한 민간풍속에 대한 관심은 세시풍속서 성립의 중요한 전제요건이었다.

하지만 이러한 요인들은 조선뿐만 아니라 중국, 일본에서도 다소 상황은 달랐지만 공통된 문화현상이었으므로 이것으로만 조선의 풍속

관념이 갖는 특성들을 온전히 설명하기는 어렵다. 같은 이유로 본 글에서 서술하고자 하는 18세기 후반에서 19세기 전반기에 존재했던 세시풍속서의 의도를 이해하는 데에도 무리가 있다. 이 시기 세시풍속서에는 앞에서 열거한 것 이외의 것들이 배경으로서 존재하고 있었다. 민간풍속에 대한 일반적인 관심에 더하여 이 시기 집중적으로 저술의 형태로서 세시풍속이 정리되는 이유는 무엇인가에 대하여 좀 더 세밀하게 고찰할 필요가 있는 것이다.

이를 살펴보기 위해서 우선 일상이 어떠한 방식을 통하여 인식되는지에 대한 좀 더 정밀한 이해가 필요하다. 일상은 평소에는 잘 인지되지 않으며, 어떠한 계기를 통하여 특별한 것이 될 때 비로소 기술되거나 그려지게 된다. 그러한 점에서 엄격히 말해 일상의 표현은 특정 목적에 의하여 굴절되기 마련이다. 이 점과 관련하여 많은 세시풍속서들이 과거의 세시풍속을 회고하는 형태로 기술되었다는 점은 흥미롭다.

이는 세시풍속서가 흔히 알려진 것처럼 현실의 세시풍속을 기술하는 것이 전부가 아니라, 과거의 세시풍속도 적극적으로 반영하고 있었다는 사실을 말해준다. 이 시기 세시풍속서에서 보이는 중요한 특징은 과거와 현재의 세시풍속을 수집, 정리하려는 노력이었다. 시골의 鄙俚한 것이라도 모두 기록하려는 노력은 이를 잘 보여준다. 또한 현재에는 행해지지 않는 세시풍속도 기록하였고, 각 지역의 관련 세시풍속도 『신증동국여지승람』에서 인용하여 실었다. 『신증동국여지승람』은 중종대 만들어진 것이므로 당시에 이 풍속이 그대로 현존하였는지에 대해서는 의문이 있지만, 이를 통해 관련 세시풍속을 모두 기술하고자 한 홍석모의 노력은 확인할 수 있다. 그는 조선의 세시풍속을 최대한 기록하고자 한 것이다.

이처럼 세시풍속이 교정의 대상이 아닌 보존의 대상으로 변화하는 배경에는 우선 정조대 변화된 세시풍속관을 들 수 있다. 영조와 비교해 볼 때 정조는 세시풍속을 적극적으로 보호하려 노력하였고, 사라진 세시풍속을 복원하고자 하였다. 이러한 세시풍속관은 이후 지식인 사회에 널리 퍼져 나갔던 것으로 보인다. 정조대의 변화된 세시풍속관을 전제로 19세기 들어 독립적인 세시풍속서의 등장에는 일상생활을 보존하고 지켜야 한다는 위기의식이 있었다. 삼백육십일을 羲皇의 시대와 같은 세시풍속으로 채우는 것은 그들의 일상생활 방어가 얼마나 절박했는가를 말해준다. 19세기 내외의 정치적 상황에 따른 지식인들의 생활공동체에 대한 위기의식은 세시풍속서를 통하여 반영되어 나타나고 있었던 것이다.

사회주의 사상 수용에 반영된 전근대와 근대의 중층성:
『동아공산』 신문을 중심으로

임경석

1. 머리말

이 글의 목적은 초기 사회주의자들의 내면 의식을 탐구하는 데에 있다. 그들이 어떠한 사상과 혁명 이론을 가졌는지를 해명하고, 더 나아가 그들의 사회주의 수용에 영향을 줬던 심리적 특성을 밝히고자 한다. 『동아공산』 신문은 이러한 목적을 달성하는 데에 유용한 자료다. 거기에는 한국 역사상 맨 먼저 사회주의를 수용한 사람들의 행위와 생각이 담겨 있기 때문이다. 그들이 등장한 시기에 눈길이 간다. 한국에서 사회주의 단체가 처음 등장한 지 불과 1~2년밖에 지나지 않은 시점이었다. 이 신문에 관계한 사람들은 한국 역사상 최초로 사회주의자 대열에 참여한 사람들이었다. 달리 말하자면 그들은 엊그제까지만 해도 사회주의자가 아니었다. 이 매체에는 바로 그런 사람들의 논리와 심리, 의식과 감성이 담겨 있다.

한국의 초기 사회주의 사상에 관해서는 스칼라피노와 이정식의 연구 성과가 지금도 설득력을 갖고 있다. 그에 따르면 초기 사회주의자들은 마르크스주의에 대한 지식이 희박할 수밖에 없었고, 사회주의 개

넘 이해는 낮은 수준에 머물러 있었다. 그들은 이데올로기에 대한 관심이 미약한 채로 사회주의 운동에 가담했다는 것이다.[1]

그러나 초기 사회주의 문헌을 주목해온 일본 관헌의 정보 문서에는 그와는 다른 이미지가 그려져 있다. 한국주둔 일본군 참모부의 정보 담당관은 말하기를, 초기 한인 사회주의자들의 글은 문장이 교묘하고 짜임새가 적절하며, "목전의 사실을 거론하여 그를 연역하고 이데올로기로 귀납하는 솜씨가 탁월"하다고 평가했다. 또한 표현이 비장하고 분노의 기운이 문장 밖으로 흘러 넘쳐서, 그 글을 읽는 청년의 피를 끓게 만들 만한 것이 적지 않다고 적었다.[2]

이 두 가지 상이한 이미지를 동시에 주목하고자 한다. 초기 사회주의 사상사를 연구하는 사람은 단지 사회주의 사상의 내용을 재구성하는 데에만 눈길이 팔려서는 안 될 터이다. 이론 수준도 보지만 심리적 특성도 놓쳐서는 안 된다고 생각한다. 사회주의 수용의 심리적 기반이 어떠했는지, 종래 지녔던 사유의 어떤 속성이 사회주의 수용의 내적 근거가 됐는지를 주목할 필요가 있다. 사회주의를 처음 받아들인 사람들의 내면세계는 논리와 심리, 혹은 사상과 열정이라는 양 차원을 동시에 고찰할 때에만 비로소 온전히 파악될 수 있다고 믿는다.

『동아공산』에 관해서는 기존 연구에서도 주목해 왔다. 이 신문은 전에는 알수 없었던 새로운 역사 정보를 제공하는 원천으로서 중시될 만한 가치를 갖고 있기 때문이다. 특히 3·1운동 직후 러시아 한인 사회 속에서 전개된 초기 사회주의 운동에 관해 풍부한 정보를 담고 있다.

---

[1] Robert A. Scalapino & Chong-Sik Lee, *Communism in Korea, Part 1: The Movement* (University of California Press, 1972) [한홍구 옮김, 『한국공산주의운동사』 1 (돌베개, 1986), 37~38쪽].

[2] 「朝特報第17号, 間島方面鮮人赤化運動ノ現勢」大正11.5.23; 金正明 編, 『朝鮮獨立運動(5)』(東京, 原書房, 1967), 235쪽.

그래서 초기 사회주의 운동과 러시아 한인 사회의 역사를 다룬 연구자들은 이 신문을 통해 중요한 정보를 얻었다.

그러나『동아공산』신문에 관한 서지 정보가 충분히 밝혀져 있는 것은 아니다. 누가 왜 그 신문을 발간했으며, 신문은 누구에게 어떻게 배포됐는지, 신문 지면은 어떻게 구성됐는지를 밝힐 필요가 있다. 매체의 생산과 소비에 관한 사회사를 드러내는 일은 여전히 해명되지 않은 채로 남아 있다. 이 때문에『동아공산』신문에 관한 정확한 서지 정보를 확인하는 것을 이 글의 또 하나의 목적으로 삼고자 한다.

2.『동아공산』신문의 발행과 배포

『동아공산』이라는 제호를 가진 신문이 있다. '동아시아'와 '공산주의'라는 두 단어를 조합하여 이름 지은, 우리나라 언론 역사상 비슷한 용례를 찾기 어려운 신문이다. 창간호 제1면 오른쪽 맨 윗칸에 자리 잡은 제호란을 보면, 한글 이름이 굵은 세로 글씨로 적혀 있고 그 곁에 한자로 '東亞共産'이 자그맣게 병기되어 있다. 이 신문의 러시아어 표기는 'Восточная Коммуна'(동방 꼼문)이었다.

제호 디자인은 여러 번 바뀌다가 제6호부터 정착됐다. 짙은 고딕체의 한글 제호 둘레에 3개 국어로 된 표어가 적혀 있다. '세계 빈천자는 단합할지어다'라는 한글 구호와 더불어, 일본어 구호 "ゼンセカイノビンバウラハ ダンカウセキ", 중국어 구호 "全方貧工之聯合"이라는 글귀가 자그맣게 인쇄되어 있다. 더러 몇 개 호에는 "Workers of the world, Unite"라는 영문 구호와 "Пролетарии всех стран соединяитесь"

라는 러시아어 구호를 적어 넣은 경우도 있다. 어느 것이나 다 프롤레타리아트의 국제적 단결을 호소하는,『공산당선언』마지막 글귀의 번역어였다.

제호에 담긴 이념적 함의가 매우 강렬했다. 그래서 이 신문은 식민지 시대 한국 국내에서 간행될 수는 없었다. 간행지는 해외 망명지였다. 한국 국내로부터 멀리 떨어진 바이칼 호수 서쪽 시베리아의 요충지 이르쿠츠크가 그 간행지였다.

머나먼 외국에서 발간된 것임에도 불구하고 이 신문의 지면은 순 한글로 작성됐다. 제호는 물론이고 굵은 기사 제목이나 자디잔 본문 기사가 모두 한글로 쓰여 있다. 드물게 한자를 사용하는 경우도 있지만, 그때에는 괄호 속에 병기하는 수준에 머물고 있다. 철두철미하게 한글전용을 고수하고 있다.

이 신문의 겉모습은 소박하다는 느낌을 준다. 무엇보다도 먼저 크기가 작기 때문일 것이다. 신문 판형이 한 호당 4개 면으로 구성된 타블로이드판이고, 각 면마다 세로쓰기 6단 조판으로 짜여 있다. 정보량이 많지 않아 보인다. 하지만 소박하다는 느낌을 주는 주된 원인은 따로 있다. 지면을 수놓은 글자가 활자체가 아니라 손으로 쓴 육필인 탓이다. 글씨도 세련돼 보이지 않는다. 질박하고 서투른 글씨체가 신문 지면을 메우고 있다.

이 신문은 활판 인쇄본이 아니었다. 세련되고 화려한 느낌을 주기 위해서 활판 인쇄를 하자면, 값비싼 주조 활자가 있어야 하고 문선과 조판 작업을 할 수 있는 숙련공이 필요했다. 시베리아 한인 사회에서는 그를 구하기 어려웠다. 그래서『동아공산』신문은 석판 인쇄본이었다. 타블로이드판 기름종이 위에 펜으로 기사를 써 넣어서 신문지 한 면을 작성한 뒤, 이 육필 원고를 판석 위에 얹어놓고 통째로 인쇄에 부치는 방법이었다.

　도대체 누가 이역만리 시베리아 한 복판에서 한글 신문을 간행했단 말인가. 이 의문은 신문 1면에 큼지막하게 박힌 제호를 보면 바로 풀린다. 발행자 정보가 제호 밑 네모칸 안에 적혀 있다. 그에 따르면 '발행소'는 '한인공산당 총회'이고, '발행자'는 그 기관의 '선전과'이다. 발행지 주소도 적혀 있다. '일꾿쓰크 쳬트벨따야 솔닫쓰크야 둘째집'이다. 나란히 적혀 있는 러시아어 표기를 감안해서 오늘날 어감에 맞게 옮겨보면, '이르쿠츠크 시 솔다츠카야 4번가 2번지'임을 알 수 있다.[3]

　발행소를 가리켜 '한인공산당 총회'라고 말한 데에 주목하자. 표현이 다소 애매하다. '한인공산당'이라는 이름을 가진 단체가 초창기 한국 사회주의 역사 속에서 여럿 발견되기 때문이다. 그중에서 어느 것을 특정하는지는 이 단체의 러시아어 표기를 아울러 살펴볼 때 뚜렷하게 된다. 이 단체의 러시아어 표기는 '전로 한인공산당'(Коркоморганизация в России)이었다. 그렇다. 이 단체는 1920년 7월 7일부터 9일까지 이르쿠츠크에서 열린 재러시아 6개 공산단체 대표자 대회의 산물이었다. 명칭에서도 드러나듯이 그것은 러시아에 소재하는 한인 공산단체들의 연합기관이자 상급단체였다.[4]

　'총회'라는 표현도 무엇을 지칭하는지 모호한 느낌을 준다. 그것은 러시아어 표기에 따르면 '중앙위원회'(Центральный комитет)를 뜻하는 말이었다.『동아공산』편집자도 총회라는 명칭이 부적합하다고 생각했던 것 같다. 제2호 이후로는 그 명칭 대신에 '중앙총회'라는 용어

---

3) 발행지의 러시아어 표기는 "Гор. Иркутск, 4 солдатская ул. д.N 2"이다(『동아공산』1호, 1920.8.14, 1쪽). 발행지 주소는 도중에 한번 바뀌었다. 제13호 (1921.3.20)부터 "Гор. Иркутск, 6 крастоармейская ул.N 17"(이르쿠츠크 시 크라스노아르메이스카야 6번가 17번지)라고 적혀 있다.
4) 임경석,『한국 사회주의의 기원』(역사비평사, 2003), 210~216쪽.

를 일관되게 사용하고 있다.

발행소에 관한 『동아공산』 신문의 표기는 판이 거듭되면서 조금씩 바뀌고 있다. '한인공산당 중앙총회'(제2호), '고려공산당 중앙총회'(제3호~제14호까지) 등의 표현을 사용했다. 결국 『동아공산』은 1920년 7월 이르쿠츠크에서 결성된 '전로한인공산당 중앙위원회'의 기관지임을 확인할 수 있다. 그들은 이 기관의 한글 명칭을 '한인공산당 총회', '한인공산당 중앙총회' 혹은 '고려공산당 중앙총회'라고 혼용했던 것이다.

신문 값에 관한 정보도 제호 밑 네모칸 안에 담겨 있다. "값은 없이"라고 적혀 있다. 무가지였던 것이다. 이 신문은 상업적 목적을 위해서가 아니라 전로한인공산당 중앙총회의 이념적, 정치적 견해를 선전할 목적으로 발간된 것임을 알 수 있다.

이 신문의 창간호는 1920년 8월 14일에 발간됐다. 전로한인공산당 중앙총회가 설립된 지 한 달 남짓한 때였다. 발행자들은 이 신문을 1주일에 한 번씩 낼 생각이었다. 신문지 1면 상단에 '주간 신문'(eженедельн ая газета)이라고 명시해 놓은 것은 그 때문이었다. 그러나 실제로는 그렇지 못했다. 발행 주기는 불규칙했다. 첫해 하반기에는 대체로 격주 간으로 발행됐고, 이듬해 상반기에는 더 늦어져서 대체로 월간 단위로 발행됐다. 이 신문의 최종호는 1921년 5월 10일자 제14호였다. 9개월 동안 14회가 발간된 셈이다. 대략 3주에 한 번꼴로 펴냈음을 알 수 있다.[5]

---

5) 『동아공산』의 원본은 러시아국립사회정치사문서보관소(РГАСПИ)에 소장되어 있다. 각호의 발간 일시는 다음과 같다. 제1호(1920.8.14), 제2호(1920.9.8), 제3호(1920.9.25), 제4호(1920.10.10), 제5호(1920.10.25), 제6호(1920.11.7), 제7호(1920.11.24), 제8호(1920.12.7), 제9호(1920.12.16), 제10호(1920.12.27), 제12호(1921.2.3), 제13호(1921.3.20), 제14호(1921.5.10). 이중에서 1호부터 10호까지는 ф.495 оп.154 д.73에, 12호부터 14호까지는 ф.495 оп.154 д.126 에 나뉘어 보관되어 있다. 제11호는 누락됐다.

발행 주기를 지키지 못한 것에 대해서는 신문사 측도 안타까워했다. 제13호 광고란에는 지난 한달 동안 신문을 찍어내지 못한 것을 사과하는 구절이 나온다. "인쇄기구의 부족" 때문이었다고 한다. "지금부터는 전과 같이 발행"하겠다고 결심을 토로하고 있다.[6] 그러나 이 약속도 지켜지지 못했다. 1개월 20일이 지난 뒤에야 다음호인 제14호가 발간됐다.

인쇄기구가 부족했다는 말을 들으니 의문이 생긴다. 타블로이드판 4면짜리 자그만 신문을 1주일에 한 번씩 간행하는 데에 거창한 인쇄기구가 필요했을성싶지 않기 때문이다. 석판 인쇄기 한 대만 갖추고 있으면 충분히 쓸모를 다할 수 있지 않았을까. 아마도 동아공산 신문 외에 다른 수요가 있었던 것 같다. 그랬다. 전로한인공산당 중앙총회 비서 채동순이 작성한 내부 문건을 보면 "석판 인쇄기에 부하된 작업량이 너무 과중"했다는 구절이 나온다.[7] 석판 인쇄기의 쓰임새는 『동아공산』을 인쇄하는 데에만 머물렀던 것이 아니었다. 신문 외에 소책자와 격문도 발행해야 했다. 1920년 말에 집계된 전로한인공산당의 간행물 통계표가 있다. 그에 따르면 한 해 동안에 10종의 소책자를 각각 2천부씩 도합 2만부 발행했다고 한다. 또한 신문 9개호를 1만 4천부 발간했고, 한국어, 중국어, 일본어로 된 격문을 1만 2천부 찍었다. 모두 합하여 4만 6천부의 인쇄물을 간행했다는 것이다.[8] 인쇄기에 부하된 작업량이

---

6) 『동아공산』 13호, 1921.3.20, 4면.

7) Секретарь Цека Коркоморганизации А.Цай, Доклад о работе Корейского отдела Секции Восточных Народов, с.2, РГАСПИ ф.495 оп.135 д.19 л.22об-23.

8) Отчет Издательского П/отдела ЦЕКА Коркоморганизации за 1920 года газеты "Восточная Коммуна", 1920.12.30, с.1, РГАСПИ ф.495 оп.135 д.19 л.73.

과중했다는 말은 근거가 있는 것이었음을 인정할 만하다.

그러나 더 큰 이유는 다른 데 있었다. 1920년 9월 현재 이르쿠츠크 한인공산당 중앙총회는 자체의 출판용 인쇄기를 갖고 있지 못했다. 석판 인쇄기가 있는 곳은 한인공산당 사무소 구내가 아니라 이르쿠츠크 시내의 인쇄소였다.[9] 이 인쇄소가 한인공산당이 요청하는 인쇄 물량만 다뤘을 리 만무하다. 이르쿠츠크시의 러시아 각 관청과 사회단체가 발주하는 방대한 규모의 인쇄물도 소화했을 터였다. 이 때문에 비서 채동순은 출판 사업을 순조롭게 하기 위해서는 자체의 석판 인쇄기를 갖출 필요성이 있다고 특별히 지적했던 것이다.

발행 부수는 어느 정도였을까. 이 의문에 답할 수 있는 정보를 신문지 속에서 찾을 수 있다. 『동아공산』 제10호와 제12호 지면에는 그를 시사하는 짤막한 메모가 보인다. 마지막 제4면 하단의 난외에 발행부수로 보이는 숫자가 적혀 있다. "2,000экз."이라고. 매호마다 2천 부씩 발행했다는 뜻이다.

이 신문의 배포선은 시베리아 한인 사회였다. 전로한인공산당 중앙총회 내부 기록에 신문의 배포 방식을 알려주는 구절이 있다. 중앙총회 회의록을 보면, 『동아공산』 창간호는 시베리아와 러시아에 소재하는 35개 도시로 발송됐다고 한다.[10] 이 정보는 한인공산당 중앙총회의 정치적, 사상적 영향력이 어느 정도였는지를 측정하는 한 지표가 된다. 시베리아와 러시아 각지에는 적어도 35개 이상의 도시 지역에 소규모

---

[9] Секретарь Цека Коркоморганизации А.Цай, Доклад о работе Корейского отдела Секции Восточных Народов, с.2, РГАСПИ ф.495 оп.135 д.19 л.22об-23.

[10] Протокол No.10 заседания Центрального Комитета Корейских Коммунистических организаций, 1920.9.2, 1쪽. РГАСПИ ф.495 оп.135 д.19, л.12-13об.

나마 한인 사회가 형성되어 있었는데, 바로 이 곳들이 전로한인공산당
의 거점이었던 것이다.

모든 배포처를 낱낱이 확인할 수 있는 자료는 아직 발견되지 않았
다. 그렇다고 해서 그를 전혀 짐작 못할 바는 아니다. 전로한인공산당
은 1920년 10월 3일부터 11일까지 옴스크에서 '제1회 전로고려인대의
회'를 소집했다. 그 대회에는 러시아 17개 도시에 소재하는 24개 한인
단체로부터 52인의 대의원이 참가했다.[11] 바로 이 도시들이『동아공산』
배포처에 포함됐을 것으로 보인다. 그중 대다수는 이르쿠츠크를 출발
하여 모스크바에 이르는 철도 연선 지대에 자리 잡은 도시들이었다.
크라스노야르스크, 톰스크, 노보니콜라옙스크, 세미팔라틴스크, 옴스
크, 페트로파블롭스크, 쿠르간, 튜멘, 에카테린부르크, 페르미, 카잔 등
이 그에 해당했다. 시베리아 평원에 점점이 흩어져 있는, 철도망으로
거미줄처럼 연결되어 있는 도시들이었다. 러시아의 두 도읍지 모스크
바와 페트로그라드도 포함되어 있었다. 또한 숫자가 많지 않지만 남러
시아 볼가강변에 위치한 도시도 있었다. 아스트라한, 사라토프 등이 그
것이다. 우크라이나의 대도시 하리코프도 포함되어 있었다. 다들 멀리
떨어져 있었지만 철도를 통해 밀접히 연결되어 있었다.

이 도시들에는 크고 작은 한인 사회가 형성되어 있었다. 일감을 찾
아서 가족을 떠나 홀로 도회지로 나선 독신 남성 노동자들이 위주였다.
1914~1918년의 세계대전이 그러한 인구 이동을 촉진했다. 그들의 주된
생업은 각종 형태의 임노동이었다. 더러는 독립된 매장을 갖추지 못한
채 변변치 않은 상품 판매업에 종사하기도 했다. 퇴직 군인들도 있었
다. 제1차 세계대전 당시 러시아군에 징집됐다가 전쟁이 끝난 뒤에 사

---

11) 「옴스크에 대의회」,『동아공산』6호, 1920.11.7, 3면.

회에 복귀한 장교와 사병 출신자들이었다. 이들은 다른 사람들보다 지식수준이 더 높았고 러시아 말도 더욱 능숙하게 구사했으며 정치의식도 발달되어 있었다. 시베리아 한인들은 상호 부조와 일자리 정보의 교환을 위해서 자치단체를 조직했다. 각 도시에는 으레 국민회, 노동회, 청년회 등의 명칭을 갖는 한인 단체들이 존재했다. 그 속에서 주도적 역할을 하는 이들은 바로 퇴직 군인들이었다.

시베리아 한인 사회의 중심지는 옴스크와 이르쿠츠크였다. 그즈음 상해 독립신문을 보면 두 도시의 한인 사회 규모를 짐작할 수 있는 기사가 나온다. 옴스크에는 약 4백 명의 한인이 체류하고 이르쿠츠크에는 약 7백 명이 거주하는데, 그곳 한인들은 항일의식이 치열하여 여러 곳으로 활발히 움직이고 있다고 한다.[12] 그 밖의 도시들에는 얼마만큼의 한인들이 거주했는지 정확히 알 수 없다. 적은 경우에는 수십 명에 지나지 않았다. 보기를 들어 세미팔라틴스크 한인 사회의 규모는 50여 명이었다.[13] 규모가 큰 경우에도 옴스크 수준을 넘지는 않았을 것이다. 아마 200~300명 안팎이었을 것으로 추정된다. 이로 미뤄볼 때 시베리아 한인 사회의 전체 인구는 5천명에서 1만명 사이였을 것으로 보인다.

신문의 배포는 우편을 통해 이뤄졌다. 『동아공산』 신문에는 시베리아 각 도시의 한인 단체로 몇 십 부씩 발송됐음을 보여주는 기사가 실려 있다. "이 신문을 받는 지방에서는 받는 호수마다 받아 보았다는 증명서를 보내" 달라는 광고 기사였다.[14] 또한 각 지방 한인 단체의 주소를 자세히 적어서 보내 달라는 당부의 말도 아울러 실었다. 발송의 정

---

12) 「西伯利獨立軍」, 『독립신문』 4호, 1919.9.2.
13) 「셈빨나진쓰크 통신」, 『동아공산』 1호, 1920.8.14., 2면.
14) 「광고」, 『동아공산』 9호, 1920.12.16., 4면.

확성을 기하기 위한 조치였다.

3. 『동아공산』을 발간한 사람들

앞서 보았듯이『동아공산』신문의 발행자는 전로한인공산당 중앙총회 선전과였다. 선전과는 중앙총회 내부에 편제된 3개 집행부서 가운데 하나였다. 조직과는 시베리아 한인 사회 내부에 공산당과 노동회를 조직하는 일을 맡았고, 연락교통과는 시베리아 권역을 넘어서 바일칼호 동쪽의 러시아 극동 지역, 중국 그리고 만주 등지의 한인 단체와 연계를 맺는 일을 관장했다. 선전과의 업무는 기관지『동아공산』을 발행하고 사회주의 팸플릿을 번역하는 일이었다.[15]

이중에서 선전과의 규모와 비중이 가장 컸다.『동아공산』창간호가 발간된지 보름이 지난 1920년 9월 2일 현재 중앙총회 임직원은 15명이었는데, 그중에서 선전과에 소속된 사람은 9명이었다.[16] 다른 두개의 집행부서에 속한 인원이 각각 2명에 불과했던 것에 비춰보면, 이 시기 중앙총회의 역점 사업은 다름 아닌 선전 활동에 놓여 있었음을 쉬 알 수 있다.

당시 선전과 직원들의 명단이 있다. 과장 한규선(韓奎善)을 비롯하여 이봉춘, 박창래(朴昌來), 김동한(金東漢), 박희일(Пак Хыири), 한

---

15) Секретарь Цека Коркоморганизации А.Цай. Доклад о работе Корейского отдела Секции Восточных Народов, 2~3쪽. РГАСПИ ф.495 оп.135 д.19 л.22об-23.

16) Список сотрудников Корейского Отдела Секции Восточных народов Сиббюро Р.К.П. Составлен 2 сентябюря 1920 года РГАСПИ, 1쪽. РГАСПИ ф.495 оп.135 д.19.

봉익(韓鳳翼), 김 마리야(Ким Мария), 한 세묜(Хангай Семен), 김철
훈(金哲勳) 등이 그들이다. 이중에서 앞에서부터 네 사람은 선전과가
처음 만들어진 1920년 7월 15일부터 직무에 임했고, 박희일 이하 네 사
람은 8월 1일자로 선전과에 배속됐다. 맨 마지막에 위치한 김철훈은 8
월 23일자로 선전과에 임시 배속됐다고 한다.[17]

이중에서 『동아공산』에 기명 기사를 남긴 이봉춘이 눈에 띈다. 그는
창간호에 「축사」를, 제3호에 「대한독립군들에게」라는 기명 기사를 썼
다. 그는 전로한인공산당 중앙총회 선전과 직원이자 『동아공산』 기자
로서 그 글들을 집필했던 것이다. 창간호에 'ㅎㄱㅅ'이라는 한글 머리
글자로 「축 동아공산」이라는 글을 썼던 이도 누군지 짐작할 수 있다.
선전과장 한규선이 바로 그 사람이었다.

그러나 선전과 임직원들의 이동은 상당히 빈번한 편이었다. 창간호
를 내기도 전에 위 명단에는 없는 두 사람의 직원이 건강상의 이유로
면직된 바 있다. 한세묜과 김동한도 창간호를 낸 지 얼마 안된 시점에
서 질병을 이유로 내세워 사직원을 냈다. 김 마리야도 1920년 9월 16일
자로 사직했다. 왜냐하면 그녀는 대학에 재학 중이었는데 9월 신학기
가 시작되어 부득이 학업에 복귀해야 했기 때문이었다.[18] 그녀가 어느
대학에 재학했는지는 확인할 수 없지만, 직업적 혁명가가 아니라 단순
한 조력자로서 『동아공산』 초창기 발간 업무에 참여했던 것으로 보인
다.

직원들의 업무 능력도 충분치 않았다. 선전과의 업무가 신문을 간행

---

17) Там же. 한글 및 한자 성명을 확인할 수 있는 사람은 두 가지를 함께 적었고,
그를 확인할 수 없는 사람은 러시아어 철자를 병기했다.

18) Протокол No.14 заседания Центрального Комитета Корейских
Коммунистических организации, 1920.9.16, РГАСПИ ф.495 оп.135 д.19
л.31.

하고 팸플릿을 번역하는 일이었으므로, 문필력이 있고 외국어 구사능력을 갖춘 인재가 필요했다. 그러나 시베리아 한인 사회 내에는 교육받은 사람들의 숫자가 터무니없이 부족했다. 중앙총회는 "조직된 첫날부터 당 일꾼의 부족을 절감"해야만 했다. 중앙총회 내부 보고서에 따르면, '기술적으로 잘 준비된 일꾼'을 발견하기란 거의 불가능했다.[19] 그래서 조금이라도 업무를 볼수 있을 것 같은 사람이면 가리지 않고 모두 불러 모았다고 한다. 전로한인공산당 중앙총회의 공식 견해에 따르면, 선전과 내에는 업무 부적격자가 포함되어 있었다. 보기를 들면 한세몬과 김동한 두 사람은 "번역에 부족함과 틀린 곳이 많으므로" 업무에 부적합하다는 내부 판정을 받았다.[20]

그러나 김동한의 경우는 위 언급과 사실이 다를 수 있다. 그가 업무능력이 취약한 탓에 『동아공산』 신문사에서 배제됐다고 보기에는 논란의 여지가 있다. 그는 2년 뒤에 1922년 2월에 고려공산당 임시연합중앙위원 반열에 참여했다.[21] 코민테른 집행위원회로부터 한국 사회주의 운동을 이끌 임시 지도부의 한 사람으로 인정받은 이였다. 따라서 그가 『동아공산』 신문사에서 배제된 이유는 다른 데 있을 가능성이 있다. 바로 정치적 반대파의 일원으로 행동했기 때문이었을 것이다. 김동한은 바로 이 즈음에 『동아공산』 주도 그룹과 다른 길을 걷게 된 것으로

[19] Секретарь Цека Коркоморганизации А.Цай, Доклад о работе Корейского отдела Секции Восточных Народов, 1쪽. РГАСПИ ф.495 оп.135 д.19 л.22об-23.

[20] Протокол No. заседания Центрального Комитета Корейских Коммунистических организации, 1920.8.14, РГАСПИ ф.495 оп.135 д.19, л.7.

[21] Член ОБЦЕКА Корейской Компартии Ли Дон-Хы, Президиуму Исполнительного комитета 3 Коммунистического Интернационала, 1922.2.16, с.1, РГАСПИ ф.495 оп.135 д.66 л.9об.

보인다. 1920년 8월경부터 그는 두드러지게 전로한인공산당 중앙총회
에 반기를 들었던 것 같다.

직원들의 헌신성에도 문제가 있었다. 어떤 곤란과 어려움이 있어도
선전과 업무를 성실히 수행할 수 있는 사람으로는 한규선 과장을 비롯,
이봉춘, 박창래 세 사람만이 꼽혔다. 심지어 박희일은 오전 9시부터 오
후 3시까지 근무시간 내에서만 일하겠노라고 말할 정도였다.[22]

신문을 정상적으로 발행하기 위해서는 일대 개혁이 필요했다. 그해
9월 14일에 열린 중앙총회 회의 석상에서 중앙위원 남만춘은 선전과의
내부 사정을 통렬하게 비판했다. 가장 전투적인 부서여야 함에도 불구
하고 선전과의 사업이 느슨하고 비효율적으로 이뤄지고 있다고 지적
했다. 그는 신문 발행을 정상화하기 위해서는 선전과에 배속되지 않은
사람들도 끌어다 써야 한다고 주장했다. 문필력과 번역 능력이 있는
사람이라면 그가 어느 부서에 소속됐는지 상관없이 소관 업무가 끝난
퇴근 이후 시간에도 그들에게 필요한 업무를 부과할 수 있도록 하자고
제안했다.[23]

이 제안은 곧 실행에 옮겨졌다. 김철훈이 선전과에 임시 배속된 까
닭도 이와 관련된 것이었다. 채성룡도 차출됐다. 그리하여 한규선, 김
철훈, 채성룡 3인으로 구성된 특별 편집부가 구성됐다. 9월 23일자 중
앙총회 회의에서 결정된 일이다. 이들의 임무는 "신문과 번역 팸플릿을

---

[22] Протокол No. заседания Центрального Комитета Корейских
Коммунистических организации, 1920.8.14, РГАСПИ ф.495 оп.135 д.19,
л.7.

[23] Доклад тов.Намм Манчун на заседании Центрального Комитета
Корейских Коммунистических организации 14 сентября 1920 года об
урегулировании работы отделов ЦК и поднятии авторитета ЦК,
РГАСПИ ф.495 оп.135 д.19 л.30.

면밀히 교정하고 당의 노선에 맞춰 신문을 바로잡음으로써 신문과 선동문헌의 번역을 바람직한 수준까지" 끌어올리는 데에 있었다. 그뿐만이 아니다. 중앙총회 의장 이성(李成)도 차출됐다. 그는 "신문 각호의 사설을 집필할 의무"를 부여받았다.[24]

이성은 문필 능력이 우수하다고 전로한인공산당 내에서 평판이 있는 사람이었다. 이듬해인 1921년 3월에는 다가올 5월에 개최 예정인 고려공산당 창당대회의 문헌을 준비하고, 러시아어 문헌의 한글 번역을 담당할 사람으로 지목받았다.[25] 이로 미뤄보면『동아공산』4호 이후에 게재된 논설들은 중앙총회 지도자 이성이 직접 집필했을 가능성이 높다. '논설'이라는 접두어를 단 채 신문 1면 첫자리에 배치된 글은 도합 네 편이다. 「세계에 용서치 못할 것은 군국주의와 계급」(4호), 「로시아 십월혁명 제3회 기념일에」(6호), 「고려공산당 규율」(12호), 「고려혁명 기념사」(13호)가 그것이다.

『동아공산』의 발간 자금에 대해서 주의를 돌려 보자. 이미 보았듯이 이 신문은 무가지였다. 돈을 받지 않고 시베리아 한인 사회에 널리 살포하는 신문이었다. 그렇다면 그에 필요한 자금을 어떻게 조달했을까. 이 의문에 답하기 위해서는『동아공산』신문이 전로한인공산당 중앙총회의 기관지였음을 상기할 필요가 있다. 이 공산당의 이모저모에 관해서는 이미 다른 논문을 통해서 논한 바 있다.[26] 거기서도 밝혔듯이 이 공산당은 '러시아공산당 시베리아총회 동양국'의 산하 기관이었다. 동

24) Протокол No.15 Центрального Комитета Корейских Коммунистических организации, 1920.9.23, РГАСПИ ф.495 оп.135 д.19 л.35.

25) Протокол No.13 Заседания Центрального Комитета Коркомарганизаций, 1921.3.26, с.1, РГАСПИ ф.495 оп.135 д.42 л.14об.

26) 임경석, 「이르쿠츠크파 공산주의 그룹의 기원 – 전로 한인공산당 중앙총회 회의록 연구」, 성대경 엮음, 『한국현대사와 사회주의』(역사비평사, 2000), 149~178쪽.

양국은 자기 산하에 세 개의 민족별 부서를 조직했다. 한족부, 중국부, 몽골부가 그것이다. 이중에서 한족부는 전로한인공산당 중앙총회와 동일체였다.

동양국은 머지않아 코민테른 산하 기관으로 재편됐다. 코민테른 집행위원회 소위원회는 1921년 1월 15일자 회의에서 '극동의 조직 사업'이라는 안건에 대해 두 가지를 결정했다. 하나는 "동양국(Секция востнародов)을 코민테른에 이관한다"는 결정이었다. 다른 하나는 "슈먀츠키 동무를 극동 주재 코민테른 대표자(предствитель Коминтерна на Дальнем Востоке)로 임명하며, 그에게 동양국의 재편을 위임한다"는 결정이었다.[27]

이때부터 전로한인공산당 중앙총회는 슈먀츠키를 수반으로 하는 코민테른 극동비서부의 산하기관으로 재편됐다. 『동아공산』의 지위도 마찬가지였다. 그것은 전로한인공산당 중앙총회의 기관지이자, 코민테른 극동비서부 고려부의 기관지이기도 했다. 결국 『동아공산』의 발간 자금은 창간호부터 제10호까지는 '러시아공산당 시베리아총회 동양국'에서, 제11호부터 제14호까지는 '코민테른 극동비서부'에서 나왔던 것이다.

4. 『동아공산』의 지면 구성

이제 이 신문의 지면이 어떻게 구성됐는지를 알아보자. 모든 신문

27) Док.№272 из протокоал заседании малого бюро ИККИ, 1921.1.15, Ф.495 оп.2 д.6 л.10. ≪ВКП(6),КОМИНТЕРН И ЯПОНИЯ≫ 1917-1941, Москва, РАССПЭН, 2001, с.253-254.

매체가 그러하듯이『동아공산』의 지면도 논설, 기고문과 연재물, 보도 기사, 광고, 삽화 등으로 이뤄져 있었다. 그러나 각 호마다 지면 배치가 동일했던 것은 아니다. 들쭉날쭉했다는 것이 더 정확한 표현일 것이다. 발간 초창기인 제1, 2호의 지면을 보자. 1면에는 논설과 보도 기사가 게재됐고, 2면에는 보도 기사가 뒤를 이었다. 3면과 4면에는 기고, 광고, 시사단평 등이 실렸다. 그에 반해 종간에 즈음한 13호에서는 1면에 논설, 2~4면에 보도 기사가 자리 잡고 있다.

각호의 첫 기사는 논설과 연재물이 반분하고 있다. 논설이 첫 자리를 점하는 호수는 6개호로서 전체의 46%를 점했다. 신문사의 공식 견해를 대표하는 논설이 이처럼 적은 비중을 차지하는 게 다소 의아스럽다.

이러한 의문은 논설의 구체적인 내용을 들여다보면 어지간히 풀린다.『동아공산』신문의 창간사 1개, 러시아혁명과 한국 3·1운동 기념일에 관한 것이 2개, 당의 이념과 규율에 관한 것이 3개였다.[28] 논설 가운데 절반이 사회적 실천의 객관 정세와 무관한 내용으로 이뤄져 있었다. 사회주의 이념과 조직론에 관한 계몽적 내용으로 채워져 있는 것이다. 엄밀히 따지자면 다른 세 개의 논설도 급박한 현안 문제를 다룬 것은 아니었다.『동아공산』을 펴낸 사람들은 구체적인 사안에 대한 정책 제시를 중시하지 않았다. 그들은 사회주의 사상의 광범한 보급을 가장 중요시했다.

각호의 첫 기사를 점하는 연재물들도 사회주의 이념과 공산당 조직

---

[28] 첫머리에 실린 6개 논설의 표제는 다음과 같다. 「공아공산보는 무엇하려고?」(1호), 「자아의 관념으로 민족의 주의까지」(2호), 「세계에 용서치 못할것은 군국주의와 계급」(4호), 「로시아 십월혁명 제3회 기념일에」(6호), 「고려공산당 규율」(12호), 「고려혁명기념사」(13호).

론에 관한 계몽적 내용으로 이뤄져 있었다. 연재물은 모두 번역문이었다. 그 제목을 보자. 러시아 공산주의자 미닌이 집필한 「공산주의자란 어떤 사람인가」(Кто такой коммунист), 지노비에프가 지은 「당파에 속하지 않은 사람과 공산주의자」(Беспартийный и коммунист), 오신스키의 「민주공화국과 소비에트 공화국」(Демократическая и Советская республика), 레이쓰넬이 지은 「소비에트 주권이란 무엇인가」 등이었다.29) 위 네 개의 러시아어 팸플릿을 한글로 번역하여 각호 첫 기사에 나누어 올렸던 것이다. 어느 것이나 다 사회주의 이념과 공산당 조직론에 관한 평이한 해설을 목적으로 집필된 글이었다.

각 호 첫 머리에 어떤 글을 올릴 것인가. 이 문제에 대해서 『동아공산』 관계자들은 뚜렷한 판단 기준을 가졌던 것으로 보인다. 그들은 현안 문제에 개입하는 것을 중시하지 않았다. 사회주의 사상을 대중적으로 널리 보급하는 것이 『동아공산』의 가장 중요한 임무라고 생각했음에 틀림없다.

『동아공산』은 신문을 자임한 만큼 보도 기사의 비중이 높았다. 각 호마다 빠짐없이 보도 기사가 실려 있다. 보도 기사가 얼마만큼 수록됐는지 확인하기 위해서 그 숫자를 헤아려 보았다. 현존하는 13개 호수에 실린 전체 보도 기사의 숫자는 306건이었다. 한 호당 평균 23.5건의 보도 기사가 실렸음을 알 수 있다. 그것은 적은 때에는 10건(제14호)만 실린 경우도 있었고, 가장 많은 경우에도 45건(제13호)에 지나지 않았다. 3주에 한 번 꼴로 발행되는데도 정보량은 매우 적었음을 알 수 있

---

29) 첫머리에 실린 7개 번역물의 제목은 다음과 같다. 「공산당원은 어떠한 사람이뇨」(미닌 지음, 3호), 「당에 참예치 아닌 사람과 공산당」(지노비에프 지음, 5호), 「민주공화와 의회공화」(오신스키, 7~10호), 「의회 주권이란 것이 무엇인가」(레이쓰넬, 14호).

다. 신문 지면이 제한되어 있었던 탓이리라.

보도 기사는 창간호부터 제5호까지는 '잡보'라는 표제 아래 별다른 구획 없이 배치됐다. 일정한 기준이 도입된 것은 제6호부터였다. 이때부터 사건 발생 지역을 기준으로 몇 개의 지리적 범주가 구획됐다. '외보', '원동', '시비리', '유로빠로시아', '한국 내지' 등으로 나뉘어 있었다.

'외보'란 표현에 눈길이 간다.『동아공산』신문사 사람들은 어디가 외부이고 어디가 내부라고 생각했는가? 이를 확인하려면 '외보'라는 범주 아래 어떤 기사가 실려 있는지 들여다 볼 필요가 있다. 주로 유럽, 미국, 중국, 일본의 소식이었다. 유럽의 경우에는 각국의 노동운동과 동맹파업, 사회주의 정당들의 동정에 관심이 집중되어 있었다. 그에 반해 미국 소식은 태평양 문제를 둘러싸고 악화되어 가는 일본과의 관계에 관한 것이 많았다. 중국의 경우에는 주로 신흥 사회주의 운동과 대외 관계에 관심이 몰려 있었다. 일본의 경우에는 노동운동에 관한 기사와 러시아·중국에 주둔중인 일본군의 동향 기사가 많았다. 국제정세를 좌우하는 열강의 외교 관계와 그 내부의 혁명운동 동향이『동아공산』관계자들의 주된 관심사였던 것이다.

외보 란에 실린 기사는 한국과 러시아 이외 지역의 소식을 다뤘다. 달리 말하자면 러시아는 '외국'으로 간주되지 않았다. 이 신문사 사람들의 세상을 보는 위치가 러시아 안에 놓여 있었음을 알수 있다. 러시아에 거주하는 한인의 입장에서 세계를 바라 보았던 것이다.

그래서였을까. 보도 기사 가운데 가장 큰 비중을 점하는 것은 러시아 관련 기사였다. 보도 기사의 지역별 구분을 행한 제6호 이후 지면에서 러시아 관련 기사를 헤아려 봤다. 그것은 전체 216건 가운데 102건에 달했다. 47%에 해당했다. '외보'가 점하는 비중 40%(85건)보다 더 컸다.『동아공산』관련자들에게는 국제 정세보다도 혁명과 내란의 소용

돌이 속에서 격동하는 러시아의 내부 정세를 파악하는 일이 더 중요했던 것이다.

러시아 소식은 지역적으로 세분되어 있음이 주목된다. 극동지구 러시아, 시베리아, 유럽지구 러시아로 3분되어 있었다. 러시아 극동지구 소식은 거의 전부가 내전에 관한 것이었다. 백위파 세묘노프 정부의 패퇴 소식을 비롯하여 그곳에 출병중인 일본군의 동향이 상세하게 소개되고 있었다. 유럽지구 러시아 소식은 신생 소비에트 정부의 시책과 대외 정책에 관한 것이 많았다. 거의 평정되어가는 남부 전선의 내전 소식도 관심의 대상이었다. 바이칼호와 우랄산맥 사이의 광대한 시베리아 지구 소식은 다른 지구의 그것과 다소 달랐다. 한인 사회의 자치 단체와 정치활동에 관한 기사가 위주였다. 『동아공산』신문을 기관지로 삼은 전로한인공산당과 그 관련 단체에 관한 소식은 특히 상세했다.

한국 관련 기사도 수는 적지만 일정한 비중을 점하고 있었다. 기사 수는 39건으로서 전체 보도 기사의 13%에 지나지 않았다. 기사 내용은 거개가 반일운동에 관한 것이었다. 거의 매호마다 그를 게재했고, 특히 1920년 8월 미국의원단 방한에 즈음한 시위운동에 대해서는 대서특필했다.

보도 기사의 길이는 들쭉날쭉했다. 적은 기사는 고작 두세 줄에 머물렀고, 큰 기사는 한 면의 거의 대부분을 차지하는 경우도 있었다. 기사 중에는 사건 발생 시간과 장소가 특정되지 않은, 모호한 느낌을 주는 것들도 있었다. 사실관계가 소략하거나 불분명한 이유는 아마도 경험 있는 유능한 기자가 부족한 탓이었을 것이다.

보도 기사의 대다수는 다른 언론 매체로부터 전재한 것들이었다. 기사를 옮겨 실었다고 명시한 매체들이 있었다. 러시아 신문『크라스노예 브레먀』, 일본 신문『동경매일신보』, 중국에서 간행되는 영자 신문

『노스차이나스타』 등이 그것이다. 취재원이 러시아 한 나라의 언론 매체에 한정되지 않은 점이 주목된다. 여러 나라에서 간행되는 신문들을 골고루 참고했음을 알 수 있다. 그러나 옮겨 싣는 기사를 원문 그대로 소개했던 것은 아니다. 『동아공산』 신문의 편집 방침과 지면 사정에 맞춰서 축약한 경우가 많았다.

『동아공산』 신문사가 직접 생산한 보도 기사들도 있었다. 이르쿠츠크를 비롯하여 시베리아 한인 사회의 동정을 다룬 기사들이 그것이다. 이 기사들은 사실관계가 뚜렷하고 상세했다. 신문사 관계자들이 직접 생산했기 때문이었다. 다른 언론 매체에서는 찾아보기 어려운 정보들이었으므로, 이 기사들은 후대의 역사학자들의 눈길을 끌었다. 재러시아 한인사와 초기 사회주의 운동사 연구자들이 주목한 정보들은 이 기사들 속에 담겨 있었다.

『동아공산』 신문에는 상업 광고가 전혀 실려 있지 않았다. 오직 공적인 성격의 광고만이 수록됐다. 그중 횟수가 많은 것은 신문사 측의 사고(社告)였다. 신문을 받아보게 될 시베리아 여러 도시의 한인들과 그 자치 단체를 염두에 둔 공고였다.

이르쿠츠크 한인공산당 중앙총회 명의의 광고도 잦았다. 당이 설립한 무관학교와 정치학교의 신입생 모집 공고가 이 신문에 실렸다. 역시 당이 설립했던 이르쿠츠크 유년초등학교 학생 모집도 이 신문을 통해서 이뤄졌다. 이 학교 총무는 "고려인의 소생인 6세 이상의 남자와 여자"를 입학시키라고 권고하는 광고를 『동아공산』에 실었다.[30] 이 학교의 학생수는 30여 명이었다. 초등학생에 대한 모든 재정 부담은 러시아 교육부에서 담당했다고 한다.

---

30) 「학생들을 보내시오」, 『동아공산』 12호, 1921.2.3, 3~4면.

『동아공산』 신문에는 삽화가 실려 있다. 도합 5개다. 석판 인쇄는 삽화를 싣기에 불리한 속성을 갖고 있음을 감안한다면 적지 않은 숫자였다. 삽화를 넣기 위해서는 인쇄에 부칠 기름종이 위에 직접 그림을 그려 넣어야만 했다. 그러한 어려움을 무릅쓰고 독자의 눈길을 끌고 싶었던 메시지가 있었던 것이다.

그것은 무엇보다도 국제주의 정신이었다. 『동아공산』 최초의 만화 자료는 제6호에 나온다. 3단에 걸쳐서 큼직한 그림이 실려 있다.[31] 붉은 깃발을 든 남자가 둥근 지구의 위를 걷고 있는 모습이다. 깃발 안에는 4개 언어로「만국의 노동자여 단결하라」라는 표어가 적혀 있다. 『동아공산』이 표방하는 국제주의 이념이 뚜렷하다.

제8호에 실린 제목 없는 만화도 비슷한 이미지를 되풀이하고 있다.[32] 이 그림은 같은 호에 실린「고려공산대대의 연혁」기사에 딸린 삽화였다. 이르쿠츠크에 주둔한 한인 군대, '고려공산대대'의 행군 모습을 그린 것이다. 총을 맨 군인들이 열을 지어 행군하고, 앞줄에는 칼을 뽑아 든 장교가 방향을 지시하고 있다. 붉은 별을 단 모자를 썼다. 그 곁에는 깃발을 든 기수가 그려져 있고, 그 깃발에는 '세계 빈천자 단합!'이라는 표어가 3개 국어로 적혀 있다.

러시아 내전 소식도 만화의 소재가 됐다. '패주하는 브란겔 백위군'이라고 이름붙일 수 있는 삽화가 제7호에 그려져 있다. 2단에 걸쳐 있는 조야한 만화다. 러시아 크림 지방을 압박해 들어가는 적군을 형상화했다. 저 멀리 군함이 정박해 있고, 그곳을 향해 많은 사람들이 황급히 열을 지어 달려가고 있다. 패주하는 브란겔 백위군의 모습이다.

---

[31]「Порлетарии всех стран соедняйтесь」, 『동아공산』 6호, 1920.11.7, 1면.

[32]「제목 없음(고려공산대대의 행군)」, 『동아공산』 8호, 1920.12.7, 3면. 괄호 속의 제목은 필자가 붙인 것이다.

1920년 11월 크림 반도의 세바스토폴 해방을 형상화한 그림이다. 러시아 내전의 승리를 기쁜 마음으로 바라보는 『동아공산』의 시선이 뚜렷하다.[33]

국제주의 이념에 뒤이어 『동아공산』이 강조하고 싶었던 메시지는 한인 노동자들의 계급의식이었다. '인력거를 끄는 노동자'라고 이름 붙여도 좋을 2칸 만화가 있다. 첫 칸을 보자. 인력거 위에 올라탄 팔자 콧수염의 뚱뚱한 사람과 힘겹게 수레를 끄는 바지저고리 차림의 노동자가 대비되어 있다. 둘째 칸에는 봉기한 노동자가 형상화되어 있다. 노동자가 칼을 들었다. 칼에서는 피가 떨어지고 부자의 가슴에서도 피가 흐른다. 만화 옆에는 "이 그림은 무엇을 뜻함인가?"라는 해설문이 붙어 있다. 그에 따르면 이것은 '일본 군국자'와 '고려 빈천자'의 모순을 형상화한 것이다. 해설문의 마지막에 작가의 의도가 드러나 있다. "부귀빈천의 계급이 없도록 자유 평등의 낙원을 만들 파괴·건설의 영웅이 됩시다"라고 적혀 있다.[34] 목적의식성이 짙게 드러나 있다. 그러나 작품의 완성도는 높지 않다. 노동자의 정의로운 봉기 장면인지, 아니면 잔인한 범죄 현장인지 분간이 안 간다. 작가는 자신의 의도를 관철하는 데에 성공하지 못한 것으로 보인다.

「감옥으로」라는 작품은 『동아공산』에 실린 삽화 가운데 식민지 한국의 현실에 가장 밀착한 것으로 평가할 수 있다. 3·1운동과 그 이후 고조된 한국 해방운동을 형상화했다. 작가는 감옥으로 끌려가는 죄수들의 모습을 그렸다. 저 멀리 사각형 감옥 건물이 보이고 그 너머 산등성이에 처형장이 그려져 있다. 죄수들의 머리에는 용수가 씌워져 있고 손목에는 쇠사슬이 묶여져 있다. 바지저고리에 짚신을 신었다. 대열

---

33) 「제목 없음(패주하는 브란겔 백군)」, 『동아공산』 7호, 1920.11.24, 3면.

34) 「제목 없음(인력거를 끄는 노동자)」(1, 2), 『동아공산』 8호, 1920.12.7, 2면.

옆에는 헌병이 지키고 있다. 말 탄 헌병이 채찍을 휘두르며 죄수를 내려친다. 채찍을 맞아 사지를 버둥이는 사람, 넘어져 고통스러워하는 사람이 형상화되어 있다. 또 다른 헌병은 착검한 총을 든 채 대열을 감시하고 있다. 작품 해설에 따르면 이 그림은 "고려의 혁명운동자들을 일본 헌병들이 포착하여 감옥으로 보내는 형상"이다.[35]

5. 시베리아 한인 사회주의자들의 논리와 심리

『동아공산』이라는 명칭만 보더라도 쉽사리 짐작할 수 있듯이 이 신문은 국제주의를 표방했다. 창간호 사설 「동아공산보는 무엇하려고?」라는 글에 관통하는 정신이 바로 강렬한 국제주의다.

논설 집필자는 자기네 신문의 '구실'을 네 가지로 나누어 설명했다. 첫째, "빈천자의 새로운 눈과 귀가 되기로" 한다는 것, 둘째, '동양의 제국주의자와 재정세력가들'을 박멸하기 위해 '동양 노동혁명군'을 불러 일으키려고 한다는 것, 셋째, 빈천자의 통일과 단결을 꾀한다는 것, 넷째, 빈천자의 능력을 높이기 위해 "새 정책과 새 학술을 소개"한다는 것 등이다.[36]

한마디로 말해서 동양 빈천자의 기관지를 자임하고 있음을 알 수 있다. 빈천자란 말은 이 신문 속에서 '노동계급'이란 용어와 빈번히 혼용되고 있다. 결국 동양 노동계급의 혁명운동을 위해 노동자·농민을 각성시키는 선전기관이라고 자신의 위상을 규정하고 있는 셈이다. 창간호 사설의 마지막 문장이 흥미롭다. "동양의 빈천자들이여 자느냐 깨었

35) 「감옥으로」, 『동아공산』 10호, 1920.12.27, 2면.
36) 「동아공산보는 무엇하려고? 이런 구실이 있어요」, 『동아공산』 1호, 1920.8.14, 1면.

느냐?"라는 구절이다. 동양 노동계급의 국제적 연대를 호소하는 절절한 표어다.

창간호 사설에서 주목되는 것은 한국 혁명에 대한 언급을 찾아볼 수 없다는 점이다. 한인공산당 중앙총회의 기관지이면서도 동양의 빈천자 혁명에 대해서만 논하고 있다. 대상을 바라보는 그들의 시점이 어디에 위치해 있는지, 그 시선이 어디로 향했는지를 짐작할 수 있다. 전로한인공산당 중앙총회는 곧 러시아공산당 시베리아총회 동양국 산하의 한인부와 동일체였음을 상기하자.『동아공산』의 시점과 시선은 이르쿠츠크에 본부를 둔 러시아공산당 시베리아총회 동양국, 혹은 코민테른 극동비서부의 그것을 온전히 대변하고 있다.

국제주의적 연대감은 세계혁명론과 잇닿아 있었다. 제2호에 게재된「동무들!」이라는 제하의 시 작품은 세계혁명에 헌신할 것을 촉구하고 있다. "우리의 목적 세계공산이 세계적으로 다될 때까지" 다 같이 노력하자는 메시지를 담았다.[37] 여기서 말하는 세계혁명은 '대동공산'이 온 세계적으로 다 이뤄지는 혁명을 가리킨다. 다시 말하여 세계 사회주의 혁명을 염두에 둔 것이었다.

『동아공산』발간자들은 국제주의적 관념을 민족주의와 대립되는 것으로 이해했다. 제2호 사설은 민족주의에 대한 적대감을 표명하고 있다. 거기서는 세 가지 관념을 버릴 것을 촉구했다. 하나는 "내 몸만 잘 생활하면 그뿐이라 하는 자아의 관념"이고, 다른 하나는 "내 집만 잘 경과하면 하는 가족 관념"이었다. 마지막으로 폐기해야 할 관념은 민족주의였다. "내 백성이나 잘 보호하자 내 나라만 잘 유지하자 그뿐이면 그만이다 하는 협착하고 불공평한 주의"를 버리자고 주장했다. 이상 3대

---

[37] 「동무들!」,『동아공산』2호, 1920.9.8, 2면.

주의로 인하여 인류의 참화가 야기되고 있다는 것이다.[38]

모든 민족주의를 적대시하고 있음을 확인할 수 있다.『동아공산』을 발간하는 시베리아 한인 사회주의자들은 민족주의를 역사적·현실적 맥락 속에서 관찰하지 않았다. "내 민족만 위하자는 민족주의"라는 표현을 사용한 데서 알 수 있듯이, 일반적·관념적 수준에서 민족주의라는 말을 이해했다. 이러한 사고방식은 같은 시기에 코민테른 제2회 대회에서 채택된 식민지 문제에 관한 테제와 배치되는 것이었다. 민족주의에는 억압 민족의 그것과 피억압 민족의 민족주의라는 두 가지 종류가 있으며 양자의 역사적 역할은 다르다는 것이 코민테른 테제와 그 초안자 레닌의 근본정신이었다. 코민테른 테제에 따르면, 피억압 민족의 민족주의는 반제국주의적 성격을 갖고 있으며 따라서 프롤레타리아트의 동맹군이었다.

그러나『동아공산』발간자들은 피압박 민족의 민족주의를 지지한다는 생각을 갖지 않았다. 그들이 보기에 피압박 민족인 한국의 민족주의는 여타의 민족주의와 동일하게 종족적·민족적 적대감을 낳는 악이었다. 그것은 일본의 민족주의나 하등 다를 바가 없었다.

당연히 일본인 전체를 적대시해서는 안 된다고 보았다.『동아공산』기자 이봉춘에 따르면, 모든 한인이 고통을 받는 이유는 "일본 자본가들의 경제상 속박" 탓이었다. 일본 노동자나 농민들에게 책임이 있는 것은 아니라고 역설했다. 그래도 문제는 남는다. 현실적으로 거의 모든 일본인들이 한국인을 압박하고 멸시하는 현상이 있다는 점이다. 그것은 어떻게 봐야 하는가. 이봉춘은 "일본 군국자와 자본가들이 그 백성으로 하여금 저의 명령을 옳은 줄로 알고 복종케 하는 계교"에서 나

---

38) 「논설, 자아의 관념으로 민족의 주의까지」,『동아공산』2호, 1920.9.8, 1면.

온 현상이라고 이해했다. 민족 사이의 차별 관념은 "일본의 군국자와 자본가의 야심정책"의 결과라는 것이다.

마찬가지로 한국인 내부에도 적이 있다고 지적했다. '우리 한국의 군국자와 자본가들'도 적대자라고 규정했다. "일본의 군국자와 자본가들만 박멸할 뿐만 아니라 한국의 군국자와 재정가들도 박멸"해야 한다고 말했다.[39]

이러한 시선은 항일운동 대열에 대해서도 동일하게 적용됐다. 1920년 9월 이르쿠츠크 한인노동회 창립총회에서 행한 김철훈의 연설이 주목할 만하다. 그는 『동아공산』의 지면을 좌우하는 3인 편집부 가운데 한 사람이었다. 그는 주장했다. "노동회나 군대나 기타 어떠한 단체를 물론하고 우리 노동자로 조직되지 아니하였으면 이는 다 쓸데 없는 단체"라고 말했다. 노동자로 구성되지 않은 항일단체는 다 '쓸데없다'고 했다. 그뿐만이 아니라 혁명의 성공도 바랄 수 없다고 덧붙였다.[40]

이러한 생각은 실제에도 반영됐다. 『동아공산』 그룹은 시베리아 한인 사회를 '국민회'가 아니라 '노동회'라는 형식으로 조직화하고자 노력했다. 그들은 의견을 달리하는 사람들과 날카롭게 대립했다. 시베리아 각처에서 한인 국민회를 결성하려는 세력과 적대적인 분쟁을 벌이는 일도 마다하지 않았다.

그뿐만이 아니다. 상해에서 설립된 대한민국임시정부에 대해서도 마찬가지였다. 임시정부가 부르주아적 성향을 갖고 있다는 이유 때문에 결코 지지하려고 하지 않았다. 단지 지지를 보내지 않은 데에만 머물게 아니다. 『동아공산』 그룹은 임시정부 반대운동을 강력히 전개했다.

---

39) 이봉춘, 「대한독립군들에게」, 『동아공산』 3호, 1920.9.25, 3면.
40) 「한인노동회 조직회의 기사」, 『동아공산』 3호, 1920.9.25, 4면.

『동아공산』그룹은 사회주의를 자임하는 사람이라면 응당 반(反)국
민회, 반(反)임시정부 노선을 취해야 한다고 생각했다. 국민회를 설립
하려 한다거나 임시정부를 지지하는 사회주의자가 있다면, 그들은 진
정한 사회주의자일리가 없다. 그런 사람은 사회주의라는 간판을 내걸
고 사적인 이익을 추구하는 협잡배일 뿐이다.『동아공산』사람들이 보
기에는 한인사회당이 바로 그러한 협잡배였다. 이 때문에『동아공산』
신문의 관련자들은 한인사회당과의 적대적인 투쟁을 마다하지 않았다.

그렇다고 해서『동아공산』발간자들이 한국 해방의 과제를 부인한
것은 결코 아니었다. 그들도 한국의 해방을 열망했다. 3·1운동을 '고
려혁명기념일'로 간주하여 성대한 축하식을 거행하기도 했다. 일제의
식민 통치를 전복하고 새로운 이상 사회를 건설하려는 강렬한 열망을
갖고 있었다.

김철훈은 1920년 9월에 이르쿠츠크에서 행한 한 연설에서 '고려혁명'
이후 '의회 정부'를 세우자고 주장한 바 있다.[41] '의회'란 그 당시 시베
리아 한인 사회 내에서는 소비에트의 번역어로 사용된 말이었다. 보기
를 들어 보자. 러시아 사회주의자 오신스키가 지은「민주공화국과 소
비에트공화」(Демократическая и Советская республика)이라는
소책자는『동아공산』지면에서는「민주공화와 의회공화」라는 말로 옮
겨져 있다.[42] 보기는 또 있다. 1920년 10월 옴스크에서 열린 '제1회 전
로 고려인 대의회'에서 '고려인 중앙선전의회'가 결성됐다. 이 단체는
러시아 한인 사회에 존재하는 "노동단체와 혁명단체의 가장 높은 기관"
을 자임했다.[43] 이 단체의 이름에 주목하자. 그것의 러시아어 표기를 직

---

41) 위와 같음.

42) 오신쓰크,「역재: 민주공화와 의회공화」,『동아공산』7호(1920.11.24), 9호(1920.
   12.16), 10호(1920.12.27.).

역하면 '고려인 선전선동 중앙 소비에트'(Корейский Центральный Совет Агитации и пропаганды)이다.[44] 소비에트라는 말을 '의회'로 번역했음을 다시 한번 확인할 수 있다.

1921년 3월 1일 이르쿠츠크에서 거행된 3·1운동 기념식장에서도 '고려 의회정부 만세'라는 구호가 고창됐다. 이날 기념식장에 등단한 여러 사람들은 이구동성으로 소비에트 수립론을 거론했다. 코민테른 극동비서부 중국부를 대표하여 연설한 한 중국인은 "동양 빈천자가 연합하여 일본 군국자와 재정세력가들을 박멸하고 고려와 중국과 몽고에 의회정부를 건설"하자고 역설했다. 코민테른 극동비서부가 한국·중국·몽고의 혁명정권을 소비에트 형태로 수립하고자 했음을 시사해 준다. 한국의 독립과 동시에 소비에트 정부를 수립해야 한다는 생각은 시베리아 한인 사회에는 별다른 거부감 없이 널리 유포되어 있었던 것으로 보인다. 치타 한인 사회를 대표하여 3·1운동 기념식장에 참석한 신석응은 "우리 혁명이 성공되어 국권을 회복할지라도 의회정부를 건설하여야 영원한 자유를 누리리라"고 발언했다. 러시아 한인 사회의 최고 자치기관인 고려인중앙선전의회 대표자 백운학의 연설 내용도 그랬다. 그는 고려혁명의 성공과 '고려의회정부'의 건설을 기원한다고 말했다.[45]

시베리아의 한인들이 이처럼 급속히 사회주의 이념을 수용하게 된 데에는 일정한 심리적 근거가 있었다. 그들은 격동하는 러시아 혁명의 소용돌이 속에서 낯익은 이미지를 발견했다. 공산주의라는 새로운 사상 속에서 '대동'이나 '개벽'이라고 불러왔던 오래된 자신들의 갈망을

---

43) 「제1 전로 고려인 대의회 회록(전호속)」, 『동아공산』 8호, 1920.12.7, 4면.

44) Протокол No.2 Заседании Корейского Центрального Совета Агитации и пропаганды, 1920.11.2, с.1, РГАСПИ ф.495 оп.135 д.19 л.45.

45) 「제2회 고려혁명기념회」, 『동아공산』 13호, 1921.3.20, 2면.

목도했던 것이다.

『동아공산』 지면에서 그 사례를 쉽사리 발견할 수 있다. 창간호에 실린 무기명 논설을 보면, 공산주의는 전통시대에 꿈꿔오던 대동세계와 동일시되고 있다. 계급을 폐지하고 공산제도를 실행에 옮기면 '신성한 대동세계'를 건설할 수 있다는 넉넉한 낙관적 관념이 표명되어 있다.[46] 그뿐만이 아니다. 「동무들!」이라는 격정적인 제목을 가진, 전통적인 구어체 율격의 시가 실려 있다. 거기서는 세계적 범위에서 실현된 사회주의 혁명을 가리켜 '대동공산'이라고 표현했다.[47]

전로한인공산당의 영향력 있는 지도자들도 예외가 아니었다. 이 공산당 중앙총회 의장인 이성은 자신이 추구해야 할 이념적 목표를 가리켜 '대동주의'라고 불렀다.[48] 『동아공산』 신문사의 헌신적인 편집자인 한규선은 '세계 빈천 무산자'들이 화목하게 살아가는 새 세상을 '대동세계'라고 지칭했다.[49] 이처럼 사회주의라는 새로운 이념은 과거의 익숙한 관념을 매개로 하여 수용되고 있었다. 이들에게 이상향에 관한 오랜 갈망이 없었더라면 사회주의 이념이 그처럼 짧은 기간에 신속히 수용되기는 어려웠을 것이다.

6. 맺음말

『동아공산』은 전로한인공산당 중앙총회의 기관지였다. 이 기구에

---

46) 「대동의 주의와 실행의 공산」, 『동아공산』 1호, 1920.8.14, 3면.

47) 「동무들!」, 『동아공산』 2호, 1920.9.8, 2면.

48) 「8월 29일 경황과 순서」, 『동아공산』 2호, 1920.9.8, 3면.

49) ㅎㄱㅅ, 「축동아공산」, 『동아공산』 1호, 1920.8.14, 3면.

참가한 사람들은 뜨거운 혁명적 열정의 소유자들이었다. 이들은 러시아혁명은 물론이고 한국 혁명에 대해서도 그러한 태도를 지녔다. 그래서 신문 지면에는 국제주의적 신념과 열정이 넘쳐난다. 그것은 신문을 발간한 시베리아 한인들의 의식이 사회주의 이념에 투철했음을 보여주는 지표이다.

이 신문은 시베리아에 설립된 코민테른 현지 기관의 기관지이기도 했다. 러시아공산당 시베리아총회 동양국은 『동아공산』의 발간 자금을 제공했다. 뿐만 아니라 정치적, 조직적으로도 뗄 수 없는 깊은 연관을 맺었다. 『동아공산』의 발간 주체인 전로한인공산당 중앙총회는 동양국 산하의 한족부와 동일체였다. 양자 간의 관계는 러시아공산당 시베리아총회 동양국이 코민테른 극동비서부로 재편된 1921년 1월 이후에도 계속됐다. 그때 이후 전로한인공산당 중앙총회는 코민테른 극동비서부 산하 한족부와 동일체였다. 그래서 『동아공산』의 논조는 재 시베리아 한인 사회주의자들의 생각을 반영할 뿐만 아니라, 러시아공산당과 코민테른의 동양 현지기관 종사자들의 의식도 동시에 대변하고 있다.

이 신문은 사회주의를 수용한지 불과 1~2년밖에 되지 않은 초창기 한인 사회주의자들의 생각을 가감 없이 보여주고 있다. 새로운 사상을 수용하게 된 의식의 저변에는 이상 사회를 갈망하는 오래된 염원이 놓여 있었다. 그들은 사회주의라는 새로운 사상 속에서 '대동'이나 '개벽'이라고 불러왔던 오래된 자신들의 갈망을 목도했다. 사회주의 사상은 과거의 익숙한 이상 사회 관념을 매개로 하여 수용됐던 것이다.

『동아공산』을 주도한 사람들은 러시아에 오랫동안 거주해 온 한인 교포들이었다. 그래서 러시아 영토 내에 거주하는 소수민족의 심리에 익숙해 있었다. 그들은 한국 국내의 소식보다도 내란의 와중에 휩싸여 있는 러시아 내부의 정세 변동에 더 큰 관심을 기울였다. 사회주의를 바라보는 시선도 그랬다. 그들은 식민지 한국의 사회주의가 제국주의 열강인 러시아 사회주의와 상이한 혁명 과업에 직면해 있다는 점을 이해하지 못했다. 일본을 적대시하는 이유도 그들이 부르주아적 착취자였기 때문이었다. 한국혁명이 성공한 뒤에 수립할 국가권력도 러시아와 마찬가지로 소비에트 공화국으로 상정했다.

『동아공산』은 한국 혁명의 전통이 주로 국내와 북간도, 연해주, 망명지 상해 등지에서 연면히 계속돼 왔다는 사실을 과소평가했다. 그래서 과대한 임무와 권한을 자임하는 경향을 띄었다. 전로한인공산당은 바이칼 호 동쪽 러시아 한인 사회를 기반으로 삼아서 설립됐다. 그럼에도 불구하고 자신의 위상을 뛰어넘어 전체 한국 혁명의 주도 임무를 자임하고 나섰다. 『동아공산』의 사회주의자들은 한국 민족해방운동에 참가하는 세력도 노동자적 요소가 아니면 용납할 수 없었다. 그래서 러시아내 한인 사회를 국민회 방식으로 조직하려는 움직임을 적대시했다. 상해 임시정부에 대해서도 반대하는 태도를 취했다. 그들은 레닌이 좌익 소아병이라고 불렀던 사고방식의 소유자들이었다. 『동아공산』을 발간한 사람들이 보기에는, 한국 혁명운동 내부의 부르주아적 요소는 계급적 적대자였다. 그들과 협력하려는 사회주의자가 있다면 그 사회주의자는 진짜가 아니었다. 한인사회당이 바로 그러한 존재였다. 러시아 한인 사회를 국민회 방식으로 조직하려 했고 상해 임시정부에도 참여한 한인사회당은 용납할 수 없는 계급협조주의자들이었다.

북송 초기 『송형통(宋刑統)』에 보이는 당률(唐律)의 계승과 변화*

하원수

1. 문제의 소재

北宋의 太祖 趙匡胤(926~976)은 왕조의 개창 직후 새로운 법전을 편찬하였는데, 이것이 보통 『宋刑統』으로 불리는 책이다.[1] 정확한 완성 시기는 논란의 여지가 있지만, 建隆4년(963)에 만들어진 것은 분명하다.[2] 물

---

* 본고는 고려대학교의 김택민 교수를 비롯한 唐·宋 시기의 法制에 관심을 가진 연구자들과 대학원생들의 『宋刑統』 독회를 계기로 준비되었고, 본고의 일부 내용은 이 모임에 참여한 분들의 도움을 받았다.

[1] 현존하는 모든 『宋刑統』의 저본인 天一閣本은 원래 『重詳定刑統』이라고 표제를 달았으며, 『宋史』(北京, 中華書局, 1977, 아래에서 正史는 모두 이 中華書局本에 의거한다) 권204, 「藝文3」, 5143쪽 역시 마찬가지이다. 이것은 後周 시기에 만들어진 『周刑統』을 다시 수정하여 간행하였다는 의미인데, 기존의 문헌에서 그 이름을 매우 다양하게 부른다. 그러나 '刑統'이란 말은 이러한 호칭들에서 공통되며, 『宋史』에서는 그냥 『刑統』이라고만 일컫기도 한다. 따라서 후대에 『宋刑統』이라는 명칭이 일반화되었고, 본고는 개별 판본에 붙여진 제목과 상관없이 이 통칭에 따른다. 비단 『宋刑統』만이 아니라 唐~宋 시기 法典類 문헌들은 이러한 경우가 많은데, 이 책들을 부를 때도 학계에서 통용되는 약칭을 쓴다.

[2] 『宋刑統』의 완성 시기를 『續資治通鑑長編』 2 (北京, 中華書局, 1979) 권4, 太祖 乾德元年條, 99쪽과 『宋史』 권1, 「太祖1」, 14쪽은 7월로, 『宋會要輯稿』 7 (北京, 中華書局, 1957), 제164책, 刑法1-1은 8월로 적었고, 『玉海』 권66, 「詔令 律令下」, 1254쪽의 경우 이 두 기록을 병기하는 등 기록마다 조금씩 다르다. 그러나 이들 모두 建隆4년의 일로 본 것은 동일하다.

론『宋刑統』은 이후 몇 차례 수정되었으나, 기본적인 내용이 크게 바뀌지는 않았다.[3] 더욱이 현존하는 판본이 宋初의 모습을 보존하고 있는데,[4] 이것은 建隆4년 당시 板刻되어 대량 보급된 덕분이라고 여겨진다. 中國 역사상 최초의 인쇄된 법전이라고[5] 할 이『宋刑統』은 실제로 宋代 전 시기에 걸쳐 行用되었다.[6] 科擧의 明法科나 吏部 銓選 등에서 그 내용을 시험하였을 뿐더러 민간에서 불법적으로 이를 출판하여 판매하였다는 기록까지 있다.[7] 따라서『宋刑統』은 당시 사회에서 매우 중시되었던 듯하다.

그러나 이 책은 四庫全書에 들어가지 못하였을 정도로 淸代에 이미 잊혀진 문헌이었다. 단지 天一閣에 明代의 筆寫本이 남아 있었던 덕분에 民國時代에 들어와서 이를 저본으로 校勘한 세칭 法制局本(1918)과 嘉業堂本(1921)이 간행되었다. 국내에서 비교적 쉽게 접할 수 있는 中國 中華書局의 點校本(1984)은 嘉業堂本에 의거한 것이고, 최근에 나온 法律出版社本(1999) 역시 마찬가지이다.[8] 그러므로『宋刑統』을 직접 볼 수 있었던 시간이 그리 길지 않은 상황에서 전문적인 연구의 축적이 적음은[9] 당연한 일이다.

---

[3] 薛梅卿,『宋刑統硏究』(北京, 法律出版社, 1997), 11~13쪽.

[4] 『宋刑統』은 간행되자마자 곧 그 誤謬가 지적되어 수정되었다고 하는데, 天一閣本은 그 이전의 모습 그대로이다. 이에 관하여서는 仁井田陞,「唐宋および明代の法典」,『中國法制史硏究』Ⅳ〔東京大學東洋文化硏究所, 1964(1935 원간)〕, 117~118쪽 참조.

[5] 仁井田陞,「宋代法典刻板考」, 위『中國法制史硏究』Ⅳ (1941 원간), 141쪽.

[6] 宋代의 기록에서『宋刑統』을 司法的 판단에 인용한 사례가 자주 발견되고, 元代 胡三省이『資治通鑑』(北京, 中華書局, 1956)의 注에서 "『刑統』一書, 終宋之世行之"(권293, 後周 世宗顯德4年條, 9569쪽)라고 한『刑統』이 바로 이 책이다.

[7] 梅原郁,「唐宋時代の法典編纂」,『中國近世の法制と社會』(京都大學人文科學硏究所, 1993), 130쪽.

[8] 『宋刑統』의 여러 版本들과 그 계통에 관하여서는 岡野誠,「宋刑統」, 滋賀秀三 편,『中國法制史: 基本資料の硏究』(東京大學出版會, 1993), 302~305쪽이 잘 설명하였다. 薛梅卿이 點校한 法律出版社本은 이 글이 나온 뒤에 출판되었다.

『宋刑統』의 연구 성과가 부진한 데에는 또 다른 이유도 있다. 이 책의 대부분을 차지하는 律·律疏가 『唐律疏議』와 거의 동일할 뿐만 아니라, 이 律이 唐代와 달라진 宋代의 司法 현실에서[10] 얼마나 실제적인 의미를 갖는지가 의문시되기 때문이다. 물론 여기에는 시기에 따라 달라지는 "令·格·式·勅[11]"이 덧보태져 있다.[12] 그러나 發布 시기가 명기된 制勅類 이외의 것들이 모두 開元年間(713~741)의 것이라면,[13] 이것의 사료적 가치는 더욱 제한될 수밖에 없다. 唐代 律令 연구 작업의 일환으로 『宋刑統』을 적극적으로 이용하였던 仁井田陞(1904~1966)의 견해가 바로 이와 같았고, 그의 탁월한 업적이 학계에 미친 영향 역시

---

9) 위 岡野誠 논문, 310~314쪽에 자세히 소개한 1993년까지의 관련 연구 목록에서 실제로 『宋刑統』을 전론한 것은 고작 몇 편의 小論文에 불과하며, 그 이후의 성과 역시 앞서 인용한 薛梅卿의 專著 이외에는 특별히 주목할 만한 것이 없다.

10) 曾我部靜雄, 「律令格式から勅令格式へ」, 『中國律令史の研究』[東京, 吉川弘文館, 1971(1965 원간)]에 따르면 律·令·格·式에 입각한 唐의 법제는 宋代에 이르러 勅·令·格·式 위주로 변하였다고 한다. 이것이 후술하듯이 律의 중요성을 부정하는 것은 아니더라도, 宋代의 法制와 그 운용이 그 이전과 달라졌음은 확실하다. 이와 관련된 국내의 연구로서 禹成旼, 「唐代 律格式의 변화에 대한 재검토」, 『東洋史學研究』 100, 2007이 있다.

11) 본고에서 자주 나오는 이 글자가 同義異體字인 "勑"·"敕"과 자주 혼용되어 혼란스러우므로, 아래에서는 이 세 글자 모두 원본의 표기와 관계없이 天一閣本에서 쓴 "勅"으로 통일한다.

12) 嘉業堂本의 뒤에 첨부된 吳承幹의 「宋重詳定刑統校勘記」는 "乃知律十二篇, 五百二條並疏, 悉永徽刪定之舊, 歷代遵守無異; 令·格·式·勅則隨世增損, 各有不同, 取以附入律條"(中華書局本 『宋刑統』, 513쪽)라고 하여 『唐律』과 『宋刑統』의 異同을 설명하였다. 본고는 續修四庫全書에 있는 嘉業堂本을 참조하였으나, 그 쪽수는 검색의 편의를 위하여 국내 학계에서 가장 널리 이용되는 中華書局本으로써 표시한다. 후술하듯이 天一閣本의 쪽수 뒤에 中華書局本의 쪽수를 병기한 것도 마찬가지 이유에서이다.

13) 仁井田陞·牧野巽은 「故唐律疏議製作年代考」, 『譯註日本律令』 1 [東京, 東京堂, 1988(1931 원간)]라는 장편의 글에서 '宋刑統の研究'라는 독립된 장을 설정하였는데, 그 주된 논지는 이 책에 실린 律·令·格·式이 기본적으로 開元年間의 것과 다르지 않다는 사실이다(455~456쪽).

지대하다.14)

이러한 시각에서 볼 때 오히려 唐代의 사료에 가까운『宋刑統』이 宋史의 연구에서 갖는 효용은 한계가 분명한 듯하다. 그러나 이 책이『唐律疏議』를 거의 그대로 계승하면서도 宋末까지 기본적인 법전으로 간주되었던 것 또한 사실인 이상, 宋代史의 맥락에서 갖는 의의를 좀 더 적극적으로 검토하지 않으면 안 된다. 司法 현장에서 律의 실질적 기능의 위축이 곧 그 이념적 중요성의 약화를 뜻하지 않기15) 때문이다. 나아가 이처럼 律과 현실 사이에 큰 틈이 생겼다면, 이 間隙을 메우거나 엮어줄 수 있는 존재도 당연히 있었을 것이다.『唐律疏議』와 달라진『宋刑統』의 變化, 특히 새로운 準用 법규로 제시된 唐 開元年間 이래의 令・式・格・勑과 起請의 내용도 이러한 측면에서 더욱 적극적인 검토를 요한다. 이것은 소위 '唐宋變革'이라는 中國史上 획기적인 변화의 과정을 구체화시키는 데 좋은 단서를 제공할 수도 있다.

사실 唐代의 律令은 日本 학계에서 자신들의 古代國家와 직결된 문제로서 특별한 주목을 받았다. 하지만 韓國의 입장에서 보면, 中國 法制에 대한 관심을 唐代만으로 한정하여서는 안 된다. 宋代의 제도 역시 高麗에 큰 영향을 미쳤고,16)『高麗史』「刑法志」에 나오는 "折杖"은

---

14) 仁井田陞은『唐令拾遺』[東京大學出版會, 1964 覆刻(1933 원간)]에서『宋刑統』에 나오는 令文을 그대로 唐 開元令의 복원에 이용하였고, 이에 대한 반론은 찾기 어렵다.

15) 이와 관련하여 앞서 인용한 梅原郁의 논문이 律令과 格勑의 분명한 성격 차이를 강조하면서『刑統』의 역사적 의의를 "律의 존엄성을 해치지 않으면서도 새로운 상황에 적응하는"(131쪽) 것이라고 한 지적은 매우 흥미롭다.

16) 辛虎雄,『高麗法制史研究』(서울, 국학자료원, 1995), 97~158쪽. 특히 중국 법제와의 관계는 楊鴻烈,「中國法律在朝鮮之影響」,『中國法律對東亞諸國之影響』[北京, 中國政法大學出版社, 1999(1937 원간)]; 仁井田陞,「唐宋の法と高麗法」,『東方學』30, 1965 그리고 全永燮,「戶婚法을 통해 본 唐宋元과 高麗의 가족질서와 賤人」,『역사와 경계』65, 2007 참조.

그 단적인 예이다. 그런데 唐代에 없던 이 行刑制에 대한 가장 상세한 설명이『宋刑統』의 起請 조항에 나온다. 이러한 점에서 이 책에 더욱 진지하게 접근하여야만 할 우리 나름의 까닭도 있는데, 이를 위한 무엇보다 좋은 방법이 다양한 판본들의[17] 대조로부터 시작되는 철저한 譯注일 것이다. 본고는 이 작업에 앞서『宋刑統』의 사료적 가치를 어디에서 찾고 또 어떻게 해석해 낼 수 있을까에 대한 초보적인 모색의 산물이다.

2.『송형통(宋刑統)』체재의 특징

『宋刑統』에는 著者의 序文이나 跋文이 없다. 하지만 황제의 명으로 편찬을 주관한 竇儀(914~966)가 이 책을 바치며 쓴 문장이 전하고, 撰者 스스로 그 내용을 설명한 이「進刑統表」가 自撰 解題에 비길만하다. 이것이 嘉業堂本에서 南宋代 呂祖謙이『宋文鑑』에 수록한 이 글을『宋刑統』의 첫머리에 轉載한 까닭일 것이다. 따라서 이 책의 體裁에 대한

---

17) 앞서 설명하였듯이 현존『宋刑統』의 저본은 天一閣에 있던 明代의 필사본이고, 이를 저본으로 校勘한 것이 法制局本과 嘉業堂本이다. 그런데 지금까지 국내에서 구하기 쉬웠던 책은 法制局本을 영인한 臺灣 文海出版社의 影印本(1964)과 嘉業堂本을 點校하여 출판한 中華書局本과 法律出版社本이었다. 그러나 이 책들로서는 天一閣本은 물론 嘉業堂本조차 그 원형의 파악이 어려웠다. 이러한 한계의 극복은 최근에 嘉業堂本을 포함한 續修四庫全書가 간행되고 臺北의 故宮博物院이나 東京의 東洋文庫에서 天一閣本을 복사해 옴으로써 비로소 가능해졌다. 지금 이와 같은 상황에서『宋刑統』의 譯注 작업을 시도한다면 天一閣本을 저본으로 삼고, 그 殘缺 부분만 校勘이 비교적 잘 된 嘉業堂本에 의거해야 할 것이다. 따라서 본고에서 말하는『宋刑統』은 기본적으로 天一閣本을 뜻한다. 단 이 필사본의 대부분에는 쪽수가 기재되어 있지 않으므로 편의상 線裝本의 반 쪽인 한 면을 단위로 하여 이를 표시하고, 그 뒤에 학계에서 널리 통용되는 中華書局本의 쪽수를 병기해 둔다.

고찰도 우선 저자의 생각을 직접 들을 수 있는 「進刑統表」로부터 시작하고자 한다.

　竇儀의 이 表文에서 먼저 주의를 끄는 것이

　　엎드려 생각하건대 『刑統』은 前朝에서 처음으로 여러 현명한 이들이 계획하여 만들었는데, 저 옛 법전들을 관통하여 골라 모은 것이 (과거의) 핵심을 이미 파악하였으니, 이 새로 만들어진 것을 잇는다면 (법전의) 효용이 공정함의 구현에 더욱 부합(하게 되리라고 기대)합니다.[18]

라는 말이다. 『宋刑統』이 前朝의 『刑統』 곧 後周 世宗(921~959) 顯德5년(958)에 만들어진 『周刑統』의 계승이라는 사실을 명언한 것이다.

　이러한 양자의 관계는 "刑統"이라는 書名의 연속성에서도 잘 드러나는데, 위의 글에서 이것이 後周에서 "처음으로" 만들어졌다는 설명은 조금 의아스럽다. 기존의 연구들이 익히 지적하였듯이 唐 大中7년(853)에 나온 『大中刑律統類』 이후 後唐의 『同光刑律統類』와 南唐의 『江南刑律統類』 등 이와 유사한 명칭의 서적들이 훨씬 이전부터 보이기 때문이다.[19] 그러나 竇儀가 이들을 『宋刑統』이 계승한 『周刑統』과 확실히 구분하였다면, 이를 달리 생각해 볼 여지가 있다. 실제로 당시의 용례를 볼 때 "刑律統類"와 "刑統"은 달랐다. 『大中刑律統類』를 『大中統類』라고는 해도[20] 결코 『大中刑統』으로 일컫지 않았으며, 『周刑統』이

---

18) 中華書局本 『宋刑統』, 「進刑統表」, 5쪽.

19) 唐後期 이래 宋初까지 편찬된 법전들에 대하여서는 沈家本의 『歷代刑法考』(北京, 中華書局, 1985) 중 '律令' 부분, 939~969쪽과 滋賀秀三, 「法典編纂의 歷史」, 『中國法制史論集』(東京, 創文社, 2003), 89~108쪽에 잘 정리되어 있다.

20) 『大中刑律統類』를 『大中統類』라고 일컬은 기록은 『舊五代史』에 누차 보이고(권44, 「明宗紀」, 605쪽 등), 『五代會要』(上海古籍出版社, 1978) 권9, 「定格令」, 149쪽에도 동일한 용례가 있다. 실제로 『宋史』 권204, 「藝文3」, 5138쪽은 이 책을 『大中統類』라고 불렀으므로, 이 명칭은 宋代에 상당히 일반적인 것이었다고 생각된다.

나『宋刑統』또한『刑律統類』라고 불렀다는 기록이 전혀 없음이 그 좋은 예이다.

그렇다면 그 내용이 문제인데,『周刑統』과 그 이전의 책들이 모두 散逸된 상황에서 이를 직접 비교할 수는 없다. 그러나 後周의 世宗이 기존 "法書"의 문제점을 "文意古質, 條目繁細"와 "前後勅格, 互換重疊"[21]이라 하였고, 이를 시정하기 위해 만든『周刑統』의 특징이 대체로 아래와 같았다면, 양자의 차이에 대한 추론은 가능하다.

> (1) 律을 위주로 하고, 난해한 내용은 "疏"로써 주석하되 이해가 용이한 부분은 그 문장을 간략히 한다.
> (2) 관련된 式·令을 附記하고, 格·勅의 변화도 그 다음에 적는다.
> (3) 현재의 상황에 맞지 않으면, 본래의 조항 뒤에 새로운 조항을 만든다.
> (4) "文理深古"하여 오해의 위험이 있는 경우, 빨간 글자로써 訓釋한다.[22]

즉『周刑統』은 刑律을 중심으로 기존 법전의 번잡하고 錯綜된 내용을 체계적으로 정리하였던 것이다. "刑統"이라는 낯선 이름도 바로 이러한 體裁와 무관하지 않을 듯하다.

그런데 이 새로운 법전의 중핵이 된 律이 (1)에서 보듯이 "疏"로써 주석되었다는 사실 역시 주목할 필요가 있다.『周刑統』은 기본적으로 唐代의 법제와 그 해석에 의지하여 특이하기 때문이다. 특히『大中刑律統類』를 비롯한 그 이전의 유사한 문헌들에서 唐律의 疏議와 관련된 기록이 전혀 없음을[23] 생각할 때 더욱 그러하다. 따라서 이와 같은 編

---

21)『舊五代史』권147,「刑法志」, 1963쪽.『五代會要』권9,「定格令」, 148쪽에도 이와 대동소이한 구절이 있다.

22)『舊五代史』권147,「刑法志」, 1964~1965쪽.

制로 구조화된 법전과 현실 사이의 틈은 (2)·(3)과 같이 式·슈과 格· 粅의 부기나 새로운 조항의 첨가로 보완될 수밖에 없었다. (4)에서 여전히 문제시된 "古"도 이러한 책의 형식상 불가피한 일이다. 唐律을 중심으로 再編된 『周刑統』은 唐制 혹은 古制와 현실 사이의 거리를 훨씬 더 확장시킨 것이다.

그렇다면 『宋刑統』의 경우는 어떠한지가 의문인데, 「進刑統表」는 총 21권이던 『周刑統』을 31권으로 늘렸다고 하면서 그 차이를

(1) 예전(『周刑統』)에는 疏議를 간략히 줄였으나 지금은 모두 빠짐없이 적었고, (기존의) 式·슈과 宣·粅 109개 조항을 잘라내어 따로 묶거나 본래 있던 책으로 되돌렸습니다. (2) 또 뒤에 나온 制·粅 15개의 조항을 편집해 넣었는데, 각각 그 門의 분류에 따랐습니다. (3) 또 (『唐律疏議』) 一部 律 안에 있는 "여타 조항도 이에 준한다."고 한 44개 조문을 「名例」뒤에 부기하였고, 글자를 알기 어려운 경우 그 글자 아래 음을 달았으며, 의미를 파악하기 힘들 듯하거나 (관련) 사례가 다른 조항에 갖추어져 있는 경우도 모두 그 곳에 주를 달았습니다. (4) 또 (원래의) 律文이나 本注와 뒤섞일 것을 우려하여 다 "釋曰"이라는 두 글자를 넣어 구분함으로써, (이 책을) 검토하(여 재판하)는 담당자들이 분명히 쉽게 이해하도록 노력하였습니다.[24](아라비아 숫자에 의한 문장 구분은 인용자가 첨가한 것)

---

23) 『大中刑律統類』는 唐代의 법전으로서 굳이 당시의 律疏를 번잡하게 덧보탤 까닭이 없었을 수 있지만, 後唐 시기에 『大中刑律統類』를 『詳定』하거나 『同光刑律統類』를 만들 때라면 상황이 다르다. 그러나 이 두 책에 대한 설명 어디에도 이와 관련된 언급이 전혀 없다. 따라서 이 책들에는 疏議가 포함되지 않았다고 여겨지는데, 특히 『同光刑律統類』가 총 13권으로서 12권의 『大中刑律統類』와 비슷한 분량이므로 이러한 추론은 더욱 설득력이 있다.

24) 中華書局本 『宋刑統』, 5~6쪽. 본고는 여러 사항들을 나열한 이 글의 표점 기준을 "또(又)"라는 말로 삼았다. 단 "지금은 모두 빠짐없이 적었고"라는 번역문의 원문인 "今悉備文"이 國學基本叢書本 『宋文鑑』에 "今悉備又"라고 되어 있어 그 전후를 나누어 볼 수도 있다. 그러나 四庫全書本 『宋文鑑』의 경우 이 嘉業堂本에 실린 글과 동일하므로 일단 저본에 따른다.

라고 설명한다.

　『宋刑統』을 새로 만든 이유는 行用時에 드러난 『周刑統』의 "不便"이었고,[25] 위의 (3)과 (4)가 이것의 시정에 일조하였을 듯하다. 그러나 이러한 改撰이 唐律을 위주로 한 법전의 體裁 자체에 변화를 가져오지는 않았다. 오히려 (1)에서 『周刑統』과 달리 疏議를 全載하였음을 강조하였다면, 이와 같은 편제 방식은 더욱 강화되었다고 보아도 좋을 것이다. 『宋刑統』의 중심에 있는 律의 이해가 唐代의 律疏 없이는 불가능한 것처럼 만들어졌기 때문이다. 뿐만 아니라 이때 기존의 式·令 등을 100여 개나 삭제한 것 역시 마찬가지 맥락에서 이해된다. 그 결과 『唐律疏議』와 중복되는 부분이 더욱 많아진 『宋刑統』은 일견 唐代의 법전과 다를 바 없는 형태가 되었다.

　그러나 (2)에서 보듯이, 『宋刑統』이 당시의 현실을 완전히 무시하지만은 않았다. 황제의 명령인 制·勅으로써 唐代와 달라진 새로운 상황에 부응하려는 의지가 확인되기 때문이다. 위의 인용문 다음에 "臣들은 (今昔의 변화에 기인한 문제점을 시정하기 위한 방법을) 상주하여 제안하였는데 총 32개 조항입니다."[26]라는 말이 이어지는데, 『宋刑統』에 새롭게 편입된 이 "起請"의 존재를 생각할 더욱 그러하다. 『宋刑統』은 이처럼 唐律을 위주로 한 기존 法制를 계승하면서 동시에 변화하는 현실도 적극적으로 반영하려 하였던 것이다. 다시 말하면, 『周刑統』보다 『唐律疏議』에 가까워진 『宋刑統』은 그만큼 더 벌어진 당시 상황과의

---

25) 『宋刑統』 편찬의 단서를 연 建隆3년말 鄕貢明法의 주장은 "『(周)刑統』之不便" (『玉海』 권66, 「詔令 律令下」, 1254쪽)이었고, 『續資治通鑑長編』 2 권4, 太祖乾德 元年條, 99쪽에 나오는 改撰의 이유 역시 그 "條目之不便"이었다. 竇儀가 建隆4년 2월에 기존 刑統의 "詳定"을 제안할 때 지적한 "科條繁浩, 或有未明"(『宋會要輯稿』 7, 제164책, 刑法1-1)도 비슷한 상황의 표현일 것이다.

26) 中華書局本 『宋刑統』, 「進刑統表」, 6쪽.

거리를 좁혀야만 하였다. 일면 상충되는 이 두 목표를 한 책 안에서 충족시키는 방법, 이것이야말로『宋刑統』이 지향하는 법전으로서의 體裁였다고 하겠다.

이러한『宋刑統』의 體裁는 당시 실제 재판의 방법과도 무관하지 않아 보이는데,[27] 이 문제를 여기에서 본격적으로 논의하기는 어렵다. 다만 이를 위한 준비 단계로서 이 책의 編制가 갖는 특징을 몇 가지 지적해 두고자 한다. 우선『宋刑統』의 전체 구성을 볼 수 있는 目錄의 내용인데, 法制局本과 嘉業堂本이 서로 다르다. 이것은 그 편찬 당시의 모습에 가까운 天一閣本에[28] 이미 누락된 卷首 부분을 각기 다른 기준으로 복원한 탓이고,『宋刑統』목록의 원래 모습은 현재로서 알 수가 없다. 그러나 天一閣本의 각 卷 처음 부분 곧 첫 행의 卷數와 律名, 둘째 행의 이 권에 속하는 門數와 개별 조항들의 유형별 숫자 그리고 셋째 줄부터 열거된 各門의 명칭이 목록의 기본 내용이었으리라고 짐작된다. 따라서 이에 근거한 嘉業堂本의 목록을[29] 통해『宋刑統』의 구조를

---

27) 이와 관련하여『宋刑統』권30, 斷獄律, '斷罪引律令格式'門, '輒引制勅斷罪'條, 6~10쪽(485~486쪽)에 추가된 재판의 적용 법규와 관련된 여러 조항들이 주목된다. 특히 "今後凡有刑獄, 宜據所犯罪名, 須具引律令格式, 逐色有無正文, 然後檢詳後勅"이라고 한 뒤 다시 "須是名目條件同, 卽以後勅定罪, 後勅內無正條, 卽以格文定罪, 格內又無正條, 卽以律文定罪"라고 한 後唐 長興2년의 勅이 그러하다. 여기에서 "罪名"의 결정과 "定罪"의 방법이 각각 律과 後勅을 앞세워 상이한데, 이러한 규정이 律 중심의 編制 속에 많은 勅을 덧보탠『宋刑統』의 體裁와 무관하지 않아 보이기 때문이다. 이 勅이 나오게 되는 과정은『五代會要』권16,「大理寺」, 270~272쪽에 상세히 전한다.

28) 岡野誠 논문, 10~11쪽에 의하면, 天一閣本은 宋 太祖 시기의 刊本을 잇는 南宋 중엽의 版本을 筆寫한 것이다. 따라서 이것은 校勘 과정에서 변형된 法制局本이나 嘉業堂本과 달리 宋代의 원형을 잘 보존하고 있으므로,『宋刑統』의 외형적 體裁에 대한 검토는 기본적으로 여기에 근거하지 않으면 안 된다.

29) 嘉業堂本의 목록은 다음의 표에서 보듯이 卷頭의 내용과 일부 상이하나, 대체로 내용에 근거한 校勘의 결과라고 생각된다. 그러나 저본의 殘缺로 인해 부정확한 곳도 없지 않으므로 약간의 수정이 필요한 듯하다.

파악하는 것이 가능하다.

그런데 이때 특히 흥미로운 내용이 卷頭의 둘째 행에서 채록한 부분 곧 "○門"이라는 大字와 그 아래 割注 형태의 小字로 쓴 "律條○并疏", "令式格勅條○", "起請條○"이다. 여기에서 律과 條의 사이에 설정된 門이라는 단계도 그렇지만,[30] 律·疏와 함께 동열로 병기된 令·式·格·勅과 起請은 『唐律疏議』에 없는 내용인 것이다. 실제로 令 이하 새로 추가된 조항은 총 209조로서[31] 숫자상으로만 볼 때 唐律 전체 502조의 42%에 해당할 정도로 큰 비중을 차지하고 있다. 뿐만 아니라 본문 안에서 이들이 가지고 있는 위상 또한 높아 보인다. 그 조항 앞에 "准"이라고 적어서 준용 법규임을 명시한 조항들은 물론 起請까지 律의 正文과 동일한 크기의 大字로 씌어졌고, 小字로 쓴 唐代의 疏議나 問答보다 외형상 더 강한 法律的 효력을 지닌 듯하기 때문이다. 이러한 외재적

卷數	嘉業堂本의 目錄	嘉業堂本의 卷頭	天一閣本의 卷頭	備考
1	起請條 기록 無	起請條 기록 無	殘缺로 확인 不可能	본문 내용상 "起請條二" 첨가 필요
2	起請條二	起請條 기록 無	殘缺로 확인 不可能	본문 내용상 目錄이 옳음
3	令勅條十	目錄과 동일	令勅條十一	본문 내용상 天一閣本이 옳음
17	文(衍字?)勅條二	勅 관련 기록 無	勅 관련 기록 無	본문 내용상 目錄이 옳음
29	起請條三	起請條二	起請條二	본문 내용상 目錄이 옳음

[30] 法典類의 책에서 門이라는 범주의 설정은 唐 大中年間부터 보이고(『唐會要』(臺北, 世界書局, 1982), 4판, 권39, 「定格令」, 705쪽), 『宋刑統』에서 처음 만들어진 것은 아니다.

[31] 『玉海』는 『宋刑統』에 177조의 令式格勅과 32조의 起請이 있다고 하였는데(권66, 「詔令 律令下」, 1254쪽), 이 숫자는 현존하는 天一閣本의 목록과 본문을 대조해 볼 때 사실이라고 생각된다. 단 이 가운데 13개 조항은 殘缺 상태로서 그 실제 내용의 확인이 불가능하다.

형식은 『唐律疏議』와 다른 『宋刑統』의 體裁的 특징을 무엇보다 분명히 可視化하고 있는 것이다.

지금까지 살펴본 바에 따르면 『宋刑統』은 『周刑統』을 典範으로 삼은 새로운 형태의 법전이었다. "刑統"이라고 불린 이것은 唐律을 중심으로 編制되었고, 이러한 體裁의 특징은 疏議까지 거의 다 채록한[32] 『宋刑統』에서 더욱 뚜렷해졌다. 이처럼 『唐律疏議』와 비슷하게 된 이 책의 외형은 律의 이념적 중요성과 무관하지 않을 것이다. 그러나 『宋刑統』은 당시의 현실을 반영하려는 실질적인 노력 또한 담고 있다. 슈·式·格·勅과 起請이라는 기존의 법제와 다른 새로운 추가 조항들이 다수 포함된 것이 바로 그 증거이다. 이것들은 목록이나 본문에 기재된 형식을 볼 때 실제적으로 律과 거의 동등한 법적 효력을 갖는 법령이었다고 보이는데, 그 내용은 장을 바꾸어 검토하기로 하자.

3. 『송형통(宋刑統)』의 추가 조항과 그 입법 시기

『宋刑統』과 『唐律疏議』가 일견 유사해 보이지만, 두 책 사이에는 그 간행 시기의 큰 차이만큼 엄연한 현실적 間隙이 있었다. 宋初에 이 책을 만들면서 덧보탠 많은 注釋들이[33] 그 단적인 표현으로서, 隋末의 연

---

[32] 『宋刑統』은 『唐律疏議』에서 12篇의 律 처음에 붙여 두었던 長文의 疏議를 일괄적으로 삭제하였으므로 사실상 疏議 모두를 베끼지 않았다. 앞서 본 「進刑統表」의 내용과 달리, 『宋刑統』의 撰者들은 나름의 기준 아래 疏議를 취사선택하였던 것이다.

[33] 『宋刑統』에는 「進刑統表」에 언급된 것보다 훨씬 다양한 유형의 주석들이 나타난다. 즉 "釋曰"(권1, 10쪽; 中華書局本 5쪽 등)이라고 한 경우도 있지만, "注"(권1, 15쪽; 中華書局本, 8쪽 등), "議"(권6, 29쪽; 中華書局本, 102쪽 등), "音"(권13, 6쪽·205쪽 등)과 같은 예가 그것이다. 그리고 하나밖에 없어 筆寫 과정에서 덧붙여졌을 가능성도 없지 않으나, "疑是"로 시작하는 설명(권2, 8쪽; 中華書局本, 17쪽)도 보인다.

호에 대한 "釋日"[34]처럼 唐代에서는 상식이었을 용어도 설명이 필요해
진 상황이었던 것이다. 따라서 당시 법전으로 行用된 『宋刑統』이 唐律
중심의 體裁와는 별개로 당시의 실상에 부응하는 새로운 내용을 갖지
않았을 리 없다. 『宋刑統』에서 律과 함께 병렬되며 大字로 추가된 법령
들과 起請에 주목하는 까닭이 여기에 있다.

〈표 1〉『宋刑統』의 추가 조항

	令	式	格	勅	起請	未詳	計
名例	獄官(5)	刑部(1)	刑部格勅(1), 開成格(1), 格(1)	勅(21), 制(1)	8	0	39
衛禁	0	0	0	0	0	0	0
職制	考課(1), 公式(2)	0	刑部格勅(1)	勅(8)	1	0	13
戶婚	戶(6), 喪葬(1), 田(2), 雜(2)	禮部(1), 主客(1)	0	勅(10), 制(1), 旨(1)	4	8(起請 없음)	37
廐庫	0	0	0	0	1	0	1
擅興	0	0	0	0	0	0	0
賊盜	0	主客(1)	刑部(1)	勅(13), 赦(1)	6	0	22
鬪訟	0	0	刑部(1)	勅(5), 制(1)	4	0	11
詐僞	封爵(1)	0	0	4	1	0	6
雜	雜(5), 戶(1), 捕亡(1), 廐牧(1), 軍防(1)	戶部(1), 軍部(1)	戶部格勅(2), 刑部格勅(1)	勅(10), 制(1)	3	0	28
捕亡	捕亡(2)	0	0	勅(1)	0	0	3
斷獄	獄官(15)	刑部(3)	刑部格勅(3), 開成格(1)	勅(19)	3	5(1개 起請)	49
計	46	9	13	97	31	13	209

※ 참고 사항: 아라비아 숫자는 모두 해당 조항의 숫자를 의미한다.

---

34) 『宋刑統』 권3, 24쪽(52쪽)에 "義寧"이란 말 아래 雙行의 細字로 "釋日義寧"이란 주석
이 나온다. 필자가 가진 복사본에는 그 뒷부분이 空欄처럼 보이는데, 嘉業堂本의
경우 여기에 "隋末年號"라고 적어 문맥상 적절하게 보충하였다(中華書局本, 52쪽).

위의 〈표 1〉은 『宋刑統』에 추가된 209개의 조항들을 분류하여 정리한 것이다.[35] 여기에서 97개에 달하는 勅이 가장 많을뿐더러 대부분그 시기가 분명하여 일찍부터 학계의 주목을 받았다. 즉 唐 開元2年(714)부터 宋 建隆3년(962)에 걸친 이 勅들에 대한 분석은 『宋刑統』의성격 규정에 중요한 단서를 제공하였던 것이다.[36] 실제로 이 勅들 가운데 唐代가 51개를 차지하는 반면 43개만이 五代 이후의 사례로서[37]『宋刑統』과 唐制의 관계를 잘 보여준다. 그러나 이들 중 安史의 亂 이전의 것이 거의 없다는 사실 또한 중요하다. 더욱이 勅 이외에 그 시기가 확인되는 추가 조항들 곧 唐 文宗(809~840) 때의 開成格 2개와 『宋刑統』 편찬 당시의 起請 32개까지 감안한다면, 이 책에 실린 唐後期 특히 五代 이후 시기의 상황도 결코 간과할 수 없다.

그러므로 『宋刑統』은 이른바 '唐宋變革'의 시기에 위치함은 물론 그변화를 잘 반영하고 있으리라고 여겨지는데, 위의 〈표 1〉은 이와 관련하여 흥미로운 사실을 보여준다. 새로 추가된 조항들은 특정한 律 곧斷獄律, 名例律, 戶婚律, 雜律, 賊盜律에 집중되고, 이것은 전체 사례들중 84%에 육박하는 것이다. 특히 斷獄律과 戶婚律의 경우 唐律의 條數가 각각 34개와 46개였음을 생각하면, 그 숫자만으로 볼 때 추가된 조

---

[35] 이 가운데 일부는 殘缺로 인하여 내용 확인이 어려운 경우도 있으나(附表 참조), 여기에서는 추정을 통하여서라도 그 종류를 밝히고자 하였다.

[36] 앞서 인용하였던 仁井田陞·牧野巽의 논문, 431~437쪽 참조. 여기에서 『宋刑統』이 建隆3년 직후 『大中刑律統類』와 『周刑統』의 큰 영향 아래 편찬되었다는 논증은 탁견이나, 開元 이전의 勅이 없다는 이유로 이 책 안의 律·疏는 물론 令·式·格이 대체로 開元 혹은 그 가까운 시기에 만들어진 것이라는 추론은 의문이 남는다.

[37] 『宋刑統』에 추가된 勅을 시기별로 나누어 보면 다음의 표와 같다.

時期	唐															後梁	後唐	後晉	後漢	後周	宋	未詳	計
	玄宗	肅宗	代宗	德宗	順宗	憲宗	穆宗	敬宗	文宗	武宗	宣宗	懿宗	僖宗	昭宗	哀帝								
勅數	10	3	5	6	0	6	4	1	9	3	4	0	0	0	0	0	13	2	0	22	6	3	97

항이 원래 규모의 무려 144%와 80.4%에 이른다. 이것은 이 두 律과 밀접히 연관된 재판·형벌이나 가족·재산 관련[38] 영역에서의 변화가 그만큼 컸음을 뜻한다고 하겠다. 이것은 황제 혹은 중앙권력과 직접 관계된 衛禁律과 擅興律에는 추가된 조항이 전혀 없음과 극명히 대비되며, 唐宋變革期 民間의 실상에 더욱 흥미를 느끼게 한다.

이와 같은 입장에서 볼 때, 『宋刑統』에 추가된 조항들을 통하여 唐宋시기 사회의 변화상에 직접 다가갈 수 있다. 예를 들어 唐律이 시체의 훼손을 엄격히 금지하였으나, 『宋刑統』은 외국인에게 火葬을 허가한 式과 특수한 조건에서 이를 일반인들에게까지 원용하는 勅을 덧붙였다.[39] 이것은 佛敎의 보급과 더불어 바뀌는 풍습과 제도의 궤적을 보여주는 매우 좋은 실례라고 하겠다. 물론 여기에서 이처럼 구체적인 사안들에 대한 개별적인 논의는 불가능하다. 그러나 이러한 문제들을 연구할 때 『宋刑統』을 이용하기 위한 선결 조건 한 가지는 반드시 짚고 넘어갈 필요가 있다. 이 책에 추가된 대부분의 令·式·格은 그 立法시기가 명기되어 있지 않은데, 이러한 상태로서는 변화의 과정을 세밀히 해명하기가 어렵기 때문이다.

『宋刑統』은 唐律 중심의 편제 단위 안에서[40] 기존의 疏議를 적은 뒤 이와 관련된 새로운 법령들이나 起請을 추가하였다. 이때 起請의 위치는 일정하지 않으나, 그 나머지는 대개 令, 式, 格, 勅의 차례로 배열되

---

38) 戶婚律에는 唐代의 律·疏가 전혀 없는 '戶絶資産', '死商錢物', '典賣指當論競物業', '婚田入務'라는 4개의 門이 新設되었는데, 그 주된 내용이 재산 문제와 연관된 것이라는 사실이 매우 흥미롭다.

39) 『宋刑統』 권18 賊盜律, '殘害死屍'門, '殘害死屍'條, 18쪽(287쪽).

40) 이러한 원칙과 다른 예외도 물론 있다. 「進刑統表」에서 말하였듯이 "여타 조항도 이에 준한다."고 한 조문들만을 따로 모은 名例律의 마지막 門이나 唐律은 하나도 없이 戶婚律에 신설된 네 개의 문이 그러하다.

어 있다.[41] 이 순서는 전술하였던 卷頭의 "슦式格勅條○"라는 추가 조항
의 숫자 표시 형태와 일치한다. 사실 이 4종의 상이한 법령은[42] 서로
구분하여 적는 것이 당연해 보인다. 동일한 범주의 항목들은 시간순으
로 쓰더라도, 每律條에 추가된 조항들 모두 종류를 불문하고 이런 식으
로 기재되었다고 생각하기 어렵다. 즉 勅의 앞에 나오는 슦·式·格이
라고 해서 그 勅 이전의 규정이라고 단정할 수 없는 것이다.[43] 앞서 지
적한 『周刑統』의 특징 곧 "관련된 式·슦을 附記하고, 格·勅의 변화도
그 다음에 적는다."[44]는 편찬 원칙을 기억한다면 더욱 그러하다.

　『宋刑統』에 실린 순서 자체만으로써 연대 비정이 불가능하다면, 唐
後期 이후의 법령도 여기에 포함되었을 가능성을 배제하기 어렵다. 실

---

[41] 『宋刑統』 권1 名例律, '五刑'門, '死刑二'條, 9~10쪽(5~6쪽)에는 勅 뒤에 슦이 나오
　며, 권29 斷獄律, '應囚禁枷鏁'門, '囚應禁不禁條, 6쪽(467쪽)에는 格(勅) 뒤에 式
　이 이어져서 특이하다. 그러나 이 두 가지 예외적인 사례는 그 나름의 이유가
　있는 듯하다. 즉 전자는 勅과 슦의 내용이 전혀 달라 사실상 구분되고, 후자의
　경우 格勅이 式보다 더 포괄적인 대상을 규정한다는 특색이 있다.

[42] 唐宋代의 문헌에는 律·슦·格·式과 勅에 대한 갖가지 설명이 보인다. 예를 들면,
　『唐六典』(北京, 中華書局, 1992)이 "凡律以正刑定罪, 슦以設範立制, 格以禁違正邪,
　式以軌物程事"(권6, 「尙書刑部」, 185쪽)라고 한 반면 『新唐書』는 "唐之刑書有四, 曰
　律·슦·格·式. 슦者, 尊卑貴賤之等數, 國家之制度也; 格者, 百官有司之所常行之事
　也; 式者, 其所常守之法也. 凡邦國之政, 必從事於此三者, 其有所違及人之爲惡而入
　于罪戾者, 一斷以律"(권56, 「刑法」, 1407쪽)이라고 하는 것이다. 그리고 『續資治通鑑
　長編』 23 (北京, 中華書局, 1990)에는 北宋 神宗의 "禁於已然之謂勅, 禁於未然之謂
　슦, 設於此以待彼之至之謂格, 設於此使彼效之之謂式"(권344, 神宗元豊7年條, 8254
　쪽)이라는 또 다른 설명도 있다. 이와 같은 차이는 唐宋 시기의 상이한 司法 현실과
　무관하지 않은 듯하고, 이에 대한 좀 더 깊은 논의가 필요하다. 그러나 위에 인용한
　몇 사례들만으로도 슦·式·格·勅이 서로 다른 범주의 것임은 분명할 것이다.

[43] 앞의 仁井田陞·牧野巽의 논문, 441~442쪽은 『宋刑統』에 추가된 슦·格·式이 天
　寶年間의 勅보다 앞에 적힌 사례의 존재를 이유로 이것들을 모두 開元年間의 것
　으로 추정하는데, 여기에는 논리의 비약이 있다.

[44] 『舊五代史』 권147, 「刑法志」, 1964~1965쪽에 나오는 이 말의 원문은 "式·슦之有
　附近者次之. 格·勅之有廢置者又次之"인데, 전후문맥상 이 차례는 발표 시기가
　아니라 법제의 성격에 기인한 것이다.

제로 安史의 亂 이후에도 많은 법전들이 계속 편찬되었고, 『新唐書』
「藝文志」에 보이는 "格後勅"이란 말이 들어간 여러 서적들은45) 분명
히 宋初까지 남아 있었다. 그리고 이 시기에 肅宗(711~762)46)과 德宗
(742~805)47)이 "律令格式(條目有)未折衷"을 시정하기 위한 "刪定"을 명
한 적도 있으므로, 開元年間의 令·式·格이 그대로 유지되었는지 의
심스럽다. 뿐만 아니라 五代 시기 역시 새로운 법령집의 편찬이 끊이
지 않았다.48) 그렇다면 『宋刑統』에 덧보태진 조항들에 이러한 책들의
내용이 일부 혼입되었다고 해도 결코 이상한 일이 아니다.

　물론 이것이 추론에 그치지 않으려면 『宋刑統』에 추가된 조항들의 개
별적인 점검이 필요하다. 여기에서 이 작업을 전면적으로 수행하기는 어
렵고, 일단 獄官令만을 대상으로 이를 시도해 보려 한다. 이 令이 추가된
법령들 중 가장 많을뿐더러 최근에 발견된 宋代 『天聖令』의 筆寫本 殘
卷에도 獄官令이 있어 좋은 비교의 대상이 존재하기 때문이다. 仁宗
(1010~1063) 天聖 10년(1032)에 반포된 여기에 당시 令文의 原貌가 잘 드
러나고, 특히 각 令마다 중간에 삽입된 "右並因舊文, 以新制參定"이라는
말을 경계로 하여 행용되는 新令과 폐기된 舊令을 함께 싣고 있다는 점
에서 매우 유용하다.49) 따라서 『宋刑統』에 추가된 獄官令의 令文을 이

---

45) 『新唐書』 권58, 「藝文2」, 1497쪽.

46) 『唐大詔令集』(臺北, 鼎文書局, 1978 재판) 권123, 「至德二載收復兩京大赦」, 660쪽.

47) 『舊唐書』 권50, 「刑法」, 2152~2153쪽.

48) 後梁의 太祖가 만든 『大梁新定格式律令』은 後唐 시기에 폐지되었다고 하지만
(『舊五代史』 권147, 「刑法志」, 1961~1962쪽), 그 뒤에도 『後唐格令』·『後唐旁通開
元格』·『天成長定格』 등 개정된 令·格을 모은 책들이 만들어졌다. 張興武, 『五
代藝文考』(成都, 巴蜀書社, 2003), 「新編五代藝文志」, 415~417쪽 참조.

49) 이 책은 天一閣博物館·中國社會科學院歷史研究所天聖令整理課題組 校證, 『天
一閣藏 明鈔本天聖令校證: 附唐令復原研究』(北京, 中華書局, 2006. 아래에서 이
책은 『天聖令』으로 약칭한다)에서 筆寫本의 影印과 釋文을 모두 볼 수 있는데,
獄官令 부분은 雷聞이 상세한 주석과 함께 정리하였다.

『天聖令』을 비롯하여 唐代의 유사한 내용의 문헌,[50] 日本의『養老令』을 전하는『令義解』[51] 등과 대조한 결과 얻어진 것이 아래의 〈표 2〉이다.

〈표 2〉『宋刑統』의 추가 獄官令

번호	律名과 條數	唐代 유사한 내용의 문헌	『天聖令』	『令義解』	拾遺(唐令)	비고	근거
1	名例5	未確認	宋59(○)	62(○)	40(68)	缺字 있음	1:10(6)
2	名例5	『唐律疏議』(○)	宋48(○)	52(○	36(56)	缺字 있음	1:10(6)
3	名例26	未確認	宋11(○)	12(×)	13(14)	『唐會要』권41에 관련 내용 존재	3:14(48)
4	名例27	『唐六典』(○)	宋15(○)	18(△)	17(20)		3:22(51)
5	名例27	『唐六典』(○)	宋16(△)	19(△)	18(21)		3:22(51)
6	斷獄1	『唐六典』(○),『通典』(○)	宋49(△)	63(△)	42(57)		29:4(466)
7[52](1)	斷獄1	『唐六典』(△),『唐律疏議』(△)	宋36(○)	39(○)	28(42)	같은 律條의 疏에 동일 조항의 令 존재	29:5(466)
7(2)	斷獄1	『唐六典』(△),『唐律疏議』(△)	唐9(○)	42(△)	30(45)	같은 律條의 疏에 동일 조항의 令 존재	29:5(466)
8	斷獄1	未確認	宋39(△)	43(△)	31(46)		29:6(467)
9	斷獄5	『唐律疏議』(△)	宋52(○)	54(△)	38(60)	같은 律條의 疏에 동일 조항의 令 존재	29:16(471)
10	斷獄5	未確認	宋51(○)	53(△)	37(59)	『新唐書』권48에 유사한 내용 존재	29:17(471)

---

50) 唐代 문헌의 검색은 仁井田陞의『唐令拾遺』·『唐令拾遺補』와 劉俊文 總策劃, 中國基本古籍庫 (北京, 愛如生數字化技術研究中心)의 도움을 받았다.

51) 『令義解』, 黑板勝美 편, 『新訂增補 國史大系』22 (東京, 吉川弘文館, 1939).

52) 7번의 令文은『宋刑統』에 하나의 조항으로 되어 있지만, 후술할 것처럼 기존의 疏議을 비롯한 여타 唐代 문헌들의 경우 "應議請減者" 아래는 그 앞과 다른 별개의 조항으로 독립되어 나온다.

11	斷獄8	『唐六典』(△)	宋33(○)	36(△)	26(39)		29:25 (475)
12		『唐六典』(○)	宋44(○)	49(△)	34(52)		29:26 (475)
13		『唐六典』(△), 『唐律疏議』(△), 『通典』(△)	宋32(△)	35(△)	25(38)	같은 律條의 疏에 동일 조항의 令 존재	29:26 (475)
14		未確認	宋35(○)	38(○)	27(41)		29:27 (475)
15	斷獄18	『唐六典』(○), 『唐律疏議』(○)	宋28(○)	31(○)	22(34)	斷獄律 20條의 疏에 동일 조항의 令 존재	30:7 (485)
16		未確認	宋27(○)	30(○)	21(33)		30:7 (485)
17	斷獄28	『唐六典』(○), 『通典』(○)	宋7(×)	8(△)	9乙 (10)		30:29 (494)
18		『通典』(○)	宋6(○)	6(×)	7(8)	『通典』과 『天聖令』에서 附注로 존재	30:29 (494)
19		『唐六典』(○), 『通典』(○)	唐4(○)	9(△)	10(11)		30:29 (494)
20	斷獄29	『唐六典』(○), 『通典』(○)	宋5(×)	5(△)	6(7)	『五代會要』권10에 관련 내용 존재	30:32 (495)

※ 참고 사항

- 여타 문헌들이『宋刑統』에 인용된 令文의 내용과 갖는 유사성의 정도는 아래와 같이 표시한다.

  ○: 기본적인 내용이 일치하거나 일부 표현상의 차이가 있더라도 상충되는 내용은 없는 경우

  △: 상충되는 내용이 존재하거나 일부 내용의 삭제 혹은 추가가 분명히 확인되는 경우

  ×: 전혀 다른 내용의 경우

- '『天聖令』', '『令義解』'와 '拾遺(唐令)' 난에 제시된 숫자는 각각『天聖令』,『令義解』(上段의 注記)와『唐令拾遺(補)』, 雷聞이 校錄한『天聖令』에 나오는 유사한 내용의 條數이다.

- '근거' 난에 제시된 숫자는 天一閣本『宋刑統』의 卷數:쪽수(괄호 안은 中華書局本의 쪽수)이다.

위의 표를 보면, 『宋刑統』에 추가된 슈들은 3번 이외에는 모두 唐代의 문헌 혹은 당시의 日本슈에서 비슷한 내용이 보이므로 유사한 唐令이 존재하였다고 생각된다. 그리고 『通典』에 실린 슈文도 開元25年(737)슈일 경우,[53] 『宋刑統』에 나오는 슈들이 唐前期의 것이라는 기존의 연구는 일면 타당한 듯하다. 그런데 『天聖令』과 비교하더라도 그 상황은 마찬가지라는 점도 아울러 간과할 수 없다. 폐기된 7(2)번과 19번 그리고 내용이 완전히 바뀐 17번과 20번을 제외하면 슈文이 대동소이한 것이다. 이처럼 唐前期 슈과 北宋 中期 슈에서 확인되는 상호 연관성은 분명히 흥미로운 사실이다.

宋 太宗(939~997)은 "開元二十六年所定令式"에 의거하여 "淳化令式"을 修撰하였다.[54] 따라서 그 뒤에 이어진 天聖令에 唐의 開元슈과 흡사한 부분이 많은 것은 자연스럽게 여겨지는데, 문제는 그 이전이다. 太宗 淳化年間(990~994)의 조처는 예전 法令의 경우 상대적으로 開元年間과 차이가 컸음을 시사하기 때문이다. 실제로 後唐 天成元年(926)에 御史臺·刑部·大理寺가 함께 開成年間(836~840)이 開元年間과 "法制多異"함을 지적하면서 唐後期의 開成格을 쓰자고 주청한 적이 있다.[55] 이로부터 다시 50년 가까이 지난 宋初에 군이 開元슈을 그대로 답습하였을지 의문인 것이다. 물론 슈은 格과 상이하며 그 전면적인 개정이 쉽지 않더라도, 슈文을 부분적으로 당시 상황에 맞추는 수정은 얼마든지 가능하다. 앞서 지적하였던 唐 肅宗 이래 몇 차례 확인되는 법제의 "刪定"과 많은 法令集의 편찬은 그 좋은 예이다. 이러한 시각에서 본다면, 위의 〈표 2〉는 좀 더 세밀한 검토를 요구한다.

---

53) 仁井田陞, 「唐令拾遺探擇資料に就いて」, 앞의 『唐令拾遺』, 66~67쪽.
54) 『玉海』 권66, 「詔令 律令下」, 1255쪽.
55) 『五代會要』 권9, 「定格令」, 147쪽.

이때 우선 동일한 律條 단위 안에서 疏에 인용된 것과 같은 獄官令을 다시 추가한 사례가 주목된다. 15번처럼 다른 조항의 律이라면 모르지만, 바로 앞의 疏議에 이미 나온 令을 再錄한 데는 나름의 까닭이 있을 터이다. 形具의 사용과 관련된 7번을 보자. "議曰"에 인용된 獄官令은 일반인을 대상으로 한 부분과 "應議請減者" 이후의 기록 사이에 "又條"라는 말을 덧보탬으로써 唐前期의 문헌들과 같이 그 앞뒤가 별개의 조항이었다.56) 그러나 추가된 令文은 『宋刑統』의 기재 형식으로 보아 단일 조항이고, 『天聖令』의 경우 특권신분층에 대한 뒷부분을 아예 폐지하였다.57) 이것은 신분에 따른 우대 규정이 法制에서 점점 失效해 가는 과정의 한 표현일 수 있다. 그렇다면 『宋刑統』이 새로 추가한 獄官令은 기존 疏議에 인용된 것과는 구분되어야 마땅하다.

13번의 사례도 이와 유사한 맥락에서 이해된다. 疏에 나오는 "察獄之官, 先備五聽"이라는 令文을 되풀이한 추가 조항에는 "釋曰"의 주석만이 아니라 "案『周禮』云"이라는 장문의 설명이 첨가되어 있다. 따라서 이 내용이 혹 『天聖令』의 筆寫本에 더러 보이는 細注의 형태더라도 당시 令의 일부였던 듯하다. 기존의 令이 이러한 설명 없이는 이해되기 어렵게 된 상황에서 令文이 개정되었고, 『宋刑統』의 撰者 역시 宋初의 사법 현실에서 이러한 수정 사항을 명백히 해 둘 필요를 느꼈다는 추론이 가능한 것이다.

그리고 9번의 경우를 보면, 疏議의 인용문과 추가된 令文이 기본적으로 동일한 조항이라고 하더라도 둘 사이의 文句 차이는 분명하다. "囚有疾病, 主司陳牒, 請給醫藥救療."58)라는 문장이 "囚有疾病, 主司陳牒, 長官親驗知實, 給醫藥救療."으로 바뀌어져 있기 때문이다. 그런데

---

56) 『宋刑統』 권29 斷獄律, '應囚禁枷鏁杻'門, '囚應禁不禁'條, 3쪽.

57) 『天聖令』, 342쪽.

58) 『宋刑統』 권29 斷獄律, '囚應請給醫藥衣食'門, '囚應給衣食醫藥而不給'條, 16쪽.

후자에 추가된 長官의 책임 규정이 唐代의 문헌은 물론 『令義解』에도 보이지 않는[59] 반면 『天聖令』에서 확실히 나온다.[60] 따라서 『宋刑統』에 추가된 令文은 唐前期의 것과 달랐고, 이 새로운 내용을 담은 獄官令이 宋 仁宗 때에 실행되고 있었던 것이다.

이와 같은 獄官令의 변화는 기존의 문헌에서 발견할 수 없는[61] 3번의 令文에서 더욱 분명히 확인된다. 『唐會要』에 의하면 唐末 乾符5년(878)에 刑部侍郎이 "今後望請諸流人應配者, 依所配里數, 無要重城鎮之處, 仍逐罪配之, 准得就近."을 奏請하여 允許되었는데,[62] 이 奏請의 내용이 『宋刑統』에 추가된 令과 끝 네 글자만 다를 뿐 동일한 것이다. 따라서 이 제도는 9세기 말에 처음으로 만들어져서 『天聖令』까지 이어졌다고[63] 보지 않을 수 없다. 이것은 『宋刑統』의 추가 조항이 唐前期의 法令과 다를 수 있다는 明證이다.

그렇다면 開元年間으로부터 宋初에 이르는 긴 시간 동안 이처럼 전면적 改令이 아닌 일부 令文의 첨삭이 행해졌을 가능성이 훨씬 농후하다. 10번의 令에서 규정한 收監 환경이 그 한 예이다. 『宋刑統』의 추가 조항과 『天聖令』에서 죄수에게 주도록 한 물품 중에 "漿水"가 있는데, 이것이 그 이전의 제도에 없는 것이다. 여기에서 죄수에 대한 처우가 달라지면서 令文이 정한 지급 품목도 수정되었으리라고 짐작되고, 〈표 2〉의 문헌들 사이에 보이는 작은 차이들까지도 주의를 끈다.

---

59) 『令義解』 권10, 「獄令」, 329쪽에는 "判官以下, 親驗知實"로 되어 있다.

60) 『天聖令』, 337쪽.

61) 기존의 法令에서 이와 가장 유사한 것은 『令義解』 권10, 「獄令」, 315쪽의 "凡流人應配者, 依罪輕重, 各配三流."이다. 그러나 이 원문은 물론 그 주석에도 "要重城鎮" 등 『宋刑統』이나 『天聖令』 규정의 핵심 내용이 보이지 않는다.

62) 『唐會要』 권41, 「左降官及流人」, 740쪽.

63) 『天聖令』, 329쪽의 令文은 『宋刑統』의 추가 조항과 완전히 일치한다.

　지금까지『宋刑統』에 大字로 추가되어 宋初의 준용 법규였다고 여겨지는 令·式·格·勅과 起請들을 살펴보았는데, 이것들은 民間의 현실과 밀접한 관계를 지닌 律에 특히 집중되어 나온다. 그리고 이 추가 조항들 가운데 시기가 명확한 勅 등은 거의 모두 安史의 亂 이후의 것으로서, 이들을 통하여 唐後期부터 뚜렷해지는 사회의 변화상에 구체적으로 접근해 갈 수 있으리라고 기대된다. 기존의 연구에서는 令·式·格의 경우 唐 開元年間의 것으로 보아 주로 唐前期 제도의 복원에 이용할 뿐이었다. 그러나『宋刑統』에 추가된 獄官令의 예를 볼 때, 이들이 대부분 唐代의 규정으로부터 유래한다고 해도 宋初는 물론『天聖令』이 만들어진 11세기 중엽까지 유효한 법령이었음 또한 사실이다. 뿐만 아니라 이 중에는 唐後期 이후 수정되거나 덧보태진 令文도 분명히 존재하므로, 이들에 대한 면밀한 고찰이 역사적 변화의 궤적을 추적하는 좋은 방법의 하나로 기대된다.

4. 여론(餘論)

　『周刑統』을 典範으로 삼은『宋刑統』은 唐代의 律·疏를 중심으로 편제되어 일견『唐律疏議』와 대동소이한 듯한 첫 인상을 준다. 이것은 律에 높은 이념적 권위를 부여하고 쉽게 바꿀 수 없는 것으로 여기는 中國 고유의 法意識과 관계가 깊다. 그러나 宋朝의 개창 직후 편찬된 왕조의 기본 법전이 唐前期의 법령만으로써 구성되었을 리도 없다. 실제로 다양한 형식의 注釋들은 물론 상당한 수량의 令·式·格·勅과 起請이 律에 준하는 형식과 내용으로 이 책에 새로 추가되었다. 이와 같은『宋刑統』의 體裁는 전통을 그대로 계승하면서 동시에 현실의 變化도 반영하는 방법이었고, 여기에서 宋代의 司法 제도와 法制의 이념이 갖는 특징을 찾을 수 있다.

『宋刑統』이 갖는 사료적 가치는 비단 이것만이 아니다. 이 책에 추가된 거의 모든 勅이나 起請이 唐後期 이후의 것임은 이론의 여지가 없다. 그런데 시기가 명기되지 않은 令·式·格의 경우 대체로 開元年間의 제도로 간주하여 왔다. 하지만 北宋 때에도 여전히 법률적 효력을 갖던 이 令들 중에 安史의 亂 이후 수정된 부분이 분명히 확인된다. 따라서 이 추가 조항들이 唐前期의 제도라고만 단정하기는 어려우며, 여기에서 후대의 변화 추세도 드러나는 듯하다. 특히 이것들이 일반민의 삶과 직결된 律에 집중되어 나오므로 더욱 흥미를 끈다. 『宋刑統』에 덧보태진 令을 곧 開元令의 복원 근거로 삼기는 어렵지만, 그 전후 시기의 법제나 사회 현상과 비교하면서 이로부터 더 큰 역사적 의미를 해석해 낼 가능성도 있는 것이다.

이상과 같은 본고의 내용을 결론으로 일컫기는 아직 이르다. 여기에는 학계의 통설과 다른 부분도 있고, 이를 논증하려면 지금까지보다 훨씬 더 많은 자료의 검토와 치밀한 논리를 필요로 한다. 따라서 현재로서는 단지 작업가설의 수준이라고 해야 마땅한데, 본격적인 연구는 『宋刑統』의 철저한 譯注를 통하여 가능할 것이다. 이 글은 서두에서 밝혔듯이 그 준비 단계에서 작성되었을 뿐이다. 그렇지만 지금까지 검토한 바에 의하면, 앞으로 역주 작업을 수행할 때 다음과 같은 점에 특히 주의할 필요가 있음은 분명히 해두고자 한다.

첫째, 天一閣本의 중시이다. 앞서 目錄 복원의 문제에서 보았듯이 嘉業堂本은 法制局本보다 적절한 교감과 편집이 돋보이지만 착오도 없지 않다. 더욱이 이 가운데는 단락의 구분처럼[64] 『宋刑統』의 體裁와

---

[64] 예를 들어 『宋刑統』 권1 名例律, '十惡'門, '十惡'條, 17쪽에는 두 개의 추가 조항이 나오는데, 四庫全書本 권1, 7앞쪽에서 볼 수 있는 嘉業堂本의 경우 단락 구분을 않음으로써 마치 한 조항처럼 만들어 두었다. 中華書局本, 9쪽은 이보다 저본의 변형이 더 심하다.

관련된 것도 있다면, 이에 바탕한 기존의 中國 活字本들은 한계가 분명하다. 따라서 역주의 저본은 天一閣本이 되어야 마땅하다.

둘째, 天一閣本의 殘缺 부분에 대한 신중한 복원이다. 기존에는 아무런 표시 없이 『唐律疏議』를 轉載하여 그 안에 있을 수 있는 宋初의 수정 가능성을 무시하였는데, 새로운 역주는 현존 『宋刑統』의 내용과 보완 부분을 엄격히 구분함으로써 그 사료적 가치를 명확히 해야 한다. 물론 이는 여러 문헌들을 참조하여 殘缺部를 복원하려는 적극적인 노력을[65] 전제로 한다.

셋째, 추가 조항들의 역사성 부여이다. 본문에서 獄官令에 대하여 시도하였던 것처럼, 추가된 조항들 모두를 대상으로 전면적인 재검토가 필요하다. 여기에는 관련 조항들 사이의 연계성과 개별 조항들의 立案과 시행 과정에 대한 분석도 포함된다. 이것은 이러한 조항들의 연대 비정만이 아니라 唐後期 이후 급격히 변화하는 사회 실상과의 상관관계 해명에도 기여하리라고 생각된다.

넷째, 小字로 덧붙여진 注釋들에 대한 고찰이다. 이 가운데는 名例律의 '雜條'門에만 나오는 20개의 "議"처럼 法의 적용과 관련된 예도 있고,[66] 단지 字義만을 밝힌 단순한 사례도 있다. 어떠한 경우든 注釋의 내용은 물론 어디에 어떤 내용이 注記되어야만 하였는지 검토하는 일은 중요하다. 이러한 설명으로 이어질 수밖에 없는 唐과 宋 사이의 間隙으로부터 두 시기의 歷史像을 비교해볼 수도 있기 때문이다.

---

[65] 『宋刑統』 권1 名例律, '五刑'門, '死刑二'條, 10쪽(6쪽)의 獄官令은 仁井田陞이 이미 복원을 시도한 적이 있다(앞의 「唐宋および明代の法典」, 111쪽). 이밖에도 권2 名例律, '以官當徒除名免官免所居官'門, '官當'條, 37쪽의 경우도 저본은 "晉□□□□□□伍日粉"으로 되어 있고, 中華書局本, 29쪽은 "晉天福□□□□十五日粉"으로 몇 글자를 보충해 두었는데, 『五代會要』 권10, 「刑法雜錄」, 162~163쪽을 볼 때 그 나머지 글자들도 "陸年伍月"로 생각되어 완전한 복원이 가능하다.

[66] 이에 관하여서는 앞의 薛梅卿의 책, 39~40쪽에 간략한 설명이 있다.

〈부표〉『宋刑統』에 추가된 令·式·格·勅과 起請 槪觀

律名	門名 (추가 조항 수)	條數	條名 (추가 조항 수)	추가 조항의 종류	시기	근거
名例	五刑(9)	2	杖刑五(2)	勅? / 勅	미상 / 後周 顯德5	1:3(2)
		4	流刑三(2)	勅? / 起請?	미상 / 당시?	1:5(3)
		5	死刑二(4)	勅 / 獄官令 / 獄官令? / 勅	唐 建中3 / 미상 / 미상 / 미상	1:9(5)
	十惡(2)	6	十惡(2)	刑部格勅? / 起請?	미상 / 당시?	1:17(9)
	犯罪事發(1)	16	無官犯罪(1)	制	唐 會昌5	2:28(26)
	以官當徒除名免官免所居官(9)	17	官當(5)	格 / 起請 / 開成格 / 勅 / 勅	미상 / 당시 / 唐 開成中 / 後晉 天福6? / 後周 玄德5	2:35(29)
		18	除名(2)	勅 / 勅	唐 天寶7 / 後周 玄德5	2:45(33)
		19	免官(1)	起請	당시	2:48(34)
		22	以官當徒不盡(1)	勅	唐 上(元?)中	2:65(41)
	犯流徒罪(13)	26	犯死罪應侍家無期親成丁(10)	獄官令 / 勅 / 勅 / 勅 / 起請 / 勅 / 勅 / 勅 / 勅 / 起請	미상 / 唐 乾元1 / 唐 寶應1 / 唐 建中3 / 당시 / 唐 貞元18 / 唐 元和12 / 唐 開成4 / 唐 開成4 / 당시	3:14(48)
		27	犯徒應役家無兼丁(3)	獄官令 / 獄官令 / 勅	미상 / 미상 / 唐 元和8	3:22(51)
	老幼疾及婦人犯罪(2)	31	犯時未老疾(2)	刑部式 / 勅	미상 / 唐 天寶1	4:14(59)
	贓物沒官…(1)	33	以贓入罪(1)	起請	당시	4:25(64)
	犯罪已發未發自首(1)	37	犯罪未發自首(1)	勅	唐 大中5	5:11(75)
	雜條(2)	57	稱道士女官(2)	勅 / 起請	宋 建隆3 / 당시	6:44(108)
衛禁	추가 조항 없음					

律名	門名 (추가 조항 수)	條數	條名 (추가 조항 수)	추가 조항의 종류	시기	근거
職制	署置官過限(1)	2	貢擧非其人(1)	考課令	미상	9:7 (146)
	禁玄象器物(1)	20	玄象器物(1)	勅	後周 廣順3	9:30 (156)
	制書稽緩錯誤(1)	24	制書有誤輒改定(1)	公式令	미상	9:35 (158)
	誤犯宗廟諱(1)	25	上書奏事犯諱(1)	公式令	미상	10:3 (160)
	枉法贓不枉法贓(6)	48	監主受財枉法(6)	勅 / 勅 / 勅 / 勅 / 勅 / 起請	唐 天寶1 / 後唐 長興4 / 後唐 應順1 / 後周 顯德5 / 後周 顯德5 / 당시	11:12 (177)
	受所監臨贓(3)	50	受所監臨財物(1)	勅	後周 顯德5	11:17 (179)
		58	因官挟勢乞索(2)	刑部格勅 / 勅	미상 / 後周 顯德4	11:31 (184)
戶婚	脫漏增減戶口(5)	4	里正官司妄脫漏增減(5)	戶令 / 戶令 / 戶令 / 制 / 勅	미상 / 미상 / 미상 / 唐 天寶13 / 唐 廣德1	12:10 (190)
	僧道私入道(1)	5	私入道(1)	禮部式	미상	12:14 (191)
	卑幼私用財(3)	13	卑幼私輒用財(3)	戶令 / 勅 / 勅	미상 / 唐 天寶6 / 唐 天寶7	12:25 (197)
	戶絶資産(3)		唐代의 律條 無	喪葬令 / 勅 / 起請	미상 / 唐 開成1 / 당시	12:28 (198)
	死商錢物(4)		唐代의 律條 無	主客式 / 勅 / 勅 / 勅	미상 / 唐 大和5 / 唐 大和8 / 後周 顯德5	12:30 (199)
	占盜侵奪公私田(3)	19	盜耕人墓田(3)	田令 / 田令 / 勅	미상 / 미상 / 唐 寶應1	13:7 (205)
	典賣指當論競物業(4)		唐代의 律條 無	雜令 / 起請 / 勅 / 起請	미상 / 당시 / 宋 建隆3 / 당시	13:8 (205)
	婚田入務(2)		唐代의 律條 無	雜令 / 起請	미상 / 당시	13:14 (207)
	差科賦役不均平…(1)	24	差科賦役違法(1)	度支旨	唐 長慶1	13:25 (212)

律名	門名 (추가 조항 수)	條數	條名 (추가 조항 수)	추가 조항의 종류	시기	근거
	監臨婚娶(1)	37	監臨娶所監臨女(1)	戶令	미상	14:10 (222)
	和娶人妻(1)	41	義絶離之(1)	勅	後周 顯德5	14:15 (224)
	主與奴娶良人(1)	42	與奴娶良人女爲妻(1)	戶令	미상	14:18 (226)
廐庫	故殺誤殺官私馬牛幷雜畜(1)	10	殺緦麻親馬牛(1)	起請	당시	15:20 (238)
擅興	추가 조항 없음					
賊盜	謀反逆叛(2)	2	緣坐非同居(1)	赦	後周 廣順1	17:9 (271)
		3	口陳欲反之言(1)	勅	後周 顯德5	17:10 (272)
	親屬被殺私和(1)	13	祖父母父母爲人殺(1)	起請	당시	17:28 (279)
	殘害死屍(2)	19	殘害死屍(2)	主客式 / 勅	미상 / 宋 建隆3	18:18 (287)
	造祅書祅言(3)	21	造祅書祅言(3)	勅 / 勅 / 勅	唐 開元28 / 後唐 天成2 / 後周 顯德5	18:23 (289)
	盜官私馬牛殺(1)	32	盜官私牛馬殺(1)	起請	당시	19:16 (299)
	强盜竊盜(9)	34	强盜(5)	勅 / 勅 / 勅 / 勅 / 起請	唐 元和10 / 後周 顯德5 / 後周 顯德5 / 宋 建隆3 / 당시	19:22 (301)
		35	竊盜(3)	勅 / 勅 / 起請	唐 建中3 / 宋 建隆3 / 당시	19:27 (303)
		36	監臨主守自盜(1)	刑部格	미상	19:31 (304)
	恐喝取人財物(1)	38	恐喝取人財物(1)	勅	後周 顯德5	19:36 (307)
	略賣良賤(2)	49	知略和誘强竊盜受分(2)	勅 / 起請	後唐 天成1 / 당시	20:22 (318)
	共盜幷贓依首從法(1)	52	盜經斷後三犯(1)	起請	당시	20:30 (321)

律名	門名 (추가 조항 수)	條數	條名 (추가 조항 수)	추가 조항의 종류	시기	근거
鬪訟	鬪毆故毆故殺(2)	5	鬪故殺用兵刃(2)	勅 / 制	唐 開成1 / 唐 大中4	21:12 (329)
	毆制使刺史縣令(1)	11	毆制使府主縣令(1)	刑部格	미상	21:28 (335)
	祖父母父母爲人…(1)	34	祖父母爲人毆擊(1)	起請	당시	23:9 (357)
	告周親以下(1)	47	子孫違犯敎令(1)	起請	당시	24:8 (369)
	投匿名書告人罪(1)	50	投匿名書告人罪(1)	勅	唐 大中2	24:13 (371)
	犯罪陳首(혹은 '告')(2)	54	告人罪須明注年月(2)	起請 / 勅	당시 / 唐 會昌1	24:31 (375)
	邀車駕撾鼓上表…(2)	57	邀車駕撾鼓訴事不實(2)	勅 / 起請	唐 大曆12 / 당시	24:29 (378)
	越訴(1)	58	越訴(1)	勅	後周 廣順2	24:32 (379)
詐僞	僞造寶印符節(2)	5	盜寶印符節封用(2)	勅 / 勅	唐 開元2 / 唐 天寶5	25:12 (387)
	詐假官(3)	9	詐假官假與人官(2)	勅 / 勅	唐 天寶9 / 後唐 應順1	25:25 (392)
		10	非正嫡詐承襲(1)	封爵令	미상	25:27 (393)
	詐欺官私取財(1)	12	詐欺官私取財物(1)	起請	당시	25:33 (395)
雜	國忌私忌(1)	2	忌日作樂(1)	勅	唐 大和7	26:4 (406)
	私鑄錢(2)	3	私鑄錢(2)	刑部格勅 / 勅	미상 / 後唐 長興2	26:6 (407)
	受寄財物輒費用(11)	11	負債强牽財物(11)	雜令 / 雜令 / 雜令 / 雜令 / 戶部格勅 / 戶部格勅 / 起請 / 勅 / 勅 / 制 / 勅	미상 / 미상 / 미상 / 미상 / 미상 / 미상 / 당시 / 唐 元和5 / 唐 長慶2 / 唐 長慶4(敬宗 즉위 후) / 唐 開成2	26:18 (412)
	犯夜(1)	18	犯夜(1)	勅	唐 至德2	26:36 (418)

律名	門名 (추가 조항 수)	條數	條名 (추가 조항 수)	추가 조항의 종류	시기	근거
	諸色犯姦(3)	28	監主於監守內姦(3)	戶令 / 敕 / 敕	미상 / 後周 廣順3 / 後周 顯德2	26:46 (424)
	不修隄防(1)	37	盜決隄防(1)	起請	당시	27:8 (432)
	失火(3)	42	非時燒田野(1)	戶部式	미상	27:17 (436)
		44	燒官府私家舍宅(2)	敕 / 起請	唐 元和3 / 당시	27:19 (437)
	棄毀官私器物樹木(1)	54	棄毀器物稼穡(1)	敕	後周 顯德5	27:30 (442)
	地內得宿藏物(5)	60	得闌遺物不送官(5)	捕亡令 / 廐牧令 / 雜令 / 軍防令 / 軍部式	미상 / 미상 / 미상 / 미상 / 미상	27:39 (446)
捕亡	將吏追捕罪人(1)	5	捕罪人漏露其事(1)	捕亡令	미상	28:14 (453)
	被囚禁拒捍官司而走(1)	16	主守不覺失囚(1)	敕	後周 顯德5	28:32 (461)
	部內容止逃亡(1)	18	知情藏匿罪人(1)	捕亡令	미상	28:40 (464)
斷獄	應囚禁枷鏁杻(7)	1	囚應禁不禁(7)	獄官令 / 獄官令 / 獄官令 / 刑部格外 / 刑部式 / 敕 / 敕	미상 / 미상 / 미상 / 미상 / 미상 / 唐大中6 / 後唐 天成2	29:4 (466)
	囚應請給醫藥衣食(6)	5	囚應給衣食醫藥而不給(6)	獄官令 / 獄官令 / 刑部式 / 敕 / 敕 / 起請	미상 / 미상 / 미상 / 後唐 長興2 / 後周 顯德2 / 당시	29:16 (471)
	不合拷訊者取衆證爲定(12)	6	議請減老小疾不合拷訊(2)	敕 / 起請	後唐 長興2 / 당시	29:22 (474)
		8	訊囚察辭理(4)	獄官令 / 獄官令 / 獄官令 / 獄官令	미상 / 미상 / 미상 / 미상	29:25 (475)
		10	拷囚限滿不首(4)	刑部格外 / 敕 / 起請 / 敕	미상 / 後唐 應順1 / 당시 / 宋 建隆3	29:32 (477)
		13	囚徒伴移送併論(2)	敕 / 敕	唐 長慶1 / 後唐 天成3	29:38 (480)

律名 (추가 조항 수)	門名 (추가 조항 수)	條數	條名 (추가 조항 수)	추가 조항의 종류	시기	근거
	斷罪引律令格式 (9)	18	輒引制勅斷罪(9)	獄官令 / 獄官令 / 刑部式 / 刑部格勅 / 勅 / 勅 / 勅 / 開成格 / 勅	미상 / 미상 / 미상 / 미상 / 唐 廣德1 / 唐 建中2 / 唐 長慶3 / 唐 開成中 / 後唐 長興2	30:7 (485)
	決死罪(10)	28	立春後秋分前不決死刑(7)	獄官令 / 獄官令 / 獄官令 / 勅 / 勅 / 勅 / 勅	미상 / 미상 / 미상 / 미상 / 唐 元和6 / 唐 會昌1 / 後唐 天成3 / 後晉 天福7	30:29 (494)
		29	死囚覆奏報決(3)	獄官令 / 勅 / 勅	미상 / 唐 建中3 / 唐 開成2	30:30 (495)

※ 참고 사항

◦ 殘缺로 인해 완전한 내용 확인이 어려우나 여타 문헌 등을 통해 추정하여 판단한 경우 ' ? '표를 넣었다.

◦ 흔히 쓰지 않는 異體同義字는 편의상 通用字로 바꾸었다.

◦ ' / ' 표시로써 조항을 구분하였다.

◦ 칸의 항목에 표시한 사항은 다음과 같다.

· 條數: 해당 律篇 안에서의 條數를 뜻함

· 條名: 『宋刑統』에는 條名이 나오지 않으므로 김택민 등 주편, 『譯註 唐律疏議』(서울, 법제연구원, 1994~1998)에 의거함(『宋刑統』와 『唐律疏議』의 글자가 다른 경우 후자에 따름)

· 시기: 『宋刑統』에 명기된 사항만 기록하고 여타의 경우 "미상"으로 표시(단 '起請'은 "당시"로 표시함)

· 근거: 天一閣本에서 해당 조항의 시작되는 곳의 "卷數:쪽수"로 표시(괄호 안은 中華書局本의 쪽수)

덕천막부(德川幕府)의 '가부키 풍속' 규제와 근세사회의 성립

구태훈

1. 머리말

본고는 德川幕府 초기 「가부키 풍속」[1] 규제를 戰國的인 것과 近世的인 것의 대립이라는 시점에서 구체적으로 究明함으로써 日本 近世社會[2] 성립에 대한 인식을 깊게 하려는 것이다.

德川幕府가 풍속 규제의 명목으로 公布한 服飾이나 容儀에 관한 禁令[3]을 분석해 보면 크게 두 가지로 분류된다. 하나는 身分的 차별을 의도한 의복이나 刀劍의 규제이다. 이에 대하여 전혀 다른 의도에서

---

1) 보통 「가부키」라고 하면 日本 古典 藝能의 歌舞伎를 연상할 것이다. 그러나, 본고에서 말하는 「가부키」는 원래 日本語 「傾く」의 활용형으로, 불안정한 모양을 나타내는 말에서 轉用된 異端・異風을 의미하는 말이다. 그러니까, 「異類異風」이 「가부키 풍속」이며, 異風의 行裝을 하고 異端的인 행동을 하는 者가 「가부키者」이다.

2) 일반적으로 일본 근세사회는 오다 노부나가(織田信長) 시대 또는 도요토미 히데요시(豊臣秀吉) 시대를 그 출발점으로 하여 에도 막부의 멸망까지를 일컫는다. 정치사적으로는 1603년 도쿠가와 이에야스(德川家康)가 에도에 막부를 개설한 때부터 메이지(明治) 정부가 수립할 때까지를 이른다.

3) 石井良助 編, 『德川禁令考』 前集 第四~五 (創文社, 昭和 53年) 參照.

나온 것이 있다. 그것은 「異相한 풍속을 하거나 무례한 행동을 禁할
것. 刀劍, 衣服 등은 유난히 눈에 띄지 않게 할 것」[4]이라는 慶安 三年
(1650) 九月의 禁令이 상징하듯이, 특히 위정자가 보았을 때 바람직하
지 못한 「異相한 풍속」을 규제하는 것이었다. 「異相한 풍속」이란 다
름 아닌 「가부키 풍속」을 의미하는 것이었다. 그런데 前者에는 사치
를 경계하여 미풍양속을 배양한다는 도덕적 이유가 있었을 뿐만이 아
니라, 신체장식이나 복장에 이르기까지 신분질서를 시각적으로 나타
내려고 하는 幕府의 명확한 규제 의도가 있었다. 그리고 近世國家가
사치금지를 포함하여 신분의 외형적 표식을 규제하려고 하였던 것은
비단 日本뿐만이 아니라 유럽 諸國家도 마찬가지였다.[5] 그러나 「異相
한 풍속」이라는 이유 하나만으로 민중의 복장이나 容儀를 규제한 例
는 드물다. 더구나, 幕府는 신분제적 규제를 위반한 者보다 「가부키
풍속」을 위반한 者를 더욱 엄하게 처벌하고 있는데,[6] 그것은 幕府가
「가부키 풍속」을 얼마나 경계했는지를 단적으로 보여주는 것이다. 幕
府와 「가부키 풍속」의 이러한 관계는 17세기 후반까지 지속되었는데,
그동안 幕府는 「가부키 풍속」을 지속적으로 탄압하였다. 이 점에 주
목해 보면, 德川幕府와 「가부키 풍속」과의 긴장관계를 구체적으로 조
명하는 일은 日本 근세사 연구의 중요한 과제의 하나라고 하지 않을
수 없다.

　　그러나, 지금까지 日本 근세사 연구에서 「가부키」에 관한 선행 연구
는 결코 풍부하다고 할 수는 없다.[7] 더구나, 「가부키 풍속」 규제의 이

---

4) 『德川實紀』第三篇, 658쪽.

5) 川北稔, 『『奢侈禁止法』の時代』, 『經濟評論』(日本評論社, 1983).

6) 『德川實紀』第二篇, 249쪽. 특히 註 88.

7) 「가부키者」에 관하여는 辻善之助, 『日本文化史』江戶時代 上 이래, 그 역사적

유와 전개 과정을 구체적으로 추구한 논문은 거의 없는 실정이다. 그 배경에는 풍속은 역사연구의 소재로서 적합하지 않다는 인식이 있었을 것이다. 그러나 근년에 日本 근세사의 새로운 연구동향으로 주목되고 있는 일련의 社會史 연구는 역사연구의 소재로서 풍속의 중요성을 시사하고 있다.[8] 풍속은 민중의 내재된 의식의 표현이며,[9] 특히, 日本 前近代의 민중은 外形의 규제는 내면 규제의 유효한 수단이라고 인식하고 있었다[10]는 점에 착목할 필요가 있다.

일찍이 橫山俊夫는 風俗을 風敎와 관련하여 考察하면서, 이것을 軸으로 하여 권력과 문화의 문제를 생각하려고 시도한 적이 있다.[11] 즉, 풍속을 정치사적으로 이해하려는 방법이다.[12] 필자도 初期 德川幕府의 「가부키 풍속」 규제를 軸으로 하여 近世社會 성립의 의미를 생각해 보고자 한다.

본론에서는 먼저 德川幕府와 「가부키者」와의 긴장관계를 살펴보고, 다음에, 「가부키者」를 상징하는 大刀에 초점을 맞추어 「가부키 풍속」

의의를 論한 論說은 많으나 본격적인 研究는 결코 많지 않다. 대표적인 論著는 다음과 같다. 中村榮孝, 「慶長年中의 戰後靑年たち―『カブキモノ』의 繪すがたによせて」, 日本歷史學會 編, 『歷史와 人物』(吉川弘文館, 昭和 39年); 北島正元, 「かぶき者―その行動と論理」, 東京都立大學, 『人文學報』89號, 昭和 47年; 守屋毅의 『「かぶき」の時代―近世初期風俗畵盡の世界』(角川書店, 昭和 51年); 그 외에 熊倉功夫, 『寬永文化の研究』(吉川弘文館, 昭和 63年)의 第1部를 참고할 수 있다.

8) 예를 들면 渡邊浩, 「『御威光』と象微」, 『思想』740號; 久留島浩, 「盛砂・蒔砂飾り 手桶・箒」, 『史學雜誌』95-8號 등이다.

9) 近年의 風俗學의 성과를 보여주는 것으로는 多田道太郎, 『風俗學』(ちくま文庫, 1987)이 있다.

10) 高橋昌明, 「中世の身分制」, 『講座日本歷史』三 (東京大學出版會, 1984), 323쪽 이하 參照.

11) 橫山俊夫, 「『藩』國家への道―諸國風敎觸と旅人」, 林屋辰三郎 編, 『化政文化の研究』(昭和 51年).

12) 熊倉功夫, 「文明開化と風俗」, 林屋辰三郎 編, 『文明開化の研究』(1979).

의 성격을 밝혀서 幕府가 그「풍속」을 경계했던 이유를 분명히 한 다음, 마지막으로 幕府의「가부키 풍속」규제 과정을 구체적으로 究明할 것이다.

2. 덕천막부(德川幕府)와「가부키者」

『當代記』는 慶長 十一年(1606)의 사건으로, 교토(京都)의 기타노(北野) 부근을 산보하던 조닌(町人=상공인)이「異相」의「가부키者」들에게 치욕을 당했다고 다음과 같이 기록하고 있다.[13]

> 此傾, 京의 町人이 北野 賀茂邊에 出行했을 때에 가부키 衆에 조 ^{當世異相} 우하여 이로 인하여 치욕을 당했다. ^{此云}

이상의 내용만 보면 이 사건은 흔히 발생하는 市井의 小事件에 불과하다. 그러나 자세하게 검토해 보면 이 사건은 결코 작은 사건이 아니었다. 사건의 피해자들은 京都의 大商人으로 德川家康의 측근을 구성하는 특권적 豪商인 後藤, 茶屋 두 가문의 부녀자들이었기 때문이다.[14] 또한 이 사건은 우발적이었다기보다는 다분히 고의성이 농후한 사건이었다.[15] 막부를 창설한 德川家康는 大怒하여 一年餘의 추적 끝에 범인들을 체포하여 처벌하였는데,[16] 이때 영지가 몰수된 무사들만도 津

---

13) 『史籍雜纂』 二卷, 『當代記』(國書刊行會, 明治 44年), 95쪽. 以下 『當代記』의 인용은 同書에 의한다.

14) 守屋毅, 「「かぶき」の時代」(角川書店, 昭和 51年), 117~119쪽.

15) 北島正元, 「かぶき者―その行動と論理」, 東京都立大學, 『人文學報』 89號, 昭和 47年.

田長門守 이하 10여 인에 이르렀다.[17] 이들이 德川幕府 성립 이후, 처음으로 기록에 등장하는 「가부키者」들이었다.

京都의 「가부키者」 활동은 『當代記』가 「아직 同類가 무척 많다고 한다」고 전하고 있듯이 이 一件으로 잠잠해진 것은 아니다. 「同類」라는 것은 荊組, 皮袴組 등의 「가부키」 집단이었다. 慶長 十四年(1609), 『當代記』는 다음과 같이 기록하고 있다.[18]

此比 荊組, 皮袴組라고 하여 「가부키者」 京都에 充滿하다. 五月에 그들을 검거하여 七十餘人을 籠舍에 보내어 糺明을 命하였다. 이들은 二十人에게 널리 싸움을 걸어 후에 검거되었다. 組頭 四五人은 처벌하였으나 나머지는 결정적인 잘못이 없고 단지 一黨의 知人이었던 고로 이를 용서하였다. 組頭의 이름은 左門이라고 하는 者이다. 荊組라는 것은 다른 사람에게 싸움을 건다는 뜻이며, 皮袴組라는 것은 荊에도 뒤지지 않는다는 뜻이다.

---

16) 사건이 발생한 慶長 11年은 세키가하라(關原) 合戰이 있은 후 6年, 德川氏가 江戶에 幕府를 개설한 지 3年째가 되는 해이다. 關原 合戰에서 승리한 家康은 그 지위를 합법화하기 위하여 幕府를 개설하였다. 그리고 겨우 2年만에 쇼군(將軍)의 지위를 아들인 히데타다(秀忠)에게 물려주었다. 그것은 天下는 「器量」있는 者가 손에 넣는 것이라는 下剋上의 사상을 부정하고, 天下는 德川氏가 자손에게 물려주는 것이라는 선언이나 다름없었다. 또한 그것은 豊臣氏의 정권 회복의 기대를 영원히 불식시키기 위한 조치이기도 하였다. 德川氏의 將軍職 대물림은 豊臣氏에게 특히 동정적이었던 로닌(牢人=실업무사)들과 豊臣氏의 思顧를 입었던 武士들에게 허탈감을 안겨주었으며, 그들 사이에 反幕的 분위기는 서서히 고조되고 있었다. 바로 이때 「가부키者」들의 도쿠가와 이에야스 측근 부녀자들에 대한 폭행 사건이 발생했으며, 그 주모자가 한때 도요토미 히데요시(豊臣秀吉)의 家臣이었던 武士들이었다는 사실은 그 사건의 성격을 살피는 데 중요한 단서를 제공한다. 말하자면 이 사건은 직접적은 아니라고 하여도 반체제분자들의 도쿠가와 이에야스에 대한 불만의 표현이었다고 말할 수 있다. 이에야스가 市井의 小事件에 大怒했던 가장 큰 이유도 여기에 있었던 것이다.

17) 『寬政重修諸家譜』第八卷, 203쪽; 同 第二十卷, 183쪽; 同 第十四卷, 191쪽 參照.

18) 註 12) 참조.

아무에게나 싸움을 거는 가시(荊)가 있는 荊組와 그 가시(荊)에 찔려도 지지 않는 皮袴組의 日常的 秩序 파괴행위는 京都 시가지를 살벌하게 하였다. 荊組의 두령 左門은 織田左門, 즉 織田左馬助인데, 그는 織田有樂의 次男이며, 織田信長의 조카에 해당되는 자였다.[19] 그는 「가부키 第一」이라고 일컬어졌으며 京都의 五條邊에 살았다. 그 후 「大坂의 陣」時에는 豊臣軍으로 종군하여 雜兵 一萬을 지휘하기도 한 경력에서도 알 수 있듯이 反幕的 성격의 인물이었다.[20]

荊組라는 집단의 이름은 「가부키者」들이 선호하였다. 關東 지방에도 同名의 집단이 있었으며, 慶長 말년에는 오사카(大坂)까지 진출하였다는 기록이 「大坂御陣山口休庵咄」에 보인다.[21] 九州에서도 同名의 집단이 日常的 秩序를 어지럽히고 있었음이 『南關紀聞』에 보인다.[22]

慶長 十六年 十一月 晦日, 豊後國 盜賊 茨組[23]라고 하는 六人이 關町에 와서 난동을 부렸다. 加藤家의 家臣 衫村三四郎이라는 者가 나서서, 二尺 三寸의 刀를 빼어 공격하니, 茨組들은 비웃으며 六人이 함께 三尺餘의 刀를 빼어 悟眞寺 門前에서부터 栗迫까지 쫓고 쫓기며 상쟁하여, 三四郎은 그 惡黨 중 二人을 베었으나, 자신도 九個處에 깊은 상처를 입어 翌日 三十三世로 死亡하였다.

「가부키者」의 집단 결성과 그들의 日常的 秩序 파괴 행위, 그들을 상징하는 「異相」한 行裝은 慶長期에 이르러 처음으로 나타난 현상이 아니었다. 荊組라는 집단도 이미 戰國時代부터 존재한 「전통」있는 組

---

19) 守屋毅, 앞의 책, 121쪽.

20) 守屋毅, 「二人の『かぶき者』」, 『文學』 52, 1984.

21) 『大日本史科』 十二編二十一 (東京帝國大學, 大正 8年), 補遺 320쪽.

22) 『大日本史科』 十二編六穴 (東京帝國大學, 大正 8年), 515쪽.

23) 「荊」은 「茨」와 同音同意語로 「이바라」라고 발음한다.

名이며, 그렇기 때문에 慶長期의 「가부키者」들은 당연히 그 組名을 선호하게 되었다. 戰國時代의 생활상을 자세하게 전하고 있는 『室町殿物語』는 「가부키者」의 行裝과 容儀에 대하여 다음과 같이 묘사하고 있다.24)

　　徒黨을 결성하여 茨組라고 이름하며 私鬪에 전념하였다. 저녁에는 夜討, 強盜 등을 業으로 하여 往復하는 者를 괴롭히고 (中略) 三尺 八寸의 朱鞘의 刀에, 柄은 一尺 八寸의 길이로 하고, 좁은 鍔에 鐺은 白銀으로 해서 八寸 정도의 殺接으로 세공하고, 二尺 一寸의 打刀도 同一하게 만들었다. (中略) 혹은 四五十人 혹은 百人 百五十人을 이끌고 여러 종류의 武具를 짊어지게 하고, 사카이(堺)의 大小路 天滿을 비롯하여 번화하고 사람의 왕래가 많은 곳을 택하여 異形異類의 行裝으로 '싸움을 사겠다', '싸움을 사겠다'라고 소리치며 三人, 五人 활보하였다.

「異形異類」의 行裝으로 「異相」하게 장식한 「三尺 八寸의 刀」를 차고 백주에 大路를 활보하며 治安을 어지럽히는 「盜賊」의 모습은 慶長期의 「가부키者」의 모습과 크게 다르지 않다.

慶長 十七年(1612) 六月, 이번에는 江戶에서 「가부키者」를 둘러싼 사건이 발생했다. 소위 大鳥一兵衛 사건이다. 『駿府記』,25) 『當代記』 등에 전하는 사건의 개요는 다음과 같다. 德川幕府의 하타모토(旗本) 芝山權右衛門이 奉公人을 처형하려고 하였을 때, 그 자리에 있던 奉公人의 동료인 石井猪助가 逆으로 主君인 시바야마를 살해했다. 幕府는 猪助를 체포하여 취조한 결과 奉公人과 猪助는 「가부키者」임이 밝혀졌다. 「가부키者」는 江戶 주변에만 약 300여 인이 있었으며, 여러 지방의 盟

---

24) 『室町殿物語』 九 (國書叢書本), 146쪽.

25) 『史籍雜纂』 二卷, 『駿府記』 (國書刊行會, 明治 44年). 以下 『駿府記』의 인용은 同書에 의한다.

約者를 포함하면 3,000여 인에 달했다. 幕府는 즉시 이들「가부키者」의 검거에 나서 70여 인을 체포하였으나 나머지는 모두 도망하였다. 그 黨의 두령은 大鳥一兵衛, 大風嵐之介, 大橋揩之助, 風吹散右衛門, 天拘魔右衛門이라고 하는 異名을 가진 武士, 武家奉公人, 牢人(武士의 실업자)들이었다. 그들은 서로 連書血判하여「黨類에 災難이 닥쳤을 경우에는 身命을 바쳐서 君父라고 하여도 두려워하지 않고 힘을 합하여 그 뜻을 수행할 것」26)을 맹세했다고 한다. 그들에게 있어서 唯一하게 지켜야만 하는 道理는 同志的 연대를 위한「意志」였으며, 그것은「君父」와의 관계보다 중요하였다. 그들의「意志」가 얼마나 강고했는가는 芝山 살해동기를 묻는 관리에게「설령 主人이라 하여도 道理에 어긋난다면 그 원수를 갚아야 마땅하다」27)고 주장했던 石井猪助의 태도에서 엿볼 수 있다. 幕府의 입장에서 보았을 때「설령 主人이라도」라는 귀절이 특히 충격적이었다. 그것은 德川幕府가 관철해야만 하는 忠孝를 軸으로 하는 封建秩序와 대립하는 것이었기 때문이다.

『慶長見聞集』은「가부키者」의 두령 大鳥一兵衛에 대하여 다음과 같이 기록하고 있다.28)

　　大鳥一兵衛라고 하는 젊은 사람이 있다. 士農工商의 가문에도 종사하지 않고 當世 異風을 즐기는 젊은이와 함께 오직 사나이의 패기, 의리에 관한 것만 이야기하고, 日常 모험을 즐기면서 町人에도 종사하지 않고 사무라이도 아닌 變覆의 인간이다.

變覆은 박쥐와 같이 어떤 身分에도 소속되지 않는다는 것을 비유한

---

26) 『德川實紀』第一篇, 590쪽.

27) 註 25) 참조.

28) 『日本庶民生活史料集成』第八卷, 『慶長見聞集』(三一書房, 1969), 561쪽.

말이다. 그는 士農工商의 身分秩序에의 歸屬을 거부했던 것이다. 물론 이러한 행동은 大鳥一兵衛에 한정된 것만은 아니었다. 守屋毅도 지적한 바와 같이, 毛利宗瑞가 定한 「法度」의 「가부키 풍속」 禁止에 관한 條에 「가부키者」란, 「徒黨을 결성하고, 主君의 명령에 복종하지 않고 諸人을 업신여기며, 不相應의 武藝에 통하는 者」로 규정하고 있다.[29] 이러한 「가부키者」의 행동과 사상은 德川幕府의 秩序構想과 대립하는 것이었다.

3. 「가부키者」의 상징으로서의 대도(大刀)

慶長 十七年(1612)의 大鳥一兵衛 사건과 관련하여 『酸府記』는 「가부키者」의 모습을 「鬢髮을 기르고 狂紋으로 염색하고 長柄의 大刀(그 刀劍에 戲言을 새기다), 그 容貌는 尋常하지 않다」[30]고 기록하고 있다. 다음에 『柳享筆記』는 「武士도 있고 町人도 있는데 상식에 벗어난 長刀를 차고 衣類도 호기를 부려서 모양을 내는 모든 異形을 가부키者」라고 하고 있다.[31] 그리고 『我衣』는 「大鍔, 大角鍔, 黃漆鞘에 일직선의 長刀를 땅에 끌릴 정도로 길게 허리에 차고 步行」하는 「가부키者」의 모습을 묘사하고 있다.[32] 또한 『德川實紀』는 「가부키者」라는 것은 「中小姓 以下의 存在로서 天鵞滅의 옷깃이 있는 옷을 입고 大撫付, 立髮, 大髮을 하고 大刀・大脇差을 차고 遊行하는 者이다」[33]라고 정의하고 있다.

29) 守屋毅, 앞의 책, 127~128쪽.
30) 『史籍雜纂』 二卷, 235쪽.
31) 『日本隨筆大成』 二卷, 631쪽.
32) 『燕石十種』 一卷 (國書刊行會, 明治 45年), 163쪽.

이상의 例를 통하여 보건대, 「가부키者」의 특징은 「異相」한 容貌·
衣裝·刀劍이었다고 할 수 있는데 그중에서도 그들을 상징하고 있는
것은 유난히 긴 刀劍이었다. 필자는 「가부키者」를 상징하는 유난히 긴
刀劍을 大刀라고 하기를 제안하는데, 日本近世의 문예작품 속에서 「가
부키者」를 묘사할 때 「鐘馗, 樊噲도 저리 가라할 정도의 사나이가 빨랫
대만한 칼을 차고 있는」[34] 武家奉公人을 등장시키는 것도, 상식을 초
월한 大刀가 「가부키者」의 상징이었음을 의미한다. 그렇기 때문에,
당연히 德川幕府의 「가부키 풍속」 탄압도 大刀 規制에 중점을 두었던
것이다. 그러면, 大刀는 왜 「가부키者」의 상징이 되었으며 德川幕府는
그것을 規制하지 않으면 안 되었는가? 그것을 밝히기 위해서는 먼저
전근대 일본사회에서의 大刀의 의미를 살펴보아야 할 것이다.

刀劍의 본래적 의미는 自衛의 수단 즉, 武器性에 있다. 이러한 인식
은 刀劍이 身分標識의 중요한 지표의 하나였던[35] 근세 일본사회를 통
해서도 결코 변화될 수 없는 것이었다. 그것은 메이지(明治) 유신의 원
훈이었던 山縣有朋도 「刀劍은 古來 兵器의 일부분에 속했던 것이며 크
게는 敵을 방어하고 작게는 一身을 보호하는 것」[36]이라고 정의하고 있
는 것에서도 알 수 있다.

武器는 적을 제압하는 데 유리하지 않으면 안 된다. 무사들은 여러
종류의 무기를 준비하여 戰場에 나아갔으며,[37] 전투에 임하여서는 그
경우에 가장 유리한 무기를 선택하였다. 『甲陽軍鑑』은 戰場에서 무기

33) 『德川實紀』第四編, 43쪽.
34) 武藤禎夫 校注, 『近世笑話集』上, 『元祿期輕口本集』(岩波書店, 1987), 178쪽.
35) 拙稿「帶刀禁令と近世身分秩序の特質」, 歷史人類學會, 『史境』十九號, 1989.
36) 松下芳男, 『微兵令制定史』(五月書房, 昭和 56年), 335쪽.
37) 深井一郎, 『雜兵物語研究と總索引』(武藏野書院, 昭和 48年) 參照.

를 선택하는 기준으로, 특히 對戰 상대와의 거리를 들고 있다.[38] 실내에서 혹은 對座한 상태에서 접전할 경우에는 短刀, 상대와 조금 거리가 있는 경우에는 三尺 六~七寸 정도의 刀劍, 그보다 조금 더 거리가 있을 경우에는 三尺 이상의 大刀, 그보다 더욱 거리가 떨어져 있을 경우에는 칼자루(柄)를 특히 길게 한 刀劍을 사용하는 것이 유리하며, 그 이상의 거리에서는 遠近에 따라서 鑓, 長鑓, 弓, 鐵砲 등의 무기를 선택하도록 하고 있다. 德川家康도 특히 무기 선택에 있어서 合理性을 강조하는 武將이었다. 『東照宮御實紀』에는 다음과 같은 일화가 전한다.[39]

> 매 사냥할 때 伏見彦大夫某가 三尺 五寸의 大刀에 二尺 三寸의 脇差를 十文字로 비껴차고 산길을 달리기를 平地와 같이 하였다. 家康이 친히 불러 너의 剛勇은 비할 데가 없다. 그 大刀를 拔하여 보이라고 말하였다. 彦大夫 즉시 拔放하여 두세 번 휘두르니, 칼바람 소리가 윙윙하여 자못 무시무시하였다. 家康이 말하기를 너는 尺度가 보통 이상으로 긴 刀劍의 利點을 아느냐고 물었다. 단지 한껏 뻗쳐서 敵을 一擊에 무찌를 뿐, 그 외에는 아는 것이 없다고 말하자, 아니다 보통 이상으로 긴 刀劍은 鑓에 대응하는 데 使用하는 것이다. 向後 잊지 말라고 가르쳐 주시다.

家康이 매사냥을 나갔을 때, 때마침 伏見彦大夫의 「剛勇」함이 主君인 家康의 눈에 띄게 되어 家康은 그와 大刀의 利點에 대하여 문답하게 되었다. 彦大夫는 大刀는 전투에서 유리하다고만 알고 있었을 뿐이다. 그러나 家康은 大刀는 「鑓에 대응하는 데 使用하는」 것이라고 하여, 對戰 상대가 鑓 등의 어느 정도 거리를 두고 대치하는 무기를 손에 들고 있을 때에 사용하는 무기임을 강조하고 있다.

이상 살펴본 바에 의하면, 「가부키者」의 상징으로서의 大刀는 전투

---

38) 『改訂甲陽軍鑑』上 (新人物往來社), 265~268쪽.
39) 『德川實紀』第一編, 353쪽.

시에 對戰 상대와 어느 정도 거리를 두고 있을 때 사용하는 실전용 무기이다. 말하자면, 大刀는 日本 近世 武士가 日常 휴대하던 兩刀(크고 작은 두 개의 刀劍)와 같이, 항시 몸에 지니고 있다가 불의의 공격에 즉각 대응하기에 유용한 휴대용 무기는 아니었다. 실제로 大刀는 日常的으로 차고 다니기에는 너무 무겁고 긴 것이었다.[40] 그렇기 때문에, 戰場에서도 大刀는 항상 휴대하지 않고, 奉公人에게 보관시켰다가 전투시에만 사용하였다.[41] 大刀는 실전에서 적병과 집단으로 대치하였을 경우, 길이가 긴만큼 적의 근접을 막으면서 일방적으로 공격할 수 있는 유리한 무기였다.[42] 그리고 大刀는 상대가 騎兵인 경우에도 人馬를 동시에 공격할 수 있는 무기였다. 그렇기 때문에 「器量」있는 武士는 실전에서 大刀를 즐겨 사용하였던 것이다.

淸水孝敎의 『刀劍全書』[43]에 의하면, 武士들이 전투에서 大刀를 사용하게 된 것은 몽고 침입 이후인데, 戰國時代에 들어서면서 유행하게 되었다. 大刀의 尺度는 긴 것은 六尺 이상의 것도 있었으나, 四~五尺 정도가 보통이었다.[44] 管見에 한하여, 가장 긴 大刀를 사용하였던 무사는 因幡의 福問三郎으로 그 길이는 무려 七尺 三寸이었다.[45]

---

[40] 有坂光威, 『兵器考』(雄山閣, 昭和 13年), 65~68쪽; 『古事類苑』兵事部 (吉川弘文館, 昭和 59年), 1304쪽.

[41] 註 37).

[42] 三矢宮松, 『日本刀・各時代の樣相』(淸閑舍, 昭和 18年).

[43] 淸水孝敎, 『刀劍全書』(三星社, 大正 8年), 59쪽 以下.

[44] 예를 들어보면, 肥後의 阿蘇惟純이 사용하던 大刀는 四尺五寸, 丹波 佐治孫五郎의 大刀는 五尺三寸, 그리고 名和長年, 畑時能, 篠塚伊賀守, 승려였던 相模, 賴玄 등은 모두 四尺三寸의 大刀를 사용하였다. 藤原康長은 四尺八寸, 頓宮父子는 五尺二寸, 栗生顯友, 妻鹿長宗은 五尺三寸, 大高重門, 南都六郎, 土岐惡五郎 등은 五尺六寸, 赤松氏範은 五尺七寸의 大刀를 사용하였다. 六尺以上의 大刀를 사용했던 무사로는 大森彦七, 禰津小次郎, 安田張正 등이 있다.

[45] 淸水孝敎, 앞의 책, 60쪽.

織田信長이 京都·大板 지방을 공략할 때 각지에서 격전이 전개되었는데, 이때 大刀를 휘두르며 분투한 東西 兩軍 무사들의 활약이 대단하였다. 西軍의 別所小三郎의 支城인 神吉城에서는 城을 포위한 信長軍이 城門을 부수고 진입하려 하자, 城主인 神吉民部小輔는 大刀를 들고 城門 앞에 버티고 서서 쳐들어오는 적을 제압하니 그 위세에 눌려 감히 접근하는 자가 없었다고 한다.[46) 三木城으로부터 神吉城에 원군으로 파견된 梶原十右衛門은 「大長刀」를 땅에 끌다시피 하며, 적의 騎兵 五人을 혼자서 상대하였다. 그는 순식간에 三騎를 베어버리고, 一騎에게는 重傷을 입히고, 남은 一騎도 접전 끝에 목을 베었다. 「大長刀」를 자유자재로 다루는 十右衛門의 전투 장면은 아군은 물론 적군도 감탄해 마지않았다고 한다.[47) 그 외에 大刀를 사용했던 勇士에 대한 기록은 많이 전해지지만, 그중에서도 대표적인 勇士로서 朝倉義景의 家臣이었던 眞柄直隆 直燈 兄弟를 들지 않을 수 없다.[48) 그들은 元龜 元年(1570) 姉川合戰에서 전사할 때까지 五尺 이상의 大刀를 들고 전투의 선봉에 섰다.

大刀의 위력은 임진왜란 때에도 증명되었다. 루이스 프로이스『日本史』는 東萊城 함락 장면을 「雙方 모두 분투했지만 朝鮮人은 머리 높이 휘두르는 日本人의 大刀의 위력에 대항하지 못하고 결국 정복되었다」[49)라고 기술하고 있다. 임진왜란에 대하여 언급할 때에는 日本軍의 조총의 위력을 특히 강조하는 것이 일반적인데, 멀리서 東萊城 함락 장면을 전망하였을 것임에 틀림없는 선교사의 눈에는 조총보다도 大刀

---

46) 『群書類從』21輯 第393卷, 『別所長治記』, 383~384쪽.

47) 위의 책, 『群書類從』, 385~386쪽 참조.

48) 『戰國人名事典』(新人物往來社, 昭和 62年), 713쪽.

49) 松田毅 等譯, 『프로이스 日本史』第二卷 (中共公論社, 昭和 53年), 224쪽.

의 위력이 훨씬 인상적이었던 까닭은 무엇이었을까?『甲陽軍鑑』의 무
기 선택의 기준에서 볼 때, 조총은 장거리에서 적을 제압하는 데는 효
율적이었으나 근접전에서는 유용한 무기가 되지 못하였다. 결국 근접
전투에서 승패를 판가름하는 것이 전근대의 전투방식이었다고 한다면,
刀劍은 조총 못지않게 중요한 무기였던 것이다. 日本의 경우에는 戰國
시대를 통하여 실전에 유용한 살생무기가 다양하게 개발되었으며, 그
중에서도 특히 刀劍이 다양하게 개발되었다.[50] 日本軍은 재래식 무기
에 있어서도 길고 긴 평화시대를 통하여 거의 발전이 없었던 朝鮮軍의
그것을 압도하였던 것이다. 柳成龍은『懲毖錄』에서 日本軍의 大刀의
위력에 대하여 다음과 같이 말했다.[51]

> 賊은 모두 步兵으로 그들이 휘두르는 刀劍은 三~四尺에 이르르며 銳利
> 無比한 것이었다. 賊은 그 銳利한 칼을 左右로 힘차게 휘둘러 人馬 구별없
> 이 베어 버린다. 그 기세에 도저히 대항할 길이 없었다.

그런데, 여기에서 주의해야 할 것은 三~四尺 이상의 大刀는 누구나
가 다룰 수 있는 무기가 아니라는 것이다. 水戸光國이 아들 綱條에게
남긴 遺訓에서 三~四尺의 大刀는 체격이 건장한 强兵이어야만 제대로
다룰 수 있고 그에 相應하는 공훈을 세울 수 있으며, 보통의 무사에게
大刀는 무거워서 다루기 힘들기 때문에 유용하지 못하다고 말하고 있
다. 光國 자신의 체험으로는 刀劍은 二尺 三~四寸, 短刀(脇差)는 壹尺
七~八寸 정도가 적당하다는 기록이 보인다.[52] 大刀는「器量」이 뛰어난
「强兵」이 아니면 다룰 수 없는 무기였던 것이다. 말하자면, 大刀는 武

---

50) 清水孝敎, 앞의 책,「刀劍の種類」參照.
51) 柳成龍, 朴鐘鳴 譯注,『懲毖錄』(平凡社, 1979), 185쪽.
52) 『日本敎育文庫』家訓篇,『德川光國卿敎訓』(日本圖書센타), 440쪽.

士의「器量」을 상징하는 것이었다.

　大刀가「器量」을 상징하는 것이었다면, 刀劍의 裝飾은 그것을 소지하는 者의 個性을 표현하는 것이었다. 日常的으로 刀劍을 몸에 지니는 武士에 있어서 그것은 단순히 무기가 아니었다. 무기 이상의 의미를 지니고 있었다. 刀劍은 武士의「死道具」[53]요,「武士之靈」[54]이라고 일컬어지는데, 특히 戰國武士는 자신의 분신이라고 할 수 있는 刀劍의 선택과 손질에 남다른 관심을 기울였다.[55] 그렇기 때문에, 刀劍에는 그 主人의 個性이 잘 표현되어 있었던 것이다.『常山紀談』에는 豊臣秀吉이 刀掛에 놓여있는 諸將의 刀만 보고서 그 主人을 모두 맞추었다고 하는 일화가 소개되어 있다.[56]「美麗를 좋아하는」浮田秀家는「金裝의 刀」,「長大함을 좋아하는」上杉景勝은「유난히 긴 刀」,「大國의 領主」가 되어도「옛날을 잊지 않는」前田利家는 實用本位의「革柄의 刀」,「數奇人」의 毛利輝元은「裝飾이 특별한 刀」,「器宇寬大」한 德川家康은「修飾도 없고 美麗하지도 않은 보통의 刀」라고 刀의 主人을, 各人의 個性과 價値觀이라는 관점에서 정확히 구별하였던 것이다. 이 일화는 秀吉의 탁월한 능력을 보여주는 것으로 알려져 있는데, 그러나 그것은 刀劍의 裝飾에는 소지하는 者의 個性과 價値觀이 투영되어 있다는 것을 전제로 하여 비로소 이해될 수 있을 것이다.

　여기서 德川美術館에 소장되어 있는『豊國大明神臨時祭禮圖屛風』에 눈을 돌려 보기로 하자. 이미 中村榮孝도 이 병풍에 주목한 바 있는데,[57] 이 병풍의 일부 그림에는「가부키者」의 모습이 상세하게 묘사되

---

53)『江正記』三, 肥後文獻叢書 二 (歷史圖書社), 62쪽.

54)「德川政憲百箇條」,『德川禁令考』前集 第一卷, 153쪽.

55)『山鹿素行』(日本思想大系 32) (岩波書店, 1970), 401쪽.

56) 湯淺常山, 森銑三 校訂,『常山紀談』上, (岩波書店, 1938), 243쪽.

어 있다. 병풍의 右隻 第大扇 중앙에는 牢人들이 私鬪를 벌이고 있는
장면이 있는데, 그 그림의 左側 사무라이의 모습에 주목하면, 그는 三
尺이 훨씬 넘는 大脇差와 함께, 五尺이 넘는 大刀를 손에 들고 있다.
그 牢人의 키보다도 커 보이는 大刀가 화면을 압도한다. 그것은 「器量」
이 있는 勇士가 아니고서는 도저히 들 수조차 없을 만큼 무겁고 긴 刀
劍이다. 刀劍의 主人인 牢人은 「剛勇」한 젊은이로 묘사되어 있음은 물
론이다.

그리고, 大刀의 裝飾인 大角鍔의 유난히 크고 특이한 모양, 大脇差의
梅花皮鞘의 화려함이 사람의 시선을 끈다. 그리고 무엇보다도 자극적
인 것은 화면을 가로지르는 大刀의 진홍색의 朱鞘이다. 모두 個性이 넘
치는 刀劍裝飾이다. 완만하게 곡선을 그리는 大刀의 朱鞘에는 「いきす
ぎた里や廿三 八まん ひけはとるまい」라고 하는 文字가 선명하게 새
겨져 있다. 『慶長見聞集』에 의하면, 江戶의 「歌舞妓棟梁」 大鳥一兵衛
의 三尺 八寸의 大刀鞘에도 「廿五迄いき過りや一兵衛」라고 새겨져 있
었다[58]고 하는데, 그것이 『當代記』와 『駿府記』가 「그 刀에 戲言을 새
기다」[59]라고 한 바로 그 「戲言」인 것이다. 「いきすぎ」 즉, 「너무 오래
살았다」라는 자극적인 말은, 亂世에 태어나 戰場에서 「器量」을 유감없
이 발휘하고 싶은 사무라이가, 「太平의 世」가 고정되어감에 따라, 자기
표현의 場을 상실하고, 이미 쓸모가 없어진 실전용 大刀와 자신의 「器
量」을 自虐的으로 표현한 말이었다. 「ひけはとるまい」라는 말은 누구
에게도 뒤지지 않는다는, 전투원으로서의 「器量」을 자부하는 말이었음
은 말할 것도 없다.

---

57) 註 6) 參照.
58) 『日本庶民生活史料集成』八卷, 『慶長見聞集』, 562쪽.
59) 『史籍雜纂』三卷, 235쪽.

戰國時代는 무엇보다도 「器量」이 중시되던 시대였다. 兵農分離가 진행되고, 武士가 직접생산 과정에서 분리되어 오직 전투에만 종사하게 되면서, 특히 武士의 전투원으로서의 「器量」이 더욱 중시되었다. 전투는 武士의 「器量」에 전적으로 의존하지 않을 수 없었던 것이다. 「器量」이 있는 武士는, 豊臣秀吉로 상징되듯이, 출신 성분에 관계없이 출세가 보장되었다. 말하자면, 戰國時代는 「器量」第一主義 시대였다. 그런데, 이와 같이 「器量」을 중시하는 정신은 바로 下剋上의 정신이었던 것이다.[60]

下剋上의 정신은 새로운 시대를 여는 원동력이었다. 그러나 그것은 체제를 수호하려는 입장에서 보면 가공할 만한 파괴력을 지니고 있었다. 下剋上의 에너지를 누구보다도 깊이 통찰하고 있었던 것은 下剋上의 시대였기 때문에 권력의 頂點에 도달할 수 있었던 豊臣秀吉 자신이었다. 그가 下剋上 운동의 頂點에 선 이후의 이데올로기的 과제는 下剋上의 동결이었음은 말할 것도 없다. 秀吉의 정치 과정은 下剋上 부정의 과정이었다. 大閤檢地, 刀狩를 통하여 兵農分離를 추진했던 것도 下剋上의 사회경제적 기반을 붕괴시켜 중앙집권적 봉건질서를 확립하기 위한 것이었다. 그러나 秀吉은 下剋上을 완전히 부정할 수는 없었다. 아니, 民衆을 秀吉軍團에 편성하여 전쟁에 동원하는 한,[61] 下剋上의 완전한 부정은 불가능한 것이었다. 그러나 日本이 朝鮮侵略에 실패한 후 秀吉이 사망하고, 실권을 장악한 德川家康이 幕府를 세운 후, 국내 질서의 안정에 총력을 기울이는 과정에서 下剋上은 보다 명확히 부

60) 相良亨, 「下剋上の時代」, 『武士の思想』 (ぺりかん社, 昭和 59年); 石毛忠, 「織豊政權の政治思想」, 『近世の思想』 I (日本思想講座 第四卷) (雄山閣, 昭和 51年); 坂田吉雄, 「戰國武士」, 『季刊日本思想史』 no.10, 1979.
61) 高木昭作, 「『秀吉の平和』と武士の本質 - 中世的自律性の解體過程」, 『思想』 721號, 1984.

정되지 않으면 안 되었다.

德川家康은 忠孝를 軸으로 하는 봉건질서를 확립하려고 하였다. 『德川實紀』의 다음과 같은 일화는 家康의 秩序觀을 단적으로 보여주는 것으로서 주목된다.[62]

> 어느 날 奉公人들이 御前에 侍立했을 때, 訴訟은 어떻게 裁斷하는 것이 옳은가 라고 下問 했다. 어느 쪽도 만족하도록 裁斷하는 것이 옳은 줄로 사료된다고 하자, 그런 것이 아니다. 道理에 따라서 이기게 하고 싶다고 생각하는 편을 이기게 하는 것이 옳다. 父子의 訴라면 父를 이기게 하고 싶은 것은 물론일 것이다. 理非에 구애됨이 없이 父를 이기게 하며, 君臣의 訴라면 君을 이기게 하는 것이 옳다고 말씀하시다.

忠孝를 원리로 하는 上下關係는 봉건윤리의 基軸이었다. 卑賤한 것은 尊貴한 것을 剋할 수 없는 것이다. 「上」은 尊貴한 것이고, 「下」는 卑賤한 것이다. 그렇기 때문에 「上」과 「下」가 대립하였을 경우에는 理非를 논하지 말고 「上」을 정당한 것으로 하지 않으면 안 된다. 이것이 家康이 구상하는 바람직한 身分秩序였다. 이런 관점에서 보았을 때, 主從關係보다도 동맹의 의리를 중시하고, 身分秩序에의 편입을 거부하면서, 시대착오적인 「器量」第一主義의 가치관에 집착하여, 「異類異風」으로 個性을 강렬하게 주장하고 있었던 「가부키者」와 그 「풍속」은 부정되지 않으면 안 되었다. 그러한 「戰國의 餘習」[63]을 부정하지 않고서는 「器量」에 관계없이 「上」은 「上」이기 때문에 尊貴하고, 「下」는 「下」이기 때문에 卑賤하여만 하는 신분질서의 확립은 불가능하였기 때문이다.

---

62) 『德川實紀』第一篇, 327쪽.
63) 『德川實紀』第四篇, 1009쪽.

4. 도검(刀劍)의 길이와 장식의 규제

「가부키者」와 그 「風俗」의 規制는 당연히 그 상징으로서의 大刀·大脇差 규제에 초점이 맞추어졌다. 大鳥一兵衛 사건이 있기 一年 前인 慶長 十六年(1611) 三月, 岡山藩의 池田家 家法의 「今度上洛供之法度」,[64] 同年 八月 十七日, 加賀 前田家 「覺」[65]등에 大脇差 禁止 조항이 보인다. 그러나 大刀·大脇差가 동시에 禁止된 것으로는 慶長 二十年(1615) 五月 十五日, 幕府法에 보이는 다음과 같은 七個條禁令이 가장 빠른 例이다.[66]

條條
一. 大額을 하는 것
一. 大撫付, 大剃下을 하는 것
一. 下髭를 기르는 것.
一. 大刀를 차는 것
一. 長脇差를 차는 것
一. 朱鞘를 차는 것
一. 大鍔, 大角鍔을 끼우는 것

第一條에서 第三條까지는 「가부키」 용모에 관한 규제이나 第四條에서 第七條까지는 刀劍에 대한 내용이다. 그러나 大刀·大脇差 禁止 정책을 구체적으로 추진하려고 하였을 때, 大刀·大脇差란 무엇인가를 명확히 규정하지 않으면 안 되었다. 德川幕府는 우선 刀·脇差의 最大尺度를 정하고, 그 이상의 刀劍은 大刀·大脇差로 규정하여 그것을 禁

---

64) 「武州樣法令」 21, 『藩法集』 1-下 (創文社, 昭和 34年).
65) 「典制彙纂」 189, 『藩法集』 四 (創文社, 昭和 38年).
66) 『德川禁令考』 前集 第四, 創文社, 2219號.

止하였던 것이다.

元和 五年(1619) 四月, 出羽 佐竹家는 「가부키」 풍속 규제의 一環으로 「壹尺 八寸보다 긴 脇指, 長柄의 刀, 朱鞘」를 禁止시키고 있다.[67] 이때 주목되는 것은 이 禁止 조치는 「爰元御法度」 즉, 德川幕府의 法令에 의거하였음을 밝히고 있는 점이다. 이것은 幕府의 尺度 規定이 元和 初年에는 이미 성립되어 있었음을 보여주고 있는 것일 뿐만이 아니라, 各藩도 幕府와 尺度 規定에 의거하여 大刀·大脇差 禁止 政策을 시행하였음을 보여주는 것이다. 또한 岡山藩 池田家는 寬永 元年(1624) 六月 十日 부로 行軍 중에 「大脇指 壹尺 七寸 이상은 停止, 大小(의 刀劍) 共히 色鞘는 사용하지 말 것」을 명령하고 있다.[68] 그리고 加賀藩 前田家도 同年 十月에 「脇指 壹尺 三寸 이상의 것은 차지 말 것」을 家中에게 지시하고 있다.[69]

그러나 兩刀의 尺度를 동시에 規定한 것은 寬永 三年(1626) 七月 一日에 公布된 將軍의 「上洛法度」이다.[70] 京都로 行軍할 때에는 특히 사람의 눈을 끄는 「大鍔, 大角鍔, 朱鞘, 白檀塗鞘」 등의 刀裝을 금지한다는 내용과 함께, 「刀는 貳尺 八寸 九分 以內, 脇差는 壹尺 八寸 以內」에서 휴대하도록 하고 있다. 이러한 德川幕府의 法令에 의거하여 御三家인 尾張藩 德川家도 「大刀·大脇差停止事. 刀는 貳尺 七八寸, 脇指는 壹尺 七八寸까지 허용한다」는 禁令을 公布하였다.[71] 安藝藩 淺野家는 江戶城 築城工事를 분담하기 위하여 自國의 「家中」을 江戶에 파견하

---

67) 「梅津政景日記」 四, 『大日本古記錄』(岩波書店, 昭和 32年).

68) 「忠雄樣法令」 五, 『藩法集』 一 (創文社, 昭和 34年).

69) 위의 책, 『藩法集』 一, 359쪽.

70) 『德川實紀』 第二篇, 372쪽.

71) 「源敬樣御代御定書」, 『名古屋叢書』 第二卷 (法制編 I) (名古屋市敎育委員會, 昭和 35年), 37쪽.

고 있는데, 그때 그들에게「衣類·刀·脇差寸尺 정해진 법도를 준수하
도록 모든 무사에게 주지시킬 것」이라고 명령하고 있다.72) 주지하는
바와 같이, 大名家의 家臣이라도 江戶에 있을 때는 藩邸를 벗어나 다른
곳에 거주할 경우에는 幕府法의 지배를 받아야 했다.73) 위의 淺野家의
家臣들은 江戶城에 거주하면서 공사에 임했기 때문에 幕府法의 지배
를 받아야 했음은 물론인데, 그때 刀劍의 尺度 規定은 幕府가「相定한
法度」에 따를 것을 지시하고 있는 것이다.「相定」한 내용이 앞에서 살
펴본 寬永 三年의「上洛法度」를 의미하는지 아니면, 그 후에 성립된 幕
府의 尺度 規定이 별도로 存在하는지 여기서는 자세히 알 수 없다. 그
러나 寬永 十六年(1639) 七月 朔日, 薩摩藩 島津家의 禁令에 보이는
「刀之尺貳尺八寸以上, 脇差之尺一尺八寸以上, 同朱鞘, 角鍔之事」74)라
는 내용은 寬永年間에는 刀는 貳尺 八寸 이내, 脇差는 壹尺 八寸 이내
라는 德川幕府의 원칙이 성립되었음을 시사하고 있다. 그 내용은 寬永
三年(1626)의「上洛法度」와 비교하여 볼 때, 刀의 尺度가「九分」짧아
진 것을 제외하고는 동일한 내용이나, 이후 刀·脇差의 尺度는 承應 三
年(1653) 德島藩 蜂須賀家의 禁令, 寬文 四年(1664) 鳥取藩 池田家의 禁
令 등에「刀는 二尺 八寸, 脇差는 壹尺 八寸」이라는 규정이 동일하게
보이는 것에서 알 수 있듯이, 보통의 刀는 二尺 八寸 이내, 脇差는 一尺
八寸 이내였다.75) 당연히 大刀·大脇差는 그 이상의 尺度라는 것이「天
下一統」의 公儀의 규정이었다.

---

72)『廣島縣史』Ⅰ (近世史料編 Ⅲ) (昭和 48年), 65쪽.
73) 服藤弘司,『幕府法と藩法』(幕藩體制國家의 法과 權力 Ⅰ·Ⅱ) (倉文社, 昭和 55年)
    參照.
74)「島津家列朝制度」,『藩法集』八, 鹿兒島藩 (上), 63쪽.
75) 藤木久志,『豊臣平和令と戰國社會』(東京大學出版會, 1985), 203쪽.

그러나 公儀의 尺度 규정은 어디까지나 最大 尺度의 규정이었으며, 그것이 곧 「規格」의 統一을 의미하는 것은 아니었다. 各 大名家는 德川 幕府의 最大 尺度 이내에서 「家風」에 의하여 刀劍의 尺度를 구체적으로 정하였다.[76] 이것은 藩法은 기본적으로는 幕府法에 규제되면서도 구체적으로는 自主的으로 시행되었음을 의미한다. 이러한 원칙은 過料規定을 통해서도 확인된다. 寬永 十八年(1641) 三月 十三日, 御三家인 紀州藩 德川家는 「一, 朱鞘, 長柄, 남의 이목을 집중시키는 大刀・大脇指, 그 외에 가부키적인 衣裝을 엄히 禁止하고 (中略) 위반자는 발견되는 즉시 刀・脇指를 압수하고, 그 主人에게는 過料로 銀子 一枚를 납부하도록」 하였는데,[77] 規制의 내용은 앞에서 살펴본 幕府의 그것과 同一하나 벌칙에 있어서는 독자적인 기준에 의거하고 있는 것을 알 수 있다.

幕府의 刀劍의 最大 尺度가 확정되고 벌칙규정의 計量化가 진전됨에 따라 大刀・大脇 差의 規制는 보다 객관적으로 전개되었으며 규제의 범위와 내용도 세분화되기에 이르렀다. 위의 紀州藩 德川家가 「가부키 풍속」을 금지했던 것과 때를 같이하여, 역시 御三家인 尾張藩 德川家도 「가부키 풍속」을 구체적으로 규제하고 있다. 『尾張國御法度之古記』의 「諸事過料之覺」[78]에 의하면, 「大刀・大脇差・大鍔・角鍔, 朱・靑漆・黃漆・白檀鞘」의 過料를 銀子 一枚, 銀子 二分, 金子 一分, 錢 五百文으로 구분 설정해 놓고, 주로 武家社會 구성원을 신분별로 구별하여 過料를 차등 적용하였다. 그리고 禁令의 後端에, 「大刀・大脇差를

---

76) 『藩法集』九, 盛岡藩 (上), 350쪽; 『藩法集』三, 德鳥藩 (上), 9쪽; 『藩法集』一, 金澤藩 (上), 359쪽; 『和歌山縣史』 近世史料 (1) (和歌山縣史編纂委員會), 798쪽 등 參照.

77) 『南紀德川史』 第一卷 (南紀德川史刊行會, 昭和 5年), 148쪽.

78) 『名古屋叢書』 第二卷 (法制編 I) (名古屋市敎育委員會), 15쪽.

소지하면 그것을 압수하고 그 위에 過料. 단 朱·靑漆·黃漆·白檀鞘·
大鍔·角鍔의 경우에는 그 刀劍을 압수하고 過料는 부과하지 않는다」
고 명기하고 있는 것에서도 알 수 있듯이, 刀劍의 길이의 위반이, 刀劍
裝飾의 위반보다 重하게 취급되었다.

「가부키 풍속」이 각 신분계층으로 확산됨에 따라, 町人을 대상으로
하는 大刀·大脇差 禁 止令이 公布되기에 이르렀다. 幕府는 寬永 六年
(1629) 十月에「町人이 大脇差를 차는 것은 이전부터 그 不可함을 주지
시켰던 바이나 다시 한 번 엄명한다. 오래 전부터 도둑과 혼동되고 있
는 바, 大脇差를 찬 町人을 체포하면 마땅히 도둑과 동일하게 취급할
것」이라는 내용의 禁令을 내렸다[79] 寬永 十八年(1641) 紀州藩 德川家
도「町人으로서 어울리지 않게 武士의 흉내를 내어 大脇差를 차지 말
것」을 명령하였다.[80] 翌年 二月, 尾張藩 德川家도 같은 취지의 禁令을
내리고 있다.[81]

하지만 幕府의 적극적인 대응에도 불구하고「가부키 풍속」은 庶民
層으로 계속 확산되었다. 正保 五年(1648) 三月부터 幕府는「町人이 長
刀와 大脇差를 차고 奉公人의 흉내를 내어 가부키者와 같은 行裝을 하
고 거칠고 무례하게 행동하는 者가 있을 경우에는 御目付衆을 순찰시
켜 발견되는 즉시 체포」하도록 하였다.[82]「가부키者」는 특히 武家奉公
人들 중에 많았는데,[83] 町人들도 大刀·大脇差를 휴대하고「가부키者」
의 행동을 모방하는 者가 많았음을 알 수 있다. 특히 주목되는 것은

79)『德川禁令考』前集 第六 (倉文社), 3쪽.
80)『南紀德川史』(南紀德川史刊行會, 昭和 5年), 403쪽.
81) 藤木久志,『豊臣平和令と戰國社會』(東京大學出版會, 1985), 201쪽 參照.
82)『德川禁令考』前集 第五 (倉文社), 353쪽.
83)『德川實紀』第四篇, 43쪽.

「御目付衆을 순찰시켜」「가부키者」를 체포했던 점이다. 町人 거주지역의 치안은 町人 자치에 의존하는 것이 德川時代의 관행이었다[84]고 한다면, 德川幕府가 본래 旗本·御家人의 감찰을 임무로 하는 御目付衆에게 町人 거주지역의 치안 담당 임무까지 부여했다는 사실은 「가부키 풍속」 규제가 그만큼 중요하였음을 말하는 것이다.

「가부키者」 소탕은 특히 二月에 집중적으로 시행되었다.[85] 매년 二月은 武家奉公人의 移動期였다. 매년 二月에 에도에 있는 각 藩의 藩邸에서 새로이 무사를 채용하는 것이 관례였다. 그래서 취직을 원하는 牢人들이 대거 江戶로 집결하였다. 그 시기에 都市 治安이 문란해지기 쉬웠다. 실제로 매년 二月에 「가부키者」들의 殺人, 辻切, 私鬪 등, 庶民의 日常性을 파괴하는 행위가 현저하게 증가하였다. 幕府는 다른 때보다도 철저하게 「가부키者」를 탄압할 필요가 있었다. 특히 武家奉公人層은 「가부키者」의 소굴이었으며, 취직을 절실히 희망하는 牢人일수록 자신의 「器量」을 과시하기 위하여 大刀·大脇差를 차고 각 藩의 藩部를 순회하는 경우가 많았기 때문이다.[86] 매년 二月이 되면 幕府의 「가부키者」 탄압이 더욱 강화되었다. 하지만 「가부키者」 탄압은 결코 한정적이거나 일시적으로 시행된 것이 아니었다. 연중 지속적으로 시행되었다.

「가부키 풍속」 禁令이 시대가 내려오면서도 계속적으로 존재하였다는 것이 곧바로 德川幕府의 정책 의도의 관철을 의미하는 것은 아니다.

---

84) 松平太郎, 『江戶時代制度の硏究』 (柏書房, 昭和 46年), 第14章; 伊藤好一, 『江戶の町かで』 (平凡社, 1987), 116~221쪽 參照.
85) 大竹秀男, 『近世雇傭關係史論』 (有斐閣, 昭和 58年), 19~22쪽.
86) 취직을 원하는 牢人의 江戶藩邸의 방문에 대하여는 氏家幹人, 「『守山日記』にみる "かぶき" 終焉の時代像－寬文~元綠期における作法の形成」, 『江戶の藝能と文化』 (吉川弘文館, 1985).

오히려 逆으로「가부키」풍속 排除가 얼마나 곤란한 문제였는가를 보
여주는 것이기도 하다. 그것은 正保 二年(1645) 七月, 德川幕府가「가
부키 풍속을 오래 전부터 停禁시켰지만 頃日 적지 않게 해이된 바 다
시금 觸示한다」[87]라고 하고 있는 것에서도 알 수 있다. 이와 같은 德川
幕府와「가부키」풍속과의 긴장관계는 幕府로 하여금 더욱 강도 높은
탄압을 하도록 할 뿐이었다. 同年 同月 十六日에는「日前에 停禁된
刀・脇差의 尺度를 違犯하고 風俗이 좋지 못한 者를 路上에서 발견하
면 즉시 殺害해 버릴 것」[88]을 명령하기에 이르렀던 것이다. 犯法者에
게 진술할 기회도 주지 않고 발견되면 즉석에서 살해해 버리는 가혹한
처벌을 가했던 것이다.

「가부키者」의 탄압이 더욱 강화되는 것은 慶安 四年(1651), 由井正雪
의 사건 이후부터이다. 同年 四月에 幕府의 三代 將軍 德川家光이 病
死하였다. 그 혼란기를 이용하여, 七月에 由井正雪을 비롯한 牢人들이
德川政權의 전복을 기도하였다. 사건에 가담하였던 자들은 막부에 직
속한 旗本, 각 번에 속한 무사는 물론 豪農, 僧侶까지 포함되어 있었다.
하지만 핵심세력은 역시 牢人들이었다.

德川幕府는 이 사건 이후 牢人問題를 근본적으로 검토하지 않으면
안 되었다.[89] 그 과정에서 牢人과 밀접한 관계에 있었던「가부키者」의
탄압이 강화되었던 것이다.[90] 承應 二年(1653) 閏六月에는 町人 출신으
로「가부키者」의 상징적 존재였던 夢野市郎兵衛가 死刑에 처해졌으며,
寬文 四年(1664) 三月에는 旗本 출신으로「가부키者」의 대표적 존재였

87) 『德川實紀』第三編, 408쪽.

88) 위의 책, 『德川實紀』, 같은 쪽.

89) 栗田元次, 『江戶時代史』上 (內外書籍株式會社, 昭和 2年).

90) 北島正元, 앞의 글, 44쪽.

던 水野十郎左衛門에게 切腹을 命하였다. 이를 시작으로 하여, 계속해서 두령급 「가부키者」들이 처형되었다. 中山勘解由가 「가부키者」 검거에 敏腕을 발휘하였던 것도 이 당시였다.

이후 「가부키者」와 그 「풍속」이 점차로 모습을 감추게 되는 것은 무엇보다도 德川幕府의 일관되고 지속적인 탄압의 결과였다고 말할 수 있다. 그러나 그 배경에는 「가부키」 풍속에 대하여 지식인을 비롯한 민중들의 맹렬한 비난이 있었음을 간과할 수 없다.[91] 그것은 明曆期부터 寬文期에 이르는 十七세기 중기의 幕藩制的 이데올로기 聯合이라는 사상적 狀況과도 무관하지는 않을 것이다.[92]

刀劍에 대한 인식 변화에도 주목할 필요가 있다. 16세기末 이후 劍術이 본격적으로 보급되면서, 武士의 「剛勇」보다도 劍技가 강조되었다.[93] 실전에서도 劍術을 익힌 武士가 劍技로 「剛勇」을 제압했다는 사례가 늘어났다. 枾川의 전투에서 德川家康 휘하의 소년 무사인 奧平九八郎[94]이 敵兵 二騎를 베었는데, 「首實驗」 時, 家康이 감격하여, 어떻게 16세의 어린 나이로 「奇功」을 올렸는가 라고 묻자, 奧平은 「대저 戰鬪의 길은 劍法의 巧拙에 있는 것이며, 筋刀의 强弱에 의하지 아니합니다」라고 대답하고 있다.[95] 17세기 초부터 각 藩의 大名家에 등용되어 劍法을 직업으로 하는 者가 증가하였으며, 「兵法」 즉, 劍術은 무사는 물론 町人들 사이에서도 流行하게 되었다.[96] 이와 같이 劍術이 보급되

---

91) 熊倉功夫, 「寬永文化と知識人層」, 會田雄次・中村賢二郎, 『知識人層と社會』 所收 (京都大學人文科學研究所, 昭和 51年), 253쪽.

92) 熊倉功夫, 「戰國的なるものと近世的なるもの」, 『季刊日本思想史』 第一號, 昭和 46年.

93) 富永堅吾, 『劍刀五百年史』 (百泉書房, 昭和 47年), 45~55쪽.

94) 奧平信昌, 『寬政重修諸家譜』 第九, 209쪽.

95) 『德川實紀』 第一篇, 351쪽.

면서 刀劍도 「유난히 긴 것을 즐기는」 태도가 비난되기 시작하였다.[97] 近世 初期의 劍客이었던 宮本武藏은 『五輪書』에서, 大刀를 즐기는 것은 劍法을 의심하는 것이므로 옳지 않다고 하면서, 「긴 것에 쏠리는 마음」을 배척하였다.[98] 『劍甲新論』은 刀劍의 「긴 寸尺은 德이 적다」는 「古人」의 말을 인용하고 있다.[99] 榊原長俊도 『本邦刀劍考』에서 「긴 寸尺은 德은 적고 損은 많다」라고 하였다.[100] 이와 같이, 十七세기 이후에는 大刀 · 大脇差를 선호하는 마음과 태도에 대하여 비판적인 경향이 두드러졌다.

「가부키者」와 그 풍속은 明曆 · 寬文期에 이르면, 위로는 幕府의 가혹한 탄압과 밑으로는 지식인을 비롯한 民衆의 비난에 그 기반을 상실하고 終焉을 고하게 된다.

5. 맺음말

戰國時代부터 幕藩體制의 성립에 이르는 역사 과정은 흔히 自由에

---

96) 『當代記』 慶長 十年 十一月 二十五日條에는 「於北野童部喧嘩在之. 是兵法の論故也」라고 있으며, 『駿府記』 慶長 十九年 六月 二十九日條에는 憲法이라는 「劍術者」에 대하여 기록되어 있는데, 그는 「京之町人」이었다. 町人들 사이에서 劍術이 流行하게 되자 幕府는 17세기 후기까지 수차에 걸쳐서 町人武術禁止令을 公布하고 있다. 『史科京都の歷史』5 (平凡社), 361쪽; 『大阪市史』 (大阪市役所藏版) 第三卷, 55, 72, 83, 86쪽.

97) 德川家康도 松平信直이 「언제나 大太刀를 차고」 奉公하고 있던 伏見彦大夫를 본받아 大刀를 차고 있는 것을 보고 그 「卑賤」함을 비난하고 있다. 『德川實紀』 第一篇, 374쪽.

98) 『五輪書』 (岩波書店, 昭和 17年), 71쪽.

99) 『古事類苑』 兵事部 (吉川弘文館), 1385쪽.

100) 『續隨筆文學選集』 第二 (續隨筆文學選集刊行會, 昭和 3年), 215쪽.

서 統制로 라는 일관된 과정으로 이해되고 있다. 戰國時代의 民衆은 자발적으로 一揆 등 각종 自律的 집단에 의거하면서, 정치적으로도 自主的으로 행동할 수가 있었으나, 織豊政權을 거쳐 幕藩體制가 확립되는 단계에 이르면, 권력의 전제화가 더욱 진행되어, 그것에 의해 民衆의 自主的 행동의 餘地가 극도로 제한되기에 이르렀다는 것이다. 그러나 여기서 권력의 專制化와 秩序의 規制는 민중의 平和와 분리하여 생각할 수 없는 多義的인 성격을 내포하고 있었다는 점을 간과해서는 안 될 것이다.[101]

幕藩權力은 自主·自律을 規制하는 대신에 平和를 보장했다.[102] 德川幕府의 성립을 「元和偃武」 즉, 武刀에 의한 抗爭이 소멸한 사회의 실현이라고 표현하듯이, 平和의 보장이야말로 德川幕府의 정당성의 기반이었다. 또한 그것은 近世的 秩序의 출발점이었다.

近世的 秩序의 형성 과정은 즉, 戰國的 秩序의 부정의 과정이었다. 그 과정에서 「가부키者」와 그 「풍속」이 우선 排除되지 않으면 안 되었다. 그것은 下剋上이라고 일컬어지는 戰國的인 것을 강렬하게 주장하는 것이었기 때문이다. 「가부키者」와 그 「풍속」은 단순히 사회질서를 어지럽히는 차원을 넘어서 지배 이데올로기와의 대립 양상을 보이고 있었다. 그것을 상징하였던 것은 大刀와 「異相」한 刀劍裝飾이었는데,

---

[101] 즉, 幕藩權力刀의 專制化 과정은 民衆의 平和의 달성 과정이기도 하였으며, 그것은 또한 民衆 의 合意를 기반으로 하고 있었다고 할 수 있다. 일반적으로 權力은 一定의 支持와 合意 없이 强制만으로는 성립될 수 없는 것이다. 久留島浩, 「近世の軍役と百姓」, 『日本の社會史』第四卷 (岩波書店, 1986), 308쪽; 藤木久志, 「『豊臣の平和』によせて－民衆はいつも被害者か」, 『歷史地理敎育』413號, 1987.

[102] 戰國의 民衆은 平和를 갈망했다. 自主·自律은 소중한 것이지만 平和는 보다 큰 價値를 지니고 있는 것이다. 自力救濟의 논리가 지배하는 戰國社會는 모두가 서로 敵視하여, 항상 긴장하고 있지 않으면 안 되었던 시대였다. 생존을 위하여 武裝하고, 生存을 위하여 戰鬪하면서, 民衆은 무엇을 생각하였을까?

그러한 「풍속」이 「가부키者」에 의해 재생산되어 각 신분계층으로 확산되기에 이르자 德川幕府는 적극적으로 대응하지 않을 수 없었던 것이다.

「가부키 풍속」은 民衆의 비판을 배경으로 한 德川幕府의 일관되고 지속적인 탄압으로 明曆・寬文期[103]를 정점으로 하여 17세기 후기에 이르면 서서히 近世的 秩序의 「틀」 속으로 그 모습을 감추게 된다.

---

103) 明曆・寬文期의 획기성에 처음으로 주목한 것은 古川哲史였다. 그 후 熊倉功夫도 寬永文化의 시점에서 元祿文化를 전망하면서 明曆・寬文期의 의미를 강조하였다. 古川哲史, 「明曆・寬文年代의 道德史的意味」, 『近世日本思想의 研究』(小川書店, 昭和 23年); 熊倉功夫, 「寬永文化と知識人層」, 曾田雄次・中村賢二郎, 『知識人層と社會』(京都大學人文科學研究所, 昭和 53年).

20세기 중후반 한국과 중국의 자본주의 맹아론 대두와 역사적 배경*

박기수

1. 머리말

20세기 중반은 동아시아 역사에서 커다란 전환의 시기였다. 한국은 일본의 식민지로부터 독립하여 민족해방을 성취하였고, 중국은 反帝·反封建·反官僚資本主義 혁명을 완수하여 중화인민공화국을 수립하였다. 일본은 제2차 세계대전에서 패배한 후 일정 기간 미군정을 경험하여 소위 민주개혁을 강제 당하였다. 이러한 정치적 변혁 이후 동아시아 각국은 자국의 역사에 대해 새로운 평가와 해석을 내리게 되었다. 새로운 정치 환경의 변화에 부응하는 歷史像의 구축이 필요하였기 때문이었다. 여러 역사적 주제에 대한 새로운 평가와 해석이 시도되었는데, 특히 한국이나 중국은 제국주의 침략이나 지배를 공통적으로 경험하였기에 제국주의적 역사상에서 벗어나기 위한 노력을 경주하였다.

---

* 본고는 2007년 8월 2일 성균관대학교 사학과 BK21 사업의 일환으로 중국 북경 淸華大學에서 개최된 『동아시아사 硏究 新地平 국제학술토론회』 발표 논문(「동아시아 경제사연구의 회고와 모색―韓國과 中國의 資本主義萌芽論을 중심으로」)을 수정·보완한 것이다.

그러한 노력들 중에서 주목되는 것이 제국주의 세력이 선전한 정체성 이론을 타파하고, 자국의 역사가 세계사의 보편적 발전법칙에 부합한 다는 사실을 입증하기 위한 논리의 개발이었고 그 대표적인 것이 자본 주의 맹아론이었다.

본고에서는 이러한 국가건설 시기 초미의 역사연구의 과제가 되었 던 자본주의 맹아론이 한국(남북한)과 중국에서 어떻게 제기되고 연구 되었는가를 정리하고 현재에 이르러 봉착한 실증적 한계나 이론상의 문제를 언급하며 그 연구 과정상의 난관을 돌파하기 위한 방안을 모색 해 보고자 한다. 종래 자본주의 맹아론에 대한 회고나 연구사 정리가 여러 차례 시도되었지만 대체로 논쟁 중에 행하여 졌거나 각 국가별로 행하여 졌다.[1] 이제 논쟁이 일단락되고 있으므로 이 시점에서 다시 한 번 그 전체 과정을 돌아볼 필요가 있으리라 생각된다. 아울러 공통의

---

[1] 梶村秀樹, 「資本主義萌芽の問題と封建末期の農民闘争」, 朝鮮史硏究會·旗田巍 編, 『朝鮮史入門』(太平出版社, 1970); 吳星, 「資本主義 萌芽論의 硏究史的 檢討 ―초기의 연구를 중심으로」, 책임편집 이기백, 『한국사시민강좌』제9집 (서울, 일조각, 1991) 등은 남북한의 연구 상황을 함께 서술하고 있다. 權寧旭, 「朝鮮に おける資本主義萌芽論爭」, 『思想』1966년 12월호; 최영호, 「북한에서의 '자본주 의적 관계' 발생에 대한 연구」, 김정배 책임편집, 『북한이 보는 우리 역사』(서울, 을유문화사, 1989)는 북한에서의 연구동향을 소개하고 있으며 이욱, 「조선후기 상업사에서의 자본주의 맹아론」; 이정철, 「조선후기 경제변동의 새로운 성격규 정을 위하여」[이상 두 편은 모두 강만길 엮음, 『조선후기사 연구의 현황과 과제』 (서울, 창작과비평사, 2000)에 수록]; 李世永, 「조선후기 토지소유형태와 농업경 영 연구현황」; 吳美一, 「조선후기 상품유통 연구현황」[이상 두 편 역시 모두 근 대사연구회 편, 『한국중세사회 해체기의 제문제』下 『조선후기사 연구의 현황과 과제, 경제사회편』(서울, 도서출판 한울, 1987)에 수록] 등은 주로 남한의 연구동 향을 소개하고 있다. 중국의 자본주의 맹아론 연구에 대해서는 본론 2장에서 언 급되고 있으므로 한글로 된 것 몇 가지만 소개하면 田中正俊, 「中共에서의 資本 主義萌芽論」, 閔斗基 編, 『中國史時代區分論』(서울, 창작과 비평사, 1984); 吳金 成, 「明末淸初 商品經濟의 發展과 資本主義萌芽論」, 吳金成 등 지음, 『明末淸初 社會의 照明』(서울, 한울아카데미, 1990); 鄭哲雄, 「明淸時期의 經濟發展과 資本 主義 萌芽論」, 『중국연구』1995년 가을호 등을 들 수 있다.

연구나 논쟁의 경험을 가진 남북한이나 중국의 경우를 함께 다룸으로써 종합적인 안목에서 비교하고 조망할 수 있으리라 판단된다.

2. 한국에서의 자본주의 맹아론

1945년 일본 제국주의의 식민지로부터 막 해방된 한반도는 새로운 국가 창설을 위해 모두 분주하였다. 남북에 미국과 소련의 일정 기간 군정이 시행된 후 1948년 남북은 각기 정부를 수립하였지만 곧 이은 남북의 전쟁(한국전쟁)으로 1950년대 초반까지는 편안한 날이 없는 고통과 시련의 시기였다. 정치적 안정과 사회적 재건에 착수한 1950년대 중반부터 학문분야에도 서서히 관심을 쏟기 시작했다. 역사학 분야도 마찬가지였다. 새로이 독립된 민족국가에서 후세에게 어떤 민족의 역사를 가르칠 것인가 하는 것이 당면의 과제가 아닐 수 없었다. 일제의 통치기간 동안 남겨놓은 식민지적 문화유산의 해독이 막대하였기 때문에 남북 모두 이를 극복하기 위한 역사관 수립에 나서게 되었다.

일제는 식민지 지배의 합리화를 위하여 소위 정체성 이론을 주장하여왔다. 한국 민족은 자율적으로 역사를 발전시키지 못하고 정체된 역사를 이루어왔기 때문에 외부로부터 영향을 받아 비로소 역사가 발전하여 왔다는 즉, 타율적으로 역사가 형성되어 왔다는 것이다. 이러한 정체성 이론은 한국사의 구석구석까지 영향을 미쳐 한국사에는 봉건제가 결여되었으며 근대적 자본주의도 일본의 식민지 지배에 의해서 비로소 가능하였다고 주장하였다. 일제시기 경제사가 四方博의 다음과 같은 주장은 이를 잘 보여 준다.

개항 당시의 조선에서는 자본의 축적도 없었고 기업적 정신에 충만한 계급도 없었으며 대규모 생산을 감당할 만한 기계나 기술도 없었다. 아니 그것들의 존재를 희망할 사정도, 필연이게 하는 조건도 구비하고 있지 않았다. 거기에 있었던 것은 단순한 米麥의 생산자인 농민과 여가노동에 가까운 수공업자와 잉여생산물 및 사치품의 교통자인 상인, 이들 위에 서서 모든 권리를 향유하고 모든 잉여를 흡수하는 바의 관리 양반이었다. 자본주의 생성의 조건과는 바로 정반대의 요소뿐이라고 평가할 수밖에 없을 것이다. 여기에서 조선의 자본주의는 그 출발점에 있어서도, 또한 그 성장의 과정에 있어서도 외국의 자본과 외국인의 기술능력에 의뢰할 수밖에 없었다.[2]

이러한 정체성론이 한국사에 뿌리 깊게 영향을 미치고 있었으므로 이를 극복하는 것이 남북 모두의 과제였다 하겠다. 이러한 과제를 남북이 어떻게 수행하고 있었는지 살펴보겠다. 남한보다 먼저 이러한 과제에 역량을 집중한 북한의 학계를 살펴본 뒤에 남한의 학계를 돌아보고자 한다.

1) 북한에서의 자본주의 맹아론의 출현

북한 사회주의 정권하의 학자들은 당연히 마르크스 사관에 의하여 한국사(조선사)를 체계화시키고자 하였고 이는 세계사의 보편적 발전법칙에 부합하는 것이어야 하였다. 마르크스 사관에 따르면 원시공동체사회, 고대노예제사회, 중세봉건제사회에 이어서 근대 자본주의 사회가 계기적으로 성립하는 것이었으므로 중세봉건제사회의 후기에 해당하는 조선시대 후기에 자본주의 생산관계의 맹아나 요소가 출현해야 마땅하였다. 여기서 자본주의 맹아나 요소의 존재 여부는 조선사가

---

[2] 四方博, 「朝鮮に於ける資本主義の成立過程」, 『朝鮮社會經濟史研究』 上 (東京, 國書刊行會, 1976 수록), 4~5쪽. 본고는 본래 1933년 京城帝國大學法文學會論集 第六冊 『朝鮮社會經濟史研究』에 발표된 것이다.

세계사의 보편적 발전법칙에 합당한가 여부를 가리는 시금석이 되었다고 할 수 있다. 아울러 북한 학자들은 자주적 민족주의, 주체사상 등의 안목에서 사물을 인식하고 역사를 연구하는 전통이 있어왔다. 북한 학자들은 그러한 사상적 배경하에서 조선 역사의 선진성과 우수성을 강조하게 되고, 조선사에서 타율성을 철저히 배제하며, 모든 것을 독자성과 자율성에 의하여 이루어졌다고 강조[3]하게 될 것임은 자명한 일이다. 조선사에서 자생적으로 봉건사회가 해체되고 내재적 요인에 의하여 자본주의적 요소가 발생하게 되었다는 점을 해명하는 것은 역사학자들의 당연한 과제가 되었다고 하겠다.[4]

북한 학계에서는 처음 자본주의 맹아, 요소라는 개념을 사용하다가 결국에는 '자본주의적 관계'라는 용어로 통일하여 부르고 있다. 북한 학자 張國鍾은 마르크스가 자본주의 발전 단계를 단순 협업, 공장제 수공업, 대공업의 세 단계로 나누었는데 그중 공장제 수공업이 지배하기 이전 시기 즉, (자본주의적) 단순 협업이 지배하던 시기에서 자본주의 요소를 찾았다고 한다.[5] 그런데 1964년 사회과학원 역사연구소 주최의 자본주의 발생에 관한 토론회에서 요소, 맹아, 관계라는 용어를 혼용하

---

3) 최영호, 앞의 글, 148쪽.
4) "오늘 우리 사회과학일꾼들 앞에 제기된 중요한 과업의 하나는 우리나라 봉건사회의 태안에서 자본주의가 언제부터 어떻게 발생하였으며 또 그것이 어느 정도로 발전하였는가 하는 문제를 연구함으로써 우리나라 사회 발전의 합법칙성을 해명하는 것이다." 전석담·허종호·홍희유,『조선에서 자본주의적관계의 발생』(평양, 사회과학원출판사, 1970/서울, 이론과 현실, 1989), 7쪽의「총론」. 1955년 북한 역사학계의 기관지와도 같은『력사과학』이 창간될 당시 국가의 형성문제, 노예제사회의 유무에 관한 문제, 민족형성의 문제, 시대구분에 관한 문제, 봉건사회에 있어서의 토지소유형태에 관한 문제 등 16개의 문제가 역사학자의 당면 과제로 제시되고 있었다 한다. 그 가운데 하나가 바로 조선봉건사회 내부에서의 자본제관계의 발생·발전에 관한 문제였다. 뭣톤, 앞의 글, 97쪽.
5) 장국종,「조선에서의 자본주의 요소 발생에 대한 몇 가지 문제」,『력사과학』1964년 4호, 44~45쪽.

다가,6) 논쟁의 당사자들이었던 全錫淡 · 許宗浩 · 洪熹裕는 1970년 『조선에서 자본주의적관계의 발생』을 펴내면서 맹아나 요소라는 용어 대신에 '자본주의적 관계'라는 용어를 쓰게 된다. 아울러 1977년판 『조선통사』에서도 자본주의적 관계라는 용어를 씀으로써 이 용어는 북한 학계에서 일반화되었다7)고 한다.

북한학계에서 가장 먼저 자본주의적 관계와 관련한 발언과 연구업적을 제출한 사람은 崔炳武였다. 1956년 12월 「조선에서의 부르조아 민족 형성에 관한 토론회」에서 "개항 전에 자본주의 우클라드가 형성되었다"는 자신의 견해를 피력한 바 있으며 1958년에 발표한 「이조시기의 市廛」이란 논문에서는 "부상대고들에 의하여 운영된 일부 대규모의 광산들에서는 자본주의적 고용관계가 발생하였"다고 함으로써 1957~1958년경부터 이미 최병무가 맹아론을 제기하고 있었다고 보여진다.8) 그러나 최병무의 이러한 주장은 북한 학계에서 큰 호응을 받지 못한 것 같다.9) 1958년 이후 최병무의 후속적인 연구 논문도 발견되지 않고, 최병무의 맹아론은 당시로서는 소수 의견10)에 불과한 듯하기 때문이다.

---

6) 박영해, 「학계소식: 우리 나라 봉건 말기 자본주의 발생 문제에 관한 토론회」, 『력사과학』 1964년 제4호; 리순신, 「학계소식: 우리 나라 봉건 말기 자본주의 발생 문제에 관한 토론회」, 『력사과학』 1964년 제6호; 허종호, 「18세기 말~19세기 초의 농업 고용노동의 성격」, 『력사과학』 1964년 제6호.

7) 최영호, 앞의 글, 149쪽.

8) 오성, 앞의 글, 94~99쪽 참조. 한편 최영호는 앞의 글에서 최병무는 조선봉건사회 후기에 자본주의적 관계가 발생하였음을 부인하였지만, 1960년대 이후 북한 학자들이 내세우는 자본주의적 관계 발생의 주장은 사실상 최병무의 연구에서 시작되었다고 하고 있다. 최영호, 앞의 글, 155~156쪽.

9) 해방 후 일정기간 북한학계는 조선봉건사회 구조론에 대해, 봉건적 토지국유론에 기초한 아시아적 봉건제론이 지배적이었다 한다. 이 봉건적 토지국유론을 계속 추구해 나가면 정체론적 조선관으로 나아가는 논리적 필연성을 내포하고 있고, 이에 기초하는 한 논리적으로 자본주의 맹아의 문제가 의식되지 않게 된다고 한다. 權寧旭, 앞의 글, 1680~1681쪽 참고.

 1961년 출판된『조선근대혁명운동사』에서 金錫亨은 조선 후기에 자본주의적 요소가 발생하였음을 주장하였다. 즉 18세기 말~19세기 초에 거액의 화폐자본을 축적한 상인자본의 형성을 볼 수 있고, 19세기 초엽 이후 부상대고가 경영하였던 사영 금은광산은 자본주의적 방법에 의해 운영되었으며, 여기에서는 자본주의적 요소가 현저하게 발전하고 있었다고 한다. 아울러 19세기 중엽 일부 지방 수공업 특히 鍮器店같은 부문에서는 자본가적 경영이 발생하였다고 하였다.[11]

 학계 전체의 관심이 자본주의 맹아 문제로 향하게 된 것은『력사과학』1962년 3호의 권두언「맑스－레닌주의의 기치를 높이 들고 력사과학의 당성의 원칙을 고수하자」는 문장이 발표된 이후이다.[12] 이 권두언에서는 일제의 어용 사가들이 일제의 식민지통치를 합리화하기 위해 조선 역사를 왜곡하였음을 지적하고, 자본주의적 관계의 맹아들이 18세기 말~19세기 초에 이미 조선의 광업·수공업 부문에서 발생하기 시작하였다고 표명하였다. 이에 따라 1962년 후반 이후『력사과학』지 상에 다수의 자본주의 맹아에 관한 면밀한 연구가 발표되었다. 예컨대 1962년에는『력사과학』에 홍희유가 쓴 두 편의 논문이 발표되었는데[13] 이로부터 북한에서는 '자본주의적 관계'에 대해 진지하게

---

10) 梶村秀樹, 앞의 글, 259쪽.
11) 사회과학원 역사연구소 편,『조선근대혁명운동사』(서울, 한마당, 1988), 12쪽. 이 책은 원래 북한에서 1961년 간행된 것을 한마당 출판사에서 북한연구자료선 3으로 재출판한 것이다. 일본의 新日本出版社에서 1964년에 번역 출간한『朝鮮近代革命運動史』에 의하면 제1장 제1절「19세기 중엽의 국내외 정세」는 김석형이 저술하였다. 그런데 여기서의 김석형의 서술은 본격적 학문연구의 결과로서가 아니라 개괄적 설명을 하는 가운데 이러한 주장이 제기되고 있다.
12) 梶村秀樹, 위의 글, 259~260쪽.
13) 홍희유,「18~19세기 전반기 場市들에서의 상품류통의 발전」,『력사과학』1962년 5호; 홍희유,「송도 四介文書에 반영된 송상들의 都賈활동」,『력사과학』1962년 6호.

연구논쟁이 시작되었다고 평가된다.[14] 이들 논문은 일차사료를 이용한 매우 실증성이 높은 연구논문으로서 18~19세기 봉건경제의 해체라는 문제의식을 전제로 조선 후기의 경제적 변화 내지 발전을 분명하게 인정하고 있다. 아울러 이 논문들은 18~19세기 사회 변화를 사회경제 발전의 합법칙적 과정의 산물로 인식하고 있다. 결국 이 논문들은 『력사과학』 1962년 3호의 권두언에서 제기된 '우리나라 역사 발전의 합법칙성'에 대한 확인 내지 증명작업에 충실한 것이라 평가되기도 한다.[15]

1964년이 되면 역사연구소 중세사연구실 실장이었던 장국종이 지적하듯이 "외래 자본주의 열강이 조선에 침입하기 퍽 오래 전에 조선사회의 합법칙적인 발전 과정에서 봉건사회의 태내에서 자본주의 요소(맹아)가 발생하였다는 데 대해서는 … 오늘 거의 모든 학자들이 일치하여 인정하"[16]게 되었다. 이처럼 1964년까지는 자본주의 요소, 자본주의적 관계가 봉건사회 말기에 발생하였다는 것이 정설로 정착하게 되었다. 그러나 자본주의적 관계에 대한 모든 문제가 해결된 것은 아니었다. 합의를 보지 못한 문제에 대하여 열띤 논쟁이 발생하였다. 그중에서도 광업에서의 자본주의적 관계가 17세기에 발생하였는가 또는 18세기에 발생하였는가 하는 시기 문제와 농촌에 존재한 고용노동이 자본주의적 성격을 가진 것이었는지 하는 문제가 심각한 논쟁의 대상이 되었다.

이러한 문제를 두고 사회과학원 역사연구소 주최로 「우리나라 봉건말기 자본주의 발생문제에 관한 토론회」가 2회에 걸쳐 진행되었다. 첫

---

14) 최영호, 앞의 글, 158쪽.
15) 오성, 앞의 글, 105~106쪽.
16) 장국종, 앞의 글. 44쪽.

번째 토론회는 1964년 4월, 두 번째 토론회는 1964년 9월에 열렸다. 사회과학원 경제연구소 소속 학자들(전석담, 金洸鎭)은 광업에 있어서 이미 17세기에 행해진 潛採나 設店收稅를 자본주의적 요소로 해석하였으며, 18세기 농업 부문에서 상업적 농업을 경영하는 부농이나 지주가 자유로운 노동력을 고용하였으므로 이미 자본주의적 관계가 발생하였다고 주장하였다. 이에 대해 역사연구소 학자들(홍희유, 허종호, 장국종)은 보다 신중한 태도를 취하였다. 광업 부문에서 17세기 광산의 광부 店軍은 아직 완전히 생산수단에서 유리된 존재가 아니고 소생산자였으므로 자본주의 관계가 발생하였다고 할 수 없고, 18세기 중엽 이후에 가서야 자본주의적 요소가 발생하였다고 보았다. 농업에서 차지농이나 상업적 경영지주가 임노동을 고용해야 자본주의적 경영이라 할 수 있는데, 18세기 말 19세기 초에도 그러한 사례를 발견할 수 없으므로 (즉 자본주의적 고용노동이나 농업자본가를 입증할 수 없으므로) 농업 부문은 아직 자본주의 단계에까지 발전하지 못하고 그 과도기에 놓여 있었다고 하였다.[17]

2) 북한에서의 자본주의적 관계 토론의 합의

1960년대에는 자본주의적 관계 발생 관련 쟁점에 대하여 사회과학원 경제연구소와 역사연구소를 중심으로 토론이 계속되었다. 그러다가 1970년에 이르러 이 문제에 대하여 북한 학자들은 의견의 일치를 보기에 이르렀고 그 학문적 합의의 산물이 1970년에 출판된『조선에서 자본주의적관계의 발생』이다. 이 책은 경제연구소의 전석담, 역사연구소

---

17) 박영해, 앞의 글; 리순신, 앞의 글; 허종호, 앞의 글.

의 허종호, 홍희유의 공동 집필로 이루어졌는데, 이 세 사람은 1964년의 자본주의적 관계 발생에 대한 토론회에서 서로 의견을 달리하면서 자기주장을 가장 활발히 내세운 학자들이었다. 이러한 학자들의 공동 저술이므로 이 책은 자본주의적 관계에 대한 북한 학자들의 견해를 종합한 합의의 저서라고 할 수 있을 것이다.[18] 따라서 이 책의 내용을 통하여 자본주의적 관계에 대한 북한학계의 연구 성과를 총괄할 수 있으리라 생각된다.

이 책은 서두에서 "낡은 봉건사회의 멸망과 그것의 새로운 사회로의 발전의 역사적 필연성을 논증함으로써 근로자들로 하여금 우리나라 사회 발전의 합법칙성을" 분명히 인식토록 하며 조선에서의 "봉건제도의 분해와 자본주의적 관계의 발생이 전적으로 우리나라 사회 발전의 내재적 요인에 의한 것이며 그 어떤 외부적 요인에 의한 것이 아님을 명확히 알게 함으로써 그들의 민족적 자부심을 높이"[19]고자 하는 목적 하에 저술되었음을 밝히고 있다.

총론에서는 연구방법론으로서 마르크스레닌주의 역사학의 일반적 원칙을 철저히 고수하되 조선 역사 발전의 구체적 조건과 특수성에 맞게 창조적으로 적용하겠다는 입장을 밝히고 있다. 또한 조선시대 봉건제도의 구조적 특성과 18세기 이래의 변화 과정을 개괄하였으며, 이에 따른 자본주의적 관계의 형성과 한계 등을 총괄하였다. 1장에서는 농업이나 수공업, 광업에서 생산력의 발전으로 자본주의 관계가 발생할 수 있는 사회경제적 조건이 준비되고 있다고 보았다. 즉 농업에서는 모내기법의 보급, 비료와 농기구의 개선, 새로운 작물의 도입과 보급 등으로 생산성이 향상되었으며 곡물, 목화, 담배, 채소, 인삼

---

18) 최영호, 앞의 글, 165쪽.
19) 전석담·허종호·홍희유, 앞의 책, 5쪽.

등 상업적 농업이 전개되기 시작하였다. 수공업에서는 관청수공업이 쇠퇴하여 장인들이 자유롭게 영업할 수 있게 되었으며, 분업과 생산 도구의 발전으로 생산성이 향상되고 농민수공업도 상품생산을 전개 하게 되었다고 하였다. 2장에서는 조선시대 후기에 상업자본이 형성 되어 자본주의적 생산관계의 발생을 준비하는 기본조건을 갖추었다 고 하였다. 즉 조선 후기 화폐와 상품의 유통, 대외무역 등을 통하여 私商이나 潛商의 부상대고는 대량의 화폐재산을 축적할 수 있었고, 이들은 봉건적 특권을 지닌 시전상인과의 경쟁·대립을 통해 새로운 상업자본으로 성장하게 되었으며, 일부 상업 자본은 제지업, 견직업, 무기생산 등의 수공업에 투자하여 생산을 지배하고 임금노동자를 발 생시켰다고 하였다. 3장에서는 자본주의를 위한 자유로운 노동력 즉, 생산수단에서 유리된 노동력의 발생 과정을 분석하였다. 18세기 중 엽 이후 토지의 자유매매는 한편에 서민지주를 생성시켰지만 다른 한편에 토지를 상실한 수많은 빈농을 탄생시켰다. 한편 상품생산의 진행 속에서 농민이 소상품생산자로 변신하고 이 과정에서 농민층 의 계급분화가 진행되어 부농도 일부분 발생하였지만 대다수의 농 민은 빈농으로 전락하였다. 이들 빈농 중의 일부는 광산이나 수공업 노동자로 전환되기도 했지만 대다수는 소작농이나 막품팔이 또는 유랑민으로 존재하였다. 그런데 이러한 농민의 계급분화에서 나타 난 농업 고용노동은 자본주의적 고용 관계에까지는 이르지 못하고 봉건적 관계에서 자본주의적 관계로 이행을 준비하는 과도적 형태 였다고 한다. 4장에서는 처음으로 뚜렷하게 자본주의적 관계가 발생 한 광업 부문을 고찰하고 있다. 18세기 중엽 이후 잠채 등 광업 부분 에 상업자본(광산물주)이 투자하게 되고 토지로부터 유리된 농민들 이 노동자가 됨으로써 광업에서 자본주의적 관계(자본주의적 단순

협업)가 발생하게 되었다고 한다. 金店, 銅店, 銀店 등 일부 광산에서
는 공장제 수공업 단계에 도달하여 새로운 노동 도구를 채용하고 분
업이 광범위하게 이루어졌다 한다. 그러나 경영 규모가 작았고 기존
의 생산 조건을 변혁시키지 못하였으며 봉건국가의 억압과 착취가
가혹하였기에 본격적인 발전이 어려웠다고 결론지었다. 5장에서는
제철, 鍮器 등 일부 금속 가공업에서 공장제 수공업이 발생하였음을
논증하고 있다. 평안도 价川지방의 민간 제철(쇠부리) 수공업 및 철
가공업(솥제조업: 가마부리)에서는 작업장의 규모가 상당히 컸으며
제철공정이 분업화되어 각종 노동자 수십 명이 작업하는 공장제 수
공업 경영 형태가 운영되었다고 한다. 평안도 定州의 納清과 경기도
安城의 유기 수공업(놋그릇 제조업)에서도 공정마다 세밀한 분업이
이루어지고 경영주들이 임노동을 고용하여 공장제 수공업이 형성되
었음을 실증하고 있다.[20]

　5장 말미에서 전석담, 허종호, 홍희유는 조선봉건사회 말기의 자본
주의적 관계의 특수성에 대한 자신들의 견해를 피력하고 있다. 크게
두 가지 견해인데 첫째는 자본주의적 관계가 발생한 부문은 봉건적
생산관계가 취약한 영역이었으며 봉건적 관계가 강고한 곳에서는 발
생하지 못했다고 하였다. 따라서 농업 부문에서 자본주의적 관계가
발생하지 못하였다고 지적한 반면 농업과 떨어져 있던 전업적 수공
업(특히 제철업과 유기 수공업), 광업에서 비교적 광범하게 발생하였
다 한다. 또한 수공업에서도 봉건통치자가 지배하던 도시보다는 각
지에 분포되어 봉건국가의 통제가 강하게 미치지 못하던 놋점마을,

[20] 6장에서는 이상과 같은 사회경제적 변화가 19세기에 가서 사회적 모순을 야기시
　키고 계급투쟁으로 이어진 과정을 서술하고 있다. 자본주의적 관계와 직접적인
　관련이 없으므로 생략한다.

철점마을, 유기점마을 등 점마을(店村)에 나타나게 되었다고 한다. 광업에서 나타난 이유 역시 광산이 주로 산간벽지에 위치하여 전통적인 신분 관계나 생활유습으로부터 벗어나 있었기 때문이라 한다. 둘째 특징은 생산자 자신이 상인 겸 자본가로 되는 길(마르크스가 말하는 자본주의 형성의 첫 번째 경로)보다 상인이 생산을 자신에게 종속시킴으로써 자본가가 되는 길이 지배적이었다는 점이다. 우리나라 농민은 일반적으로 영세하고 빈궁하여 농민 자신이 부르주아지로 되는 길은 매우 제한되어 있었다. 이렇다 보니 낡은 생산방식을 혁명적으로 청산하지 못하고 그것을 토대로 자본주의적 관계가 이루어지게 되어서 자본주의적 관계의 발생이 불명확하게 되었고 자본주의 발전도 완만하고 미숙하지 않을 수 없었다는 것이다. 이리하여 봉건사회의 테두리를 벗어나지 못한 채 19세기 후반기에 외래자본주의의 침략을 받게 되었고 20세기 초에는 일본 제국주의자들에게 강점됨으로써 자본주의 발전단계를 정상적으로 거치지 못하게 되었다고 매듭지었다.

북한 학자들은 자본주의적 관계에 대해 계속 연구를 진행하고 있으나 그 기본 윤곽은 전석담 등의 이 저서 내용을 따르고 있다. 1980년의 『朝鮮全史』도 대체로 이 저술의 내용과 기본적으로 대동소이하다.[21] 이를 통해 보면 북한에서의 자본주의적 관계 발생에 대한 연구는 이들의 저서로 일단락되었다고 하겠다.[22]

---

[21] 사회과학원 력사연구소,『조선전사』11『중세편: 리조사4』(평양, 과학ㆍ백과사전출판사, 1980). 제1장「사회적 생산의 발전」, 제2장「자본주의적 관계의 발생」및 同,『조선전사』12『중세편: 리조사5』제2장「사회적 생산과 상품화폐관계의 장성」, 제3장「자본주의적 관계의 장성」참고.

[22] 최영호, 앞의 글, 178~179쪽.

3) 남한에서의 자본주의 맹아론의 등장

남한 역사학계에서도 1960년대 일제의 식민사관을 청산하고 정체성 이론을 타파하는 것이 역사학 과제의 하나였고[23] 이러한 과제의 달성을 위하여 본격적인 자본주의 맹아론 연구[24]가 진행되기 시작하였다. 이처럼 일본 관학자들의 정체성론을 극복하기 위해 제기된 경제사 분야의 자본주의 맹아론은 해방 이후 한국역사학계의 최대성과의 하나라고 평가된다.[25]

이러한 남한 사학계의 새로운 방향 모색에 부응하여 金容燮은 1960년대 일련의 선구적이고 실증적인 연구 업적을 내놓았다. 농업에 있어서 자본주의 맹아를 구체적으로 제시한 최초의 학자로 평가받는[26] 김용섭은 조선 후기의 지주제와 농민경영을 정력적으로 연구한 결과 17세기부터 지주제가 해체하기 시작하고 농업생산력과 상품경제의 발달에 따라 농민층분화가 일어나고 있었다고 주장하였다. 즉 토지의 소유

23) 1963년 2월 『사상계』는 「한국사를 보는 눈」이라는 특집을 마련하여 식민사관·사학의 극복방향을 제시하였으며, 6월 한국사학회 주최의 「조선후기의 사회적 변동」이라는 학술대회에서는 조선후기의 신분제의 붕괴, 농촌경제의 변동, 상공업의 발달, 사상변화와 실학 등에 관한 주제가 발표·토론되어 그러한 변화양상들은 중세해체기의 특징들이라고 지적되었다. 李世永, 「조선후기 토지소유형태와 농업경영 연구현황」, 근대사연구회 편, 『한국중세사회 해체기의 제문제』 下 『조선후기사 연구의 현황과 과제, 경제사회편』 (서울, 도서출판 한울, 1987), 110쪽.
24) "정체성론과 타율성론을 극복하기 위한 가장 좋은 방법은 조선 후기에 자본주의 맹아가 형성되고 있었던 것을 증명하는 것이었다. 이것은 자국사의 합법칙적 발전과 제국주의에 대한 학문적 공격을 동시에 이룰 수 있는 방법이었다." 이정철, 「조선후기 경제변동의 새로운 성격규정을 위하여」, 강만길 엮음, 『조선후기사 연구의 현황과 과제』 (서울, 창작과비평사, 2000), 193쪽.
25) 具仙姬, 「해방 후 남한의 한국사연구 성과와 과제」, 강만길 등, 『한국사』 23 『한국사의 이론과 방법(1)』 (서울, 한길사, 1994), 243쪽.
26) 李榮薰, 「한국자본주의의 맹아문제에 대하여」, 김태영 등, 『한국의 사회경제사 2』 (서울, 한길사, 1987)

와 보유에서의 농민층분화는 광범위한 영세빈농과 몰락농민을 양산하였고, 이들은 마침내 임노동층으로 전락해 가고 있었다. 지금까지 봉건제를 지지하고 있던 소경영농민이 몰락함으로써 지주제 또한 그 존립이 위태롭게 되었으며 이를 촉진시킨 것은 '자본가적 차지농에 가까운 존재'인 '경영형 부농'의 출현이었다. 이들은 모내기인 이앙법, 밭고랑에 파종하는 畎種法 등을 채용하여 농업생산력의 발전을 도모할 수 있었고, 이에 따라 소유지외에도 借耕地를 경작할 수 있게 되어 경영확대를 기할 수 있었으며, 이윤 추구를 위한 미곡·면화·인삼·담배 재배 등의 상업적 농업을 경영하였고, 임노동 고용에 의한 자본가적 농업경영을 지향하고 있었다. 김용섭의 量案 분석 결과에 의하면 이들은 전체 부농의 5분의 1내지 3분의 1에 달하고 농가당 경지규모는 3, 4정보에 이르렀다 한다.[27] 결국 자본주의 맹아 문제와 관련하여 중세체제의 새로운 변혁세력으로서 경영형 부농을 검출한 것이다.

김용섭의 경영형 부농 이론은 宋贊植의 廣作農의 검출[28]에 의해 지지되었다. 그는 17, 18세기 근대 직전의 농촌에서 이앙법 등 새로운 농업기술의 수용에 따른 1인당 경작 능력 면적의 확대 즉, 경영 확대 추세를 廣作運動으로 부르고 이로 인한 농민의 이농현상(토지상실)이 농업노동에서 임노동을 전개시키고 농업경영에서 기업농을 출현시켰다고 보았다. 특히 賭租法(정액지대)의 조건하에서 성장할 수 있었던 부농이 임노동을 고용하여 경영을 확대함으로써 기업농으로 성장할 수 있었다고 주장하고, 이들 대경영의 廣作農民을 김용섭의 경영형 부농

---

27) 金容燮, 「조선후기의 경영형부농과 상업적 농업」, 『朝鮮後期農業史研究-農業變動·農學思潮』 II (서울, 一潮閣, 1971); 李世永, 앞의 글 참고.

28) 宋贊植, 「朝鮮後期 농업에 있어서의 廣作運動」, 편집위원회, 『李海南博士華甲紀念史學論叢』 (서울, 1970).

과 대비시켰다.

김용섭의 연구가 개시된 후 상업자본이나 수공업, 광업 분야 등에 있어서도 내재적 발전론에 기초한 연구가 전개되기 시작했다. 조선 후기 상품유통 과정에서 都賈(매점매석) 행위가 보편적 상행위로 정착하면서 市廛商人은 물론 客主나 旅閣들에게도 상당량의 화폐자본이 축적되었음이 밝혀졌다. 상업자본의 축적 문제는 그 본질이 전기적 자본이므로 그것의 산업자본으로의 전화에 대한 규명으로 심화되지 않는다면 그 연구는 무의미한 일이다. 상인자본의 전화 문제는 주로 수공업의 발전 과정을 연구하는 가운데 물주의 자본투하를 파악하려는 방법과 상인이 보다 많은 이윤 획득을 위해 유통 과정이 아닌 생산 과정에 자본을 투하하는 현상을 파악하려는 연구로 진행되었다.[29] 1960년대 후반 姜萬吉은 상인자본의 수공업 생산지배에 관한 몇 가지 사례를 제시하였다. 즉 18세기 후반기 이래 市廛商人은 都賈商業을 통해 축적한 자본을 수공업 경영에 투입하였는데, 그 구체적 방식은 工匠들의 원료를 매점하거나 그 제품을 독점적으로 수매하고, 선대제에 의해 수공업 생산을 지배하거나 혹은 스스로 제조장을 구비하고 工匠을 고용하여

---

[29] 吳美一,「조선후기 상품유통 연구현황」, 근대사연구회 편,『한국중세사회 해체기의 제문제』下『조선후기사 연구의 현황과 과제, 경제사회편』, 163쪽. 劉元東에 의하면 시전상인과 私商의 경쟁은 정부로 하여금 通共發賣정책을 취하여 私商들로 하여금 서울 내에서 상업활동을 자유롭게 할 수 있도록 하였다. 正祖15년 (1791)에는 마침내 辛亥通共으로 六矣廛을 제외한 모든 시전의 禁難廛權을 철폐시키기에 이르렀다. 이러한 정책은 상업에서의 경쟁을 한층 격화시키고 상인들로 하여금 유통 과정에서 얻어지는 이익보다도 상품의 매입가격을 하락시킴으로써 보다 많은 이윤을 획득하는 방향 즉, 상품생산 방면에 관심을 돌리게 하였다. 이러한 추세에 따라 17세기 이래 都賈商業을 통해 축적되었던 시전상인이나 京江商人·開城商人 등 私商들의 자본은 18세기 말 19세기 전반기에 걸쳐 생산 부문에 침투되기 시작하였다. 劉元東,「商業資本의 發展」, 한국사연구회편,『韓國史研究入門』제2판 (서울, 지식산업사, 1987).

상품을 제조하는 것이었다. 또한 京江商人은 생산 都賈인 造船都賈에 자본을 투입하였고, 開城 상인은 상업적 농업으로서 인삼재배와 가공업으로서 홍삼제조에 대외무역과 도고상업을 통해 얻은 막대한 자본을 투자하였다고 하였다.30) 劉元東, 金泳鎬, 宋贊植 등의 학자는 강만길의 입장에 동조하여 상인자본의 선대제나 수공업지배 사실을 검출하고자 하였다.31) 특히 金泳鎬는 김용섭의 경영형 부농개념을 빌어와 亂廛은 농업에 있어서 경영형 부농과 상응하는 것으로 인식하기도 하였으며32) 宋贊植은 刀子廛, 紙廛 등의 시전이나 司饔院의 廣州分院에서 상인자본이 수공업을 지배·경영한 사례를 통하여 생산부문에 투자한 상인 물주(商人雇主)의 출현을 설명하고 있다.33) 상인자본의 전화 문제를 다룬 연구자들은 매뉴팩처 단계의 설정 여부 및 그 시기, 일반적인 경향의 정도 등 전화강도에 대한 편차는 있을 지라도 모두 수공업자가 생산과정에서 자본을 축적하여 자본가로 되는 길보다 상인이 수공업자를 지배하여 생산 과정에 참여하는 상인적 길에 동의하고 있다.

조선 후기의 官廳 수공업의 해체 과정은 전업적 수공업자의 출현을 위한 하나의 유리한 조건을 형성하였다. 결국 자본주의적 수공업자의 출현을 가능케 하는 조건을 구비하게 되었다. 주로 유기 수공업, 야철

---

30) 강만길의 연구는 1973년 『朝鮮後期 商業資本의 發達』(고려대학교 출판부, 1973)로 정리되었다.

31) 강만길은 상업자본의 수공업지배를 실증하였지만 시전상인의 匠人지배에서 그 실태를 보고자 하였던 점에서 한계가 있었다. 송찬식은 이 점을 지적하면서 상인 물주에 의한 수공업지배를 논하였다. 송찬식의 연구에 의해 상업자본의 생산 부분 침투가 더욱 구체성을 띠게 되었다고 평가된다. 이욱, 「조선후기 상업사에서의 자본주의 맹아론」, 강만길 엮음, 『조선후기사 연구의 현황과 과제』, 244~245쪽.

32) 金泳鎬, 「조선후기에 있어서의 도시상업의 새로운 전개-亂廛을 중심으로」, 『韓國史研究』 2, 1968.

33) 宋贊植, 『李朝後期手工業에 관한 研究』(서울대학교출판부, 1973).

수공업, 광업 등에서 그러하였다. 조선 후기에 이르면 식기를 비롯한 각
종의 유기제품이 전국적으로 널리 소비되기에 이르렀고 이에 따라 유기
수공업의 생산 중심지가 형성되었다. 그중에서도 유명한 곳이 평안도
定州의 納淸, 경기도의 개성과 안성 및 전라도의 求禮였다.[34] 金泳鎬의
연구에 따르면 19세기 중엽 안성에는 약 40여 개의 유기점이 있었고 납
청에는 약 50개의 유기점이 있었다. 안성에서는 유기원료를 높은 열로
가열한 후 주형에 부어서 만드는 붓배기 방식이 유행하였는데 보통 5~6
명의 노동자가 한 조가 되어 한 유기점에 3, 4개조 즉, 15명 내지 20명의
노동자가 고용되어 있었고, 납청에서는 유기원료를 고열에 녹인 후 기
물로 두들겨 만드는 방짜 방식이 주로 사용되었는데 11명이 한 조를 이
루어 공정이 진행되었다 한다. 안성이나 납청의 유기점은 상업자본에
의해 경영되었는데 분업에 기초한 협업 즉, 매뉴팩처(공장제 수공업)가
성립되어 있었다고 주장된다.[35] 야철 수공업 분야에서는 무쇠를 만들
고 그것으로 각종 농기구를 만드는 水鐵手工業, 철광을 제련하는 鎔鑛
手工業, 솥을 제조하는 鎔銑手工業 등에서 다수의 고용노동을 이용한
매뉴팩처적 경영 형태가 인정되는데 특히 경상북도 雲門山 일대의 鎔銑
手工業에서는 鑄型작업, 鎔鑛작업, 送風작업, 鑄造작업 등 4개의 공정으
로 분화되어 각기 기능을 달리하는 60여 명의 노동자가 분업으로 작업
을 진행하는 매뉴팩처가 성립되어 있었음이 확인되고 있다.[36]

　　조선 후기에는 광산 개발제도는 여러 차례 변화를 겪었는데 그중 자
본주의 맹아론과 관련된 것은 物主制와 德大制이다. 1775년 조선정부

---

[34] 安秉直, 「朝鮮後期 資本主義 萌芽의 발생」, 이가원 등편, 『한국학연구입문』 (지
식산업사, 1981).

[35] 金泳鎬, 「朝鮮後期 手工業의 발전과 새로운 경영형태」, 『대동문화연구』 9, 1974.

[36] 金泳鎬, 위의 글.

는 守令收稅制를 시행하였는데 이는 상인물주(즉 상인자본)가 戶曹의 設店 허가를 받아 자기 자본으로 店所(즉 광산)를 설치 운영하고 당해 지역의 수령이 호조가 정한 세금을 징수하는 제도였다. 柳承宙에 따르 면 18세기 말 19세기 전반기에는 물주제하의 광업 경영 형태가 금광, 은광, 동광업 등에서 나타났다. 여기서는 물주가 채굴제련시설과 운영 자금을 투자하고 穴主(은, 동, 연광의 운영자)나 德大(沙金鑛의 운영자) 가 직접 광산을 경영하였다. 혈주나 덕대는 광산소재지 출신이거나 광 업에 대한 경험과 지식을 가진 자들로 광산개발을 도모하지만, 호조의 設店허가를 받아낼 사회적 지위나 광산을 경영할 만한 경제력이 없어 결국 능력있는 자본가를 물색하여 물주로 삼았다. 혈주나 덕대는 鑛軍 들을 고용하여 분업적 협업하에 광산채굴을 주관하는 실질적인 경영 자였는데, 총생산액 중 호조와 지방관청에 납부할 세금, 물주 몫의 분 배금 및 광군들의 노임을 제외한 이익을 나누어 가졌다. 광산에 고용 된 광군들은 대체로 농촌에서 유리된 전업적 광산노동자들로서 광산 의 규모에 따라 100여 명, 또는 수천 명에 달하기도 하였다. 이처럼 18 세기 말 19세기 전반기에는 물주가 자본을 투자하고 혈주나 덕대가 임 금노동자를 고용하여 분업적 협업하에 광산을 경영하는 자본주의 경 영형태가 보급되었다.[37]

---

[37] 柳承宙,「手工業과 鑛業의 발달」, 한국사연구회편,『韓國史研究入門』제2판 (서 울, 지식산업사, 1987); 柳承宙,「朝鮮後期 鑛業의 經營形態에 관한 일 硏究 - 17,8 세기 別將制下의 銀店을 중심으로」,『歷史敎育』28, 1980; 柳承宙,「朝鮮後期鑛業 의 資本制的 經營形態에 관한 일 硏究」,『宋甲鎬敎授停年退任記念論文集』(기념 논문집간행위원회, 1993). 그런데 덕대제 중에서 어떤 것은 생산된 광물을 서로 간에 분배하는 것이 아니라 德大가 임금을 주고 노동자를 고용하는 경우도 있었 고, 德大 자신이 자본가로 성장하는 경우가 있었다. 이 경우 德大는 일종의 산업 자본가의 성격을 지니며, 이런 형태의 광산경영은 자본제적 광산경영이라 할 만 하다. 安秉直, 앞의 글.

4) 자본주의 맹아론에 대한 비판

在日 사학자인 安秉珆는 국내의 내재적 발전론(즉 맹아론)의 관점에
선 연구가 발전 계기의 실재라는 사실에 대한 검증에 치중한 나머지
'구조적 파악을 방해하는 浮彫的' 수법에 그치는 경향이 있었다고 하여
방법론상의 문제를 비판하였다.[38] 부조적 수법이란 얼핏 보아 맹아론
의 요소로 적합한 사실들을 그것의 역사적 전체성, 사실관계의 전후 맥
락과 분리하여 임의로 그 자본주의적 성격을 강조했던 방법론을 말한
다. 마치 보물찾기와 같은 방식으로 망망한 사료의 대해에서 필요한
것을 주워 모아 소망스러운 형태로 조립하는 방식이다. 그 결과 매우
분명한 오해가 적잖이 발생하게 되었다는 것이다.[39] 안병태는 조선봉
건사회의 아시아적 특질을 강조하여 중층적 토지소유설을 제기하였다.
이는 국왕의 단일한 토지소유 내에서 중층적인 소유·보유 관계가 성
립하고 그것이 국왕에 의해서 재생산된다는 것이다. 이러한 상황에서
중층적 구조를 갖는 사회의 전환이 단순히 경제논리에 의해서만 일어
날 수는 없다는 것이다. 이러한 논리하에서 김용섭의 경영형 부농설
의 범주적 성립을 부정하였다.[40] 안병직도 이론상 실증상 자본주의
맹아론의 한계를 지적하였다. 당시 연구수준에서 한국 봉건제의 본질
에 대해 제대로 이해가 되어 있지 않으며 봉건체제의 해체양상과 붕
괴에 대해서도 연구가 진행되어 있지 않다는 것이다. 한두 개의 자본
제적 경영사례만으로 맹아단계를 설정할 수 없으며 맹아론의 근거가
되는 실증자료에 대한 무리한 해석이나 자료 자체에 대한 타당성에

---

38) 安秉珆, 「はしがき」, 『朝鮮近代經濟史研究』 (東京, 日本評論社, 1975).
39) 李榮薰, 앞의 글, 1987, 58쪽.
40) 安秉珆, 앞의 책, 제2장.

회의를 표시하였다.[41]

이후 한국 역사학계는 60년대 70년대 김용섭, 송찬식 등의 연구 성과를 계승하여 이를 심화시키는 연구방향과 일본 경제사학의 영향을 받아 김용섭 등의 연구를 비판하는 경향의 두 가지 흐름이 나타났다.

안병태 등 일본 경제사학자의 영향을 받은 李榮薰 등은 농업에서의 자본주의 맹아 성립을 비판하는 태도를 취하였다. 예컨대 이영훈은 경영형 부농으로 성격 규정된 광작농민에 대해 비판적 견해를 보이고 있다. 이앙법에 의해 대규모 경영의 광작농이 출현하기는 했지만 18, 19세기를 거쳐 광작농은 대체로 소멸해갔는데, 역사적으로 쇠퇴할 운명에 놓여있고 또 당시 선진적 농학자에 의해 비난받던 존재이던 광작농에 대해 맹아론자들은 오히려 역사의 주체로서 진보적 의미를 부여하는 모순을 범했다는 것이다.[42] 1996년 역사학대회에서 이영훈은 한국 역사학계의 자본주의 맹아론을 전면적으로 부정하는 논리를 제시하였다. 1) 자본주의로의 이행에서 가장 기초적 국면이라 할 수 있는 농촌공업(衣類工業)의 성립이 실증된 적이 없었다. 2) 기초산업인 농업의 발전방향을 소농의 양극분해를 기초 과정으로 하여 농업에서 자본－임노동 관계가 발전한 영국의 경험을 농업근대화의 일반모델로 추상화하였는데(소위 경영형 부농, 광작농), 실제 양안자료를 보면 17세기에서 18세기로 가면서 상층경작농이 감소하고 하층소농이 증가하는 경향을 보여준다. 농가의 생산비구조를 보더라도 농업이윤율이 지대율보다 낮기 때문에 자본가적 차지농이 논리적으로도 성립할 수 없다. 3) 17세기 이후의 농촌의 정기시를 중심으로 한 시장경제의 발전이 맹아론자들이 보듯이 상품생산의 증가에 따른 것이라기보다는 조세나 還

41) 安秉直, 앞의 글.
42) 李榮薰, 앞의 글, 60쪽.

穀 등 국가적 물류의 증대 때문이라고 보았다.[43]

李勛相은 1993~1995년의 한국사학계 조선 후기 연구에 대한 회고와 전망을 집필하면서 「자본주의 맹아론의 종언」이라는 장을 설정하여 최근 이영훈의 자본주의 맹아 부정론을 지지하였다.

> 자본주의 맹아론은 조선 후기 경제변동을 이해하는 지배적인 문제틀이었다. 이에 기초하여 상업, 수공업, 광업 등 광범위한 영역에 걸쳐 조선 후기 역사상이 만들어졌다. 이 과정은 한 마디로 한국역사에서 서양역사를 찾는 시도였다고 할 수 있다. 이제 양자의 동질성을 발견하는 것으로 自足한 여정을 더 이상 계속하는 것이 무의미하다는 인식이 확산되고 있다. … 산발적으로 제기되어 온 비판론을 이제 전면에 내세워도 될 만큼 패러다임의 변화를 겪고 있으며, 1996년도 역사학대회에서 그 같은 문제들의 종식을 선언하고 나온 것을 하나의 분수령으로 그어도 좋을 것이다. 자본주의 맹아론이 식민주의 정체성에 대한 비판적 담론으로서 이것 자체가 역사의 중압감으로 작용하는 식민지의 유산이라면 이 같은 문제틀 자체를 의미 없는 것으로 인식하는 전환은 정체성으로의 복귀가 아니고 오히려 그같은 유산에 더 이상 집착하지 않아도 될 만큼 한국 학계가 성장한 조짐으로 보아도 좋을 것 같다.[44]

한국사학계의 일각에서 자본주의 맹아론 무용론이 제기되고 있는 것이다. 이러한 흐름은 당분간 더욱 세를 얻을 것으로 보인다. 한편 자본주의 맹아론에 대한 비판은 맹아 부정론에서만이 아니라 맹아를 긍정하는 맹아론 내부에서도 이어졌다. 이는 맹아론의 발전을 위해 필요

---

[43] 이영훈, 「한국사에 있어서 근대로의 이행과 특질」, 『1996년도 전국역사학대회발표요지』, 1996. 이영훈은 같은 논문을 『經濟史學』 제21호(1996)에 약간 수정하여 다시 발표하였는데 거기서는 시장에서의 미곡유통량중 국가적 물류량의 비중을 하향 조정하고 있다. 그러나 그의 대체적인 요지는 변화가 없다.

[44] 李勛相, 「回顧와 展望: 韓國史學界 1993~1995: 朝鮮後期」, 『歷史學報』 152輯, 1996.12. 304~305쪽.

한 일이기도 하였다. 이정철은 자본주의 맹아론에 우호적인 입장을 지니고 있지만 맹아론 자체의 논리적 결함을 지적한다. "자본주의 맹아론에서 조선 후기에 등장했다고 상정하는 경영형 부농이 광작, 상업적 농업 등을 통해 농민층 내부에서 빈부격차를 심화시켰다고 논증하는 방식은 경영형부농이 15세기 후반 이래의 영국 요맨층과 같은 내용을 가진 것이었음을 증명하려는 시도였다." 그런데 이러한 요맨이 개념상 삼분할제 내에서의 자본가적 차지농과 다름에도 불구하고 자본가적 차지농과 혼동되고 있다[45]는 것이다. 결국 경영형 부농과 자본가적 차지농은 서로 다른 개념임에도 동일한 것으로 혼동하는 오해를 초래했다는 것이다. 아울러 김용섭과 이경식의 맹아론에 내재하는 이중적 문제점을 지적한다. 첫째는 이들이 설정한 구도가 조선 후기의 실제와는 다르다는 것이고, 둘째는 봉건제의 해체를 실증하기 위한 이들의 구도 자체가 적절치 못하다는 점이다. 첫째로 이들의 논리는 봉건적 소농이 자본주의적 임노동 즉, 농업프롤레타리아트에 의해서 대체됨으로써 혹은 그런 방향으로 나아감으로써 봉건제가 해체되고 농업자본주의가 성립한다는 것이다. 하지만 소농은 결코 농업프롤레타리아트에 의해 대체되지 않았고 또 그럴 수도 없었다. 둘째로 농업자본주의의 맹아는 결코 삼분할제로의 전진 과정에서 찾을 수 있는 것이 아니라는 것이다. 이것은 특수한 조건 속에 있던 영국만의 경험이었기 때문이다.[46] 이정철은 맹아론의 막다른 골목을 뛰어 넘으려 했으나 아직은 희망적 전망을 얻지 못하였다. 그렇다고 그가 맹아론을 부정하는 아시아적 생산양

---

45) 이정철, 앞의 글, 199쪽.
46) 이정철, 앞의 글, 214쪽. 그런데 이정철에 따르면 오늘날 농업자본주의의 지배적 경영방식은 기계화된 가족농이지 3분할제가 아니라고 한다. 3분할제를 통해 국가적 수준에서 농업자본주의가 성립된 거의 유일한 사례인 영국에서조차 2차 대전 후에는 다시 가족경영이 농업경영의 중심이 되었다고 한다.

식론에 투항하는 것은 아니었다.

2002년『역사와 현실』45호에는 한국역사연구회가 기획한「조선후기 사회를 어떻게 볼 것인가」에 대한 토론회에서 발표된 이영훈, 崔潤晤의 논문과 토론내용이 게재되었다.[47] 이 토론은 조선 후기를 소농사회로 볼 수 있는가가 주된 주제였지만 이와 관련하여 자본주의 맹아론에 대한 토론도 병행되었다. 최윤오는 1960년대 김용섭의 맹아론을 계승한 반면 이영훈은 종전의 맹아론 비판을 재론하였다. 이영훈은 자본주의 맹아론이 의료공업에서 원기적 공업화를 실증하는 데 실패하였고, 농민층의 양극분해에서도 경작규모의 확대(경영형 부농)를 증명하지 못했으며, 자연환경·사회조직·문화특성 등 다원적 요인을 무시하였고, 서유럽 중심주의 역사상을 부지불식간에 설정하고 있으며, 일국사적 관점에 입각해 있다고 비판하였다. 반면 그가 설정한 조선 후기의 소농사회는 그 내부에 근대사회로의 이행을 위한 조건을 자생시킬 수 없기에 대규모 경쟁적 국제시장이나 자립적 상인사회에 의해 근대화가 초래되는데, 한국사에서 그 역할을 떠맡은 것은 일본 제국주의의 총독부권력이고, 해방 후의 미국 자본주의 세력이라는 것이다. 결국 자생적 근대화가 아니라 이식형 근대화라는 주장이다.[48] 최윤오는 이영훈 등의 식민지 근대화론자들이 조선 후기의 정체성과 낙후성을 밝히는 가운데 한국의 근대화는 내적인 역량에 의해서 초래되지 않았고 일본과 미국에 의해 이식된 자본주의에 기인했다고 주장한 것에 대해 역사철학상의 문제점을 피력하였다.[49] 아울러 조선시대 토지대장인 양

---

[47]『역사와 현실』45 (한국역사연구회, 2002)에는 조선 후기 사회를 어떻게 볼 것인가라는 기획하에 이영훈,「조선후기 이래 소농사회의 전개와 의의」; 최윤오,「조선후기 사회경제사연구와 근대 – 지주제와 소농경제를 중심으로」; 김건태, 김재호, 왕현종, 김선경 토론,「조선후기 사회를 어떻게 볼 것인가」가 실려있다.

[48] 이영훈, 위의 글.

안의 분석에 있어서 한 지역만의 양안을 분석할 것이 아니라 주변 面과 郡縣의 양안을 동시에 분석해야 한 作人(소작인)이 여러 지주로부터 토지를 借耕한 사례를 확인할 수 있어 부농의 상향분화(소위 경영형 부농) 현상을 검출할 수 있다고 하여 이영훈 등의 하향평준화(하층 소농의 증가경향) 이론을 비판하였다. 경영형 부농 이외에도 임노동을 사용하여 상업적 농업을 경영하는 경영지주의 존재를 통해 자본주의적 관계의 발전을 보여주는 사례를 발견할 수 있다고 주장한다. 이러한 연구들은 내재적 발전론의 입장에서 내적 계기를 확인하며 동시에 외적 충격을 능동적으로 수용하는 방법을 모색하는 데서 출발해야 하며, 조선 후기의 사회 변화 과정에서 부의 原器가 토지에서 자본으로, 그리고 사회관계가 신분에서 계약으로 전환하는 양상을 추출해야 한다고 지적하였다.[50]

조선 후기 사회경제사연구자들과 서양사·동양사 연구자가 참여한 토론에서 이영훈의 소농사회론에 대해서 그 논리의 일부를 이루는 19세기 위기론은 막다른 골목, 파국으로만 그려져 있어 결국은 외세의 힘을 빌어올 수밖에 없다는 결론으로 나아간다는 점, 19세기에 토지생산성이 하락했다는 증거가 미약하여 소농사회의 위기가 충분히 실증되지 못한 점, 소농사회가 근대사회로 이행되는 과정에서 외적 계기에 의한다고 설명함으로써 내재적 발전론을 부정하는 점, 개항 이후 일본 제국주의에 의해 조선의 토착적 수공업(土布산업)이 붕괴되어 조선의 자본주의화가 왜곡되었다는 점 등이 문제점으로 지적되었다. 최윤오의 자본주의 맹아론에 대해서는 토지소유 및 농업경영의 양극분해가 실

---

49) 식민지근대화론의 이러한 주장은 최윤오에 의해 '친일파, 친미파 역사주역론'으로까지 비판된다.

50) 최윤오, 앞의 글.

증되지 못했으며 실제적으로 하향평준화가 진행되었다는 점, 조선 후기 지주제 경제의 발전과 자본주의적 관계 발전의 상호 관련 문제가 명확히 설명되지 못한 점, 농업에서의 경영형 부농의 검출에 지나치게 매달리는 점 즉, 농업자본주의에서 자본주의 맹아를 찾는 것의 문제점[51] 등이 거론되었다.[52]

3. 중국에서의 자본주의 맹아론[53]

1) 자본주의 맹아 논쟁의 전개

1949년 중화인민공화국 건국 이래 중국의 역사학계에서는 자본주의 맹아 논쟁이 몇 차례 전개되어 왔는데 두 번의 열띤 논쟁의 시기가 있었다. 첫 번째 시기는 1954년 개시된 『紅樓夢』에 대한 문학적 논쟁이 자본주의 맹아에 대한 역사 논쟁으로 발전하여 1960년대 초반까지 이어졌다. 20여 세의 두 명의 젊은 학자 李希凡, 藍翎이 홍루몽 연구(紅

---

[51] 농업에서의 자본주의 발전 사례로 보통 영국의 삼분할제(지주, 농업자본가, 농업노동자)의 경우를 들고 있으나 이는 유럽에서도 영국만의 특수한 현상으로 파악되는 것이 일반적이다. 이러한 특수한 현상의 검출에 지나치게 몰두하는 것에 대해 식민지 근대화론자나 맹아론자를 불문하고 여러 논자들이 그러한 관점에 대해 비판적 견해를 제시하였다. 지주가 상공업 등에 투자함으로써 자본주의적 관계를 형성해 나가는 경우라던가(김선경), 지주가 농업자본가로 등장하는 경로라던가(이세영), 농업 부분에서의 소생산자층의 양극분해보다는 모험자본에 의한 본원적 축적의 성립을 설명하는 방식(임지현)이 보다 설득력이 있다는 견해가 제시되었다.

[52] 김건태, 김재호, 왕현종, 김선경 토론, 앞의 글.

[53] 이 부분의 서술은 박기수, 「수공업」(오금성 외 지음, 『명청시대 사회경제사』(서울, 도서출판 이산, 2007) 수록) 중에서 그 일부인 「명청시대 수공업에서의 자본주의 맹아」, 537~551쪽의 내용을 참고하였음을 밝힌다.

學)의 전문가이자 대가인 兪平伯의 연구에 대하여 현실주의 문학현상
을 곡해하고 반현실주의 유심론에 얽매여 있다고 비판하였는데, 이들
의 비판을 毛澤東이 자본가계급 유심론에 대한 비판이라고 호평하자,
홍루몽에 대한 새로운 평가와 비판이 봇물을 이루고 이것이 이어서 홍
루몽의 사회 배경에 대한 문제로 비화되었다.[54] 역사가 鄧拓은『인민
일보』에 발표한「홍루몽의 사회배경과 역사적 의의를 논함」[55]이란 글
에서 수많은 사료를 동원하여 작자 曹雪芹이 처한 시대를 분석하고, 마
르크스주의적 연구방법론에 의거하여 홍루몽을 낳은 역사적 배경을
추적하였다. 즉 "당시의 중국은 봉건사회가 분해하기 시작하고 봉건경
제 체제 내에서 생장한 자본주의 경제인소가 바로 싹트던(맹아) 시기
에 처하였다"고 하였다. 등척의 글은 翦伯贊, 吳晗, 傅衣凌, 尙鉞 등 여
러 역사학자들에게 영향을 주어 홍루몽의 역사적 배경과 자본주의 맹
아와의 관계 여부를 논하는 글들이 분출하게 되었다. 이후 1960년대 초
반까지 자본주의 맹아의 여러 측면에 대한 격렬한 논쟁이 전개되어 전
에 없던 국면을 맞게 되었다. 이 기간 동안 자본주의 맹아와 관련된
200여 편의 논문과 여러 종의 전문적 저서가 간행될 정도로 연구와
토론의 성황을 보여 보통 자본주의 맹아 연구는 건국 이후 중국역사
학계에서 집중적으로 연구·토론된 5대 기본이론 문제(다섯 송이의 화
려한 꽃[56])의 하나로 불린다. 자본주의 맹아 논쟁에서 보여준 중국학

---

54) 趙曉華,『中國資本主義萌芽的學術研究與論爭』(南昌, 百花洲文藝出版社, 2004),
　　9~11쪽.
55) 鄧拓,「論紅樓夢的社會背景和歷史意義」(『人民日報』1955.1.9.), 中國人民大學中
　　國歷史敎硏室 編,『中國資本主義萌芽問題討論集』上 (北京, 三聯書店, 1957)에
　　수록.
56) 중국에서는 이를 五朶金花라 하는데 그 5대 기본 이론 문제는 중국고대사 분기
　　문제, 중국봉건 토지소유제 형식 문제, 중국봉건사회 농민전쟁 문제, 漢民族形成
　　問題, 그리고 중국자본주의 맹아 문제이다.

자들의 기본적 인식태도는 종래 서양학자들의 중국사회정체론을 학문
적으로 극복하기 위하여, 아편전쟁 이전의 중국사에도 주체적인 자본
주의적 발전의 계기가 내재했음을 증명하려는 것이었다.[57] 동시에 당
시 연구자들은 모택동의 "중국봉건사회 내부의 상품경제의 발전은 이
미 자본주의 맹아를 잉태하고 있었다. 설사 외국자본주의의 영향이 없
었더라도 중국은 점진적으로 자본주의사회로 발전해 갔을 것이다"[58]
라는 발언을 자본주의 맹아 연구의 지침으로 삼고 있었다.

첫 번째 시기의 논쟁에서는 자본주의 맹아가 출현한 시기, 맹아의 정
도 및 사회 성격의 변화, 수공업 자본주의 맹아의 존재 여부 등에 대해
주로 논의가 집중되었다.[59] 맹아 출현 시기에 대해 唐代說, 宋代說, 元
代說, 明代說, 淸代說 등 여러 견해가 있었지만 다수의 논자는 명대 그
중에서도 명대 중엽으로 비정하였다.[60] 자본주의 맹아의 정도에 대해
일부학자는 아주 높게 평가하고 이에 따라 사회 성격도 변화하였다고
보았으나 많은 학자는 이에 의문을 제기하였다. 일부 학자는 명청 시

57) 田中正俊, 「中共에서의 資本主義萌芽論」, 閔斗基 編, 『中國史時代區分論』(서울, 창작과 비평사, 1984), 266쪽.

58) 毛澤東, 「中國革命和中國共産黨」(1939.12), 『毛澤東選集』第2卷 (北京, 人民出版社, 1966), 589쪽.

59) 국내에서는 吳金成, 「明末淸初 商品經濟의 發展과 資本主義萌芽論」, 吳金成·曺永祿 등 지음, 『明末淸初社會의 照明』(서울, 한울아카데미, 1990), 127~138쪽에 개괄적으로 잘 소개되어 있다. 보다 자세한 연구 경향에 대해서는 田居儉·宋元强, 「中國資本主義萌芽研究略述」, 田居儉·宋元强 編, 『中國資本主義萌芽』(成都, 巴蜀書社, 1987), 上冊, 1~111쪽을 참조. 일본에서는 田中正俊, 「中國歷史學界における'資本主義の萌芽'研究」, 鈴木俊·西嶋定生 編, 『中國史の時代區分』(東京大學出版會, 1957); 佐伯有一, 「中國歷史學界における'資本主義の萌芽'に關する論爭その後」, 『社會經濟史學』27-3, 1961 등을 참조.

60) 趙曉華는 앞의 책, 제1장 「20世紀中國資本主義萌芽研究概況」, 15쪽에서 자본주의 맹아 출현 시기를 명대 중엽으로 인정하는 학자가 절대다수라고 하였는데 제2장 「中國資本主義萌芽于何時」, 47쪽에서는 비교적 다수라고 한다.

기 자본주의 맹아가 봉건사회의 경제적 기초를 동요시켰다고 보았으나 일부는 이러한 견해를 부정하였다. 자본주의적 생산의 개시를 의미하는 자본의 본원적 축적에 대해서도 서로 상반된 견해가 제기되었다. 일부 학자는 중국역사에서 자본의 본원적 축적이 아예 발생하지 않았다고 보았으나 다수는 본원적 축적을 긍정하였다. 그중 일부는 청대 乾隆(1736~1795)·嘉慶(1796~1820) 시기에 본원적 축적이 시작되었다고 주장하였고 상대적으로 다수가 본원적 축적은 아편전쟁 이후에 시작되었다고 하였다.[61] 이 시기에는 농업에서의 자본주의 맹아에 대한 연구는 적었고 주로 견직업, 면방직업, 도자업, 채굴제련업의 수공업 분야에 대한 연구가 중심이었다. 따라서 각 수공업에서의 자본주의 맹아의 존재 여부가 토론되었다. 이 시기의 맹아 논쟁으로 명청 사회경제에 대한 연구 영역을 확대시키고, 연구 수준을 향상시키는 성과를 거두었으나 몇 가지 점에서 문제를 노정하였다. 우선 당시의 객관적 조건의 한계로 핵심적 이론 문제에 대하여 예컨대 자본주의 생산양식이나 자본주의 맹아의 개념에 대하여 과학적이고 공평타당한 이론을 정립하지 못하였다. 토론에 참여한 논자들은 마르크스주의 경전 내용에 얽매여 사료를 분석할 때 엄밀성이 부족하였으며 문장의 서술이 공허하였고, 교조화·공식화된 논리에 집착하는 한계를 보이기도 하였다. 둘째로 50년대말 反右派鬪爭의 정치적 상황속에서 左傾 사상의 영향이 강하여 우수한 역사학자의 연구가 반동이나 反마르크스레닌주의라는 딱지가 붙어 곤경에 처하기도 하였다. 특히 1958년의 소위 史學革命이 개시되어 단순화·개념화·절대화를 특징으로 하는 통속유물론이 맹위를 떨쳐 자본주의 맹아 문제 토론의 과학성과 형평성에 좋지

---

61) 趙曉華, 앞의 책, 제3장 「明淸資本主義萌芽發展水平、規模及前景」.

않은 영향을 미쳤다.[62] 셋째, 이 시기의 연구는 아직도 사료의 수집 단계 그리고 현상에 대한 단순한 기술 단계에 맴돌았을 뿐, 개념과 범주에 대해서는 명확하지 못한 점이 많았다. 또 이에 대한 비판자 측의 논리도 엄격하고 구체적인 분석을 통해서 도출된 이론이 아니었다.[63]

두 번째 논쟁의 시기는 10년 동란이라 불리는 문화대혁명이 종결된 1970년대 말에 시작되었다. 1978년 12월 중국공산당 제12기 3中全會는 10여 년간 학문이 정치에 종속되어 정치선전의 도구로 전락되었던 상태를 비판하여 사상의 해방과 實事求是를 내걸고 학문의 자유스러운 발전을 보장하는 전기를 마련하였다. 역사학의 분야에서도 자본주의 맹아 문제를 비롯한 다섯 송이의 화려한 꽃도 새롭게 개화되는 상황이 출현하였다. 특히 개혁개방의 시대를 맞아 중국경제사에 대한 관심과 연구열기가 뜨겁게 달구어졌다. 연구 대오도 재건되고 확대되어 자본주의 맹아에 대한 새로운 관점과 새로운 지평이 새로운 연구세대에 의해 개척되었다. 1980년 1월에는 山東大學 歷史系가 주최한 자본주의맹아문제토론회가 개최되어 자본주의 맹아의 발생 시기, 맹아가 취약한 원인 등의 문제가 토론되었고, 1980년 6월에는 廈門大學 역사계와 역사연구소가 공동 주최한 중국경제사 학술토론회에서 농업자본주의 맹아를 비롯한 주제가 토의되었으며, 1980년 8월에는 天津에서 열린 명청사 국제학술토론회에서도 중국자본주의 맹아 문제가 명청경제사의 주요 과제로 제기되어 이에 대한 토론이 활발히 전개되었다.[64] 1980년 10월의 북경에서 개최된 한 학술토론회에서는 농업자본주의 맹아, 수공업

---

[62] 趙曉華, 앞의 책, 16쪽.
[63] 吳金成, 앞의 글, 129쪽.
[64] 「史學界動態」, 『中國歷史學年鑑 1981』(北京, 人民出版社, 1981), 365~366쪽, 374~375쪽, 340~342쪽.

자본주의 맹아가 전체 9개의 전문 주제 중 두 개 주제로 선정되었다.[65] 1981년에 들어서서는 중국사회과학원 경제연구소와 남경대학 역사계가 함께 중국자본주의 맹아 문제 학술토론회를 개최하였다. 이 토론회에서는 백가쟁명의 방침과 학술 문제 자유토론의 원칙하에 건국 이래 이룩한 성과를 회고하고 농업자본주의 맹아 문제, 行會·公所와 會館 問題, 맹아의 사회경제적 조건 문제, 국내 시장 문제, 자본주의 맹아 인식 문제, 자본주의 맹아 발전이 지체된 원인 등에 대해 열렬한 토론을 전개하였고, 아울러 앞으로의 자본주의 맹아 연구의 방향·방법 등에 대해 의견을 교환하였다.[66]

두 번째 논쟁 시기의 중국자본주의 맹아에 대한 새로운 연구 경향을 개괄하면 첫째, 과거 주로 『홍루몽』의 시대배경과 관련시켜 자본주의 맹아를 논하던 것과는 달리 전문적이고 독립적인 학술 문제로 다루고 있으며, 둘째, 1950년대에는 마르크스주의의 개념에 의거하여 종합적이고 일반적인 논술이 많았던 반면 최근에는 특정 지역(예컨대 廣西, 陝西, 廣東, 蘇州, 佛山), 전문 업종(예컨대 景德鎭 陶瓷業, 四川 井鹽業, 北京 炭鑛業, 廣東 製鐵業)의 자본주의 맹아를 보다 깊이 연구하고 있다. 셋째, 새로운 문제, 새로운 관점, 새로운 방법을 제시하는 연구가 출현하고 있다. 넷째, 사료 운용의 범위가 날로 확대되어 관찬 자료, 개인 저술 이외에도 檔案, 계약문서, 碑刻資料, 사회조사 자료 등의 이용이 활발하다. 다섯째, 1950년대에는 지명도가 높은 대가의 글이 많았으나 최근에는 청장년 역사연구자의 연구가 왕성하다. 여섯째, 50년대에는 자본주의 맹아 출현의 시기나 발전 수준에 대한 평가가 토론의 중심 과제였으나 최근에는 자본주의 맹아의 발전이 완만하고 지체된 원

---

65) 趙曉華, 앞의 책, 18쪽.
66) 「史學界動態」, 『中國歷史學年鑑 1982』(北京, 人民出版社, 1982), 505~509쪽.

인 또는 자본주의 생산 양식이 중국에서 발전할 수 없었던 원인 등의
문제에 관심을 기울이고 있다.[67]

　이러한 연구 경향과 성과를 종합적으로 보여주는 대표적인 연구서로
許滌新과 吳承明이 주편한『中國資本主義發展史』제1권『中國資本主義
的萌芽』(北京, 人民出版社, 1985)를 꼽을 수 있다. 이 책은 연구의 구상
과 착수가 이미 1960년에 시작되었다는 점, 참여한 학자들의 수 및 그들
의 학계에서의 위치,[68] 방대한 분량(773페이지) 등을 고려해 볼 때, 현
재 중국학계의 중국자본주의 맹아 연구의 수준을 보여주는 대표적인 연
구서라 해도 지나친 말은 아닐 것이다. 이하 명 후기와 청대 자본주의
맹아의 연구 성과는 이 연구서의 내용을 중심으로 소개하고자 한다.

2) 명(明) 후기 자본주의 맹아

　명대 후기 자본주의 맹아의 실상을 서술하기에 앞서 위의 연구서에서

---

[67] 田居儉·宋元强, 앞의 글, 田居儉·宋元强 編, 앞의 책, 上册, 7~8쪽; 박기수, 「명
　청시대 생산력과 상품유통의 발전-『資本主義萌芽的硏究』에 대한 소개와 비
　판」, 『성대사림』 10집, 1994, 138~139쪽 참고.

[68] 1960년 봄 許滌新은 廣東 從化에서 개최된 정치경제학 학습반에 참가하여 周恩
　來로부터『중국자본주의발전사』를 쓰는 임무를 부여받았다. 그것은 정치경제학
　의 중국화를 중국근대경제사의 영역에서 구체적으로 실천하는 하나의 과제였다.
　허척신은 中央工商行政管理局과 中國科學院經濟硏究所의 합작에 의해 조직된
　資本主義經濟社會主義改造硏究室에 이 과제를 부여하였다. 이 연구실에는 吳承
　明, 方行 등 10명의 연구원이 참가하고 있었다. 후에 허척신이 중국사회과학원
　경제연구소의 소장이 되자 '연구실'은 경제연구소의 산하에 들어오게 되고『중국
　자본주의발전사』의 저술도 경제연구소의 중점사업의 하나가 되었다.『중국자본
　주의발전사』의 저술단계에 들어서자 경제연구소의 역량만으로는 부족하여 상해
　사회과학원 경제연구소의 徐新吾 등 7명의 학자, 天津의 南開經濟硏究所의 丁世
　洵 등 4명의 학자의 협력을 얻어『중국자본주의발전사』의 저술에 임하게 되었
　다. 그들은 다년간 중국근대경제사를 연구한 학자들로 대량의 경제사 자료들을
　편집한 경험이 있었다. 박기수, 위의 글, 139쪽 참조.

정리한 맹아의 개념이 비교적 학계의 동의를 얻고 있으므로 이에 대해 우선 설명하겠다. 첫째, 자본주의 맹아는 자본주의 생산관계의 발생 과정이지 하나의 因素나 發生趨勢는 아니다. 맹아 상태는 점진적 변화 과정이어서 과도적 성질과 양면적 성질을 띤다. 둘째, 자본주의 맹아는 하나의 생산관계이지 하나의 공장, 하나의 점포는 아니다. 즉 하나의 사회관계이지 개별 인간 사이의 관계는 아니다. 자본주의 생산관계는 봉건사회 말기에 사회경제의 발전이 일정한 수준에 이르렀을 때 생성된 것이다. 그것이 그 이전에 약간 우발적으로 앞서 나타날 수도 있다. 그러나 그것으로써 자본주의 맹아 과정이 이미 개시되었다고 할 수 없다. 셋째, 자본주의 맹아는 새로운 선진적 생산관계이고 新生 사물의 생명력을 구비하고 있다. 그것은 일단 생성되면 불가항력적인 원인이 아니고서는 중도에 夭折하지 않는다. 즉 진정한 자본주의 맹아는 연속성을 갖추고 있다.[69]

자본주의 맹아에 대한 위와 같은 인식에 근거하여 직접적인 사료로써 확실히 증명할 수 있는 명대 후기 수공업에서의 자본주의 생산관계의 맹아는 두 분야에서 존재하였다.[70] 첫 번째는 蘇州·杭州지역에 있

---

69) 許滌新·吳承明 主編, 『中國資本主義發展史』 제1권 『中國資本主義的萌芽』(北京, 人民出版社, 1985), 5~7쪽.

70) 江西 景德鎭의 도자기 제조업은 명대에 흥기하였는데 어떤 사람은 이미 자본주의 맹아가 생성되었다고 하였다. 그러나 명대는 관련 사료가 아주 적어서 확실한 증거를 찾지 못하였다. 四川의 井鹽業은 宋代에 선진적 생산기초가 있었고 明代에도 발전하였으나 마찬가지로 생산관계의 사료가 부족하였다. 또한 明代 자못 발달한 선박항운업도 마찬가지 상황이었다. 棉布 가공업중의 踹坊, 면·견직물 가공업중의 染坊은 모두 명대에 발전하기 시작하였다. 마찬가지로 생산관계의 기술이 부족하다. 면포제품 가공업중의 暑襪業은 확실히 명대에 包買商 형식의 자본주의 맹아가 존재하지만 단지 한 지방의 아주 작은 업종일 뿐이다. 명 후기 江西 鉛山縣 石塘鎭에서 종이를 제조한 槽戶 중에 그리고 浙江 嘉興縣 石門鎭의 窄油坊중에 자못 자본주의 생산관계와 유사한 기재가 있으나 개별 지방의 일에 불과하다. 전 업종의 고찰 자료로는 부족하다. 許滌新·吳承明 主編, 위의 책, 139~140쪽.

었던 몇몇의 견직업 공장이고, 두 번째는 광동의 冶鐵業 및 佛山의 몇몇 炒鐵業 · 철기 鑄造業 공장이다. 이러한 공장에서는 이미 자본주의 생산의 기본적 성질이 갖추어져 있었으며 그 수가 매우 적었다고 하더라도 이미 개별적 · 우연적 현상이라고는 할 수 없었다. 그것은 연속성을 갖추고 있었으며 이후로 발전하고 확대되어 갔다.

소주 · 항주에서의 견직업은 명대 관영 수공업에서나 민영 수공업에서 상당한 발전을 이룩하였다.[71] 특히 이들 지역에서는 민간 직조업자인 機戶에 의한 견직물 생산이 발전하였으므로 관영 수공업이 와해되어 가는 상황에서 명조는 민간 기호에게 견직물 생산을 청부하는 領織을 통하여 필요한 견직물을 조달하였다. 대체로 영직을 담당하는 기호는 생산규모가 비교적 큰 大戶였다. 대호가 자신의 시설이나 노동력만으로 관부가 할당한 견직물을 조달하기 어려울 때는 노동자를 고용하거나 小戶를 불러 다시 하청을 주었다. 이러한 가운데 대호와 소호사이에는 서서히 고정적인 고용관계가 정착해 가고 있었다. 명 후기 견직업에서의 고용노동의 상황에 대해서는 사료가 많이 남아 있지 않다. 그러나 淸代 전기에 소주의 직공은 이미 전문화되어 있었고, 노동 시간에 따라 임금을 받았으며 각기 고정적인 주인(常主)을 가지고 있었다. 동시에 대량의 임시공도 존재하고 있었다. 대체로 명대 후기에도 그러했을 것이다. 명 후기 소주의 견직업에서 자본주의적 고용 관계를 보여주는 세 가지 사례가 있다. 하나는 鄭灝라는 공장주가 남녀 직공 각

71) 종래 明代 蘇州 · 杭州의 견직업에 대해서는 많은 실증적 연구가 진행되었다. 대표적 연구 몇 가지를 꼽으면 다음과 같다. 史宏達, 「明代絲織生産力初探」, 『文史哲』 1957-8; 彭澤益, 「從明代官營織造的經營方式看淸江南織造業的性質」, 『歷史研究』 1963-2; 范金民 · 金文, 『江南絲綢史硏究』(農業出版社, 1993); 田中正俊, 「16 · 17世紀の江南における農村手工業」, 『中國近代經濟史研究序說』(東京大學出版會, 1973); 田中正俊, 「中國における地方都市の手工業－江南の製糸 · 絹織物業を中心に」, 『中世史講座』 3 『中世の都市』(東京, 學生社, 1982).

기 수십 명을 고용한 사례[72]이고, 두 번째는 張瀚이 저술한『松窗夢語』에 묘사된 20여 대의 직기를 소유한 공장주의 사례[73]이며, 세 번째는『醒世恒言』이란 소설에 묘사된 施復의 사례[74]인데 그는 소생산자로서 확대재생산을 반복하여 10여년 만에 30~40대의 직기를 보유한 공장제 수공업(매뉴팩처) 주인으로 성장하였다. 이러한 사례들을 통해 명 후기 견직업의 공장제 수공업의 주인은 소생산자로부터 분화되어 나온 자본가임을 알 수 있다. 바로 마르크스가 설명하고 있는 자본주의 형성의 첫 번째 경로 즉, 생산자가 자본가로 변화 발전하는 과정으로 해석할 수 있다. 반면 명대에 상업자본이 상당히 발전했음에도 불구하고 상인이 견직업에 투자하여 생산을 직접 지배하는 사례는 보이지 않는다. 즉 자본주의 형성의 두 번째 경로는 명대 견직업에서는 출현하지 않았다고 할 수 있다.[75]

명대 후반 광동에서의 철광의 제련과 제철기술은 상당한 정도로 발전하였다. 특히 철광의 제련 방면에서 24시간 작동하여 하루에 3,600근의 철을 생산할 수 있는 高爐가 개발되었으며 4명이 동원되어야 작동가능한 수동식 송풍기(風扇)도 이용되었다.[76] 명대에는 철의 제련 과정에서 종래의 석회석 대신에 礬石을 熔劑로서 사용하였으며 연료로서 乾溜[77] 코크스도 이용되었다. 이 때문에 명대 광동의 철 생산은 괄목할 만한 발전을 보아 1522년 광동 潮州와 惠州에서는 이미 1,858

---

72) 陸粲,『庚巳編』卷4「鄭灝」(北京, 中華書局, 1987), 43쪽.

73) 張瀚,『松窗夢語』卷6 異聞記 (北京, 中華書局, 1985), 119쪽.

74) 馮夢龍,『醒世恒言』卷18「施潤澤灘闕遇友」(上海古籍出版社, 1992), 229~243쪽.

75) 許滌新・吳承明 主編, 앞의 책, 제2장 제4절「蘇州,杭州絲織業中的資本主義萌芽」, 139~159쪽.

76) 屈大均,『廣東新語』下 (北京: 中華書局, 1985), 卷15「貨語・鐵」, 409쪽.

77) 고체 유기물을 가열・분해하여 휘발성분과 비휘발성분을 분리하는 조작 방식이다.

만 근을 생산하였고, 1531년에는 2,763만 근이나 생산[78]하였을 정도였다. 광동 冶鐵業[79]에서는 이미 공장제 수공업의 사례가 발견되고 있다. 광동의 韶州나 惠州에서는 철광을 채굴·제련하는 鑛主는 적어도 5~6개, 많으면 10~20개의 고로를 개설하였는데 고로 하나당 노동자가 2~3백 명에 달하였다. 명말 광동의 羅定 등지에서도 爐場 한 곳에 대규모의 선진적 瓶型 고로 두 세 개가 설치되어 고로 하나에 2백여 명의 노동자가 작업하였다. 고로와 관련된 노동자 200여 명 이외에도 채굴노동자가 300여 명, 汲水·燒炭 노동자 200여 명, 운반용 소가 200마리, 운반용 선박이 50척에 달하여, 투자액이 銀 만여 냥 이상에 달하였다[80] 하니 자본주의적 성질을 지닌 공장제 수공업이라 할 것이다. 이곳의 생산물은 불산으로 운반되어 炒鐵業,[81] 철기제조업 공장에 공급되었다.

광동에 이러한 야철업의 기반이 존재하였기에 불산에서 초철업이나 철기제조업이 발전할 수 있었다. 게다가 불산에는 좋은 기술, 유리한 교통, 대량의 수요가 구비되어 대규모 생산이 가능하였다. 天啓年間(1621~1627)에 불산에서는 이미 炒鐵·鑄鍋·鐵釘·鐵線·製針 등의 제조 업종이 상당한 발전을 이루어 다양한 제품을 생산하고 있었다.[82]

---

78) 李龍潛, 「試論明代鑛業中資本主義因素的萌芽及其特點」, 『理論與實踐』 1959年 第6期 原載, 南京大學歷史系 中國古代史敎硏室 編, 『中國資本主義萌芽問題討論集』 續編 (北京, 三聯書店, 1960) 재수록, 226쪽.

79) 야철업은 철광석을 고로를 이용해 녹여 생철(무쇠)을 만들어 내는 과정이다.

80) 屈大均, 『廣東新語』 卷15 「貨語·鐵」, 409쪽에 "凡一爐場, 環而居者三百家, 司爐者二百人, 掘礦者三百餘, 汲者, 燒炭者二百有餘, 駄者牛二百頭, 載者舟五十餘艘. 計一鐵場之費, 不止萬金, 日得鐵二十餘版則利贏, 八九版則縮, 是有命焉"라 한다.

81) 초철업은 生鐵 즉, 무쇠를 가열하여 鍛造함으로써 熟鐵을 만들어 철기를 제조할 수 있는 상태로 가공하는 업종이다.

82) 朴基水, 「淸代 佛山의 手工業·商業 발전과 市鎭의 擴大」, 『東洋史學硏究』 第69輯, 2000.

그러나 그들의 생산관계가 어떠한지 명대에는 자료가 부족하다. 사료 상으로 그 정황을 확인할 수 있는 것은 炒鐵業과 鐵鍋鑄造業뿐이다. "炒鐵을 담당한 점포가 수십 개나 존재하고 … 하나의 점포에 수십 개의 모탕(砧)이 있으며 하나의 모탕에 10여 명의 노동자가 붙어 작업하고 있다"[83]는 사료로 보아 초철업을 담당하는 한 점포에 수백 명(적어도 200명 이상)의 노동자가 고용되어 있음을 알 수 있다. 초철 과정에서 분업이 이루어지고 숙련공과 비숙련공이 존재하는 것으로 보아 자본주의적 공장제 수공업이라고 평가된다. 불산의 철과 주조업에서는 주조기술이 정밀하여 제품의 종류가 다양하였으며, 판로가 아주 넓어 대량 생산이 행해지고 있었고 노동자와 업주사이의 분쟁이 명 말에 두 차례 발생한 사실로 보아 역시 자본주의적 성질을 지닌 공장제 수공업이 존재하고 있었다고 판단된다.[84]

3) 청대(淸代) 자본주의 맹아

청대에는 명대에 비해 훨씬 많은 업종에서 그리고 더욱 광범위한 지역에서 자본주의 맹아가 출현하였다고 평가된다. 앞서 들었던『中國資本主義的萌芽』에서는 청대 자본주의 맹아가 출현한 업종과 지역에 대해 각종 사료에 근거하여 분석하고 있다. 그들 업종과 지역을 소개하면 다음과 같다. 福建 武夷山 지구의 茶 제조업, 광서와 江西 瑞金 · 玉山의 담배 제조업, 사천 · 直隷 · 산동 · 북방 5성 등의 양주업, 동북 · 절

---

83) 屈大均,『廣東新語』卷15「貨語 · 鐵」, 410쪽에 "計炒鐵之肆有數十, 人有數千. 一肆數十砧, 一砧有十餘人. 是爲小爐, 爐有大小, 以鐵有生有熟也." 數十을 최소 20으로 계산한다 해도 하나의 점포에 200여 명이 존재하였다.

84) 許滌新 · 吳承明 主編, 앞의 책, 제2장 제5절「廣東佛山冶鐵和鐵器鑄造業中的資本主義萌芽」, 159~181쪽.

강의 착유업, 광동·대만의 제당업, 강소·절강의 견직업, 강소 소주·松江의 棉布 가공업(염색업, 踹布業), 강서 萬年·호남 衡山·섬서 漢中府·강소 蘇州府의 제지업, 강소 소주·吳縣의 인쇄출판업, 섬서 중남부 終南山 일대의 목재채벌업, 광동·호남 辰溪·섬서 終南山 일대의 야철업, 광동 佛山鎭·호북 漢口·안휘 蕪湖·호남 湘潭의 철기주조업, 운남의 동광업, 산동 博山·북경 서부의 탄광업, 강서 경덕진의 도자기 제조업, 사천의 井鹽業, 산서 河東의 池鹽業, 상해의 沙船業 등이다. 18개 업종 약 37개 지역에서 자본주의 맹아의 존재를 확인할 수 있다고 한다. 이처럼 명대에 비해 청대에 자본주의 맹아가 대량으로 출현하게 된 것은 명대에 비해 청대의 상품화폐경제가 양적·질적으로 발전하였기 때문일 것이다. 아울러 명대에 비해 청대에는 훨씬 방대하고 풍부한 사료가 남아있다는 점도 간과할 수 없을 것이다. 이하 몇 가지 업종에서 자본주의 맹아의 실상을 간략히 설명하고자 한다.[85]

　강소·절강의 견직업: 청대에 들어서서 貴州, 산동, 산서, 사천, 섬서, 광동 등 여러 지역에서 견직업이 발전을 보았으나 주요한 견직물 생산지역은 강소·절강의 두 지방이었다. 이 지역에서는 농촌의 견직 수공업자가 도시로 집중함에 따라 소주, 항주, 남경의 기호는 크게 증가하고[86] 전체 생산량도 명대를 훨씬 초과하였다. 각종 비단 종류가 직조되었으며, 製絲와 견직의 각 분야도 분업이 세분화되고 기술수준도 향상되었다. 청대에는 명대 후기에 비해 더욱 고정적인 고용노동이 출현

---

[85] 본고에서는 지면의 제약으로 세 가지 업종의 경우만을 예로 들어 설명한다. 四川의 井鹽業에서 공장제 수공업이 발전하고 자본주의 맹아가 존재한 사실에 대해서는 박기수, 「수공업」 오금성 외 지음, 앞의 책, 546~548쪽 참고.

[86] 기호 수자를 정확히 알 수는 없으나 직기수는 추정이 가능하다. 청 중기 남경지역에 견직물을 직조하는 직기가 4만 대, 소주와 항주는 각각 2만 대가 있었다 한다. 許滌新·吳承明 主編, 앞의 책, 370쪽.

하게 된다. 즉 노동자가 항상적 주인을 갖게 되었던 것이다(匠有常主[87]). 康熙年間(1662~1722) 소주에서는 고정적 주인을 갖지 못한 노동자가 일정 지역에 모여 고용되기를 기다리는 노동시장조차 출현하였다.[88] 노동 대가를 노동량에 따라 지급하는 성과급의 존재도 확인할 수 있으며 노동자들의 行幇組織도 출현하는 등 노동자의 고용 관계 속에서 자본주의적 요소들을 확인할 수 있다. 명대 후반 강남지방에 이미 자본주의 맹아에 해당하는 공장제 수공업(매뉴팩처)의 사례가 출현하였기에 청대에도 그것이 존재하였을 가능성은 크다. 그러나 실제 명백한 사료적 증거는 없다[89]. 그 대신 상인이 견직업에 투자함으로서 생산을 직접 지배하는 형태 즉, 마르크스가 말하는 자본주의 형성의 두 번째 경로는 확인된다. 雍正年間(1723~1735) 雙林鎭의 사례[90]가 있고, 道光2(1822)년 蘇州府의 사례[91]가 있다. 1822년 소주부의 사례를 보면

---

87) 乾隆 『元和縣志』 卷10 「風俗」, 7쪽의 앞뒤(『中國地方志集成: 江蘇府縣志輯』 14 (江蘇古籍出版社, 1991), 110쪽).

88) 康熙23年 『長洲縣志』 卷3 「風俗」 "郡城之民, 皆習機業. 織文日緞, 方空日紗, 工匠各有專能. 匠有常主, 計日受値. 有他故, 則喚無主之匠代之, 日喚找. 無主者, 黎明立橋以待. 緞工立花橋, 紗工立廣化寺橋. 以車紡絲者日車匠, 立濂溪坊. 什百爲群, 延頸而望, 如流民相聚, 粥後散歸. 若機房工作減, 此輩衣食無所矣. 每機房有行頭分遣, 今織造府禁革, 以其左右爲利也"(許滌新・吳承明 主編, 앞의 책, 370~371쪽 재인용). 이와 대동소이한 기사가 乾隆 『元和縣志』 卷10 「風俗」, 110쪽; 乾隆 『長洲縣志』 卷17 「物産: 工作之屬」(『中國地方志集成: 江蘇府縣志輯』 13 (江蘇古籍出版社, 1991), 180쪽 등에도 실려 있다.

89) 道光20(1840)년 山東 淄川縣의 畢家는 恒盛機房을 경영하였는데 거기에는 20대의 직기를 보유하고 있었다. 1894년 이 항성기방은 72대의 직기를 보유하고 100여 명의 雇工을 갖춘 공장으로 발전하였다. 이는 아편전쟁이전 청대의 유일한 견직업 공장제 수공업의 사례이다. 許滌新・吳承明 主編, 앞의 책, 374쪽.

90) (淸)蔡蓉升 原纂, 蔡蒙 續纂, 『雙林鎭志』, 民國6年(1917), 上海商務印書館 鉛印本影印 卷16 「物産: 布帛類」 8쪽의 하(『中國地方志集成: 鄕鎭志專輯』 22 下 (上海書店, 1992), 565쪽).

91) 江蘇省博物館編, 『江蘇省明淸以來碑刻資料選集』 (北京, 生活・讀書・新知三聯書店, 1959), 13~14쪽 「元和縣曉諭機匠攬織,不得倡衆停工碑記」

元和縣의 직조 노동자인 機匠의 파업을 단속·진압하는 내용이 기록된 비문에는 綢緞鋪號 즉, 비단상인들이 소생산자인 기장에게 經絲, 緯絲 등 견직물 원료를 제공하고, 생산된 견직물을 거둘 때 기장에게 임금(工價)을 계산해 주며 계약증서를 체결하는 상황이 묘사되어 있다. 여기서 소생산자인 기장은 사실상의 임금노동자인 셈이다. 결국 이는 상인자본이 생산을 직접 지배하는 상황을 설명하는 것이다.

견직업에서 상인이 생산을 지배하는 형태는 賬房으로 불리는 상업자본의 경영에서 분명하게 나타난다. 1896년 兩江總督 劉坤一은 장방이란 상인이 스스로 경사와 위사를 사서 기호에게 주고 領織하게 하는 것을 말한다[92]고 설명하였다. 조사보고에 따르면, 1913년 소주에서 개업한 장방은 57家인데, 그들이 지배한 기호는 근 1,000가이며, 소유한 직기가 1,524대, 고용한 남녀 노동자가 7,681명, 연 비단 생산액이 30,900필이었다. 이 57가의 장방중 노동자가 가장 많은 경우가 600인, 최소가 25인이었다. 아편전쟁 이전에 개설된 것이 11가이고, 가장 이른 것이 강희 41년(1702) 개설된 것이었다. 나머지는 건륭년간의 1767~1793년 사이 7가, 嘉慶年間(1802, 1810) 2가, 도광년간(1837, 1845) 2가였다.[93] 이처럼 장방은 아편전쟁이전 이미 출현하였지만 그 명칭은 1832년경 처음으로 쓰이기 시작하였다. 남경은 기호가 가장 많은 지방이므로 당연히 장방의 출현이 소주보다 일렀을 것이라 추정된다. 남경에서는 규모가 큰 장방을 대장방이라 불렀는데 1886년 『申報』 기사에서 직기를

---

[92] 『劉坤一遺集: 奏疏』 卷26, 光緒22年7月29日 「遵査被劾道員據實覆陳摺」(彭澤益, 「鴉片戰爭前蘇州絲織業生産關係的形式與性質」, 南京大學歷史系 明淸史硏究室 編, 『明淸資本主義萌芽硏究論文集』(上海人民出版社, 1981), 348쪽에서 재인용).

[93] 「吳縣紗緞業賬房經營情況」, 彭澤益 編, 『中國近代手工業史資料』(1840~1949) 2卷(北京, 中華書局, 1962), 429~430쪽; 曹允源·李根源 纂, 『民國吳縣志』 卷51 「物産 2」(南京, 江蘇古籍出版社, 1991), 846쪽.

4~5백 대 소유한 여러 대장방의 존재를 확인할 수 있다.[94] 장방은 휘하에 생사를 수집하는 상인자본인 絲行, 염색과 표백을 담당하는 染坊, 雙經絲를 만드는 車戶, 경사를 직기에 연결시키는 牽經接頭, 비단 생산업자인 機戶, 그리고 기타 다양한 부속 행점들을 지배하고 제어하여 견직업 전 생산 과정의 중심이 되었다. 장방은 상업자본이지만 견직업의 각 공정을 모두 조직하였다. 원료를 제공하고 완성품을 수집하는 기본 형식을 통해 수공업 작업장, 개별 노동자, 가정의 부녀자, 소생산자, 각종 공예인들은 장방의 지배하에 놓이게 되고 장방의 임금노동자로 전환되었으며, 이로부터 하나의 거대한 공업체계가 형성되었다. 여기서 장방은 산업자본의 성질[95]을 지니게 되었던 것이다.[96]

소주·송강의 면포가공업[97]: 명대 후기부터 면포는 마포와 견직물을 대신하여 민중의 가장 중요한 의복 재료가 되었다. 청대에는 면방직업

---

[94] 『申報』 光緖12年2月16日 (上海, 上海書店, 1982 影印), 28책, 431쪽 하단.

[95] 아편전쟁 이후의 사례이지만 항주의 蔣廷桂는 견직업 노동자에 불과하였으나 1862년 직기를 구입하여 주단을 직조하였는데 판로도 좋았고 기술도 좋아 10여 년 만에 직기 10대를 소유한 수공업주로 성장하였다. 그는 蔣廣昌綢莊을 설립하여 노동자를 고용해서 생산하는 한편 기호들에게 원료를 제공하고 완성품을 수매하는 장방으로 변신하여 光緖(1875~1908)연간에는 직기 300여 대를 지배하는 大戶가 되었다. 그는 일본에서 신식 직기를 구매하고 신식의 견직업 공장을 수립하여 근대 공업자본가로 변신하였다. 許滌新·吳承明 主編, 앞의 책, 382쪽.

[96] 許滌新·吳承明 主編, 앞의 책, 제4장 제4절 「江蘇浙江絲織業中的資本主義萌芽」

[97] 蘇州·松江의 면방직업 또는 면포가공업에 대해서는 국내외에서 많은 연구가 진행되었다. 주요한 연구 성과를 몇 가지 제시하면 다음과 같다. 국내에서는 洪成和, 「淸代前期 江南地域 農村 綿紡織業의 先貸制生産에 대하여」, 『明淸史硏究』 제9집, 1998; 閔耕俊, 「淸代 江南의 棉紡織 生産構造-紡·織分業과 관련하여」, 『中國史硏究』 제23집, 2003이 있고 중국에서는 彭雨新, 「從淸代前期蘇松地區絲棉手工業的生産來看資本主義萌芽」, 『武漢大學學報(人文科學版)』 1959-8; 徐新吾, 『鴉片戰爭前中國棉紡織手工業的商品生産與資本主義萌芽問題』 (揚州, 江蘇人民出版社, 1981)가 있으며 일본에서는 西嶋定生, 「16·17世紀を中心とする中國農村工業の考察」, 『歷史學硏究』 137, 1949; 寺田隆信, 「蘇州踹布業の經營形態」, 『東北大學文學部硏究年報』 18, 1968 등이 있다.

이 수공업 중 생산량이 가장 많은 분야로 됨과 함께, 면포는 식량 다음으로 광대한 국내 시장을 갖게 되었고 아울러 외국으로도 수출되었다.[98] 그러나 기계 방직업이 흥기하기 이전의 중국 면방직업은 기본적으로 농촌 가내수공업 단계[99]에 머물렀다. 수공업 부문에서 선대제 상인과 같은 자본주의 생산관계가 정식으로 출현한 것은 20세기에 들어와서의 일이었다. 면방직업에서 공장제 수공업이 출현한 것도 기계제 면사를 사용해서 개량 土布를 짠 이후에나 가능하였다. 청대 전·중기까지만 해도, 면포 가공 과정의 하나인 염색업·踹布業에서만 즉, 染坊·踹坊에서만 자본주의 맹아가 출현하였을 뿐이다.

명대에도 염색업이 발전하였지만 이는 주로 생사를 염색한 것으로 보인다. 면포에 대한 염색은 청대에 발달하기 시작하여 藍坊, 紅坊, 漂坊, 染色坊 등 분업이 이루어졌다. 염색작업장인 染坊이 집중적으로 발달한 지방은 소주로, 강희59(1720)년에 64개의 염방이 존재하였다. 옹

---

98) 許滌新·吳承明 主編, 앞의 책 제4장 제1절에 의하면 아편전쟁 전 각 상품유통 추정액은 식량이 245억 근으로 그 가치액이 1억 6,330여만 량에 달하고 전체 상품유통액(주요 상품에 한정)의 42%를 점하여 1위이다. 면포는 3억 1,510여만 필로 그 가치액이 9,450여만 량에 달하고 전체 상품유통액의 24.4%를 점하여 2위이다. 소금은 32.2억 근으로 그 가치액이 5,850여만 량에 달하고 전체 상품유통액의 15%를 점하여 3위이다. 중국산 면포(소위 남경면포)의 수출은 1817~1833년간 1,923.3만 필에 달하였다. 박기수, 「명청시대 생산력과 상품유통의 발전-『資本主義萌芽的研究』에 대한 소개와 비판」, 『성대사림』 10집, 1994, 161~162쪽 참고.

99) 청대 강소의 蘇州와 松江 그리고 河北, 山東, 河南, 湖北, 四川 등지에서 상품면포 생산이 행해지고, 농민의 면방직업에서 紡紗와 織布의 분업이 이루어졌지만 先貸制 생산(包買商)으로까지 발전하지는 못하였다. 방사에 비해 직포가 훨씬 수익성이 높았지만(乾隆시기 河南孟縣에서는 1일 방사에 10문의 수입이 있었고, 직포 1일에 100문의 수입이 있었다.) 일부 농민이 방사에 종사한 것은 직포를 할 자본이 없어서거나 직포기술이 없어서였다. 농민 수공업자가 면포를 짜고 면포로 상인의 면화와 교환한 사례, 또는 면사로 상인의 면화와 교환한 사례가 자주 보이지만, 이 경우 상인이 주체적으로 교환을 주도했다기보다는 방직호가 교역의 주체였기 때문에 상인을 선대 상인이라 볼 수 없다. 許滌新·吳承明 主編, 앞의 책, 제4장 제5절; 홍성화, 앞의 글 참조.

정년간에 소주에서 염색업에 종사하는 노동자(染匠)가 약 1만 명 정도 있었다고 추산된다. 건륭 이후 소주의 염색업은 더욱 발전하였고 기술도 한층 세련되어졌다. 꽃무늬도 인쇄할 수 있었고 이를 蘇印이라 불렀다. 면포상인이 면포를 가공할 때 직물의 끝에 상호를 인쇄해 넣기도 하였다. 송강의 한 염방은 17명의 노동자를 고용한 사례가 있다. 자본주의 맹아가 있었다고 추정되지만 명백한 사료는 발견되지 않았다.[100]

면포에 광택을 내는 踹布공정을 수행하는 踹坊은 원래 염방에 부설되었으나 강희 중엽 이후 염방으로부터 분리되었다. 단방은 소주와 송강에 집중되어 있는데 송강에 대해서는 별다른 자료가 없지만 소주의 단방에 대해서는 그 생산관계를 알려주는 옹정년간의 자료[101]가 남아 있다. 소주에서 包頭(일종의 勞務공급 청부업자)는 단방을 개설하고 단포업노동자(踹匠)을 불러모아 작업을 시켰는데 하나의 단방에 수십 명의 노동자가 있었다.[102] 단포업노동자는 면포의 단포를 맡긴 면포상인 布號로부터 노동의 대가로 성과급(1필당 銀 1分1釐3毫)을 받았다. 포두는 노동자의 생활수단과 생산도구를 제공하고 매달 노동자로부터 방세와 도구의 임대비용으로 은 3錢6分을 받았다. 상인자본(布號)과 노동자(踹匠) 사이에 존재하는 포두(단방)는 두 가지 유형이 있었다. 하나는 면포상인에 예속된 包工頭로 일종의 중간 착취자이다. 다른 하나

---

100) 許滌新·吳承明 主編, 앞의 책, 제4장 제5절 4「染坊業中資本主義萌芽的討論」.

101) 中國第一歷史檔案館 編,『雍正朝漢文硃批奏摺彙編』第18冊,「浙江總督李衛等奏覆會議防緝蘇州踹布坊匠聚衆結盟管見請旨遵行摺」雍正8年7月25日條 (上海, 江蘇古籍出版社出版, 1991), 1062쪽.

102) 위 사료에서는 "現在細查蘇州閶門外一帶, 充包頭者共有三百四十餘人, 設立踹坊四百五十餘處, 每坊客匠各數十人不等. 查其踹石已有一萬九百餘塊, 人數稱是"라 하여 소주에는 450여 개의 단방이 존재하고 단장이 10,900명이었다고 하니 하나의 단방에 24명 정도가 작업하였던 셈이다.

는 직접 단방을 개설하여 면포상인으로부터 독립되어 있는 포두이다. 단포업 노동자는 면포상인이 고용한 노동자로 면포상인, 포두 양쪽으로부터 착취를 받았다. 단방 내에 분업이 존재하지 않았기에 공장제 수공업이라 할 수 없지만 20여 명의 노동자가 동일한 장소에서 동일한 자본의 지배하에 집단적 노동을 하였으므로 자본주의 생산관계의 맹아가 존재하였다고 할 수 있다.[103]

景德鎭의 도자기 제조업[104]: 중국의 도자기 제조업은 송대에 수준높은 자기를 생산할 수 있는 단계에 도달하였고, 명대에 한층 더 발전하였다. 명대의 주요 자기 생산지역은 강서 경덕진인데 이곳은 이미 원대부터 자기 생산이 활발하게 전개되었고, 명대에는 황실의 자기를 제공하는 御器廠이 설치될 정도로 전국 자기 제조의 중심지가 되었다. 청대에 들어서서 자기 제조업은 명대에 비해 제작기술이나 공예 수준, 생산량에서 한 단계 향상되었다. 명대 민간의 가마에서는 매년 약 6만 擔의 자기가 생산되었다고 추정되는 데 비해 청대 초기에는 약 20만 담, 건륭 시기에는 약 30만 담 생산된 것으로 추정된다. 도자기 제조에 있어서는 아주 세밀한 분업 과정이 발전하였는데 명대에 이미 72개 공정이 있다[105]고 지적될 정도였다. 청대에는 그러한 분업이 더욱 발전

103) 許滌新·吳承明 主編, 앞의 책, 제4장 제5절 5「踹坊業中的資本主義萌芽」.

104) 景德鎭의 도자기업에 대해서는 역시 많은 연구가 있는데 몇 가지만 소개하면 국내에서는 吳金成,「明末淸初의 社會變化와 都市社會―景德鎭과 그 周邊 地域을 중심으로」,『東亞文化』, 37, 1999(吳金成,『矛盾의 共存: 明淸時代 江西社會 硏究』(서울, 지식산업사, 2007) 제3편 제1장「千年 瓷都, 景德鎭」으로 재수록)이 있고 국외에서는 江思淸·徐文,「從明代景德鎭瓷業看資本主義因素的萌芽」, 中國人民大學中國歷史教硏室 編,『中國資本主義萌芽問題討論』下 (北京, 三聯書店, 1957); 梁淼泰,『明淸景德鎭城市經濟硏究』(江西人民出版社, 1991); 高中利惠,「明淸時代の景德鎭の陶業」,『社會經濟史學』32-5·6, 1967 등이 있다.

105) 宋應星,『天工開物』卷中「陶埏第七」, 8쪽 뒤 (江蘇廣陵古蹟刻印社, 1997), 224쪽 [崔炷 주역,『天工開物』(서울, 傳統文化社, 1997), 172쪽].

에는 단지 맹아로써 존재하였을 뿐 봉건사회경제나 봉건왕조권력을 붕괴시키거나 큰 타격을 줄 수 없었다는 비판110)(자본주의 생산양식이 당시 사회의 지배적 생산양식으로 발전할 수 없었다는 비판)에 직면해서 자본주의 맹아론자들은 이론적 빈약과 실증적 한계를 느끼면서 새로운 논리와 방법론을 모색하기에 이르렀다. 예컨대 일부 논자는 종래 자본주의 맹아론이 딛고 서있던 5단계 생산양식론 자체에 대해 회의하거나 순차적 생산 양식의 이행이라는 一系論을 부정하기도 한다. 모든 나라 모든 지역에서 반드시 5단계의 생산 양식이 순차적으로 출현해야 하는 것인가? 중국역사에서 반드시 자본주의사회로 진입해야 하는 것인가? 이러한 견해를 대표하는 학자는 吳承明인데, 그는 1995년 발표한 한 논문111)에서 마르크스의 5단계 생산양식은 역사철학의 명제일 뿐이지 경제사의 명제는 아니라고 하였다. 세계 경제사를 돌아보면 노예제가 없는 나라의 역사도 있고, 봉건제를 결여한 지역의 역사도 있다. "중국은 실제로 자본주의 단계를 뛰어넘어 사회주의 단계로 진입하였는데 만약 한 나라가 현대화하고자 한다면, 자본주의는 뛰어넘을 수 있지만 시장경제는 건너뛸 수 없다." "역사의 연구에서 자본주의 맹아를 연구한다는 이야기를 하지 말 것을 제안하고자 한다. 자본주의 맹아라고 하기보다는 근대화의 맹아, 시장경제의 맹아라고 하는 편이 낫다." 오승명의 이러한 주장은 중국자본주의 맹아론에 대한 전통적 명제를 부

---

110) 이미 1차 논쟁 시기 翦伯贊, 吳大琨, 黎澍, 從翰香 등에 의해 맹아론자들이 봉건적 경제현상을 맹아현상으로 과도하게 해석하였다거나 설령 맹아가 존재하였더라도 봉건사회를 전복시킬 만한 역량이 없었고 전체사회로 볼 때는 여전히 자급자족적 자연경제가 지배적 지위를 차지하고 있었으므로 그 맹아의 한계를 인식해야 한다는 비판이 이루어지고 있었다. 田中正俊,「中共에서의 資本主義萌芽論」; 趙曉華, 앞의 책, 제3장「明淸資本主義萌芽發展水平、規模及前景」참고.

111) 吳承明,「經濟學理論與經濟史研究」,『中國社會經濟史研究』1995年 第1期.

인하는 것이었다.

　이러한 견해는 李伯重에 의해 발전적으로 계승되었다. 그에 의하면 "설사 외국자본주의의 영향이 없었더라도 중국은 점진적으로 자본주의 사회로 발전해 갔을 것"이라는 모택동의 논리는 하나의 가설에 불과할 뿐이고 자본주의 맹아에 대한 신념이자 강박관념이라는 것이다. 그는 이러한 강박관념에서 벗어나 중국의 역사를 편견 없이 실사구시적으로 분석할 것을 제안하였다.[112] 아울러 자본주의 발전을 전형적으로 달성한 영국의 사례를 강남과 비교하여 중국에서의 자본주의 발전 가능성에 대해 논하였다. 세계 모든 국가 중 영국만이 유일하게 자발적으로 전통 농업사회에서 근대 공업사회로 전환하였고, 그 과정은 마르크스의 재생산이론 즉, 확대재생산이론에 부합하였는데 이러한 확대재생산을 가능하게 한 조건은 석탄과 철에 의한 중공업의 발전(생산수단 생산 부문의 발전)이라는 것이다. 결국 석탄 생산과 철강산업의 발전이 산업혁명의 기초가 되고, 근대 자본주의의 성공여부는 석탄과 철이 결정한다는 논리이다. 이에 비해 명청시대 강남은 노동 분업과 전문화를 토대로 한 경제성장을 이루었고(소위 스미스형 성장), 시장규모가 확대됨으로써 1700년에서 1820년 사이 유럽의 경제규모를 초과하는 발전을 보였지만, 기술적 혁신과 석탄·철의 에너지 혁명을 결여하여 근대적 공업화가 불가능하였다고 보았다. 만약 서양의 침략이 없었다면 강남경제는 근대적 공업화를 이룰 수 있었을까? 이백중은 다음과 같이 답하였다. 근대적 공업화를 이룰 가능성은 있었지만 매우 적었다. 중국의 동북과 화북의 석탄과 철이 개발되고 남북 해상무역이 성장하면 강남은 확대재생산에 필요한 생산원료와 연료를 얻을 수 있어 산업혁

---

112) 리보중 지음, 이화승 옮김, 『중국경제사 연구의 새로운 모색』 (서울, 책세상, 2006) 제1장 1절 「중국경제사의 '자본주의 맹아 강박관념'」, 23~42쪽.

명이 가능할 수도 있었겠으나 그렇게 되기에는 불확실한 요소가 너무 많았다고 지적하였다.113)

5. 맺음말: 간단한 비교를 겸하여

이상에서 한국(남북한)과 중국의 자본주의 맹아론을 서술하였다. 여기서는 우선 각국에서의 자본주의 맹아론 전개의 특징을 요약한 후, 한국과 중국에서의 자본주의 맹아론의 공통점이나 차이점 등을 간단히 비교해 보고자 한다.

북한에서의 자본주의 맹아론 연구는 1960년대 집중적으로 이루어졌고 1964년 맹렬한 토론이 전개되었으나 1970년에 전석담, 허종호, 홍희유 3인에 의한『조선에서 자본주의적관계의 발생』이라는 저술이 나옴으로써 논쟁은 일단락되고 이론상의 합일점에 도달했다. 3인은 북한의 대표적 학술기관인 경제연구소와 역사연구소를 대표하는 학자들로 각자의 논리와 근거를 토론·합의함으로써 일정한 학문적 성취를 이룬 것이다. 그런데 그것은 실증을 중시하는 다소 신중한 역사연구소 학자들의 견해가 대체로 반영된 것으로 보인다. 자본주의적 관계의 발생을 18세기에 비정한다거나, 농업 부문의 맹아에 대해서는 단정하지 않고 이행을 준비하는 과도적 형태라고 소극적으로 논단하는 점, 수공업이나 광업에 대해서는 자본주의적 관계의 발생을 적극적으로 주장하는 점들에서 그러하다. 아울러 자본주의 맹아론이 전 사회적 관련하에서 설명되며, 치밀한 논리적 정합성을 보이고 있는 점도 하나의 특징이라

---

113) 李伯重,「英國模式、江南道路與資本主義萌芽」,『歷史研究』2001年 第1期.

하겠다.

남한에서는 1960년대 김용섭이 농업 부분에서 농민층 분해와 경영형 부농을 검출하여 자본주의적 요소를 찾는 노력을 정력적으로 추진함으로써 정체론을 극복하려 하였다. 이런 분위기 속에서 상업자본이나 수공업, 광업 등의 분야에서도 상인의 생산지배, 공장제 수공업의 사례를 찾으려는 노력이 경주되었다. 그러나 농업 부분에 비해 상대적으로 연구 성과가 미진하여 일부 수공업을 제외하고는 맹아론에서 중요한 지위를 점하는 의료공업 부문의 공장제 수공업을 검증하지는 못하였다. 농업 부문에서도 세계사에서 영국사의 유일한 사례로서 평가되는 자본가적 借地農을 무리하게 검증하려는 시도가 이루어져 경영형 부농이나 廣作農의 개념이 등장하기도 하였지만 애초에 무리한 시도였다고 판단된다. 남한의 역사학계에서는 자본주의 맹아론이 공개적으로 토론되는 기회가 적었지만 역사학자들은 암묵적 동의하에 맹아론을 염두에 두고 연구를 전개하여왔다. 1980년대 이후에는 맹아론에 대한 비판이 나타나기 시작하였다. 이영훈에 의해 제기된 자본주의 맹아 비판론은 조선 후기에서 자본주의로의 발전계기를 부정하고, 식민지 시기 日帝에 의해 근대화가 추진되었다는 식민지 근대화론으로 연결되어, 정체론의 복귀로 의심받거나 또는 친일파·친미파 역사 主役論으로 지적되기도 하였다.

중국에서의 자본주의 맹아론은 한국과 마찬가지로 정체성 이론의 극복을 위해서, 중국사도 세계사의 보편적인 발전법칙에 부합한다는 것을 증명하기 위하여 제기된 것이었다. 중국에서는 2차례에 걸친 대규모 논쟁이 전개되어 수많은 연구논문과 저서가 분출하였다. 문화대혁명이전에 비해 문혁 이후의 논쟁은 양적으로 질적으로 커다란 발전을 보여주었다. 많은 주제가 논의되고 특정지역이나 전문적 업종에 대한 연구가 심화되었다. 많은 사료가 이용되고 새로운 방법이 모색되었다. 이 시기의 연구의 하나의 총괄로서 허척신과 오승명이 주편한『중국자본주의발전사』제1권『中國資本主義的萌芽』를 꼽을 수 있다. 이에 의하면 명대에는 소주·항주지역의 견직업과 광동의 야철업 및 불산의 炒鐵業과 鐵器鑄造業 부문에서 자본주의 맹아를 확인할 수 있다. 청대에는 18개 업종 약 37개 지역에서 자본주의 맹아의 존재를 확인할 수 있었다. 그만큼 상품경제가 질적·양적으로 발전하였기 때문이다. 그러나 중국 역시 자본주의 맹아 비판론에 직면하여 이론적 궁핍과 실증적 한계를 느끼지 않을 수 없었다. 오승명과 이백중 등의 학자는 종래의 명제·관념에서 벗어나 새로운 활로를 찾기 위한 모색을 계속하고 있다.

　이상의 논의를 통해서 한국과 중국에서의 자본주의 맹아론은 모두 동일한 정치적·사회적 맥락에서 제기되고 연구되어 왔음을 알 수 있다. 맹아론이 제기되고 전개된 배경과 목적에 있어서 공통점을 보이고 있는 것이다. 즉 식민주의자들의 정체성 이론에 대항하여 자신들의 역사속에 주체적으로 역사를 발전시켜간 원동력이 있었음을 논증하고 그 과정이 세계사의 보편법칙에 부합됨을 입증하려는 것이었다. 이러한 공통적 학술경향을 띠게 된 것은 전근대 시기 동아시아 각국 간의 상호영향과 상호작용으로 한국과 중국은 동아시아 역사세계를 이루고 있었기에 유사한 정치적, 사회적, 경제적 환경 속에 놓여 있었고, 근대에 들어서서 제국주의 침략과 지배를 받던 시기에도 한국은 식민지로 중국은 半植民地(일부는 식민지)로 전락하였던 동일한 경험이 있었기 때문이라고 생각된다.

　사회주의 국가인 중국과 북한에서는 맹아론 연구의 목표 설정이 보다 명확하고 공개적이었으며 연구 역량도 전폭적으로 맹아론 정립에 집중될 수 있었다. 반면 자본주의 국가인 남한에서는 연구자가 심정적으로 그러한 목표에 동조하여 연구를 추진할 수 있었으나, 이데올로기적 제약으로 인하여 공개적으로 세계사의 보편적 발전 법칙을 운운하기 곤란하였고, 연구자들의 자유분방한 성향으로 인하여 연구역량을 한 곳에 집중하는 것도 쉽지 않았다. 따라서 논쟁의 수위나 격렬성에 있어서도 차이를 드러냈다. 학자 수도 많고 학문과 정치가 직결되는 중국에서는 논쟁의 규모도 막대하였고 논쟁의 열기도 뜨거웠다. 두 차례에 걸친 대규모의 논쟁이 전개되어 그때마다 수백 편의 논문이 발표될 정도로 논쟁의 격렬성과 전면성을 보여주었다. 반면 학자 수도 적고 학문과 정치가 분리되는 남한에서는 논쟁의 규모도 작고 열기도 상대적으로 약하였다. 북한의 경우는 1964년 치열한 논쟁이 전개된 후 1970년 합의에 도달하자 더 이상 논쟁은 전개되지 않았다. 학계의 통일성이 쉽게 달성되고 유지되고 있는 것이다.

맹아론에 대한 비판도 상호 유사한 측면에서 진행되고 있다. 순조롭게 자본주의 생산관계를 형성하지 못하고 식민지나 반식민지로 전락하였던 유사한 역사적 경험을 지닌 한국과 중국으로서는 어쩌면 당연한 맹아론 비판이 제기되었던 것이다. 그러나 구체적 비판에서는 일정한 차이를 보여주었다. 처음 중국이나 북한에서는 유물사관 내부의 이론적 관점에서 맹아론 비판이 시작되었으나 작금에 와서 중국의 경우에는 유물사관을 넘어서는 이론적 비판조차 이루어지고 있다. 한국은 서로 다른 역사관이 공존하는 사회이다 보니 애시 당초 서로 다른 역사관에 기초하여 맹아론 비판이 진행되고 있다.

맹아론의 구체적 내용 전개에 있어서도 유사성과 차별성을 간취할 수 있다. 우선 농업 부문에 대한 주장을 보면, 한국의 학계는 농업에서의 경영형 부농이나 광작농 검출에 지나치게 집착하여 한편으로 많은 실증적 연구가 축적되기도 했지만 다소 보람 없는 연구가 아닌가 하는 의구심을 들게 하기도 하였다. 유럽에서도 영국에만 유일한 삼분할제 농업자본주의를 한국사에서 실증하려는 애처로운 노력이 경주되고 있는 것이다. 반면 북한에서는 일찌감치 조선의 농업자본주의 맹아에 대하여 자본주의적 관계로 이행을 준비하는 과도적 형태라고 규정함으로써 논란을 피해갈 수 있었다. 중국에서도 농업자본주의에 대해서는 수공업 부문에 비해 상대적으로 중시되지 않았으며 일부 농업자본주의 맹아의 존재를 주장하는 학자도 있지만 대체로 적극적인 주장을 하지 않는 상황이다.

수공업 부문의 자본주의 맹아를 주장함에 있어서는 세 지역 학자 모두 적극적 태도를 취하고 있다. 남북한 학계의 경우 모두 제철 등 금속가공업, 鋤器공업, 광업 분야에서 적극적으로 맹아의 존재를 주장하고 있다. 그것도 공장제 수공업 즉, 매뉴팩처 사례를 실증하고 있다. 다만 가장 대중적이고 일반적 소비품인 衣料 분야에 있어서는 맹아의 존재를 실증하지 못하는 한계가 있고 이 점이 비판론의 유력한 근거의 하나가 되고 있다. 한편 중국에서는 제철업, 제염업, 도자기업, 광업 등만이 아니라 직물업 즉, 견직업이나 면포가공업에서도 자본주의 맹아가 주장되고 있다. 특히 견직업의 경우는 마르크스가 말하는 첫 번째 경로(생산자가 자본가로 발전하는 경로)의 사례도 제시되고 있고, 마르크스가 말하는 두 번째 경로(상인이 생산을 지배하는 선대제)의 사례도 입증되고 있어서 한국에 비해 보다 더 강력하게 자본주의 맹아론이 입론될 수 있는 상황이라고 판단된다. 다시 말하면 수공업 분야의 맹아에 관한 한 중국의 경우는 한국보다 수월하게 맹아론이 정립될 수 있다고 여겨진다. 그 근거는 첫째, 수공업 분야에서 분업의 세분화라던가 공장제 수공업 규모의 크기(노동자의 수자 등)에 있어서 중국의 경우는 한국에 비해 훨씬 강력한 맹아의 사례가 존재하는 데다가, 둘째, 맹아 존재의 배경으로서 필수적인 수요의 문제(소비시장의 규모와 분업의 수준)[114]에서도 한국에 비해 우월하였고, 셋째, 식민지 상태에 처하여 민족자본의 발전이 곤란하였던 한국에 비해 반식민지적 상태였던 중국은 민족자본 성장의 공간과 가능성이 상대적으로 넓고 컸음으로 공장제 수공업에서 기계제 대공업으로 발전할 수 있는 가능성도 더욱 컸다는 점들에 기초한다.

자본주의 맹아론은 마르크스 역사관에 의거하여 봉건제 후기 사회에서 자본제 사회로 이행하는 과정을 설명하는 이론이고, 제국주의 지배나 침략에 의해 자본주의 발전 과정이 정상적으로 이루어지지 않았기 때문에 제기된 이론이었다. 여기서 태생적 한계를 지니고 있음을 지적하지 않을 수 없다. 하나는 마르크스 역사관이 서유럽의 역사 발전 과정을 소재로 하여 성립된 이론이므로 반드시 동아시아의 구체적 역사현실과 整合한다는 보장이 없다는 점이다. (이점에서 한국과 중국의 맹아론은 공통의 기반위에 서있다고 하겠다.) 따라서 서유럽만이 아니라 아시아, 남아메리카, 아프리카 등 기타 지역의 구체적 역사현실을 그 안에 담을 수 있는 새로운 역사관의 수립이 요청된다. 이것은 동아시아 역사가들에게도 현재의 그리고 앞으로의 과제로 대두된다. 다른 하나는 한국이나 중국은 자본주의 사회가 성립되기 이전에 제국주의 침략과 지배를 받아 자본주의가 정상적으로 발전할 수 있는 기회를 이미 상실하고 있었다는 점이다. 중국과 한국은 정도의 차이는 있지만

---

114) 자본주의적 (대량)생산이 촉발되기 위해서는 대량의 수요가 존재해야 할 것이다. 한국에 비해 중국의 인구가 비교할 수 없을 정도로 많다는 점이 중국에 대량의 수요가 존재할 수 있다는 전제이며, 중국의 상품경제(시장과 대외무역)가 발달하고 분업이 세분화되어 개인이 상품시장에 의존하는 정도가 한국에 비해 높았다는 점이 대량의 수요를 필연화하는 조건이 될 것이다.

모두 제국주의로부터 이식된 자본주의를 경험하였다. 이식된 자본주의도 자본주의의 일종임에는 분명하지만 역사의 주체라는 관점에서 볼 때 이식된 자본주의를 곧바로 한국인의 자본주의, 중국인의 자본주의라고 강변하기는 곤란하다. 이식된 자본주의는 경우에 따라 극복해야할 대상이 되기도 하기 때문이다. 중국과 북한은 사회주의사회를 경과하면서 이식된 자본주의를 극복하는 일정한 절차와 과정을 밟았다. 그러나 남한의 경우는 사뭇 달랐다. 이식된 자본주의의 유산이 줄곧 현실의 자본주의를 제약하여 왔기 때문이다. 해방 후 이식된 자본주의의 일부 주체가 일본으로 물러갔지만 조선인으로서 이식된 자본주의에 협력한 사람들이 살아남았을 뿐 아니라 나아가 소위 사회의 지도층으로 되었기 때문이다.

자본주의 맹아론은 한국이나 중국에서 모두 중대한 도전에 직면하고 있다. 맹아론 연구에서 파생된 연구 성과나 이론적 결실은 多大하지만, 일계론의 논리에 따라 봉건제 사회로부터 자본제 사회로 순조롭게 이행한 경로를 명쾌하게 밝힐 수 없었기 때문이다. 특히 남한의 경우는 식민지 근대화론의 공격 앞에 점차 빛을 잃어가고 있다. 이미 빛바랜 스탈린주의라고 공박당하고 있기 때문이다. 여기서 새롭게 정체론을 극복하고 올바른 역사상을 수립해야 하는 책무가 역사과학자들에게 재차 주어지고 있다. 이러한 맹아론의 위기를 극복하기 위해서는 정반합의 논리에 따라 새로운 이론적 구축이 필요하다고 생각된다. 사고의 전환과 논리의 구축, 그리고 참신한 방법론의 모색…. 진정한 世界史像의 구축으로 나아가는 도정이 될 것이라는 신념에 의해서 암중모색의 고통과 세계관의 위기 속에서도 자신을 지탱해 나갈 수 있을 것이다.

제2부

공간과
횡단적
역사학

트랜스내셔널 히스토리의 가능성과 한계

정현백

1. 글머리에 부쳐

서방의 역사학계에서 1960, 1970년대는 가히 전체사회사(History of Society, Gesellschaftsgeschichte)가 풍미했던 시기였다. 특히 1968년 학생운동 세대이기도 했던 젊은 역사가들은 전체사회사의 문제의식 속에서 노동사를 비롯한 다양한 영역에서 새로운 연구 성과를 산출하였다. 전체사회사는 오늘날에도 계속 역사학의 중심에 서 있기는 하지만, 과거처럼 매력적인 것은 아니다. 80년대에는 일상사가 등장하여, (사회)구조에 천착하는 사회사에 대한 비판과 함께, 역사의 행위주체, 특히 보통사람들의 삶을 재구성하고자 하였다. 90년대에는 '언어학적 전환' 혹은 포스트모더니즘의 사상적 영향 속에서 신문화사가 급격하게 성장하였다. 또한 90년대 초부터 그간 주변에 머물렀던 세계사(World History)나 지구사(Global History)가 급격하게 성장하면서, 1990년 이래 『세계사지(*Journal of World History*)』가, 2000년 이래 독일어권에서 『세계사연구(*Zeitschrift für Weltgeschichte*)』가 창간되었고, 『미국역사학보(*American Historical Review*)』에서는 서평의 세목화에서 과거의 '총론'

항목을 '비교사/세계사'로 대체하였다.[1] 더불어 기존 역사서술이 일국
사의 테두리에 안주하는 한계를 비판하고, 국민국가를 횡단하는 트랜
스내셔널 히스토리가 각광을 받게 되었다.

국가를 횡단하는 역사 혹은 세계사의 확산은 현재 진행되는 거대한
경제적·정치적·문화적 변화의 흐름과 밀접히 연관되어 있다. 일국
사 중심의 역사서술을 탈피하는 데에는 유럽공동체의 결성과 더불어
총체적인 유럽사 서술의 필요성과 열기가 함께 작용했을 뿐 아니라,
나아가 냉전 종식 이후 가속화된 지구화가 요구하는 거대서사도 한
몫 하였을 것이다. 학문적으로는 미국에서 먼저 진행된 포스트식민주
의가 중요한 지적 자극이 되었다. 그러나 마르크 블로흐(Marc Bloch)
나 오토 힌쩨(Otto Hintze)로 거슬러 올라가는 역사학적 비교의 긴 전
통에서 오는 학문적인 자극도 적지 않은 역할을 하였을 것이다. 또한
전후의 사회과학에서 근대화이론이 승리하고, 그것의 제3세계로의 확
산이 신조처럼 받아들여지면서, 이도 역사학적 비교연구의 진전에 크
게 기여하였다. 그러나 역사서술의 국제화 요구는 그간의 역사연구가
체계비교(Systemvergleich) 즉, 구조사에 집착한 것에 대한 반발로 '관
계사(Beziehungsgeschichte)'를 강조하는 흐름과도 연계되어 있다. 이런
맥락에서 비교뿐만 아니라 '전이(Transfer)'의 역사도 함께 고려하기 시
작하였다.[2]

트랜스내셔널 히스토리(transnational history)의 새로운 도전은 국경
선을 넘어서는, 역사현상의 공간적 확장에 대한 매혹인데, 여기에서는

---

[1] Jürgen Kocka, *Sozialgeschichte im Zeitalter der Globalisierung*, SBR-Schriften 19 (Bochum: Stiftung Bibliothek Des Ruhrgebiets), p.22.

[2] Gunilla Budde/Sebastian Conrad/Oliver Janz eds., *Transnationale Geschichte. Themen, Tendenzen und Theorien* (Göttingen: Vandenhoeck & Ruprecht, 2006), p.11.

지역적 · 국가적 · 문화적 경계선을 넘어서는 어떤 관계들이나 그 비교에 대한 관심과 더불어, 보다 큰 지구적인 연관성을 역사학에서 새로이 조명하고 의미화하고자 한다. 이런 새로운 시도에 대해 소장역사가들은 열광하였으나, 이는 역사학 내에서 보다 본질적인 문제에 대한 논쟁을 촉발시켰다.

트랜스내셔널 히스토리의 문제의식은 기존 역사서술에 대한 비판에서 출발한다. 여기에서 가장 먼저 제기된 문제점은 국가 중심의 역사서술이 근대 역사학의 산물이지만, 역사적 진실을 재구성하기에는 많은 한계를 지녔다는 것이다. 마찬가지로 근대 이후 역사서술의 유럽중심주의, 역사 발전의 비동시성에 대한 몰이해, 그리고 일직선형의 역사발전단계설이 지니는 한계 등에 대한 비판의 목소리도 높아졌다.

나아가 트랜스내셔널 히스토리 연구는 전 지구화(Globalization)라는 새로운 현상에 어떻게 대응할지, 그간 역사학이 불변의 실체적 기반으로 간주해온 영토성(territoriality)의 문제를 어떻게 재해석할지, 스스로 대안적 방법론으로 제기하는 비교와 전이(transfer)의 역사를 어떻게 실행할 지에 대한 논의를 진척시켰다. 그러나 트랜스내셔널 히스토리는 이제 막 출발단계에 있는 새 연구 경향이고, 그런 만치 그 방법론과 이론은 아직 정교하게 다듬어지지 않았다. 관련 연구서적도 제한적이어서, 이 글에서는 주로 독일사학계에서 진행된 논의에 집중하였다. 이런 한계가 있지만, 이 글에서는 트랜스내셔널히스토리를 국내에 소개하는 의미에서 그것이 제기하는 문제제기와 방법론을 개괄적으로 검토하고, 그 가능성과 한계를 짚어보고자 한다.

2. 그간의 역사서술에 대한 비판

트랜스내셔널 히스토리 연구의 시작은 이제 자국 중심의, 일국사에
토대를 둔 역사연구의 선험적인 전제를 시험대에 올리는 데서 출발하
였다.[3] 이를 위해서는 먼저 새로운 통찰과 함께 과거의 역사연구에 대
한 의문을 제기하는 것이 필요해졌다. 미국 역사학계는 줄기차게 미국
적 '예외주의(Exceptionalism)'를 주창하였고, 70, 80년대 독일 역사학의
주류라 말할 수 있는 '역사적 사회과학(Historische Sozialwissenschaft)'은
'독일사의 특수성(Deutscher Sonderweg)'을 강조하고, 그 기초로 '국내정
치의 우선성(Primat der Innenpolitik)'을 내세웠다. 그러나 이 두 국가의
역사학자들이 그런 테제를 입증하기 위하여 실제적이고 구체적인 비
교연구를 얼마나 진지하게 시도하였는가를 묻지 않을 수 없다. 미국조
차도 1980년대에 와서야 국가를 교차하는 비교사 연구를 본격적으로
시작하였다.[4]

서구 역사가의 관심은 결코 서구사회를 넘어서지 않았고, 비유럽적
역사 현상은 흔히 인류학 영역으로 치부하여 역사가에 의해 무시되었

---

[3] 리처드 에반스(Richard Evans)는 자국의 문화적 우월성에 빠져, 자국사 이외의 역
사에 관심을 가지지 않은 전형적인 경우로 프랑스와 독일의 역사가들을 지적하
고 있다. Michael Brenner, "Diskussionsforum: Abschied von der Universalgeschichte:
Ein Plädoyer für die Diversifizierung der Geschichtswissenschaft", *Geschichte und
Gesellschaft*, 2004, vol.30, p.119; 그 외에도 Lutz Raphael, "Anstelle eines 'Editorials',
Nationalzentrierte Sozialgeschichte in programmatischer Absicht: Die Zeitschrift
'Geschichte und Gesellschaft. Zeitschrift für Historische Sozialwissenschaft' in den
ersten 25 Jahren ihres Bestehens", *Geschichte und Gesellschaft*, vol.26, 2000, pp.5~37
참조.

[4] Kiran Klaus Patel, "Transatlantische Perspektiven transnationaler Geschichte",
Geschichte und Gesellschaft, vol.29, 2003, pp.625~627; Albert Wirz, "Für eine
transnationale Gesellschaftsgeschichte", Geschcichte und Gesellschaft, vol.27, 2001,
p.490.

다. 이거스는 이런 문제점의 원인은 근대 역사학의 성립과 발전 과정에서 찾을 수 있다고 주장한다. 우선 근대성의 특성을 제대로 갖추지 못한 채, 군주제에 의해 규정당했던 독일 역사학이 근대 역사서술의 출발점을 주도하는 모순과 함께, 근대성의 결정 요소로 간주되었던 합리화 모델(rationalization)이 소위 '과학적 역사학(scientific history)'을 지배하면서, 종교성이나 비합리성 등은 역사가의 관심에서 배제되었다. 또한 이런 근대에 대한 신화와 함께 역사학은 일직선적인 발전단계론에 집착하였다는 것이다.[5] 당연히 이러한 근대적 역사서술의 핵심적인 관심은 국민국가였다.

이런 서구 근대성의 핵심 요소가 역사연구에 접맥된 데에는 역사가 집단 내에서 일정한 전문화된 주축집단이 형성되어 역사학계를 독점한 것이 큰 역할을 하였고, 이들을 통해 역사와 상상적 서사, 사실과 픽션, 직업적 역사가와 아마추어 역사가의 구분선이 너무도 분명해졌다는 것이다. 이런 근대 역사학의 특성이 서구 역사학계를 독점하였고, 종국에는 비서구 국가도 이를 저항 없이 수용하였다는 것이다.[6]

이런 근대 역사학의 흐름은 서구와 비서구세계가 조우하는 지점에서 생기는 세 가지 핵심 개념 즉, 지구화, 산업화, 서구화와 관련하여, 유럽중심주의(Eurocentrism)를 분명하게 드러내었다. 사회 개념이 산업사회 중심으로 구성되면서, 산업화를 경험하지 못한 것으로 평가되는 국가들에 대해서는 사회적으로 주목할 만한 여러 요인과 더불어 그 특

---

5) 그래서 '산업적으로 발전한 국가는 덜 발전된 국가의 미래상'이라는 마르크스의 언급도 이런 맥락에서 그리 벗어난 것은 아니었다. 당연히 이런 근대 역사학의 핵심적인 관심은 국민국가였다. Georg G. Iggers, "Modern Historiography from an Intercultural Global Perspective", Gunilla Budde/Sebastian Conrad/Oliver Janz eds., p.88에서 재인용.

6) Ibid., pp.87~88.

유의 산업화를 경험했던 점을 무시하였다. 그간 제3세계의 지속적인 빈곤도 사회사의 주된 관심이 되지 못하였고, 세계 도처에서 지속된 가난한 이들의 생계유지 경제(subsistence economy)도 연구되지 않았다.[7] 간혹 다른 문명과의 개별 비교가 있었지만, 그간의 역사학은 '문명'이라는 기왕의 구성물을 전거로 하여 우열을 가렸고, 이를 통해 대상의 타자화를 진척시켰다. 과거 식민주의나 제국주의로 갈수록 비교는 개별적이지, 결코 체계적으로 이루어지지 않았고, 나아가 그에 대한 역사서술은 일방적이었다.

'유럽은 식민지에 무엇을 수출하였는가'가 핵심적인 관심이었지, 식민지 지배자와 식민지인 사이의 복잡한 조정 과정이나 그 상호 관계에 대한 관심은 적었다.[8] 다시 말해 식민지가 수용한 서구화는 저항과 선택적 수용의 과정이었고, 그래서 서구화는 현지에서 재적응 과정을 밟기도 하였다. 또한 비서구세계가 서구문물의 도입에도 불구하고 그 특유의 근대화 과정을 발전시켜간 측면에 대해서도 관심을 두지 않았다. 이런 문제점을 인식하며 서구화의 상호작용을 고찰한다면, 역사가는 '다원적 근대성(multiple modernities)'을 재발견할 수 있을 것이다.[9] 마찬가지로 '식민지가 역으로 유럽에 어떤 영향을 끼쳤는가'에도 주목하지 않았다.[10] 노예제가 산업혁명을 초래했다는 주장을 제기한 에릭 윌리엄즈(Eric Williams)가 이런 새로운 문제의식을 대변한 경우이다.[11]

---

[7] Jürgen Osterhammel, "Transnationale Gesellschafte: Erweiterung oder Alternative?", *Geschichte und Gesellschaft*, vol.27, 2001, p.478.

[8] 이거스는 세계적으로 역사문화들 사이의 상호작용이 시작된 이래, 그를 구성하는 핵심적인 세 가지 개념을 세계화, 서구화, 근대화로 설정하고 있다. 비서구세계와 서구 사이에서의 상호작용은 이 세 요인을 중심으로 역동적인 진행 과정을 밟았다는 것이다. Georg G. Iggers, p.86.

[9] Ibid., pp.84~85.

[10] Albert Wirz, p.493.

마찬가지로 18, 19세기 유럽사에서 대량이민이 주요한 주제였지만, 이민 후에 되돌아 온 사람들의 이야기 그리고 그들이 역으로 유럽에 끼친 영향력은 분석하지 않았다. 이런 맥락에서 이민이라는 '탈출의 전망(exit-option)'은 유럽－북대서양의 성장에 대단히 중요하였다는 데이비드 랜즈(David S. Landes)의 지적을 숙고해볼 필요가 있다.[12]

국민국가와 달리 시민사회의 역사에 주목하면, 정치 행위 영역에서 국민국가의 주류보다 더 민족적인 경계선을 넘어 활동하는 인물들을 발견하기도 하고, 대내적 관점에 못지않게 대외적 관점이 더 크게 작용하는 경우를 발견하곤 한다. 각 사회들은 자신의 경계선을 넘어 타 사회와의 각축전 속에서 자신을 실현하곤 하는데, 여기에서 대외 관계는 항상 동일한 비중을 차지하지도 않고, 동일한 공간에서 발생하지도 않는다. 그런 점에서 트랜스내셔널 히스토리는 그 사회를 구성하는 주요한 일부이다.[13] 이제 역사연구 영역이 비유럽 지역으로 확대되어야 하고, 횡단국가적인 관점에서 비교를 시도하고, 역사적 사고의 탈지역화(Entprovinzialisierung)를 감행해야 할 것이다.

위에서 언급한 대로 그간 역사학을 주도한 서구의 연구가 비서구지역을 무시한 것 외에도, 우리는 유럽과 비유럽세계의 비대칭적인 관계에서 오는 긴장에도 주목해야 할 것이다. 즉 새로운 세계사나 지구사의 이념정치적인 중심이 무엇인가에 대한 질문은 즉각적으로 그간의 유럽중심주의적 의미구성에 대한 문제제기로 이어진다. 유럽의 지적

---

11) 비르쯔는 이런 주장은 반박되고 있다고 말하나, 적어도 대서양 횡단 노예무역이 신용제도, 조선업, 북대서양의 면화 플란테이션의 발달에 기여하였다고 평가한다. 마찬가지로 노예제 논란은 18세기 말, 20세기 초 자유담론을 규정하였다는 것이다. Ibid., p.494.

12) Ibid., p.495.

13) Ibid., pp.491~492.

전통이 대부분의 대학 사회과학부에서 여전히 주도적인 역할을 하고 있는데, 차크라바르티가 보기에 고대 그리스로 거슬러 올라가는 이런 전통은 상대적으로 근대 유럽사의 제조품이라는 것이다. 유럽은 모든 역사의 독보적인 이론적 주체로 남아 있고, 인도·중국·케냐 등의 역사는 결손이거나 이행에 실패한 것으로 정리된다는 것이다. 유럽인이 보기에 이렇게 야만적인 국가들은 '역사의 상상적 대합실'에서 식민화의 시기까지 기다려야 하는 것이었다. 이런 주장들은 지금까지도 제3세계 근대성의 역사를 놓쳐 버리는데, 대부분의 역사가들이 제3세계가 체제로서의 후기자본주의의 작동 엔진이 될 수 있다는 점을 간과한다는 것이다.[14]

예를 들면 현대 그리스나 터키와 같은 국가의 역사가들은 자신들의 역사를 서구적 정전에 맞추기 위해 사용한 전략 즉, 서구적 경로에 부적절한 중간 시기를 생략하거나, 유럽적인 특징을 지녔음을 보여주기 위해 시대를 재해석하였다. 혹은 중국이나 일본의 경우처럼 유럽중심주의적인 역사관을 재빨리 수용하여 서구적 "정전(Canon)"을 재생산하면서도, 다시 서구와의 차이를 그 자신의 시간적 리듬에 견주어 대안적인 보편성으로 찬미하는 사례도 있다. 이는 서구중심적인 역사서술에 저항하기 위해 사용되는, 그래서 비서구 국가의 동력인 민족주의를 통해 "유럽" 대신에 스스로를 지역적으로 구성된 중심부에 배치해가면서 동일한 서사의 지역판을 재생산하게 된다는 것이다. 구체적으로 일본의 탈아입구(脫亞入歐)는 문명/야만이라는 서구의 논리를 스스로 내면화하면서 스스로를 문명세계의 일원으로 규정한 것이라면, 중체서용론(中體西用論)은 스스로를 또 하나의 대등한 보편으로 설정하면서 서구

14) Dipesh Chakrabarty, *Provincializing Europe. Postcolonial Thought And Historical Difference* (Princeton: Princeton University Press, 2000), pp.7~9.

자본주의를 넘어설 수 있는 대안으로 중국문명, 후기에는 중국식 사회
주의를 상정한 것이다. 이들은 중국/서양 혹은 일본/서양의 차원에서
세계를 사유하고 인식하였기 때문에, 이러한 중심부적 자기도취는 "사
유 단위로 동아시아를 표상할 여유"를 가지지 못하였던 것이다.[15]

이런 맥락에서 차크라바르티는 역사적 사고에서 두 가지 변화를 요
구한다. 우선 그는 근대의식의 성장이라 할 수 있는 부분을 비동시성
(heterotemporality)으로 대체해 버리는 그간의 시대착오성을 비판하였
는데 즉, 서구적인 잣대를 통해 미발전된 사회는 비동시적인 발전단계
에 있는 것으로 가정하였다는 것이다. 그러나 다중적인 발전 과정을
전제한다면, 세계 속에 살아가는 인간의 각기 다른 생활방식의 절대적
인 동시성(contemporaneity)을 주장해야 한다는 것이다. 둘째로는 일직
선적인 사고 그리고 (역사발전)단계설을 제거하고 이를 다중적인 가능
성의 개념으로 대체할 것을 요구한다.[16]

이런 맥락에서 차크라바르티는 자신의 책 제목처럼 '유럽의 지역화
(Provincialization)'에 대해 목소리를 높였다. 즉 이런 입장은 유럽을 세
계사의 주체이기보다는 '만들어진 것(Produkt)'으로 보았고, 이는 담론
의 역사, 해체 그리고 근대 속에서 유럽의 흥기에 관해 전승된 거대서
사의 비판을 통해서 지역화해야 할 것이었다.

---

15) 오병수, 「중·서에 가린 동아시아─중국 중등학교 역사교육과 동아시아 인식」,
『동북아역사논총』 19호, 2008, 3, 60, 62쪽; 임형택, 「동아시아의 중국중심주의와
그 극복의 과제」, 동북아역사재단 국제학술회의 『중심과 주변에서 본 동아시아
자료집』, 2007.12.10-11, 서울, 613, 617쪽.

16) Nathalie Zemon Davis, "What is Universal about History", Gunilla Budde/Sebastian
Conrad/Oliver Janz eds., p.16; Georg G.Iggers, p.87.

3. 트랜스내셔널 히스토리의 이론과 구성

'transnational'이라는 용어는 서적 제목으로 자주 떠오르고, 이미 트랜스내셔널 히스토리 는 서구 역사학에서 각광받는 분야가 되고 있지만, 제대로 소개되거나 개념이 규정된 것은 아니다. 다양한 생각과 개념이 난무하지만, 그 용어에 대한 논의는 제대로 진행되지 않았고, 그 어떤 합의에 도달한 것도 아니다. 이는 초국가성(Supranationalität)과는 다른 개념이고, 어감상으로 각 국가나 사회 상층부 간의 연합과 그것의 수직적 효과를 의미하는 '국제 관계'와도 구분된다.[17] 여기에서 국제주의(Internationalism)는 국가를 넘어서는 정체성(übernationale Identität)으로 이해되었으나, 그간 문화적 · 정치적 · 경제적 관행의 국제화는 보통 20세기 유럽을 넘어 세계적으로 확산된 서구화 과정으로 암암리에 수용되었다.[18]

그러나 중요한 사실은 근대 유럽의 자기이해는 다른 문명, 특히 아시아문명과의 대결 속에서 형성되었다는 것이다. 비서구인이 19, 20세기 유럽을 묘사한 많은 텍스트가 발견되고 있다. 그러나 이들이 담론의 역사나 사회사에서 상응하는 자리를 차지하기는 어려웠고, 앞으로도 어려울 것이다. 15세기 이후 유럽의 팽창이나 세계 제패에 대한 서술이 유럽중심주의적이라고 단정할 수는 없다. 그러나 그 진행의 쌍방적 관계나 또 다른 팽창과 교류의 역사는 무시되었던 것이다.

이제 역사학은 과거 서구의 경험에서 도출한 線型的(linear) 발전단

---

17) 이미 20년 전부터 다국적기업은 'transnational'이라는 용어를 사용하고 있다. 또한 국제 관계에서도 1969년부터 'transnational politics'라는 개념을 사용하고 있다. 이 개념은 정부 간의 공식적인 관계를 제외한 세계정치의 상호의존성을 의미한다. Jürgen Osterhammel, "Transnationale", p.472.

18) Ibid., p.471.

계론(stage theory)을 보편적인 세계사로 상정하는 착오를 넘어서야 한다. 사회문제 해결의 틀이 국민국가를 넘어서고 있는 작금의 현실을 반추하더라도, 트랜스내셔널 히스토리의 새로운 요구는 그 정당성을 인정받을 수 있다. 이는 지난 수십 년 사이에 확산된 세계시민주의의 개념에 더 가까이 접근하는 것이다.[19]

국가를 횡단하는 역사 과정의 정치적, 사회적, 경제적 관철은 그 안에서 고유한 행동 방식이나 원칙이 관철되는 새로운 공간이나 새로운 행위영역을 만든다. 즉 횡단국가성은 기존의 역사학에 단순히 새로운 차원을 추가하는 것이 아니라 사실상 순전히 새로운, 그래서 국가적 차원으로 환원할 수 없는 소통방식(Verkehrsformen)을 제안한다. 여기에서 형성되는 관계들은 끊임없이 변화하고, 그러면서 그 고유한 발전논리를 만들어 간다. 이제 역사서술은 개별 국가사의 총합 혹은 전 지구적인 단일체(unity)로 환원될 수 없는, 그래서 국민국가적, 지역적 그리고 횡단국가적 문제 제기, 갈등, 규칙을 만들어내게 된다. 트랜스내셔널 히스토리는 이런 영역을 새로이 열어가는 것이다.[20]

트랜스내셔널 역사에 관심을 가지는 역사가들은 영토성(territoriality)에 대해 문제를 제기한다. 국가 중심의 역사서술에서 영토는 주요한 위치를 차지하고 있다. 영토는 공간과는 다르다. 영토는 공적, 정치적 생활에 대한 효율적인 통제를 허용하는 공간이고, 인간을 통제하는 강력한 지리적 전략에 해당하고, 여기에서 대안적인 주장은 배제된다. 국가주권의 전제인 영토성은 복수적 권력이 지구적 공간을 확보하기 위

---

[19] Ibid., pp.468, 471; Kiran Klaus Patel, p.628.

[20] Michael Werner/Benedicte Zimermann, "Vergleich, Transfer, Verflechtung. Der Ansatz der *Histoire criosée* und die Herausforderung des Transnationalen", *Geschichte und Gesellschaft*, vol.28, 2002, pp.630~631.

해 치열하게 경쟁하였기 때문에 창출되었다.[21]

유럽에서 1517년 종교개혁(reformation) 이전까지는 종교적 충성심에 대한 요구는 비영토적이었다. 격심한 종교전쟁을 겪고 난 후 17세기 베스트팔렌 조약에 이르러서야 종교기구는 영토를 강제력의 기초로 파악하였다. 국경선의 근대사는 17세기부터 시작되었다. 군사혁명은 축성기술을 발전시켰고, 베스트팔렌 조약으로 탄생한 주권국가에서는 영토는 모두가 공인하는 규범이 되었다. 이제 국경선은 과거와 같이 구역(zone)이기보다는 추상화되면서 線型(line)을 취하게 되었다. 더불어 영토성은 주권의 물질적 조건이 되었고, 서구의 국민국가는 3세기 동안 영토를 집단행동을 위한 기초로 만들었다. 계몽주의 시대에 이르면 낯설음(Fremdheit)의 개념이 개발되고, '경계 짓기'와 더불어 이를 뒷받침할 소위 '객관적 지식'이 확산되기 시작하였다. 또한 민족적 정체성이 지니는 의미도 강화되었다. 근대사는 국경선의 역사이자, 걸인이나 광인 등에게는 '울타리치기(enclosure)'를 통한 '위대한 감금의 시대'이다. 특히 18세기에 들어와 국가가 재원을 필요로 하면서, 절대군주들은 영토를 지도화하고, 이를 통해 과세자를 그 안으로 포섭하였다. 20세기까지 영토에 대한 독점적인 통제는 '조국'이나 '고향'의 이름 아래 수백만의 군인과 민간인이 그것의 수호를 위해서 목숨을 바치도록 하였다.[22]

대략 1860년대부터 영토는 만사를 결정하는 공간(decision space)일 뿐 아니라 정체성을 구성하는 공간(identity space)이 되었고, 이를 통

---

21) Charles S. Maier, "Transformation of Territoriality 1600-2000", Gunilla Budde/Sebastian Conrad/Oliver Janz eds., pp.33~35.

22) Ibid., pp.36~43; Martin Krieger, "Transnationalität in vornationaler Zeit Ein Plädoyer für eine erweiterte Gesellschaftsgeschichte der Frühen Neuzeit", *Geschichte und Gesellschaft*, vol.30, 2004, pp.127, 132.

해서 효율적인 공적 충성심이 생겨났다.[23] 그러나 현대로 올수록 영토
는 그 역동성을 상실하게 된다. 이주의 통제, 독점적인 시민권, 경제성
장이 영토적 통제를 강화하지만, 동시에 그것을 약화시키기도 하기 때
문이다. 오히려 20세기의 일상정치에서 조세나 사회복지 그리고 그를
통한 경제의 재분배 등이 중요해지면서, 이제는 시민공동체의 내부인
(insider) 혹은 외부인(outsider)의 경계가 중요해졌을 뿐이다.

그러나 트랜스내셔널 히스토리에 주목하는 학자들은 '영토와 국경선
에 대한 사고는 인위적 형성물에 불과하다'는 점을 지적한다. 특정한
문화적 배경에서 기원하는 구성원을 영토민족으로만 포괄하는 것은
너무 편협하다는 것이다. 공간적인 사고는 모든 범주적인 사고에서와
마찬가지로 항상 경계를 만들고 이를 재생산하고 있다. 그러나 영토적
으로 정의된 단위들을 역사적으로 검토해보면, 영토성이 지속적으로
갈등을 일으켜야할 이유가 없다. 오히려 우리는 '경계 짓기'를 인식하
는 변수로서 종교, 언어, 전통, 가치, 소통체계, 공간 등의 다양한 요인
을 첨가해야 할 것이다. 뿐만 아니라 1960~1970년대에 들어서면서, 영
토성은 더 이상 결정적인 자원이 되지 못하는 변화가 시작되었다. 이
제 지구화의 압박 속에서 한 국가의 엘리트/국민은 영토적 공간 내에
서 안전을 확보 받지 못하게 되었고, 에너지 자원에 대한 통제도 불가
능해졌고, 계급내부의 결속도 약화되었다. 대학생이나 여성은 전통적
인 사회 협상 과정에 참여하지 못하고, 그런 한에 있어서 이들은 계급
적 이해관계로부터 이탈할 가능성이 높아졌다. 또한 공공생활의 경제
적 기초가 국경선이나 영토보다는 네트워크로 이동하였다. 정보와 상
징에 대한 국가를 넘어서는 통제와 병행하여, 피라미드 계급구조를 대

---

23) Charles S. Maier, pp.36, 46.

체할 만한 중심/주변의 역학 관계가 생겨났다. 이제 경제적, 정치적 통제력의 변화에 적응하는 보다 효율적인 공간적 단위로의 변화가 재구성되고 있는지도 모른다.[24]

이런 맥락에서 스필리오티의 연구는 우리에게 시사하는 바가 적지 않다. 그는 사회문제의 해결이 국민국가의 영토를 횡단하며 진행되는 사례로 그리스 해외이주자를 분석하였다. 고용기회의 공간적 확대를 통해서 그리스인들은 해외로 이주하여 영토를 넘나드는 생활세계를 형성하였다는 것이다. 대부분 농촌 출신인 해외이주자들의 송금은 1920년대에는 그리스 국제수지의 63%, 1930년대에는 45%를 차지하였다고 한다. 특히 1936~1941년의 메탁스(Metaxs) 독재정치 기간 동안 공식적으로는 1,320만 불, 비공식적으로 1,000만 불이 미국 거주 그리스인에 의해 송금되었는데, 당시 상품수출이 연간 4,850만 불인 점을 감안하자면, 엄청나게 많은 비용이 유입되어 그리스 경제의 활성화에 큰 도움을 주었음을 알 수 있다.[25] 뿐만 아니라 엘리트집단의 해외이주나 유학에도 불구하고 이들의 생활세계적인 지평은 항시 민족주의 정치 기획으로 흡수되었다. 미국에 거주하였던 엘리트 집단은 지속적으로 그리스 국내정치에 개입하면서, 그 영향력을 행사하였던 것이다. 이런 사례들은 그간의 연구에서 드러난 영토 집중성에 대한 재고를 불가피하게 한다. 이런 그리스의 사례를 통해서도 우리는 국민국가에 초점을 맞추어왔던 그간의 연구를 성찰하고, 이를 다중적인 트랜스내셔널 히스토리로 대체해야 할 필요성을 확인한다.[26]

---

[24] Ibid., pp.35, 48~53; Martin Krieger, p.129.
[25] Susanne-Sophia Spiliotis, "Das Konzept der Transterritalität oder Wo findet Gesellschaft statt?", *Geschichte und Gesellschaft*, vol.27, 2001, pp.482~483.
[26] Ibid., p.485.

1960년까지 많은 유럽의 국민국가는 다양한 제국적인 맥락을 고려하지 않고서는 그 역사를 제대로 서술할 수 없었다. 해방전쟁, 자치화, 권력 이전 그리고 제국 중심부의 해체 등과 더불어 제국의 과거와 국민국가의 역사가 연루되기 때문이다. 그래서 트랜스내셔널 히스토리에 대한 관심이 높아지면서, '제국(Imperien)'에 대한 연구도 늘어났다. 이는 집중적인 자본주의 성장기의 공격적인 대외정책으로 알려진 19세기 중엽 이래의 제국주의(Imperialismus)와는 구분되는 것이다. 제국에서는 중앙화된 권력을 둘러싼 거시적 맥락, 엘리트의 교류, 상징적인 통합, 거대공간에서의 교통과 상업 관계 등이 생겨나는데, 이는 유럽적 기원만을 가진 것도 아니고, 오히려 많은 문명에서 등장하는 레퍼토리이다. 많은 주권국가들이 제국의 헤게모니나 광대한 영토, 연방 형식의 통치형태, 혹은 인종이나 문화적 복합성에서 출원하였다. 최소한 근대 초까지 세계사적으로 제국이 정상적인 경우이고, 국민국가는 부차적이자 근대적인 예외였다. 그러나 이런 역사적 경향성은 19세기의 국민국가적인 역사서술에 의해 은폐되었다. 당연히 제국은 트랜스내셔널 히스토리의 중요한 주제가 된다. 제국은 어떤 방식으로건 함께 작동하는, 하나의 무형의 정체성의 결합이자 지방분권의 느슨한 연결체(Web) 이상이 아니다. 이런 현상들은 때로는 식민지와 모국의 관계에서 나타나기도 하였고, 혹은 청나라까지의 중국제국에서도 드러났다. 역사적으로 약간은 새로운 현상으로서 국민국가적인 자율성이 공존하는 위에서 초국가성(Supranationalität)을 모색하는 유럽공동체도 제국의 한 형태로 지칭할 수 있지 않을까 한다.[27]

---

[27] Jürgen Ostrhammel, "Imperien", Gunilla Budde/Sebastian Conrad/Oliver Janz eds., pp.57~62; 그 외에도 Jürgen Ostrhammel, "Imperial Geschichte", Christoph Cornelissen ed., *Geschichtswissenschaft. Eine Einführung* (Frankfurt/M, 2000), pp.221~232 참조.

트랜스내셔널 히스토리는 역사 속에 나타난 '제국'의 존재에 관심을 갖는다. 제국은 그 영토 내에서 뿐 아니라 그 밖에서도 유용한 자원을 동원하는 것을 목표로 한다는 점에서 국민국가를 횡단하는 조직이라 말할 수 있다. 트랜스내셔널 히스토리가 제국에 주목하는 이유는 오늘의 역사학이 세계화와 지역적인 식민지 역사를 포괄하여, 글로컬(glocal) 역사로 통합해가야 하기 때문이다.[28]

그러면 트랜스내셔널 히스토리는 일국사 서술과 어떤 관련을 가져야 하는가? 이에 대한 대안이 명쾌하게 떠오르지 않는다. 일국사 중심의 패러다임을 벗어난 모든 연구를 하나로 묶어 트랜스내셔널 히스토리로 규정하는 경우도 있다. 이런 시도는 국민국가를 극복해야 한다는 순진한 희망사항의 반영일 뿐이다. 혹은 문화학에서는 '트랜스내셔널'을 해방적이고 전복적인 것으로 파악하는 주장도 왕왕 나타나는데, 이런 전제들은 '트랜스내셔널'에서 제기하는 다양성의 관점을 왜곡하는 것이다.[29]

일국사에 토대를 둔 역사학을 향한 개방 요구는 단지 국민국가를 넘어서는 지리적 확장만을 의미하는 것은 아니다. 그것은 오히려 유럽사에 사용되는 개념과 이론 도구를 일본, 이집트, 아이티에 대입할 수 있는가를 반문한다. 다시 말해서 이는 지금까지의 독점적인 역사서술이나 그 개념화가 서구 역사학 속의 타자의 총체적인 소외 즉, 타자의 타

---

28) Jürgen Ostrhammel, "Imperien", pp.62~64; 오스터함멜은 제국적인 근대의 결절점으로서 1) 기술적-병참적 전제, 2) 금융혁명의 동원 효과, 3) 해외이주 및 식민화와 인구적 잠재력, 4) 문명화 선교, 5) 세계시장과 연루되는 산업화, 6) 세계적인 자유무역의 비전을 지적하고 있다. 이런 제국을 통해 만들어진 공공재들을 실현하는 트랜스내셔널 연결체이자 세계화의 주체는 영 제국이었다. 그러나 나폴레옹 3세나 이탈리아 및 독일의 파시즘에 이르면, 제국의 민족주의화, 극단화가 시작된다고 주장한다. Ibid., pp.65~66.

29) Kiran Klaus Patel, p.629.

자화를 초래하였기 때문이다.[30)]

미국 트랜스내셔널 히스토리 연구의 대표주자인 텔런(David Thelen)은 국가 횡단의 역사를 '어떻게 인간, 사상, 제도, 문화가 국민국가를 넘거나, 그 저변이나 주변으로 가고, 혹은 이것을 통해서 작동하는가를 조사하고, 나아가 어떻게 국경선이 사람들의 역사적 경험을 포괄하거나 규정하는가를 설명하는 것'이라고 정의하였다.[31)] 오스터함멜은 그간 학계의 용어 사용에서 국가횡단적 관계(transnational relations)는 정부 사이의 공식적인 관계를 제외한 전체 세계정치의 상호의존성을 지칭하는 것으로 이해되었으나, 이제 새로운 개념정의는 그러한 상호 관계 속에서 드러낼 수 있는 '전담집단(Trägergruppe)'을 밝히고, 적어도 둘 혹은 그 이상의 사회를 연결하는 명확히 규정할 수 있는 행위자나 행위자집단을 연구하는 것에 강조점을 두어야 한다고 주장한다.[32)]

그렇다면 국가를 횡단하는 사회사로부터 무엇을 기대할 것인가? 이런 질문에 대해 오스터함멜은 지금까지의 국제주의나 국제성에 대한 연구를 너무 새로운 문제의식과 분리할 필요는 없지만, 적어도 역사서술에서 국가라는 거대건축물 즉, '수상관저의 우선성'을 떠나는 것만도 큰 의미가 있다고 주장한다. 그는 트랜스내셔널 사회사의 관련하여 아래와 같은 문제들을 제시한다.

첫째로, 일국사 중심의 역사서술은 정상적이지 않고, 오히려 이는 18세기 영국 국민국가 건설의 부산물일 뿐이라는 사실을 인지하는 것이다. 현대사가 점점 더 경제의 세계화, 커뮤니케이션의 세계화, 인구 증가 그리고 생태계의 파괴 속에서 변화된 현실인식과 문제의식을 반영해야 할

---

30) Jürgen Osterhammel, "Transnationale", p.466.

31) Kiran Klaus Patel, p.628.

32) Jürgen Osterhammel, "Transnationale", p.472.

상황에 처해 있다. 뿐만 아니라 지역에 토대를 둔 사회사, 특히 일국 중심의 사회사 연구는 이론적으로 여러 불충분성을 드러내고 있다는 것이다. 거기에다가 과거 20~30년을 풍미한 전체사회사(History of Society), 혹은 독일의 경우 '역사적 사회과학'의 패러다임은 그 중핵을 소진하고 있다. 그래서 트랜스내셔널 히스토리를 통한 보완이 불가피해졌다.

둘째로, 트랜스내셔널 히스토리는 새로운 흐름의 수용을 통해서 역사학의 구조에 집중한 그간의 연구를 보완해서, 네트워크(Network)를 핵심 개념으로 받아들여야 한다. 역사현상을 국가가 아니라 사회적 차원에서 고찰할 경우, 사회현상은 총체적으로 움직이기보다는 개별 요소들의 복잡한 상호작용인데, 이런 맥락에서 네트워크는 대단히 중요한 요소가 된다. 물론 네트워크의 개념이나 용법을 합의하기란 쉽지 않다. 하나의 독자적이거나 고유한 조직 형태로 보는 시각에서부터 제도이기보다는, 비공식적이거나 유동적이고, 시간적으로 제한적이나, 덜 고정되어 있고 장기적으로 작용하는 비공식적인 그 무엇으로 볼 수도 있다.[33] 1960년대만 해도 네트워크는 국가가 없는 곳이나 주변적인 사회집단에 대한 분석을 중심으로 그 유용성을 입증하였다.[34] 그러나

---

[33] 네트워크 개념을 둘러싼 논쟁은 있지만, 어쨌든 네트워크는 대체로 덜 제도화되어있고, 위계구조가 공식화되지는 않았지만, 근본적으로 위계구조의 성격이 전혀 배제된 것은 아니라는 것이다. Berthold Unfried/Jürgen Mittag/Marcel van der Linden eds., *Transnational Networks in the 20th Century* (Wien, 2007), pp.16~17. 네트워크에 관련한 연구와 관련하여서 주로 조직적 차원에서 혹은 학술이나 문화재단을 통해서 진행되는 네트워크의 작동과 그 횡단국가성을 분석한 위의 책은 여러모로 시사하는 바가 적지 않다. 특히 포드재단이나 에버트재단, 유태인조직의 작동과 기능에 대한 분석이 흥미롭다.

[34] 특히 국가 성립 이전의 아프리카 역사에서 무역이나 친족 네트워크는 권력관계의 주요한 작동기준이 되었다. Felicitas Becker, "Diskussionsforum: Netzwerke vs. Gesamtgesellschaft: ein Gegensatz? Anregungen fuer Verflechtungsgeschichte", *Geschichte und Gesellschaft*, vol.30, 2004, p.318.

국민국가 구성이 지연되었던 사회에 못지않게 유럽 사회에서도 엘리트 사이에서는 국가를 횡단하는 강한 네트워크가 권력관계의 추이에 주요하게 작용한 점이 최근에 공감대를 얻고 있다. 식민주의자들과 토착민 간의 관계를 포함한 국가횡단적인 역사에서 당연히 네트워크는 중요한 방법론적 도구로 제기된다.[35]

셋째로, 트랜스내셔널 히스토리는 초기 역사주의에서 기원하는 공간에 대한 거부감과 작별해야 한다. 역사가들은 국경선이나 영토에 대해서는 주목하였지만, 이를 넘어선 공간 개념의 활용은 시도하지 않았다. 그 결과 역사학은 그간, 사회학에 비해, 지리학을 인접 학문으로 발굴하지 못하였다.

넷째로, 트랜스내셔널 히스토리가 역사서술에서 국민국가 혹은 민족의 중요성을 부정하는 것은 아니다.[36] 국민국가의 자율성 상실과 더불어 인구의 다양화가 국가를 넘어선 많은 생활세계의 결합을 가져왔지만, 국민국가는 여전히 사법·경찰·교육·사회복지를 통제하면서, 큰 사회적 영향력을 행사하고 있는 점을 결코 무시하지 않는다. 심지어는 유대인이나 아르메니아인과 같은 이산민족들도 국가와 유사한 조직을 구성하고 있다. 국가의 경계를 넘어서는 경향이 존재하지만, 이는 그야말로 하나의 경향성일 뿐이다. 세계 사회는 일련의 목적에 유용한 픽션이지 사회학적 실재는 아니라는 것이다. 그 결과 횡단국가

---

35) 식민주의자의 권력은 물질적인, 움직일 수 없이 엄연한 것이지만, 동시에 피식민주의자와는 협상가능한, 조정가능한 권력의 역학 관계가 존재하기 때문이다. Ibid., pp.321~324.

36) 국가나 민족의 역사와 횡단국가성(transnationality)는 일견 서로 모순적인 관계에 있는 것 처럼 보인다. 그러나 동시에 이는 서로 보완적인 기능을 수행하기도 하는 대단히 복합적인 것이다. Berthold Unfried/Jürgen Mittag/Marcel van der Linden eds., p.10.

성(transnationality)도 결코 그것만으로 사회문화적 실재(substrat)가 될 수 없다.

그렇더라도 이민자 사회, 식민지적 다원사회 혹은 이미 세계시민으로 구성된 다문화적인 메트로폴에서도 다양한 생활 영역이나 사회공간이 느슨하게 병존함으로써 많은 혼합이 일어나고 있기에 트랜스내셔널역사는 여전히 역사학의 유용한 연장이 될 수 있다.

트랜스내셔널 히스토리 연구의 대표주자인 오스트함멜은 어떤 체계적인 근거에서 기인하기보다는 순전히 실용적인 이유 즉, 학문적인 여건 때문에 트랜스내셔널 히스토리 연구를 우선 유럽에 한정할 것을 제안한다. 독일 역사가인 오스트함멜로서는 유럽 이외의 지역에 대한 제대로 된 연구를 진척하는 것에는 많은 한계가 있기 때문일 것이다. 그렇더라도 서양/동양, 문명/야만, 유럽/비유럽의 이분법의 폐기가 전제되어야 하고, 더 나아가 사이드의 『오리엔탈리즘(Orientalism)』에서 제기된 인종주의 비판, 나아가 다원적인 근대성을 논하는 문제에 이르기까지 다양한 가능성을 모색해보아야 한다는 것이다.[37]

트랜스내셔널 히스토리 연구의 가능성은 19, 20세기 독일과 프랑스 사이의 관계와 문화적 전이(transfer), 유럽이라는 공간에서의 정치나 시민사회 관계, 서구권과 비서구권 사이에서의 전쟁이나 식민지/포스트식민지적 관계에 이르는 제국(Imperien)의 역사, 전 지구적 척도에서의 세계경제나 경제적 관계, 기후나 생태계의 역사, 전쟁, 선교보고서, 지식인 담론 그리고 문명비교를 통해서 본 동양과 서양에 대한 상호인식 등에서 발견할 수 있다.[38]

---

[37] Jürgen Osterhammel, "Transnationale", pp.474~476.
[38] Jürgen Kocka, pp.22~23.

보다 구체적인 연구로는 독일에 거주하는 터키인 연구가 그 전형적인 사례가 될 것이다. 오래 독일에 살아온 터키인들은 개인적, 혹은 집단적 생활에서 역할의 다변화, 이중언어성, 다중적 정체성의 형성 등을 경험하게 되는데, 이들은 거주하는 국민국가에 심리적, 문화적으로 저항하면서도 동시에 그 외국인 관청의 그늘 아래 살아가는 중첩된 사회적 관계를 보여준다. 이는 코스모폴리탄적이기보다는 국민국가적으로 형성된 사회와 문화 사이의 '경계 넘기'이고, 여기에서 형성되는 '국가 횡단의 사회공간(transnationaler sozialer Räume)'은 사회적 관계의 특별한 범주로 설정될 수 있다.

마찬가지로 국가 경계선을 넘나들면서 거대공간에 펼쳐진 종교가 지닌 통합력은 트랜스내셔널 히스토리의 또 다른 연구대상이 될 수 있다. 초국가적인 신앙공동체로서 에큐메니칼 운동 등이 좋은 사례일 것이다.[39] 달리는 중국, 페루, 이슬람세계 등에서 선비문화가 서구 학문과의 접촉에 대해 어떤 반응을 보였는가에 대한 비교 연구[40]도 좋은 사례로 거론된다. 마찬가지로 영국연방에 속하는 여러 지역 즉, 뉴질랜드·오스트레일리아·인도에서 여성선거권이 시간적 격차와 함께 실현되는 과정은 사회문화적 상황, 저항, 식민지적 맥락 그리고 페미니즘이 함께 작용한 전이 과정에 대한 연구[41]로서 트랜스내셔널 히스토리의 중요한 본보기로 꼽힐 수 있다.[42]

---

39) Jürgen Osterhammel, "Transnationale", p.473.

40) S. C. Humphreys ed., *Cultures of Scholarship* (Ann Arbor, 1997); Jürgen Osterhammel, "Transnationale", p.476 참조.

41) I. C. Fletcher ed., *Women's Suffrage in the British Empire: Citizenship, Nation, and Race* (London, 2000); Jürgen Osterhammel, "Transnationale", p.476 참조.

42) Ibid., p.476.

4. 비교와 전이(轉移)

이미 앞에서 언급한 대로 횡단 역사학은 여전히 방법론적 모호성과 정리되지 않는 개념화로 어려움을 겪고 있다. 이런 한계를 보완하기 위해서는 보다 유용한 연장을 사용해서 방법론적인 개선을 시도하고, 이를 통해 연구의 성과를 높이는 것이다. 이런 의도에서 트랜스내셔널 히스토리를 주장하는 이들은 방법론적인 전략의 핵심으로 비교와 轉移(Transfer)를 제안하고 있다.[43]

역사학은 다른 분야에 비해 비교연구의 경험이 적다. 오히려 역사학은 베링턴 무어(Barrington Moore)나 찰스 틸리(Charles Tilly)와 같은 역사사회학의 우회로를 거쳐서 비교사 방법론의 활용에 이르렀고, 그나마 80년대 초에 이르러서야 그 관심이 확대되었다고 말할 수 있다. 역사가들은 비교사를 '역사현상의 유사성과 차이를 설명하거나 보다 폭넓은 결론을 유도하기 위해서 이용하는 방식'으로 파악하거나, 나아가서는 그것을 "민족적 역사서술 전통 간의 차이와 유사성을 설명해 주는 유일한 방법"으로 간주하여 역사학이 활용할 수 있는 유익한 연장으로 받아들였다.[44] 그러나 지난 10년 사이에 많은 역사가들이 역사학적인 비교는 장점보다는 난점을 더 많이 지녔다고 비판한다. 우선 수많은 '존재조건'과 상이한 문화 속에서 작동되는 관념이나 관습에 따라 그 의미가 구성되는 고유한 맥락(context)을 무시하고, 역사현상을 상호 비교하는 것은 단순화되거나 왜곡된 결론을 끄집어낼 위험이 크다는 것이다. 그래서 윌리엄 스월은 역사적인 비교는 "설명의 타당성을 검증하기 위해 체계적으로 증거를 모으는 하나의 수단"에 불과하다고 비판하

---

[43] Kiran Klaus Patel, p.631.
[44] 김택현, 「비교사와 방법으로서의 비교」, 『사림』 28호, 2007, 4~5쪽.

였다.45) 뿐만 아니라 비교사에 회의적인 역사가들은 "비교 대상으로서
의 역사는 과거 그 자체가 아니라 과거에 관한 서술"임을 강조한다. 즉
비교사는 이미 서술된 과거 즉, 역사담론들을 비교하는 셈이고, 이들은
이미 비교 이전에 이념적으로, 문화적으로 채색되었다는 것이다. 이런
주장으로까지 나아가면, 사실상 역사학에서 비교는 불가능해 보인
다.46)

  비교사에 대한 비판은 프랑스의 '전이의 역사(Transfergeschichte)' 혹
은 '횡단의 역사(histoire croisée)' 지지자에 의해서도 제기되었다. 개별
사회에서 외부적 영향력의 매개자(Mediatoren)와 그것의 전유 그리고 민
족문화의 다양성을 창출하는 요소에 관심을 가지는 이들은 '사회들 간
의 차이와 유사성은 문화적 영향과 사회 문화적 관계형성(Verbindung)
에서 기인하는 것이기에 비교는 그 자체로 한계를 지닌다'는 것이다.
더불어 국민국가 사이를 교차하는 비교사는 결국 민족사적 패러다임
을 재생산한다는 이유로 홀대받았고, 대신에 전이의 역사 혹은 횡단의
역사가 역사 연구의 왕도로 간주되었다.47)

  그러나 비교사에 대한 불신이나 홀대는 비교 대상을 폐쇄적 단위로
이해하는데서 기인한다. 실제로 비교의 대상은 독립되어 있기보다는
서로 의존적인 관계에 있는 경우가 많다. 뿐만 아니라 비교사가 국민
국가 간의 비교를 통해서 민족주의적 역사를 강화한다고 하나, 오히려
비교사가 문화에 대한 오해를 저지하거나 민족중심적 역사를 극복할

45) Willian H. Sewell Jr, "Marc Bloch and the Logic of Comparative History", *History and Theory*, vol.4, no.2, 1967, pp.208~209, 216; 김택현, 위의 글, 6~7쪽에서 재인용.
46) 위의 글, 15, 16, 20쪽.
47) Heinz-Gerhard Haupt, "Historische Kamparatistik in der internationalen Geschichtsschreibung", Gunilla Budde/Sebastian Conrad/Oliver Janz eds., p.147. 그 외에도 이진일, 「비교사에서 교류사로」, 『사림』 28호, 2007, 36~37쪽 참조.

수 있는 계기를 제공할 수 있기도 하다. 최근 한국에서 일단의 서양사 연구자들이 우리의 유럽중심주의적 세계사 서술을 지양하고 보편적인 세계사의 정립을 위해서 한·중·일의 사례를 비교하는 방법을 활용하고 있는데, 이런 비교를 통해서 과거 자국의 역사서술 나아가 아시아 역사서술에 대한 성찰성을 더 높일 수 있다.[48]

기왕의 역사서술이 유럽중심적이고 그래서 현재로는 사실상 포괄적인 역사학의 구성이 어려운 현실인 만큼, 비교사가 오히려 보다 성찰적인 접근 방식이 될 수 있다는 주장도 제기되고 있다. 전 지구를 망라하는 지구사가 18세기 이전에는 시작되지 않았고, 그래서 역사적 상호작용이 적었던 시대일수록 중국, 모슬렘, 자그레브, 동남아시아 사회들은 오히려 독자적인 특성을 소지하였을 가능성이 높았고, 그래서 비교를 통해 차이나 본성이 더 도드라질 수 있다는 것이다. [49]

비교사는 전이의 역사보다 훨씬 이론지향적이자 문제지향적이다. 이 과정에서 비교사는 이론적 테제의 생산보다는 오히려 그것을 수정하는 역할을 해야 한다. 즉 이를 통해서 항시 연구의 범주와 결과에 대한 비판적인 성찰에 도달할 수 있다. 그런 점에서 행위자나 조직 간의 직접적인 접촉을 우선시하는 관계사(Beziehungsgeschichte)나 전이의 역사가 역사학적 비교를 대체할 수는 없다. 이들은 서로 다른 분석 영역이다. 물론 비교 대상들의 유사성이 더 클 경우에는 비교보다는 전이 과정을 연구하는 것이 더 적절할 것이다.[50]

환경의 역사와 관련하여 캘리포니아와 오스트레일리아 이주사회의

---

48) 이를 위하여 김택현, 「제국주의, 역사주의, '차이의 역사(학)'」, 『서양사론』 90, 2006과 강철구, 「한국에서 서양사를 어떻게 보아야 하나: 유럽중심주의의 극복을 위한 제언」, 『서양사론』 92, 2007 참조.

49) Georg G. Iggers, p.84.

50) Heinz-Gerhard Haupt, pp.142, 149.

비교 분석의 경우에서처럼, 비교단위로 국민국가가 항상 적절한 것은
아니고, 반드시 대상들이 등가적이어야 할 이유도 없다. 냉전기 동안
미국 대중음악을 통해서 동독과 서독의 미국화 경향을 분석한 포이저
스(Uta G. Poigers)의 연구는 상당한 흥미를 유발하는데, 이는 비교사를
통하지 않고서는 도달할 수 없는 분석이다. 또한 세계공황에 대한 나
치의 대응과 미국 뉴딜정책에 대한 비교에서, 오히려 나치를 의식하여,
'다름'을 강조하기 위해 '경계 짓기(Abgrenzungsstrategie)'를 시도한 미국
의 정책적 대응방식을 확인할 수 있다. 이런 경우들은 전이의 역사만
으로는 설명할 방법이 없다.[51]

그런 점에서 이미 1928년에 마르크 블로흐가 양 과정의 통합을 주장
한 대로, 우리는 방법론상으로 비교와 전이, 관계, 이 세 방법의 결합가
능성을 고려해야 한다. 그렇더라도 비교가 체계적으로 진행되고, 전이
에 대한 분석은 부수적으로 진행되면서 비교사를 보완하는 것이 좋다.
문화적 전이 연구는 지구화의 시대에 일어나는 다양한 자극과 단초의
앙상블을 연구하는 것이고, 이는 역사적 비교를 대체하기보다는 관계
사적인 고찰 방식을 보완하는 것이라 말할 수 있다.

아직은 연구가 많이 진척되지 못했지만, 전이의 역사도 트랜스내셔
널 히스토리 연구에서 매우 중요한 분석방법이다. 이는 전 지구적으로
이주(migration)나 이산(diaspora)현상이 잦아지고 또한 포스트식민주의
이론이 활발해지면서, 그 연구에 박차가 가해졌다. 특히 국가를 횡단하
는 이주사 연구가 활발한 미국이 전이 과정에 대한 연구를 선도하고

---

51) Kiran Klaus Patel, pp.633~635, 641. 특히 1980년대 이래 활발해진 사회복지국가로
서의 미국에 대한 로저(Daniel Rodger)의 연구는 미국의 예외주의에 대해 의문을
제기하면서, 동시에 유럽의 모델로부터 거리를 두는 것을 통해서 영향을 받는
'담론적 경계 짓기'를 잘 설명하고 있다.

있는데, 특히 종교·기업·정치운동 등 여러 분야에서 초민족적 네트워크를 통해서 민족적 경계를 극복하는 사례가 드러나고 있다. 이 과정에서 전이는 복잡한 '전유'의 과정을 겪는다. 대표적인 예로 1874년 조직된 오스트레일리아의 〈여성기독교금주연맹〉의 활동은 한편으로는 보편주의적 – 해방적, 그리고 부분적으로 에큐메니칼운동의 정신을 지녔으면서도, 동시에 문화 제국주의적 성격을 드러내는 복잡한 전유(Anverwandlung, appropriation)의 과정을 보여준다.[52]

비교사가 상대적으로 共時性에 치중한다면, 전이의 역사는 通時的인 역사로 진행되고, 사회의 모든 영역에서 실행된다. 그러나 전이의 역사는 결코 '민족문화나 국민국가적으로 규정되는 사회 간의 관계들'로 환원되는 것은 아니다. 그래서 전이의 역사는 결코 비교사와 대립적인 관계에 있지 않고, 오히려 그간 많이 다루어온 영향의 역사(Einflussgeschichte)에 적대적이다. 문화적 관계는 결코 우월한 문화가 열등한 문화를 계몽하는 방식 즉, 문화적 격차(Kulturgefälle)를 모델로 해석되어서는 아니 되고, 오히려 수용의 논리 즉, 선별메커니즘의 전략을 중심으로 분석되어야 한다. 수입의 과정에서 외래문화는 반드시 변용을 겪기 때문이다.[53]

전이의 역사를 활용하는 데 있어, 우리에게 몇 가지 개념상의 그리고 활용상의 합의가 필요하다. 첫째로, 대상에 대한 보다 폭넓은 수용이 필요하다. 전이는 사상, 물자, 인간, 제도 등 모든 분야에서 가능하다. 또한 고급문화 뿐 아니라 대중문화를 통해서도 가능해야 한다. 둘째로, 전이는 확산 과정으로 보다는 오히려 고도의 복합적인 상호작용으로

---

[52] Ibid., pp.636~637.

[53] Michael Werner/Benedicte Zimermann, pp.612~613. 수용의 문화를 관측하자면, 다양한 앙상블이 공유성을 보이거나 통합(Verbindung)으로 가기보다는, 이를 다시 바꾸고 거기에 정체성을 새로이 부여하는 일종의 망상결합(Vernetzung)으로 가게 된다는 것이다. Ibid., p.614.

이해해야 하고, 생산적인 학습(Aneignung) 과정으로 받아 들여져야 한다. 셋째로 전이는 그 특유의 '자기 것으로 하기'가 진행되는데, 여기에는 전담집단의 욕구, 이해관계, 사회적 기능에 대한 설명이 추가되어야 한다. 넷째로, 상기한 이유로 전이는 일방통행의 경로일 수가 없다. 여기에서는 상호 관계가 전제될 수밖에 없다. 즉 국민국가로 구성된 사회도 결코 폐쇄적인 실재일 수가 없다. 여기에는 집중적인 상호작용, 혼합 그리고 혼합언어화(creolization) 과정이 진행되었다. 세바스챤 콘라드는 그의 저서 『독일제국사』를 통해서 유럽 전체사와 식민지 역사를 투영할 경우, 독일사에 대한 관점 자체가 바뀔 수 있음을 구체적 연구를 통해서 입증하고 있다.[54] 다섯째로, 방법론적 차원에서 인식 과정과 전이 과정은 서로 밀접하게 결합되어 있으므로 그 상호성도 밝혀져야 한다.[55]

위에서 말한 몇 가지 활용상의 유의사항에 유념하면서, 비교와 전이의 방법론적 단초를 활용한다면, 이는 트랜스내셔널 히스토리의 효용성 증대에 크게 기여할 것이다. 결국 트랜스내셔널 히스토리의 성공은 연구의 실천을 통해서 확인되는 것이 아니겠는가?

5. 비판과 재성찰

지난 10년 사이에 트랜스내셔널 히스토리에 대한 요구는 역사가들의 시야와 관점 확대에 크게 기여하였다. 다시 말하면 기왕의 역사학

---

54) Sebastian Conrad/Jürgen Osterhammel eds., *Das Kaiserreich transnational. Deutschland in der welt 1871-1914* (Göttingen: Vandenhoeck & Ruprecht, 2004) 참조.

55) Kiran Klaus Patel, pp.631~632.

적 문제에 새로운 관점을 제공해서 문제의 해결과 발전에 새로운 차원을 제공해주었다.[56] 독일의 뷜러(Hans Ulrich Wehler)나 고스빈켈(Dieter Goswinkel)은 트랜스내셔널 히스토리가 20년간의 정체기를 겪은 제국주의 연구를 부활시키고, 보다 진지한 연구를 가능하게 하였음을 먼저 지적한다. 또한 식민담론이나 식민지에 대한 환상, 특히 식민지에 대한 서민들의 평가에도 귀를 기울이게 했다는 것이다. 둘째로 트랜스내셔널 히스토리는 산업화연구가 국가를 횡단하는 확산 과정의 핵심이 될 수 있다고 보았다. 마르크스 등의 저명한 저술가들은 자본주의가 국민 국가의 경계를 넘어가는 본질적인 측면에 관심을 두지 않았을 뿐 아니라, 비서구지역은 발전의 내재적 동력이 결여되었다고 판단하였다. 마르크스주의자들이 서구 제국주의가 그 가능성을 과격하게 파괴하였음을 보지 못하였다면, 트랜스내셔널 히스토리는, 월러스타인의 세계체제론에서 드러나듯이, 유럽중심주의가 아닌 방식으로 전 지구적인 과정을 연구의 핵심에 놓을 수 있는 가능성을 열어놓았다는 것이다.[57] 산업화와 관련하여 발생한 '프로레타리아화'의 경우에도 마르크스가 제시한 장밋빛 수사학이 과연 민족적 경계선을 횡단하여 통용될 수 있는 것인가에 대한 분석도 트랜스내셔널 히스토리 연구에 큰 기여를 할 수 있었다. 마찬가지로 횡단의 역사는 서구열강의 식민지에 대한 영향뿐 아니라 역으로 식민지가 중심부에 끼친 영향을 분석함으로써, 중심

---

[56] 예를 들면 뷜러는 1914년 독일의 논쟁적인 관세정책을 미국의 남북정책에 비추어 설명할 경우 새로운 해석이 가능하다는 점을 덧붙인다. Hans-Ulrich Wehler, "Transnationale Geschichte-der neue Königsweg historischer Forschung", Gunilla Budde/Sebastian Conrad/Oliver Janz eds., p.172.

[57] 이런 맥락에서 트랜스내셔널 역사의 주요한 주제는 이슬람종교와 문화는 서구모델에 대한 고유한 대안을 가지고 있는가 아니면 서구 식민지배에 의해 그 자율적 계기가 파괴되었는가에 대한 질문일 것이고, 이런 문제와 관련하여 트랜스내셔널 역사는 큰 연구의 성과를 기대할 수 있을 것이다. Ibid., p.170.

과 식민지의 상호 관계를 파악할 수 있도록 하였다. 국민국가의 경계 선을 넘나드는 세계종교의 역할에 대한 분석도 마찬가지로 중요한 학술적 공헌을 기대할 수 있는 테마이다.[58]

트랜스내셔널 히스토리가 지닌 여러 장점에도 불구하고, 그와 관련한 비판의 쟁점은 그것이 서 있는 연구 영역이 미지의 세계로의 진입인지 아니면 기왕의 역사연구의 부활이자 확대인지를 둘러싼 논란일 것이다. 보다 구체적으로 논쟁의 관건이 되는 것은 국민국가의 역할과 기능의 정도일 것이다. 전 지구화에 대한 연구가 강조된다 하더라도 국민국가는 여전히 그 속에 사는 대다수 인간의 생활 세계나 관련 영역을 규정한다는 것이다. 특히 법치국가이자 사회국가인 현대국가는 그 시민의 안정과 복지를 제공하는데, 트랜스내셔널 히스토리에서는 시민적 충성의 한 극점인 국민국가를 과소평가하고 있다는 것이다. 거기에다가 세계사회나 국가를 횡단하는, 상호 연관성이 적은 네트워크가 도처에서 생겨날 수는 있으나, 이것이 전체사회를 망라하는 '사회구조적 실재(Sozialstrukturelles Substrat)'를 형성하지는 못하는 현실에 대한 대차대조도 필요하다는 것이다.[59]

또한 트랜스내셔널 히스토리 연구에 지적 자극을 제공한 울리히 벡(Ulrich Beck)이나 마틴 볼테스(Martin Boltes) 등은 계급 분석에 거부감을 표현하고, 개인화·다양화·생활스타일·생활주변 등을 새 패러다임으로 제시하고 있으나, 지구화 이후 다시 심각하게 제기되는 사회적 불평등 문제 등에 대해서는 상대적으로 무관심하다는 점도 뷜러는 비판하고 있다. 아울러 트랜스내셔널 히스토리가 식민담론에 대해 관심을 가지고 있으나, 독일의 경우에 이런 연구들이 그야말로 담론 연구에

---

58) Ibid., pp.166~167.
59) Ibid., p.172.

천착할 뿐 여기에서 더 나아가 담론공동체의 사회문화적 정착을 발견해 내는 것에는 실패하고 있다는 점도 지적하고 있다. 뷜러가 보기에 트랜스내셔널 히스토리는 읍소 형태의 요구를 반복하고 있으나, 비성찰적으로 포스트식민주의적 유행을 추종하고 있고, 새 관점을 이야기하나 개념적인 정교화는 거의 손을 대지 못하고 있다는 것이다. 이에 뷜러는 트랜스내셔널 역사뿐 아니라 '전이의 역사(Transfergeschichte)'를 함께 다루는 것을 통해 앞에서 지적한 여러 한계를 극복할 것을 제안하였다.[60]

이러한 뷜러의 비판에 대해서, 코카도 동조하는 편이다. 그 역시도 사회생활에서 국가화나 영토화 경향은 여전히 건재하고, 국민국가는 국민의 차별화를 촉진하는 기제로서 작용함을 환기한다. 국민국가의 힘이 여전히 현실세계와 지식의 구성에 크게 작용하고, 역사학의 용도도 국민국가와 연계되어 있고, 집단기억도 이에 기초하여 구성되어 있다는 것이다. 코카는 지구사나 트랜스내셔널 히스토리가 전체사회사에 지적 자극을 주는 것처럼, 후자 역시도 전자에게 사회 내부의 역동성에 대한 연구를 제공하기 때문에 양자는 상호 보완적인 관계를 가져야함을 강조하였다.[61]

그러나 뷜러나 코카보다도 더 격렬한 톤으로 트랜스내셔널 히스토리 방법론을 공격한 학자는 미카엘 만이다. 그는 울리히 벡이 '지구화를 탈민족화(denationalization)와 일치시키면서 민족국가의 시대가 지

---

[60] Ibid., pp.163, 171.

[61] Jürgen Kocka, pp.30~35. 마찬가지로 파텔 역시도 국민국가에 기초한 역사서술과의 병행을 주장한다. 그가 보기에 국민국가는 국가를 횡단하는 상호작용을 출발 조건으로 한다. 국민국가적 현상이 횡단국가적 관계의 구조적 산물일 수도 있어서, 양자 사이에는 일정한 상호 관계가 생길 수밖에 없다고 보았다. Kiran Klaus Patel, p.629.

구화의 시대로 간다고 주장'하고 있으나, 오히려 국민국가 자체가 지구
적이기 때문에 그것과 지구화는 결코 배치되지 않는다는 것이다. 국민
국가들 사이에는 인프라 권력의 측면에서 큰 격차가 존재하고 결코 평
등하지 않기 때문에, 국민국가는 사라질 수 없다는 것이다. 또한 지구
화의 힘과 국민국가가 교차하는 가운데 형성된 거대지역(macro regional)
단위의 결집과 그들이 지닌 위계는 세계경제에서 너무 뚜렷하다는 것
이다.[62]

　유사한 맥락에서 트랜스내셔널 히스토리를 전체사회사와 결합하기
위하여 파텔은 아래와 같은 제안을 하고 있다. 첫째로 국민국가의 역
사를 포기할 것이 아니라 이에 대해 새 관점을 열어야 하고, 둘째로,
트랜스내셔널 히스토리를 제대로 된 트랜스내셔널 히스토리로 이끌
고 가야 한다. 왜냐하면 많은 트랜스내셔널 역사연구가 국가사의 한
계를 벗어나지 못하는 경우가 있기 때문이다. 셋째로, 비성찰적인 "혼
합(Hybridisierung)"을 경계해야 한다. 넷째로, 비대칭적인 진행 과정을
기피하지 말아야 한다. 사회사의 실천은 종종 불균형적인 비교에 대해
회의적이나, 실제로는 비등가적인 비교가 필요하다.[63] 다섯째로, 트랜
스내셔널 역사로의 개방을 위해서는 성찰적인 지성사 연구가 병행되
어야 하고, 외교사나 국제 관계사와의 접촉도 기피하지 말아야 한다.[64]

　마찬가지로 데이비스도 전 지구적 의식과 더불어 역사적 실천을 위
하여 호미 바바(Homi Bhabha)가 주장하는 대로 식민자와 피식민자 사
이의 문화적 관계를 차이나 타자성보다는 혼합의 개념으로 이해할 것

---

[62] Michael Mann, "Globalization, Macro-regions and Nation-States", Gunilla Budde/ Sebastian Conrad/Oliver Janz eds., pp.21~22.

[63] 앞에서 언급한 대로 국가와 지역을 비교한 오스트레일리아와 캘리포니아의 비교 가 그 좋은 예일 것이다.

[64] Kiran Klaus Patel, pp.644~646.

을 제안한다. 나아가 그녀는 서구적 근대화의 특권화 거부가 그 패턴의 전적인 거부를 의미하는 것은 아니기에, 이를 기초로 대안적인 역사적 경로를 설정할 것을 제안한다. 다중적 근대성이나, 중·장기적인 궤적의 설정 등이 그것일 것이다. 그리고 이에 대한 대가로 모든 역사에 대해 보편적 법칙을 포기할 것을 요구하고 있다.[65]

지금까지의 논의를 정리하자면, 트랜스내셔널 히스토리가 아직은 충분한 논의와 개념화 단계를 거치지는 않았으나, 역사가의 시계 확장 즉, 그간 역사학이 의존해 온 일국사 중심의 역사서술이 지니는 한계를 극복하고 있음을 알 수 있다. 뿐만 아니라 발상 전환의 요구와 함께 역사연구의 패러다임 전환도 모색하고 있음을 알 수 있다. 이런 역사학 내의 실험은 그 방법론이 지닌 출발 단계의 한계에도 불구하고 역사연구의 성찰성을 높이는 데에 크게 기여할 것이다.

마지막으로 강조하고 싶은 점은 트랜스내셔널 히스토리가 그간 우리 사회에서 진행된 민족주의를 둘러싼 역사학계 논쟁에서 드러난 '민족주의적 역사서술 대 탈민족주의 역사서술'이라는 위험한 이분법을 극복할 수 있는 가능성을 열어준 것이다. 트랜스내셔널 히스토리는 갈등적인 양자 사이에서 다른 방식의 대안을 제안할 수 있는 여지를 제공하고 있다. 뿐만 아니라 그간 진행되어온 동북아 역사분쟁을 둘러싼 갈등과 관련하여서도, 트랜스내셔널 히스토리는 화해와 대화를 열고, 나아가서 동아시아의 새로운 역사적 정체성을 만들어가는 데에 방법론상의 도움을 제공할 수 있으리라 생각한다.

---

[65] Nathalie Zemon Davis, pp.16~18.

'로컬' 역사를 다르게 인식하기: 이론적 모색들

김택현

1. '서발턴' 공간으로서의 '로컬'

16세기 이래 유럽은 비유럽 지역을 식민지화하면서 범세계적으로 근대 자본주의 체제를 확장해 나갔다. 그 과정은 곧 중심부 유럽과 주변부 비유럽 간에 지배−종속 관계가 확립되는 과정이었다. 비유럽 지역은 주변부이기 때문에 식민 지배를 당한 것이 아니라, 유럽의 식민주의로 인해 주변부가 되었던 것이다.

주로 왕실의 특허를 받은 특권적인 사기업이나 모험 상인들에 의해 펼쳐졌던 유럽의 식민주의는 19세기에 들어와 국가가 직접 식민지를 체계적이고 적극적으로 관리하는 제국주의로 전환되었다. 유럽의 식민주의자들은 이러한 제국주의 정책을 정당화하는 이데올로기들을 근대적 지식 형태로 생산하여 자국과 식민지에 전파했다. 그 식민주의적 지식들은 유럽의 타자로서의 식민지(민)의 정체성을 유럽의 시선으로 정의하고 구분하는 것이었고, 역으로 이를 통해 비유럽의 식민지와는 다른 유럽 자신의 정체성을 구성하려는 것이었다.

이 식민 지식에 따르면, 세계는 비로소 유럽에 의해 동일한 역사적

시간성을 갖게 되고 따라서 단일한 역사 안에 들어오게 된다. 다시 말
해 유럽이 비유럽을 '발견'함으로써, 혹은 그 둘이 서로 '조우'하거나 본
격적으로 '교류'함으로써, 유럽과 비유럽 전체를 포괄하는 보편적인 세
계사가 성립된 것이다.

그러나 주변부로 위계화된 비유럽을 세계사라는 단일한 총체성의
동등한 구성 요소로 취급하고 거기에 동시대성을 부여하는 것은, 비유
럽을 유럽 자본주의의 범세계화에 통합시키는 전략이다. 디페시 차크
라바르티(Dipesh Chakrabarty)가 말했듯이, "동시대적이란 것은 실제로
복수적인 것, 근원적으로 복수적인 것… 어느 특정한 측면이나 요소가
어떤 식으로든 전체를 표상하는 것이 (심지어 가능한 미래로 표상하는
것이) 불가능한"[1] 것으로 이해해야 한다.

비유럽 여러 지역의 역사들은 유럽이 구성한 단일한 세계사의 역사
적 시간성 안으로 흡수될 수 없는 '단독성(singularity)'[2]을 지닌다. 로버
트 J. C. 영(Robert J. C. Young)이 아시아와 아프리카와 라틴아메리카의
트리컨티넨탈(tricontinental) 역사들, 유럽의 식민주의와 제국주의에 고
통스럽게 연결된 그 역사들은 "어떤 다른 역사로 환원될 수 없고, 어떤
단일한 틀로 환원될 수도 없"다고 말하면서, 그것들은 "여러 형식으로
이야기 될 수 있고, 다양한 방식으로 주장될 수 있으며, 다양한 관점을
통해 사유될 수 있는 역사들"이라고 말한 것도 그 같은 뜻에서일 것이
다.[3]

---

[1] Dipesh Chakrabarty, *Provincializing Europe: Postcolonial Thought and Historical Difference* (Princeton and Oxford: Princeton Univ. Press, 2000), p.88.
[2] '단독성'과 '특수성(speciality)'은 다르다. 특수성은 일반성이나 보편성의 구조에 속한다. 단독성은 '관점(viewing)'의 문제이다. 이 두 개념의 차이에 관해서는 Paul Veyne, *Writing History: Essays Epistemology*, Mina Moore-Rinvolucri trans. (Middletown, Conn.: Wesleyan Univ. Press, 1984), p.56을 볼 것.

비유럽이 그 같은 단독성을 사유할 수 있게 하는 역사–문화적 공간
이라면, 비유럽의 지역들은 단순히 '지역'이 아니라 범세계적인 단일성
혹은 총체성(즉 자본주의/근대성)과 권력관계에 있는 '로컬(local)'로 불
려야 할 것이다.[4] 왜냐하면 객관적이고 가치중립적인 것처럼 보이는
'지역'이라는 행정–지리적 용어는 그러한 권력관계(의 이데올로기)를
은폐하고 있기 때문이다.

　해리 하루투니언(Harry Harootunian)은, 제2차 세계 대전 이후 소련과
체제 경쟁을 벌이던 미국이 추진한 '지역 연구(Area Studies)'는 미국의
세계 패권을 강화하기 위해 동아시아, 남아시아, 중동, 라틴아메리카
등의 비서구 지역들 또는 비서구에 속하는 개별 국가들에 관한 정보를
생산하고자 했던 프로젝트였다고 말한다. 이 프로젝트에서 비서구는
외부에서 온 방문자들이 관찰하고 기록하고 때로는 개입하는 '현장
(field)'이었다. 이 외부의 방문자들은 서구(유럽과 미국)의 근대 국가의
발전과 성장 모델에 입각한 사회진화론적인 근대화 이론을 적용하여
비서구 지역의 역사와 문화를 해석하려 했다. 요컨대 '지역 연구'는 비
서구 지역의 역사–문화적 조건들, 서구와 비서구의 조우와 충돌이 빚
어 낸 식민 효과들, 두 지역 간의 현실적 권력관계 등에 대해서는 맹목
인 채, 서구의 근대성에 역사적, 지정학적 특권을 부여하고 서구 자본
의 지배를 강화하는 이데올로기적인 용어라고 할 수 있다.[5]

　그렇다면 '로컬'이란 무엇인가? 그것은 자본과 근대성의 지배를 위한
'범세계적' 상상력과 지식/담론들에 종속되어 있는 장소이며, 그런 의

---

3) Robert J. C. Young, *White Mythologies* (New York: Routledge, 2004), p.1.

4) '지역'은 영어로 area 혹은 region으로 표기되며, '로컬'은 중심이나 외부에서 상상하
　거나 규정하는 곳이 아닌 장소로서의 '현지(現地)'라는 의미를 강하게 갖고 있다.

5) Harry Harootunian, *History's Disquiet: Modernity, Cultural Practice, and the Question
　of Everyday Life* (New York: Columbia Univ. Press, 2000), pp.25~42.

미에서 '서발턴(subaltern)' 공간이다. 하지만 그것은 동시에 근대 자본
주의 세계체제와 서구의 헤게모니적 지식체계가 강제하는 범세계적
기획/담론 안에서 자신만의 단독성과 환원 불가능한 차이들을 생산해
왔던 장소이기도 하며, 그런 의미에서도 '서발턴' 공간이다. 따라서 자
본/근대성에의 '종속'과 그것과의 '차이들'을 복합적으로 또는 복잡하게
사유할 수 있게 하는 '이론적, 인식론적 장소(locus)'로서의 '로컬'이라는
공간을 사유하기 위해선 그것의 '서발터니티(subalternity)'를 이해할 필
요가 있을 것이다.

　인도의 '서발턴 연구 그룹(Subaltern Studies Group)'의 작업에서 그 개
념은 어떤 문제 의식하에서 어떻게 사유되었는가?

2. '서발터니티'와 '로컬리티'

　서발턴 연구 그룹이 이탈리아의 독창적인 마르크스주의자 그람
시(Antonio Gramsci)에게서 '서발턴' 개념을 차용하여 식민 인도의 역사
적 맥락에 절합(節合)시키려 했을 때의 문제의식은, '인도에 대한' 식민
주의 역사학과 '인도의' 민족주의 역사학에 개입하여 그 둘이 역사 인
식론적 측면에서 상호 공모하고 있음을 드러내는 한편, 그 두 역사학이
공유하고 있는 엘리트주의에 의해 배제되어 온 인도인들 역사의 '주체'
로 복원하기 위해서였다.

　이 연구 그룹을 창설한 라나지트 구하(Ranajit Guha)는 '서발턴'을
계급, 카스트, 연령, 젠더의 층위를 비롯한 모든 층위에서의 권력관
계에 종속된 상태를 가리키는 이름으로 정의했다.[6] 그리고 이 정의
에 따라 인도의 식민 엘리트 혹은 토착 엘리트들을 제외한 나머지

인도 '민중(people)' 전체를 '서발턴'으로 규정하면서,[7] 인도의 식민
역사에는 엘리트의 정치 영역만이 아니라 식민 권력과 토착 권력에
대항했던, 그리고 그 과정에서 독자적인 정치적 행위/의식을 드러낸
"민중의 정치 영역"이 존재했다고 말한다.[8] 구하에 따르면, "서발턴
—으로서의—민중(the people-as-(the) subaltern)"[9]의 정치 영역이 역
사적으로 현존했다는 것은 인도에 대한 엘리트들의 지배가 기실은
"헤게모니 없는 지배(dominance without hegemony)"[10]였음을 드러내
는 증거가 된다.

구하는 그의 대표적인 저작 『서발턴과 봉기』[11]에서 전근대 시기의
농민운동을 전(前)정치적인 것으로 본 영국의 마르크스주의자인 홉스
봄(Eric John Ernest Hobsbawm)의 근대성 논리[12]를 비판한다. 그는 인

---

[6] Ranajit Guha, "Preface", *Subaltern Studies Ⅰ* (Dehli: Oxford Univ. Press, 1982), p. vii.

[7] Ranajit Guha, "A note on the terms 'elite', 'people', 'subaltern', etc. as used above", *Subaltern Studies Ⅰ*, p.8. 그람시가 20세기 초에 서발턴이라는 개념에 착목하게 된 것은 당대의 이탈리아의 조건 즉, 역사적으로 북부의 발달한 근대적 공업 지역에 의해 남부의 전근대적 농업 지역이 일종의 '내부 식민지'와 같은 상태에 놓여 있었던 조건하에서 공업 프롤레타리아트만을 혁명 주체로 상정하고 있던 마르크스주의 이론에 수정을 가하여 농민의 혁명적 역량과 농민을 포함한 민중의 복합적인 종속상태를 분석하기 위해서였다. 그람시의 서발턴 개념과 이탈리아의 역사에 관한 더 자세한 내용은 Antonio Gramsci, "Note on Italian History", Quintin Hoare and Geoffrey Nowell Smith eds. and trans., *Selections from the Prison Notebooks* (New York: International Publishers, 1971), pp.52~55.

[8] Ranajit Guha, "On Some Aspects of Historiography of Colonial India", *Subaltern Studies Ⅰ*, pp.4~5.

[9] 구하는 '서발턴—으로서의—민중'이라는 용어를 직접 사용하지는 않았다. 이 용어는 존 비버리가 사용한 것이다. John Beverley, *Subalternity and Representation: Arguments in Cultural Theory* (Durham and London: Duke Univ. Press, 1999), p.88.

[10] Ranajit Guha, *Dominance without Hegemony: History and Power in Colonial India* (Cambridge Mass. and London: Harvard Univ. Press, 1997). pp.20~23을 볼 것.

[11] Ranajit Guha, *Elementary Aspects of Peasant Insurgency in Colonial India* (Dehli: Oxford Univ. Press, 1983) [김택현 옮김, 『서발턴과 봉기』 (박종철출판사, 2008)].

도 농민들이 일으킨 봉기 그 자체가 서발턴 농민의 정치적 실천/의식
에 관한 이름이며, 그런 의미에서 인도 농민은 전근대적인 존재가 아니
라 근대 식민 권력을 인식하면서 거기에 의식적으로 대항했던 동시대
적 존재라고 주장한다. 이러한 '관점'으로 구하는 식민 지배하의 인도
에서 봉기를 일으킨 서발턴 농민들의 —지배적인 역사학적 통념으로
는 사유 불가능한— 고유한 의식을 '재현'했다.

　그러나 가야트리 스피박(Gayatri C. Spivak)은 '재현'의 이중적 측면
즉, '정치경제적 측면'에서의 재현(흔히 누군가를 대표하거나 대변한다
는 의미를 갖는)과 '주체 이론 측면'에서의 재현 사이엔 불연속성이 있
다고 지적하면서,13) 지배 담론에 의해 침묵을 강요당해 왔던 서발턴 농
민을 역사 주체로 재현하여 그들의 '목소리-의식(voice-consciousness)'
을 찾아내고자 한 구하의 작업을 비판한다.14) 그녀에 의하면, 대중이
자기 목소리-의식을 투명하게 드러낼 수 있다고 주장하는 것은 재현
의 두 의미의 간극이 제기하는 문제에 무지하거나, 아니면 그 문제를
은폐하는 일종의 "유토피아적인 주체 특권화"15)라는 것이다.

　물론 스피박은 구하 덕분에 그 동안 엘리트 담론에 의해 침묵당해
왔던 서발턴 농민들의 주체적인 정치 행위가 복원되었다는 점을 인정
한다. 그러나 구하가 서발턴을 고유한 의식을 지닌 역사 주체로, 다시

---

12) Eric Hobsbawm, *Primitive Rebels: Studies in Archaic Forms of Social Movement in the 19th and 20th Centuries* (New York and London: W. W. Norton & Company, 1959), pp.2~3.
13) 독일어에서는 이 두 가지 의미가 명확히 다른 단어로 구분된다. 즉 전자는 vertreten, 후자는 darstellen이다.
14) Gayatri C. Spivak, "Can the Subaltern Speak?", Cary Nelson and Lawrence Grossberg eds., *Marxism and the Interpretation of Culture* (Urbana and Chicago: Univ. of Illinois Press, 1988), pp.271~313.
15) Ibid,, p.275.

말해 엘리트의 이데올로기적 담론 '외부'에 존재하는 주체로 재현하려는 과정은 "부지불식간에 서발턴을 대상화하는" 과정이며, 역사학자들이 지배 담론의 결을 거슬러 읽어 서발턴의 목소리─의식을 찾아내 그들이 말할 수 있게 만들더라도, "정의상 서발턴은 지배 담론에 종속되어 있는" 존재이기 때문에, 혹은 서발턴은 "엘리트의 사유 없이는 출현할 수 없기 때문에",[16] 그들의 목소리─의식은 늘 주어져 있는 이데올로기적 언어/담론 체계들 안에서 굴절된다는 것이다.

스피박의 문제제기에 힘입어 서발턴 연구 그룹은 서발터니티 개념을 재사유하는 것으로 점차 전환했다.[17] 이제 서발터니티 개념은 헤게모니적인 재현 체계 안에 포섭될 수 없는 '차이'를 만들게 하는, 헤게모니적인 기호 체계의 의미 작용을 깨뜨리고 그것을 비헤게모니적인 기호체계로 전위시킬 수 있게 하는 인식론적 배치로 (재)규정되었다. 다시 말해 서발터니티는 단순히 권력에의 종속이나 권력에의 저항을 의미하는 것이 아니라, "지배 체제의 내부에서 표면화하는 제어 불가능성을 확인케 해 주는 하나의 추상, …… 포획에 저항하는 타자성, …… 지배 체제 안에서 분출하며 내부에서 그것의 한계를 표시해 주는 것, …… 외부로부터 침해받지 않는 타자성이 아니라, 지배 담론에 모순과 탈구를 강제하고 내재적 비판의 원천을 제공하면서 권력의 기능 내부

---

16) Ibid., p.339.

17) 서발턴 연구 그룹의 일원인 파르타 차터지(Partha Chatterjee)는 한 인터뷰에서 이러한 전환을 "구조주의에서 포스트구조주의로의 전환"이라고 정식화했다. "Interview: Partha Chatterjee in Conversation with Anuradha Dingwaney Needham", *Interventions*, vol.1, no.3, 1999, pp.414~417. 차터지가 말하고 있는 정식화는 서발턴 연구가 기존의 구조물 외부에서 새로운 구조물을 구축하려는 것에서부터, 기존의 구조물 내부에서 혹은 내부에서 외부를 지향하는 그 경계/한계에서 그것의 구성 원리의 모순과 틈새를 드러냄으로써 그 구성 원리를 탈구시키거나 전위시킴으로써 구조물의 구성 요소들을 다른 방식으로 재배치하려는─그런 의미에서 탈구축하려는─ 쪽으로 전환했다는 것으로 해석된다.

에서 대항 헤게모니의 가능성을 제기하는 것"[18]으로 규정된 것이다.

서발터니티에 관한 이러한 문제의식에 따라 디페쉬 차크라바르티는, 인도와 같은 이른바 제3세계의 근대성/근대화 문제를 근대로의 역사적 이행에 관한 보편적인 사회과학적 문제가 아니라, 서구 역사의 '번역(translation)' 문제로 봐야 한다고 말한다. 그가 번역을 말하는 것은, "역사란 번역을 통하지 않고서는, 그리고 번역되는 자들의 위치와 의미의 상실을 통하지 않고서는 저 (비서구) 세계의 이질적 시간성을 표상하지 못하기" 때문이다. 차크라바르티는 "번역이 '통약 불가능한 것들(incommensurabilities)'로 보이는 것으로부터 산출하는 것은 지배적인 지식과 지배당하는 지식의 관계의 부재도 아니고, 차이들을 성공적으로 매개하는 등가(等價)들(equivalents)도 아니다. 그것은 바로 우리가 '차이'로 부르는, 부분적으로 불투명한(opaque) 관계"[19]라고 말한다.

이런 식으로 지배 담론의 근대성과 식민성을 비판하고, 그 둘 어디에도 통합되지 않는 '차이의 역사(학)'을 사유한 서발턴 연구 그룹의 서발터니티 개념은 지정학적, 공간적으로는 '로컬리티(locality)'와 공명하거나 그것으로 치환될 수 있다.

3. '로컬' 역사에 대한 새로운 인식들

사실 인도 이외의 장소에서도 로컬 역사와 로컬리티에 관한 새로운

---

18) Gyan Prakash, "The Impossibility of Subaltern History", *Nepantla*, vol.1, issue 2, 2000, p.288.

19) Dipesh Chakrabarty, *Provincializing Europe: Postcolonial Thought and Historical Difference*, p.17.

인식론적 문제틀을 모색하는 이론적 작업들은, 서발턴 연구 그룹에 앞서 혹은 그들과 동시에, 1970년대부터 출현하고 있었다. 이 작업들은, 사라 래드클리프(Sarah A. Radcliffe)가 말하고 있듯이, 근대성 개념에 내재하는 지리적 관점이라든가 "심상 지도(mental map)" 혹은 공간과 관련된 언어의 문제를 사유하면서, "근대의 물질성 배후에 있는 공간의 전개 과정과 근대성 이론 내에 존재하는 유럽 중심주의를 분석"하기 위해 유럽 식민주의가 문화적 헤게모니를 통해 폭력적으로 만들어 낸 "근대성의 위계구조"와 "식민성/근대성의 이중성"에 대한 비판적 인식에 입각하여 이루어졌다.[20]

이 작업을 대표하는 월터 미뇰료(Walter Mignolo)와 아니발 끼하노(Anibal Quijano)와 엔리끄 두셀(Enrique Dussel), 그리고 압델케비르 카티비(Abdelkebir Khatibi)와 에두아르 글리상(Edouard Glissant) 등은 범세계적 자본주의 체제와 근대성의 헤게모니적 담론/상상력을 비판하면서 라틴아메리카와 북아프리카의 마그렙(Maghreb)과 카리브해의 마르티니크(Martinique)의 로컬 역사를 다르게 인식하기 위한 이론적 개념들을 다양하게 모색하고 있다.

1) 라틴아메리카: "경계 사유", "권력의 식민성", "근대성의 신화"

스페인의 유산하에 있는 라틴아메리카의 로컬 역사를 다르게 사유하려는 미뇰료는 범세계적인 자본주의 체제의 근대성을 두 개의 역사적 시기로 구분한다. 첫 번째는 지중해와 대서양이 연결됨으로써 근대

---

[20] Sarah A. Radcliffe, "Geographies of Modernity in Latin America: Uneven and Contested Development", Nicola Miller and Stephen Hart eds., *When was Latin America Modern?* (Palgrave Macmillan, 2007), pp.21, 23.

성의 토대가 마련되고 새로운 지구적 상상력이 출현할 수 있는 조건이 창출된 "제1근대성"의 시기(16세기~17세기), 그리고 두 번째는 제1근대성 시기를 지배했던 스페인이 쇠퇴하고 네덜란드와 영국과 프랑스가 (그리고는 나중에는 미국이) 세계 무역의 회로를 지배하게 된 "제2근대성"의 시기(18세기 이후)이다.

라틴아메리카는 제1근대성의 시기에 '인디아스 옥시덴탈레스(Indias Occidentales)'로 명명되고 있었다. 미뇰료에 의하면, 그 명칭은 라틴아메리카가 심상 지도상으로 유럽의 타자(Other)가 아니라 팽창된 유럽의 일부 혹은 '극단의 유럽(extreme Europe)'임을, 그리고 인식론적으로는 '동일성 내의 차이(the difference within the sameness)'를 보여주는 공간임을 시사하는 것이었다.

미뇰료는, 만일 라틴아메리카를 유럽의 일부로 포함시켜 세계를 구성한 지정학적 상상력인 '옥시덴탈리즘(Occidentalism)'이 없었다면, 제2근대성의 시기를 지배했던 '오리엔탈리즘'도 없었을 것이라고 말한다. 오리엔탈리즘은 범세계적 자본주의 체제의 중심이 이베리아 반도에서 유럽의 북해로 이동했을 때 기존의 옥시덴탈리즘이 변형된 것이며, 따라서 옥시덴탈리즘은 제1근대성의 시기에 근대 자본주의 세계 체제의 상상력을 묶어내는 지정학적 형상임과 동시에, 동일자로서의 옥시덴트가 없다면 타자로서의 오리엔트도 없다는 의미에서 제2근대성의 시기에 오리엔탈리즘을 출현하게 만든 조건이었다고 미뇰료는 주장한다.[21]

그러나 미뇰료는, 제1근대성의 시기에 옥시덴탈리즘의 상상력과 담론 안에서 유럽의 일부로 간주된 라틴아메리카는 유럽이 아시아를 유럽의 타자로 구성하기 전부터 유럽의 식민지/타자였고, 따라서 라틴

---

21) Walter D. Mignolo, *Local Histories/Global Designs: Coloniality, Subaltern Knowledges, and Border Thinking* (Princeton: Princeton Univ. Press, 2000), pp.51, 58~59.

아메리카 역사에서는 애초부터 근대성과 식민성이 분리되어 있지 않았다고 말한다. 그런 의미에서 범세계적 근대 자본주의 체제는 그 초기부터 근대적/식민적 체제였다는 것이다. 따라서 그는, 근대성과 식민성이 서로 외재(外在)하는 것이 아니라 상호 불가분하게 절합(節合)된 라틴아메리카라는 공간에서 근대성에 관한 사유는 자본주의 체제의 내부가 아니라 그 내부와 외부의 '경계'에서, 동일성 내의 차이가 아니라 '식민적 차이(colonial difference)'에서 시작되어야만 한다고 주장한다.[22] 왜냐하면 식민성 비판과 결합되지 않는 근대성 비판은 서구 세계 '내부에서의' 근대성 비판에 머무르는 것이고, 식민성을 근대성과 분리시켜 비판하는 것은 근대 자본주의 체제 '외부에 대한' 비판이기 때문이다.

미뇰료에게 라틴아메리카의 로컬 역사는 그 같은 '식민적 차이'를 사유할 수 있게 하는 "경계 사유(border thinking)"의 조건들이다. 자본주의 체제의 범세계화 기획은 메트로폴리스의 지역에서 양성되어 라틴아메리카의 여러 곳에 수출되었고, 또 그곳들에서 상이하게 보충되고 집행되어 왔다. 그 범세계화 기획이 헤게모니를 장악하는 과정은 곧 라틴아메리카의 전통과 지식들이 서발턴화되는 과정이었다. 이 과정에서 라틴아메리카의 단독적인 역사들은 잊혀졌다. 따라서 미뇰료는 라틴아메리카의 로컬 역사들은 "범세계적 자본주의 체제의 한계들을 비판적으로 재사유하는 데에 — 그 체제를 범세계적인 근대적/식민적 체제로 인식하고 '근대' 세계의 '내부'에서만이 아니라 그 '경계들'에서 이야기할 필요성을 재사유하는 데에 — 기여하는" 것이어야 한다고 말한다. "경계 사유"란 지배 담론에 대항하는 이야기이거나 지배 담론과

---

22) Ibid., p.58.

는 상이한 이야기에 그치는 것이 아니라 근대적/식민적 체제의 한계를 다르게 인식할 수 있게 하는 사유, 그 체제가 내면화시킨 지배 담론에 의해 "잊혀진 이야기들(forgotten stories)"을 이야기할 수 있게 하는 사유이다.[23]

페루의 사회학자 끼하노가 라틴아메리카의 로컬 역사를 다르게 사유하기 위해 내세운 개념 중의 하나는 "권력의 식민성(coloniality of power)"이다.[24]

그에 따르면, 19세기 초반 라틴아메리카 국가들의 잇따른 독립 이후, 각지에서 전개된 민족－국가의 건설 과정은 범세계적 근대 자본주의 체제에 역사적, 구조적으로 종속되는 과정이자 권력의 식민성이 실행되는 과정이었다. 그런데 권력의 식민성 개념과 관련하여 끼하노가 주목하고 있는 것은 식민 권력의 정치적, 경제적 측면이 아니라, 유럽의 근대 인식론이 라틴아메리카의 역사와 문화와 사회를 사유하고 그에 관한 지식을 생산하는 데에서 헤게모니를 장악하게 되었다는 점이다.

유럽 근대 인식론의 원리는 인식하는 주체(the knowing subject)와 인식되는 대상(the known object)을 분리시키는 것이었다. 끼하노는, 식민화된 라틴아메리카에서 그러한 원리가 헤게모니를 장악하게 되자 "인식하는 주체가 인식 주체를 넘어설 수 있다(a knowing subject was possible beyond the subject of knowledge)는 생각을 받아들이는 것은 사유 불가능(unthinkable)한 것이 되었다"고 말한다.[25] 따라서 라틴아메리카의 전통적인 로컬 지식들이 서발턴화된 것은 유럽 중심적인 근대 인식론의 헤게모니로 인해 인식하는 주체들 간의 또는 인식하는 주체와

---

[23] Ibid., pp.49~66.

[24] Ibid., p.53.

[25] Ibid., p.60.

인식되는 대상 간의 상호작용을 통한 지식 생산을 사유 불가능한 것으로 만들었기—혹은 그렇게 생산된 지식은 합리적인 지식이 아닌 것으로 배제했기— 때문이며, 역으로 그 같은 사유 불가능성으로 인해 유럽의 오리엔탈리즘이 가능했고, 제2차 세계대전 이후 미국의 주도한 지역 연구들이 가능했다고 끼하노는 주장한다.[26]

아르헨티나 출신의 철학자인 두셀은 유럽의 근대성 형성 과정에서 스페인이라는 구성 요소가 삭제된 과정의 문제를 다룬다.

두셀에 따르면, 유럽의 근대성은 최초에는 '히스패닉적, 르네상스적, 휴머니즘적 근대성(Hispanic, Renaissance, Humanist modernity)'이었고, 이 근대성은 매우 중요한 철학적, 윤리적 성찰을 산출해 냈다. 그 성찰의 중심적인 문제는 유럽이 최근에 군사력으로 정복하고 식민화한 저 라틴아메리카의 타자들을 무슨 권리로 지배하고 관리하는가의 문제였고, 16세기에 스페인의 살라망카 학파(Salamanca School)는 라틴아메리카 원주민들의 권리도 포함되는 "인민의 권리(the rights of the people)"를 주장했다. 그러나 계몽사상 이후 '제2근대성의 철학'인 이른바 근대 철학에 의해 원주민들의 권리는 무시되거나 침묵 안에 갇히게 되었고, 그에 관한 논의는 18세기 말 프랑스혁명 당시 "인간과 시민의 권리에 관한 선언(인권선언)"이 등장하자 법적으로나 신학적으로 잊혀 졌다고 두셀은 비판한다. 다시 말해 18세기의 인권선언에서의 인간과 시민의 권리 개념은 유럽의 프랑스 지역과 관련해서는 보편화되었지만, 16세기에 논의된 비유럽 식민지민의 권리는 그 개념에서 지워져 버렸다는 것이다.[27] 트루이요(Michel-Rolph Trouillot)가 말했듯이, 프랑스혁명 당

---

[26] Anibal Quijano, "Modernity, Identity, and Utopia in Latin America", J. Beverley, M. Aronna, and J. Oveido eds., *The Postmodernism Debate in Latin America* (Durham, N. C.: Duke Univ. Press, 1995), pp.202~216을 볼 것.

시 프랑스 식민지였던 아이티에서 흑인 노예들이 일으킨 혁명이 "비사건(a non-event)"이자 "사유 불가능한 역사(an unthinkable history)"가 된 것은 바로 그 때문이었다.[28]

　18세기 이후 범세계적인 근대적/식민적 체제의 상상력은 새로운 제국 권력들(네덜란드, 프랑스, 영국)에 적합한 방식으로 재구성되어 오리엔탈리즘을 생산했고 근대성을 전환시켰다고 주장하는 두셀은, 이렇게 전환된 근대성과 근대적 이성이 타자들에 대해 "인종학살의 성벽(性癖)(genocidal bent)"을 드러내 온 것을 감추고 있는 "근대성의 신화(the myth of modernity)"를 폭로해야 할 뿐 아니라, (아이티 혁명의 경우처럼) 그 신화의 범세계적 작동이 보충되고 수행되는 과정에서 지워지거나 잊혀 진 비유럽 로컬 역사들의 식민적 기억을 드러내야 한다고 말한다.[29]

　이와 같이 미뇰료와 끼하노와 두셀 모두 자본주의적인 근대 세계체제와 근대성은 '근대적/식민적 세계체제'와 '식민성/근대성'으로 인식되어야 하며, 로컬 역사들에 대한 사유는 근대성과 식민성을 구분하는 것에서가 아니라 그 둘이 불가분하게 절합되어 있는 곳에서, 그 절합의 경계로부터 환원 불가능한 식민적 차이들을 확인하고 드러내는 것에서 시작되어야 한다고 주장하고 있다.

---

[27] Enrique Dussel, "Beyond Eurocentrism: The World-System and the Limits of Modernity", E. Jameson and M Miyoshi eds., *The Cultures of Globalization* (Durham, N. C.: Duke Univ. Press, 1998), pp.3~30.

[28] 이에 관해서는 Michel-Rolph Trouillot, *Silencing the Past: Power and the Production of History* (Boston: Beacon Press, 1995), pp.70~107을 볼 것.

[29] Enrique Dussel, "Eurocentrism and Modernity", *The Postmodernism Debate in Latin America*, pp.65~76.

2) 마그렙: "이중적 비판"과 "다른 사유"

모로코 출신의 철학자이자 소설가인 카티비의 로컬 역사에 대한 사유는 프랑스 식민지였던, 그리고 오랫동안 다수의 무슬림과 아랍인들이 거주해 온 아프리카 북부의 마그렙에서 출발한다.

그는 마그렙에서의 지식생산과 언어의 문제에 주목하면서, 오래 전 마그렙에서의 지식 생산은 아랍어로 이루어져 왔으나 15세기 이후엔 스페인어와 라틴어가 아랍어 역할을 대신하게 되었고, 18세기 이후엔 프랑스어가 그 자리를 차지하게 되었다고 말한다. 그 과정에서 아랍어를 주변적인 것으로 만들고 아랍어로 생산된 지식을 단절시킨 것은 바로 마그렙 지역의 식민 권력이었다. 이로 인해 마그렙과 같은 식민지는 '침묵당한 사회'가 되었던 것인데, 카티비는 이 침묵당한 사회에서도 말하기와 글쓰기는 행해지지만, 그 사회의 목소리는 침묵을 강제해 온 제국주의 사회의 언어들이 통제하는 범세계적 지식 생산 안에선 들리지 않았고, 심지어 그 사회는 스스로 말할 수 있을 때조차도 자신의 '차이'를 들려주지 못했다고 주장한다. 이렇게 침묵당해 온 사회/언어와 침묵시켜 온 사회/언어가 교차하는 지점에서 로컬 역사에 관한 지식은 주변으로 밀려나 버렸다는 것이다.[30]

그가 주변화되거나 삭제된 마그렙의 로컬 역사를 재구성하기 위해 강조하는 개념은 "이중적 비판(double critique)"이다. 그리고 마그렙은 그의 "이중적 비판"의 "지리역사적 발화 장소(a geohistorical locus of enunciation)"가 된다.

그가 말하는 지리역사적 발화 장소는 존재론적 장(site)이 아니라 인

---

[30] Abdelkebir Khatibi, *Love in Two Languages*, Richard Horward trans. (Minneapolis: Univ. of Minnesota Press, 1990), pp.63~111.

식론적 공간이다. 즉 그 공간은 서구의 근대 인식론으로는 환원 불가
능한 것들이 위치하는 곳(location), 그것들이 민족 개념처럼 하나의 "터
짓기(a grounding)"로서가 아니라 "교차하기(a crossing)"로 구축되는 장
소, 또는 서구의 사회과학 담론/지식으로 연구되는 "지역"이 아니라 그
것으로는 말해질 수 없는 "차이"를 사유하는 공간이다.[31]

  마그렙에서는 역사적으로 서구 문화와 이슬람/아랍 문화가 조우하
고 충돌해 왔고 따라서 마그렙을 문화적, 언어적 복수성 안에서 인식해
야 한다. 그러나 복수성 안에서 인식해야 한다는 것이 단순히 서로 다
른 문화와 언어들의 병존을 인정해야 한다는 것을 의미하진 않는다.
카티비는 복수적인 것들 간의 이접을 강조하면서, 그것들 어디에도 속
하지 않는 "마그렙적 외재성(Maghreb exteriority)"을 강조한다. 마그렙적
외재성이란 마그렙을 유럽의 근대성이라는 단일한 토픽하에 하나의
지역으로 구성하는 제국 담론들 안으로 포섭될 수 없는, 뿐만 아니라
그 제국 담론들이 제공해 준 인식론적 틀이나 언어 안에서 이슬람/아
랍의 정체성과 차이를 강조하는 민족 담론들 안으로도 포섭될 수 없는
'식민적 차이'를 말한다. 따라서 카티비는 제국 담론과 민족 담론에 대
한 이중적 비판과 '식민적 차이'에 대한 성찰은 지금까지 마그렙의 역
사를 구성해 온 지배적인 결정인(決定因)들로부터의 탈중심화를 가능
케 하리라고 주장한다.[32]

  같은 맥락에서 카티비는 마그렙의 독립 이후 이곳의 일부 지식인들
이 마르크스 사상을 단순하게 재생산해 온 것, 그리고 또 다른 부류의
지식인들이 아랍 민족주의와 이슬람 근본주의 신학을 재생산해 온 것

---

31) Walter D. Mignolo, *Local Histories/Global Designs: Coloniality, Subaltern Knowledges, and Border Thinking*, p.69.

32) Ibid., pp.69~70.

모두를 이중적으로 비판한다. 그것들은 옥시덴탈리즘과 오리엔탈리즘에 의해 구성되어 온 지식들의 지정학적 재분배일 뿐이라는 것이다.

또한 그는 푸코나 데리다와 같은 서구의 포스트구조주의자들의 근대성 비판을 수용하면서 그들과 동맹하지만, 동시에 그들의 근대성 비판을 식민성의 관점에서 비판하면서 그들로부터 이탈한다. 카티비에 따르면, 근대성을 비판하는 서구 철학자들은 서구의 형이상학을 해체하고자 하지만, 그들의 해체와 서발턴화된 지식들의 장소인 마그렙이라는 공간에서의 해체는 전혀 다르다. 다시 말해 서구의 특정한 민족－국가 안에 머물면서 지식과 권력의 공모를 비판하는 것과, 근대 서구 국가의 경험 위에서 구축된 보편적 관념에 외재하는 식민화된 공간에서 지식과 권력의 공모를 비판하는 것은 전혀 다르다는 것이다.[33] 요컨대 카티비는 서구 근대성의 로고스중심주의(logocentrism)와 자민족중심주의(ethnocentrism)를 비판한 푸코와 데리다를 보충함과 동시에 그들의 이론을 "탈식민적으로 해체(decolonizing deconstruction)"함으로써, 서구와의 공모를 통해 이슬람/아랍 사회가 생산해 온 지식과 담론들을 비판하고자 한다.

마그렙의 문화와 역사를 구성해 온 서구의 전통과 이슬람/아랍의 전통 모두를 비판하면서 그 외재성을 사유하는 그의 "이중적 비판"은 로컬 역사를 다르게 사유하기 위해 제안한 또 개념인 "다른 사유(other thinking)"의 조건이 됨과 동시에 그것을 보충한다. 그가 말하는 "다른 사유"란 그 동안 헤게모니적인 식민 담론과 민족 담론에 의해 은폐되어 온 진실을 드러내는 것이 아니라, 두 담론의 논리와는 "다른 논리(another logic)"로 사유하는 것, 두 담론의 대화에서 사용되어 온 말/용어

---

33) Ibid., p.73.

들과는 다른 말/용어들(terms)로 사유하는 것을 말한다.[34] 이 "다른 사유"의 장소는 서구의 형이상학과 이슬람/아랍의 사유 체계의 경계지대(borderland), 그 둘 모두의 안에 있지만 그 둘 어디에도 위치하지 않는 그런 곳이다. 카티비는 그 둘의 경계 혹은 한계에 위치하는 "다른 사유"는 (주체/동일자와 대상/타자의 이분법적 구분에 기초하는 사유방식이 아니라) '타자가 없는' 사유 방식이기에 타자를 지배하거나 굴복시키려고 하지 않으며, 또한 주변적이기에 중심을 차지하려고 하지 않고, 파편적이기에 단일한 보편적 통일성을 욕망하지 않는다고 말한다.[35]

3) 마르티니크: "크레올화"

프랑스 식민지였던 카리브해 지역의 마르티니크에서 태어난 시인이자 소설가이자 문예비평가인 글리상 역시 근대성의 관점에서 구축된 지역사가 아니라 식민성의 관점에서 구축된, 그렇기에 보편사로 환원되거나 편입될 수 없는 로컬 역사로부터 서구의 근대 인식론을 비판하고자 한다. 그가 로컬 역사와 관련하여 특히 주목하는 것은 언어와 번역이다.

19세기 프랑스가 내세운 문명화 사명은 프랑스어 텍스트들을 식민지 언어로 번역할 것을 요구했고, 따라서 번역은 인식론적 제국주의의 중요한 기제였다. 이러한 기능을 발휘해 온 번역은 1945년 이후 미국의 지역 연구와 짝을 이룬 사회과학과 결합되었고, 그 사회과학은 세계의 모든 지역의 사회들과 역사들을 단일한 언어로 번역할 수 있다고 믿은, 또한 그렇게 함으로써 근대 서구의 인식론으로 그 사회와 역사들을 이

---

34) Ibid., p.70.

35) Ibid., p.68.

해할 수 있다고 확신하는 분과학문이 되었다.

글리상에 따르면, 사회과학에서의 그 같은 단일 언어주의(monolinguism)는 언어의 순수성과 인식 가능한 대상을 묘사하고 설명하는 인식 주체의 '투명성(transparency)'을 전제한다.[36] 다시 말해 "우리가 여러 사람들과 관념들을 서구 사상의 관점에서 이해하는 과정을 검토하게 되면, 그 기초에는 '투명성'에 대한 요구가 있고", 그 요구에 따라 "타자를 이해하기 위해 이상적인 척도(ideal scale)로 타자를 측정해야 한다"는 것이다.

그러나 글리상은 "'척도'라는 바로 그 통념을 끝장내야 한다"고 말한다. "언어는 국가가 위임한 사명, 그리고 과학/학문의 언어는 '사회'와 '자연' 세계의 실재(reality)를 투명하게 반영할 수 있다는 형이상학적 신념이 위임한 사명 이외에 어떤 사명도 갖고 있지 않다"는 것이다. 그는 언어의 통일성, 그리고 그에 상응하는 문화의 순수성을 꿈꾸는 민족이 도달하는 지점은 제2근대성의 헤게모니적 언어들에 맡겨진 서구의 분과 학문적 지식의 확신인데, 그 확신에 따라 프랑스 식민지였던 마르티니크에서 생산된 지식들을 프랑스어로 번역하게 되면 그 지식들은 일종의 인식론적 시대착오로 보이게 된다고 주장한다. 그러한 시대착오 의식은 언어의 '불투명성(opacity)'을 이해하지 못하게 했거나, 불투명하지 않은 것을 고전적인 것 혹은 영원한 것으로 생각하게 만들었다는 것이다.[37]

글리상에게 중요한 것은 언어의 투명성과 불투명성 사이의 변증법이다. 그는 언어 간에 존재하는 "차이의 권리"만 동의할게 아니라, 더 나아가 특정 언어의 "독재체제(autarchy)" 안에서 폐쇄될 수 없는 다른

---

36) Edouard Glissant, *Poetics of Relation*, Betsy Wing trans. (Ann Arbor: Univ. of Michigan Press, 1997), p.114.

37) Ibid. pp.114~119.

언어들, "환원불가능한 단독성(an irreducible singularity) 안에 현존하는 다른 언어들의 불투명성의 권리"에도 동의해야 한다고 주장한다. 언어들의 불투명성은 공존할 수 있고, 수렴될 수 있으며, 그것으로도 사유의 직물을 짤 수 있다. 이 불투명성을 진정으로 이해하기 위해서는 "직조의 짜임새(the texture of the weave)에 주목해야지 직조의 소재의 본성(the nature of its component)에 주목해서는 안 된다"는 것이다.[38]

이러한 관점에서 그는 단일 언어주의 및 그것이 자임하거나 강제하는 언어/인식의 투명성을 비판하면서, 언어들의 "크레올화(Créolization)"[39]를, 따라서 인식과 사유의 크레올화를 주장한다. 그가 말하는 크레올화는 하나의 종합(a synthesis)이 아니며, 단순히 상이한 것들을 조야하게

---

38) Ibid., p.190.

39) 포르투갈어인 크리올루루(criolulu), 스페인어인 크리오요(criollo)에서 유래하는 크레올은 원래 열대 식민지에서 태어나고 자란, 백인 유럽인들의 자손을 가리키는 말이었다. 나중에 그 용어의 의미가 확장되어 토착 원주민들, 유럽계통이 아닌 사람들을 가리키게 되었고, 또 카리브해와 서아프리카 일대에서 크레올들이 사용하는 어떤 언어들을 가리키는 말로도 사용되었다. 그러나 17세기부터 19세기에 이르는 동안 영어권에서 그 용어는 통상적으로 백인이든 흑인이든 상관없이 '서인도제도(the West Indies)'에서 태어난 사람을 가리키는 것으로 사용되었다. 그 말 자체는 피부색을 함축하지 않고 있지만, 유럽인들에게 그 용어는 '식민적 혼종(colonial miscegenation)'을 상기시키는 위험스런 말이 되었다. 이 크레올이라는 용어에서 파생된 크레올화는 크레올 사회를 낳은 혼합과 문화적 변화의 과정을 의미한다. 크레올화 과정은 전 세계에서 진행되고 있다고 할 수 있으나, 그 개념은 대개 카리브해를 포함한 라틴아메리카에 적용되어 왔고, 더 느슨하게는 유럽의 식민화의 결과로 인해 인종적, 민족적으로 혼합된 주민들이 살고 있는 포스트식민 사회들에도 적용되어 왔다. 에드워드 브래스웨이트(Edward K. Brathwaite)에 따르면, 크레올화는 하나의 산물이 아니라 한 문화가 다른 문화를 흡수하는 문화변용(acculturation)의 측면과 문화들 간의 혼합을 통해 서로 풍성해지는 상호작용이 벌어지는 문화혼융(interculturation)의 측면 두 가지를 통합하는 하나의 과정이다. Edward K. Brathwaite, *The Development of Creole Society in Jamaica, 1770-1820* (Oxford: Oxford Univ. Press, 1971), p.11; Bill Ashcroft et al., *Key Concepts in Post-Colonial Studies* (London and New York: Routledge, 1998), pp.57~59.

혼합하는 것도 아니다. 그것이 창조하는 것은 단일하고 투명한 언어로
는 "들리지 않고 예상되지 않은 새로운(new, unheard-of and unexpected)
것"이다.

　이렇게 글리상은 언어와 인식의 크레올화를 제안하면서, 마르티니크
뿐만 아니라 그 외 지역의 로컬 역사들을 범세계적인 근대 자본주의
체제가 강요하는 단일한 보편사 '안의 외부'에서 다르게 구성할 것을
주장한다. 그에게 크레올화는 로컬 역사들이 자본과 근대성의 범세계
화에 대항할 수 있는 인식론적 방법이다.[40]

4. 로컬 역사의 대항적 범세계성

　범세계적 자본주의 체제하에서 서구의 식민 지배를 받았던, 그리고
미국의 패권에 종속되어 있는 비서구의 로컬 역사를 사유하고 서술할
때, 식민주의가 남긴 혹은 제국주의의 헤게모니가 여전히 강제하고 있
는 근대적인 역사인식론의 통념들에 어떻게 맞설 수 있는가?

　물론 그러한 통념들에서 완전히 자유롭기란 불가능할지 모른다. 그
러나 그 헤게모니적 역사인식론을 포스트식민적 맥락에 재위치시켜
그것이 지정하는 시간성의 위치들과 공간들이 위계를 전위시키거나
그것의 필수적 구성 요소들을 교란시킴으로써 그것의 작동 방식을 어
긋나게 하는 것, 그리고 그것으로는 포획될 수 없는 로컬들의 통약 불
가능한 타자성/차이를 드러내게 할 새로운 인식론의 가능성을 모색하
는 것이 중요하다.

---

[40] Walter D. Mignolo, *Local Histories/Global Designs: Coloniality, Subaltern Knowledges, and Border Thinking*, p.78.

인도의 서발턴 연구 그룹의 문제의식이 근대적이고 식민적인 지배 담론에서 삭제된 서발턴 민중의 주체성을 복원하려는 데에서 출발했으나, 지배 담론 자체에 대한 비판적 성찰을 통해 서발터니티 개념의 재사유로 확장된 것도 그 같은 모색의 소산이다. 그리고 지배에 종속되어 있지만 결코 통합될 수 없는 저항적 차이를 강조하는 서발턴 연구의 서발터니티 개념은 서발턴 장소인 로컬의 로컬리티 개념과 상호 공명한다고 할 수 있다.

앞에서 살펴보았듯이, 인도와 라틴아메리카와 북아프리카의 마그렙과 카리브해의 마르티니크 등의 역사와 문화에 대한 새로운 이론적 작업들 각각은 지정학적 공간의 차원에선 단독성을 지니지만, 로컬 역사와 로컬리티에 관한 인식론의 차원에서는 범세계성을 띤다. 물론 이 범세계성은 자본주의 세계체제의 근대성/식민성이 강요하는 범세계화와는 다르다. 그것은 타자성과 차이 혹은 경계와 혼성성을 강조함으로써 자본/근대성의 범세계화가 강요하는 통합적 단일성의 폐쇄 구조를 내파하고자 하는, 그렇게 함으로써 그 범세계화의 궁극적 실현을 저지하려는 '대항적 범세계성(counter-globality)'이다.

공간적 역사로의 확산: 주권 – 영토 – 경계

이진일

> "어떤 경우에도 나는 우리 시대의 열망이 근본적으로 공간
> 과 관련이 있다고 믿는다. 시간보다는 공간이 훨씬 중요하다
> 는 것은 의심의 여지가 없다. 시간은 단지 공간에 펼쳐져 있
> 는 여러 요소들에서 일어날 수 있는 다양한 분배작용의 하나
> 인 것 같다."
>
> —M. Foucault, *Of Other Spaces*, 1986

1. 역사분쟁 – '역사주권'의 문제?

세상의 그 어떤 자연적으로 설정된 경계도 원래부터 그래왔던 것이
아니라 인간의 의도에 부합되도록 구획한 선이라는 의미에서, 경계란
모두 인간의 의식적 행위의 산물이다. '민족 고유의 영토'나 오래 전부
터 그어진 '자연적 경계'란 존재하지 않는다.[1] 그럼에도 '민족 공동체의

---

[1] 루시앙 페브르(Lucien Febvre)도 이와 유사하게 경계를 "장구한 역사적, 정치적
사실들에 덧씌워진 가면이다"고 쓰고 있다. Lucien Febvre, "Frontieres", *Das
Gewissen des Historikers* (Berlin, 1988), pp.34~35.

공유 공간'이라는 사고는 일생에 단 한번 발 디딘 적 없던 곳이라도 집단적 동류의식을 상승시켜 그 구성원들로 하여금 심지어는 목숨까지 내놓고 지키게끔 만든다. 그 힘은 어디에서 오는가?

앤서니 스미스(Anthony Smith)는 네이션을 구성하는 첫 번째 요소로서 "명확하고 적절히 규정된 영토(compact, well-defined territories)"를 제시한다.[2] 영토가 없다면 국가는 성립되지 못하며, 주권도, 민족적 일체감도 없다. 국민은 획정된 영토경계를 갖는 특정한 지리공간으로 묶여 있기 때문이다. 이처럼 지리적으로 외부와 구분되는 조국은 국민적 정체성을 구성하는 여러 개념들 가운데 중심을 차지하는 구성적 요소이다. 국경이란 주권이 미치는 범위를 의미하며, 국경 없이는 국가도 없다. 국토란 무엇보다 이웃 국가와 접하게 되는 국경에 의해 한계가 정해지기 때문이다.

그처럼 완고해 보였던 국경에 오늘날 균열이 생기고 있다. 2009년 12월 1일, 리스본조약으로 불리는 유럽연합(EU) 개정 조약이 발효에 들어감에 따라 EU는 이제 정치·경제적 통일뿐 아니라 공간적 통합에 있어서도 획기적 진전을 이뤄내면서 '유럽 합중국'으로의 길을 재촉하고 있다.[3] 궁극적으로 이러한 경향들이 국경 없는 세계로 향해 갈 것인지, 혹은 영토국가의 안정과 강화로 갈 것인지, 그 진단은 다양하다. 하지만 그 어느 쪽이든 분명한 것은 국경과 경계의 기능이 변화하고 있으며, 더 이상 이들의 기능이 과거와 같은 역할에 한정되지 않을 것이라는 점이다.

---

[2] Anthony Smith, *National Identity* (London, 1991), p.9.

[3] 리스본 조약이 갖는 유럽공동체의 공간정책상의 변화와 그 의미에 대하여는 Angelika Siehr, "Entdeckung der Raumdimension in der Europapolitik: Neue Formen Territorialer Governance in der Europäischen Union", *Der Staat*, 48, 2009, H. 1, pp.75~106 참조.

이러한 국제적 변화의 흐름과 달리 한반도에서는 지난 10여년만큼 영토문제가 국민적 관심의 중심에 놓인 적이 없었다. 특히 2002년부터 5년간 진행된 중국의 '동북공정'은 중국이 현재의 주권이 미치는 영토 내의 모든 자원을 자국 역사화하기 위해 진행시켰던 공식적 역사 정지 작업이었으며, 동시에 중국의 동북지역을 중심으로 한중 변경지역에서의 자신의 주권을 분명히 하고자 하는 시도였다. 중국과의 이 논쟁은 우리에게 전통적 중화관과 중국을 포함한 동아시아의 미래상에 대해 성찰할 수 있는 기회이기도 하였다. 사업의 종료로 일단 한중 간의 논란은 수면 아래로 가라앉았지만 고구려 역사에 대한 해석과 간도 관련 논란은 언제고 되풀이될 수 있는 문제인 만큼, 이에 대응했던 한국 측 태도에 대한 분석과 대응 방식에 대한 장기적 차원에서의 전략이 필요할 것이다.

비록 양국이 주장하는 바는 상반됐지만 주장의 논리적 구성과 근거가 모두 역사적으로 형성된 강역과 이를 근거로 행사되는 주권, 이를 뒷받침할 민족적 동질성이라는 민족주의 기본담론에 충실하게 진행되었다는 면에서는 별 차이가 없음을 보여주었다. 논쟁과 관련된 최근의 여러 진단들 중에서 "한국 내에서 동북공정에 대한 민족주의적 열기에 편승하는 동안, 사려 깊은 분석을 통해 역사의식을 고양하고 정확한 정보를 추구하면서 세련된 공론의 장을 구축하는 데에는 실패했다"는 평가는 다수가 동의할 수 있는 정직한 자기진단으로 보인다.[4]

이러한 논란의 와중에 동북공정에 대한 대응 논리로서 자주 등장하

---

4) 이희옥, 「동북공정의 정치적 논란에 비판적 해석」, 『동아연구』 53, 2007, 12쪽. 그밖에 김희교, 「한국 언론의 동북공정 보도 비판」, 『역사비평』, 2004 겨울, 35~61쪽에서 전개하고 있는 중국을 바라보는 한국의 진보진영의 시각에 대한 비판도 귀담아 들을 만하다.

는 용어 중 하나가 '역사주권'이다. 2006년 개천절 축사에서 한명숙 총리는 "우리 역사 속에서 독도는 명백한 우리 땅이며 고구려를 비롯, 우리 민족이 세운 고대 국가들은 찬란하게 빛나고 있다. … 지난달 28일 출범한 〈동북아 역사재단〉을 통해 심층적이고 객관적인 연구를 바탕으로 우리의 영토와 역사주권을 지켜 나가겠다"고 언급한다. 또한 〈동북아 역사재단〉의 김용덕 이사장도 2007년 한 언론과의 인터뷰에서, "국제 시민단체와 교류 거점을 확보하고 재단의 국제적 위상을 강화해야 우리의 역사주권을 지키는 것은 물론, 동북아 평화와 번영으로 나아갈 수 있다"고 강조한다.[5]

중국의 현실적 영토지배에 따른 국가주권 주장에 대한 일종의 대항 논리로 개발된 듯한 이 '역사주권'이라는 용어는 역사적 연고에 바탕하여 (역사적 연속성으로는 현재의 단절을 설명하기 힘들다) 과거에 대한 소유권을 주장하는, 역사 차원에서의 절대적 권력이라는 의미를 함축하는 듯 하지만, 어디에서도 구체적인 개념 설명이 이루어지지 않고 있다. 거의 유일하게 발표된 '역사주권'(historical sovereignty)에 대한 〈동북아 역사재단〉의 영문 해설에 따른다 하더라도 그 의미는 믿을 수 없을 만큼 단순하다.

오랜 역사를 함께 나눈 근대 국민국가에서 영토는 주권의 자연적 경계로 정의되며 민족 정체성의 근간이 된다. 역사는 이 영토주권을 정당화하는 역할을 하여왔다. 한국의 경우 민족(nation)은 집단적 힘의 원천이며, 국민들로 하여금 역경을 극복할 수 있도록 하여왔다. 식민지 시대 일본에 의

---

5) 2006년 10월 4일 http://www.chosun.com/politics/news/200610/200610030132.html 및 『세계일보』 2007년 9월 11일(2007.11.16. 검색). 강조 필자. 그 밖에도 "한국의 역사학계나 시민사회의 주류는 역사적 정통의 계승을 강조하는 '역사주권'의 관점을 취하고 있다"는 표현처럼 역사학계 내에서도 '역사주권'이라는 용어 사용이 낯설지 않다.

해 영토가 강점되었을 때에도 한국은 단일 민족으로서 자신들의 통일과 '역사주권'(즉, 자신들의 역사서술에 대한 '주권')을 유지할 수 있었는데, 그것은 자신들만의 유일한 역사와 전통들에 대한 자부심 때문이었다. 자신들의 '역사주권'을 주장하는 국가들은 역사적인 국가들(historic nations)로 특징지을 수 있다.[6]

해설은 이어 동아시아에서 한국과 중국, 일본, 베트남 등이 모두 '역사주권'을 갖고 있는데, 이는 이미 근대 국민국가의 형성 이전에 자신들만의 유일한 역사를 갖는 정치 공동체로서 존재하였기 때문에 가능한 것으로 설명한다. 영토주권과 역사주권을 구분하자면, 예를 들어 일본에 의한 한국 강점의 경우 영토주권은 상실하였어도 역사주권은 유지할 수 있었다고 본다. 그에 따르면 '동북공정'과 같은 역사분쟁(controversies over history)이 생겨나는 이유는 영토주권의 범위와 역사주권의 범위가 서로 다르기 때문인데 즉, 고구려가 현재 중국의 영역 안에 있기는 하지만 여전히 한국의 '역사주권'에 속하기 때문이며, 그런 면에서 중국의 동북공정은 한국의 '역사주권'에 대한 침해(intrusion)라는 것이다.[7]

우리가 국민주권 혹은 군주주권을 논함은 주권이 내부적으로 누구로부터 오는 것인가의 문제이다. 하지만 주권이 국가와 국가 간의 국제적 차원에서 논의될 때는 국외의 모든 권력에 앞서는 독립적이고 배타적이며 유일한 권력을 의미하게 된다. 주권이란 보댕(Jean Bodin)에서 지금까지 여전히 "법적으로 독립적이며, 분산될 수 없는, 최고의 권력이다." 우리가 주권을 이처럼 "오직 자신만의 의지에 의하여 법적으로 규정될 수 있는 한 국가만이 갖는 특성"[8]이라는 정의를 받아들이는

---

[6] Yong-Deok Kim, "History, Nationalism and Internationalism", *Global Asia,* 2, 2007, no.1, pp.28~31, p.30. 영문번역 필자(괄호 안의 글도 필자의 표현이 아닌 본문임).

[7] Yong-Deok Kim, 앞의 글.

것은 주권이 갖는 배타적 우월성을 대내외적으로 인정함을 의미한다. 주권 개념은 대외적 주권과 대내적 주권으로 구분할 수 있다. 그렇다면 국가를 구성하는 영토, 국민, 지배권력 등과 연결시켜 사용해온 주권에 대한 일반적 용례와 달리, '역사'나 '문화', '안보', '검역' 등의 하위 영역에서도 '역사주권', '문화주권', '안보주권', 혹은 '검역주권'처럼 이름 붙여 쓸 수 있는 것인가? 만일 이런 표현이 단지 은유적 강조 이상의 의미를 갖기가 힘들다면 오히려 혼란만 자초할 수 있지 않겠는가? 더욱이 개념의 엄밀성을 갖춰야 할 국제적 논의에서 이처럼 개념에 대한 학술적 정의나 검증을 거치지 않은 자의적 표현을 일방적으로 만들어 쓴다면 이론상의 동의도 얻기 어려울 뿐 아니라, 국제적 논의에서 오히려 스스로의 논리적 빈약을 드러내는 행위가 되는 것은 아닐까?

작금의 역사분쟁은 우리에게 역사가 시간뿐 아니라 공간과도 깊은 관련을 맺으면서 진행됨을 알려주었다. 그럼에도 이 양 개념이 각기 갖고 있는 함의가 크고 독립적이어서 서로를 역사라는 하나의 학문적 테두리 안에 조화시켜 설명해 내기란 쉽지 않은 작업이다. 공간은 지금까지 역사학에서 명확하게 정의되지 못해왔다. 더욱이 우리는 '문화사 개론' 시간을 통하여 변화하지 않는 자연과 변화하는 문화/역사는 서로 대립하는 개념으로 배워오지 않았던가?[9)]

[8)] Georg Jellinek, *Die Lehre von den Staatenverbindungen* (Goldbach, 1882), p.34; "Souveränität", Otto Brunner, Werner Conze, Reinhart Koselleck eds., *Geschichtliche Grundbegriffe. Historisches Lexikon zur Politisch-Sozialen Sprache in Deutschland* (Stuttgart, 1990), p.151 재인용.

[9)] 코젤렉은 서양에서 늦어도 18세기부터 자연과 역사가 분리되기 시작하면서, 그때까지 고정적으로 받아들였던 자연이라는 개념 자체가 역사화되어 시간의 흐름에 따라 함께 발전하는 통시적 발전법칙하에 놓이게 되었음을 지적한다. 이후 자연과학은 문화과학이나 인문과학적 방법과는 결별하고 자연과학 자체의 방법론에 따라 연구되기 시작한다. R. Koselleck, "Raum und Geschichte", *Zeitschichten* (Frankfurt/M, 2000), p.78.

본 글은 최근 역사학에서 제기되고 있는 영토와 국경에 대한 관심을
역사분쟁의 차원을 넘어 공간 일반의 문제로 확대시킴으로써 우리의
역사적 시야를 확대해보고자 하는 시도이다. 먼저 문제가 되는 '주권'
의 개념을 영토 문제와 관련하여 점검해 보고, 오늘날 역사학이 새롭게
제기하는 공간의 역사에 대한 관심의 방향과 의미를 살펴볼 것이며, 마
지막으로 영토성의 원칙이 도전받고 있는 현실에서 역사의 "공간적 전
환"(spatial turn)이 갖는 의미를 짚어 보고자 한다.

2. 주권과 영토 귀속성

과연 오늘날 국제 관계에서 베스트팔렌 체제의 원칙들이 여전히 유
효한가에 대해서는 논란의 여지가 있을 수 있겠지만, 적어도 1648년 이
후 지난 350여 년 동안 서구사회가 주권을 갖는 영토국가를 기본단위
로 하는 국제체제를 유지해 왔음에는 논란의 여지가 없을 것이다. 영
토란 국민과 이들의 정치적 삶에 대한 효과적인 감독이 허용되는, 경계
로서 획정된 공간이며, 대부분의 유럽 국가들에 있어 영토에 대한 요구
를 동반한 적법한 왕조의 성립이 근대국가의 기원이 되었다.[10] 이후
서구에서는 국가 간의 경계에 대한 상호 인정을 기반으로 하는 영토국
가가 국제 관계를 끌어가는 주체로서 표준이 되었다. 물론 그렇다고
베스트팔렌 조약이 조약 당사국들에게 평화를 보장해 주었던 것은 아
니었다. 국가주권 개념의 확립 과정은 정치사적으로는 절대주의 체제
의 성립 과정과 상응하는 것이었다.[11]

---

[10] Charles S. Maier, "Transformations of Territoriality, 1600-2000", Budde/Conrad/Jenz
eds., *Transnationale Geschichte* (Göttingen, 2006), p.34.

국제적 경계 형성의 역사는 유럽에서 30년 전쟁 이후의 국가체제가 지난 350년 동안의 전 지구적 확산의 산물이다. 베스트팔렌 조약(1648)은 영토의 주변에 경계선을 설정함으로써 그 땅에 대한 주권을 갖는 유일한 정치적 법적 단위로 인정받게 되는 유용한 시점으로 인정되고 있다. 이후 지배의 핵심지역들 사이에 존재하는 구역으로 구성된 경계(zonal frontiers)라는 개념은 거부되며, 이때부터 개인들에게는, 자신들을 주권을 갖는 지배와 연결시키는, 특정한 영토에 대한 충성이 의무화된다.[12]

이처럼 국가주권이란 일련의 분명하게 구획된 경계 내에서 행사되는 제도적 권위이며 역사적 과정을 통하여 그 지속적 합법성이 정당화되었다.[13] 보댕과 다른 주권이론가들에 의해 이데올로기적으로 정당화되는 과정에서 경계는 발명되었고, 이후 개념이 정착되는 과정에서 경계는 zone에서 border의 개념으로 구체화된다. 영토 귀속성(territoriality)은 주권의 전제조건이지만, 사실상 주권의 물질적 조건이기도 하다.[14]

이처럼 근대적 국경은 역사적으로 주권 개념의 발전과 밀접하게 관련을 맺으며 형성되었다. 국제질서는 주권국가 개념에 기반하고 있으

---

11) Charles S. Maier, 앞의 책, p.38.

12) Ewan W. Anderson, "Geopolitics: International Boundaries as Fighting Places", *Journal of Strategic Studies*, 22, 1999, no.2, p.127.

13) 영토국가의 역사적 성립 과정에 대해서는 Markus Schroer, *Räume, Orte, Grenzen. Auf dem Weg zu einer Soziologie des Raums* (Frankfurt/M, 2006), pp.189~194. 처음 누구에게도 속하지 않던 땅들이 국가적 영토로 귀속되는 과정에 대하여는 Peter Sahlins, "Boundaries. Natural Frontiers Revisited: France's Boundaries since the 17th Century", *American Historical Review*, 95, 1990, pp.1423~1451 참조.

14) frontiers가 지평적 확산의 의미를 갖는 것임에 비하여 boundaries는 지평적 차원보다는 수직적 개념이어서 우주공간이나 지하공간 등을 논할 때 쓰인다. Ewan W. Anderson, "Geopolitics: International Boundaries as Fighting Places", *Journal of Strategic Studies*, 22, 1999, no.2, p.128. space, place, territory, territoriality의 개념은 Charles S. Maier, "Transformations of Territoriality, 1600-2000", p.32 참조.

며, 국가와 국가 간의 경계는 주권이 행사될 수 있는 영토적 한계를 표시해주게 된다. 분명하게 그어진 영토는 유일한 주권의 소유자로서의 근대적 국가의 중심된 징표였고 외부세력에 의한 영토의 점유는 곧 주권에 대한 중대한 도전으로 받아들여졌다.[15]

쉬헌(James Sheehan)은 유럽에서의 주권 문제의 역사란 이 제도적 경계와 영토적 경계를 어떻게 정의할 것이며, 이 경계를 어떻게 방어할 것인가의 역사라고 설명한다.[16] 영토에 기반한 주권국이라는 국민국가에 대한 개념이 확실해지면서 국가 간의 경계 개념도 더욱 강력한 모습과 역할을 갖게 된다. 이는 국경 내 국민들의 이동에 대한 증가와 보장을 의미하지만, 동시에 국가 간의 이동에 대해서는 과거보다 더욱 엄격한 제한을 의미하는 것이었다. 이처럼 근대 유럽의 주권의 발전이 과거와는 분명한 차이를 보이며 진행된 것은 유럽 근대국가가 개별적으로 성장한 것이 아니라 주위의 다른 정치조직들과의 무력경쟁 속에서 성장했다는 사실에서 연유한다. 주권 개념이 고대세계에서 존재하지 않았던 이유는 강력한 절대군주하에서는 이와 경쟁하는 다른 정치세력과의 갈등이 존재하지 않았기 때문에 굳이 주권 개념을 확실하게 만들 필요나 계기가 없었기 때문이다.[17]

> 국가의 영토도 절대주의 국가의 대두와 그것에 따른 국가주권사상에 따라 변화될 수밖에 없었다. … 국가는 자기 영역에 대하여 배타적인 권위를 보유하고 그것은 주권에 의해 보장되며, 또 스스로 폐지할 수 있는 그 밖의

---

[15] John Breuilly, "Souveränität und Staatsgrenzen", *Nationalismus und moderner Staat. Deutschland und Europa* (Köln, 1999), p.174.

[16] James Sheehan, "The Problem of Sovereignty in European History", *American Historical Review*, 111, 2006, no.1, p.3.

[17] Georg Jellinek, *Allgemeine Staatslehre* (Berlin, 1922), p.440; J. Sheehan, 앞의 책, p.4 재인용.

모든 권리도 가지게 된다. 이러한 성격 때문에 주권국가의 권리는 다른 국가의 권위로부터 구별되는 명확한 특징을 가지며, 국가 사이의 영토 구분이 새로운 중요성을 가지게 되었다.[18]

기든스(Anthony Giddens)에 따르면, 국경선의 설정이 시작된 것은 절대주의 시대에 들어서이며, 다른 나라에 의한 인정이라는 국가주권의 대외성을 전제로 설정된 것이었다. 배타적 주권의 주장은 자신만의 경계를 전제로 하는 일이며, 이는 주권의 선포가 외부와의 상호 인정을 통하여만 실현될 수 있는 질서였다. 물론 절대주의 시대 이전에도 영토와 국경선의 개념이 없었던 것은 아니지만, 그 이전의 경계의 의미가 변경이라는 막연한 의미였다면 절대주의 국가에 이르러 비로소 영토와 국경의 개념이 분명해지면서 주권의 개념 또한 다른 국가와의 관계라는 대외적 성격이 강조되어야 할 필요성이 생기게 되었다는 것이다.

현존하는 유럽 각 국가들 경계의 60% 이상이 20세기에 생겨났다.[19] 20세기의 역사를 공간의 역사로 서술한다면 무엇보다 그 중심에 자리할 대상은 영토와 세계의 분할 문제가 될 것이다. 이는 두 차례의 세계대전과 밀접하게 연결되어 있음은 물론이다. 지난 1, 2차 세계대전을 거치면서 세계는 20세기를 "영토의 시대"[20]라고 부를 만큼 그 영토적 질서에서 과거 그 어떤 세기보다 근본적인 변경과 분열, 통합을 겪었으며, 지금까지도 영토의 절대성은 국가를 구성하는 주요 이데올로기로 작용하고 있다. 2000년을 시작하면서 미국의 역사학자 찰스 마이어

---

18) 앤서니 기든스(Anthony Giddens), 『민족국가와 폭력』(삼지원, 1993), 113쪽.

19) Michel Foucher, "The Geopolitics of European Frontiers", M. Anderson, E. Bort eds., *The Frontiers of Europe* (London, 1998), p.235.

20) Charles S. Maier, "Consigning the 20th Century to History: Alternative Narratives for the Modern Era", *American Historical Review*, 105, 2000, pp.807~831.

(Charles S. Maier)는 20세기를 '영토 귀속성'(territoriality)의 패러다임이 지배했던 시기로 해석한다. 이에 따라 그는 공간을 역사적 분석의 중심에 둘 것을 제안한다. 그에게서 영토 귀속성이란 "특정한 경계선 내의 정치적 공간에 대한 컨트롤을 할 수 있는 권력과 그에 대한 소유권"을 의미하며,[21] 지역을 제어함으로써 국민과 사물을 컨트롤하려는 강력한 지리적 전략으로 본다.[22]

그는 영토 귀속성이 드러내는 역사적 형태나 정치적 형식을 역사변화의 중요한 계기로 보는 것을 넘어서, 영토 귀속성 자체를 통해 지난 100년에 대한 시기 구분을 시도하고자 한다. 마이어는 세기(century)를 기준으로 시대구분을 하는 전통적 방식에 대한 일종의 대안으로 이를 제시하고 있다. 그에 따르면 영토 귀속성의 시대는 1860/70년대에 시작하여 100여 년간 지속되었으며, 지난 1970년대부터 급진전된 전 세계화의 확장에 따라 그 쇠락의 길을 걷기 시작했다는 것이다.[23]

물론 그는 영토의 역사적 중요성을 강조하는 것이지 지정학으로 돌아가자고 호소하는 것이 아님을 강조한다. 20세기 초반 지정학의 옹호자들이 영토 귀속성을 "자신들의 국가가 영원한 투쟁 속에 갇힌 그런 세계의 지배를 결정하는 불변의 변수"로 주장했던 것과 달리 그는 지난 100년간의 시대의 분석을 위하여 공간을 다시금 역사적 인식의 중심에 놓자고 주장하는 것이다.[24]

---

[21] Charles S. Maier, "Consigning the 20th Century to History", p.808.

[22] Charles S. Maier, "Transformations of Territoriality", p.34. 지리학자 Robert D. Sack은 다음과 같이 territoriality를 정의 내리고 있다. "경계를 정하거나 주장함으로써 지리적 지역(영토)에 대한 통제를 통하여, 개인이나 집단에 영향을 주거나 사람, 현상, 인간관계 등을 통제하고자 하는 시도." Robert D. Sack, *Human Territoriality. Its Theory and History* (Cambridge, 1986), p.19.

[23] Charles S. Maier, "Consigning the 20th Century to History, p.807.

[24] Charles S. Maier, 앞의 글, p.816.

국가주권이 전제가 되는 영토에서 영토 귀속성이란 독점적 혹은 배타적 통제의 권한을 갖는 지역을 의미하는 것이지만, 그럼에도 그것이 반드시 국가와 국가 간의 충돌을 의미하지는 않을 것이다. 루시앙 페브르(Lucien Febvre)는 라인강에 관한 역사서술에서 라인강이 문화사적으로 결코 어느 때에도 독일과 프랑스의 사이를 분리시키는 경계인 적이 없었음을 설명하면서, 라인적 정체성이란 서로 변하는 정치적 상호 관계와는 독립해서 펼쳐져 왔음을 강조한 바 있다.25) 영토 귀속성이란 결코 투쟁과 충돌에 의해서만 변화하는 대상이 아니며, 양자 간의 평화적 조약을 통한 합의에 이르는 경우가 더 일반적일 수 있다. 그것은 시간에 따라 발전해가는 일련의 관계망이며, 이 영토 귀속성은 지난 세대 동안 거대한 변화의 흐름 속에 있어왔다. 특히 그 중에서도 무엇보다 역사가들의 인식 변화를 이끌어 낸 것은 경계를 바라보는 시각일 것이다.

> 경계연구는 국민국가의 공간적 차원을 문제 삼고, 사회적, 문화적 동질성에 관한 국민국가의 신화를 문제 삼으며, 경계를 가로지르는 민족과 정체성들을 지적하고 '경계'의 주체적 정체성들에 가치를 둔다는 점에서 타고난 포스트내셔널리즘의 담론이라는 것이 나의 생각이다. … 경계는 국민국가의 주변부 그 이상이다. 그것은 한 국민의 선명한 경계이자 서로 다른 국가와 사회조직체들이 만나 갈등하거나 뒤섞이는 지점들일 것이다. 경계는 차이와 조화를 쉽게 확인할 수 있는 장소이다.26)

경계는 더 이상 소수민족, 대상의 주변부, 불완전하게 잘려진 사회적 공간을 의미하는 것이 아니며, 독자적 문화를 갖는 공간이자, 중앙에

---

25) Lucien Febvre, *Der Rhein und seine Geschichte* (Frankfurt/M, 1935/1985), p.160.

26) Chris Williams, 「변경에서 바라보다」, 비교문화연구소 엮음, 『근대의 국경, 역사의 변경 - 변경에 서서 역사를 바라보다』 (휴머니스트, 2004), 71쪽.

대하여 적극적으로 영향을 미치는 공간이다. 경계는 "중심과 주변으로 구성된 지배적 위계질서의 억압적 기능과 그로 인해 억눌린 다양한 주체의 역사적 기능성을 드러내"는 우리 삶의 단면이기도 하다.[27] 브로델(Fernand Braudel)은 자신의 박사학위 논문으로 제출된 『지중해와 필립 II세 시대의 지중해 세계』 서문에서 "공간적 틀을 어떻게 설정할 것인지를 가장 먼저 다뤄야 한다. 이 경계의 문제로부터 필연적으로 다른 모든 문제가 불거져 나온다. 즉 경계를 설정한다는 것은 정의하고 분석하고 재건하는 일이며, 이 책에서 그것은 하나의 역사철학을 선택하는 것이자 채택하는 일이기도 하다"고 지적한 바 있다.[28] "유럽의 역사는 유럽 경계의 역사이다."[29]

3. 공간으로의 전환

지금까지 역사가들이 세계를 이해함에 있어 중심을 이루는 카테고

---

[27] 백영서, 「주변에서 동아시아를 본다는 것」, 정문길 외, 『주변에서 본 동아시아』 (문학과 지성사, 2004), 16쪽. 비록 역사서술의 주류적 흐름이라고 할 수는 없지만 역사를 변경의 시각에서 서술하고자 하는 최근의 시도는 동서양 관계없이 다양하다. Chris Willams, 「변경에서 바라보다」, 37~71쪽; Dan Diner, *Das Jahrhundert verstehen – Eine Universalhistorische Deutung* (München, 1999); 테사 모리스-스즈키, 『변경에서 바라본 근대-아이누와 식민주의』 (산처럼, 2006) 등 참고. 물론 경계를 중앙 중심의 입장에서 쓸 수도 있다. 루시앙 페브르도 지적했듯이 경계에 대하여 쓰기 위해서는 반드시 경계에서부터 시작할 필요는 없으며, 경계문제에 대한 국가적 대응, 국경 컨트롤, 패스제도, 국적법, 이민법 등을 통하여 중앙과 변경 간의 상호영향 관계로부터 접근할 수 있다.

[28] Fernand Braudel, *The Mediterranean and the Mediterranean World in the Age of Philip II* (London, 1975), 서문.

[29] Krzystof Pomian, *Europa und seine Nationen* (Berlin, 1990), p.7; J. Osterhammel, *Geschichtswissenschaft Jenseits des Nationalstaats* (Göttingen, 2001), p.217 재인용.

리는 시간이었다. 주로 시간의 경과에 따른 변화와 이에 관한 이론적 논의들을 역사화하고, 새로운 사실들을 밝혀내는 작업을 통해 역사가들은 세계를 이해하고 서술해 왔다. 그에 비해 공간은 우리에게 선험적으로 주어진 것, 정치적, 사회적, 문화적 과정을 담아내는 그릇, 역사적 변화에 순응하여 자연에 지배되는 대상 등으로 인식되어 왔다. "사회적 존재는 명백하게 역사적인 그리고 지리적인 맥락화를 통해 공간과 시간 속에 능동적으로 위치"함에도 불구하고, 일반적으로 역사 속에서 공간적 차원이 갖는 고유성에 대한 관심이나 의식이 부족했던 것이다.[30]

이처럼 역사가들의 공간에 대한 관심이 부족했던 이유는 무엇보다 두 가지 정도를 들 수 있을 것이다. 우선은 역사를 시간의 흐름 속에 드러나는 인간 의지의 발현으로 이해하는 고전적 역사주의 시각이 역사학 내에서 주류를 이루면서, 자연이나 환경을 통해 가해지는 인간 행위나 사고의 제한성은 결정론적 사고로 받아들여졌다는 점이다.[31] 이는 연구자들로 하여금 공간의식에 대한 홀대와 공간에 대한 시간의 우선성을 자연스럽게 받아들이도록 이끌었다. 포스트모던 지리학자인 에드워드 소자(Edward Soja)는 이처럼 학문에서 역사주의가 사회생활과 사회이론을 지나치게 역사적으로 맥락화함으로써 지리적 혹은 공간적 상상력을 덮어버리거나 주변화시켰던 점을 지적한다. 그럼으로써 "시간에 대한 공간의 맹목적 종속을 통해 사회의 변화가능성에 대한 지리적 해석을 가려버리고," 이에 따라 지금까지 역사 속에서 주로 연구되어 온 각종 구조들의 과정과 경험들은 기껏해야 국민국가라는 형식의 공간 틀 속에서 서술되어 왔다고

---

30) 에드워드 소자, 『공간과 비판사회이론』 (시각과 언어, 1993/1997), 22쪽.
31) 에드워드 소자, 앞의 책, 22쪽.

비판한다.[32] 홉스봄이 언급했듯이 19세기 이후 국가의 구조와 정의
가 본질적으로 영토에 기초를 두게 되면서 "민족 = 국가 = 주권을 가
진 인민의 등식"은 민족을 영토에 결부시킨다.[33] 실재로 19세기 국민
국가의 성립 이래 공간과 관련하여 역사학의 주된 임무 중 하나는
이미 획득한 영토의 정당성을 부여하고 역사적 근거를 동원하여 장
차 획득하고자 하는 영토의 자국 귀속성에 대한 이론적, 논리적 기반
을 구축하는 것이었다.

  역사학이 공간에 대한 관심에 소홀하게 된 두 번째 원인은 독일의
나치즘에서 연유된 지정학의 전쟁도구화 경험에 있다. 지정학은 국가
의 정치현상 속에 드러나는 공간적 조건들과 이의 지리적 영향을 탐구
하는 학문이며, 오직 장시간에 걸친 관찰을 통하여 그 변화와 영향력을
탐지할 수 있다.[34] 영국의 지리학자 맥킨더(Halford Mackinder)가 1919
년 유라시아 대륙 전체를 지칭하는 용어로서 '심장국가'(heartland) 개념
을 처음 사용한 이래, 오늘날까지도 북미에서의 지정학적 시각은 맥킨
더의 양극체제이론에 지배되고 있다.[35] 즉, 냉전을 통하여 한편은 폐쇄
적이고, 위협적이며, 조야한 세력인 반면, 다른 한편은 개방적이고, 자
유로운 세계라는 상을 확산시켰고, 유라시아-대륙중심의 '심장국가'와
무역종속적인 해양세력(sea power)이라는 양극 대립 체제를 이데올로
기적으로 뒷받침하였다.[36] 19세기 말 이래 독일의 라첼(Friedrich Ratzel),

---

32) 에드워드 소자, 앞의 책, 21~38쪽. 소자는 지리학과 일반사회과학을 연결시킨 푸
   코의 역할을 인정하면서도 푸코 자신도 이러한 역사주의가 갖는 근대 비판사상
   의 주류적 흐름에서 벗어나지 못했음을 지적한다.

33) 에릭 홉스봄, 『1780년 이후의 민족과 민족주의』(창비, 1994), 36쪽.

34) Colin Flint, Peter Taylor, *Political Geography. World-Economy, Nation-State and
   Locality* (Essex, 2007).

35) 핼포드 맥킨더, 『민주주의의 이상과 현실』(공주대 출판부, 2004). 핼포드 맥킨더,
   「지리학에서 본 역사의 추축」(1904), 같은 책, 190~217쪽.

스웨덴의 키엘렌(Rudolf Kjellen) 등에 의해 주도된 지리결정론적 학문
경향에 뿌리를 둔 지정학 이론은, 1차 세계대전에서의 독일의 패배와
영토 상실에 대한 국민감정을 매개로 급진적 민족주의와 결합하였다.
"히틀러의 가정교사" 혹은 "나치 이데올로기의 아버지"로 불리웠던 칼
하우스호퍼[37](Karl Haushofer, 1869~1945)로 대표되는 독일의 생존공간
(Lebensraum) 이데올로기는 나치 시대 중부유럽에서 독일 농민의 경작
과 독일국가의 자급자족 경제 유지를 위한 영토 확보 투쟁과 결부되었
다. 이들이 보여준 과장된 환경 결정론, 지형 결정론 등은 지정학 이론
이 인종주의적 대학살과 쉽게 결합할 수 있음을 확인시켜준 것이다.[38]
그 결과 2차 세계대전 이후 이러한 지리결정론적 이데올로기는 더 이
상 학문적 가치를 인정받지 못하게 되었으며, 역사학에서도 역사 지리
학적 관심은 곧 과거 독일 지정학적 전통으로의 복귀를 암시하는 것으

---

36) 독일의 경우 80년대 중반, 독일의 "역사가 논쟁"을 통해 지정학의 공간결정론적
   요소들이 다시금 부활하기 시작한다. "중부유럽", "지리의 논리", "민족사적 운명으
   로서의 독일의 중앙적 위치", "지리적 중앙의 위치가 갖는 생존법칙"과 같은 논리들
   이 재등장하고 있으며, 2000년대 EU의 동쪽으로의 확대에 따라 다시금 "중부유럽"
   담론이 르네상스를 맞고 있다. Gerhard Sandner, "Renaissance des Geopolitischen
   Denkens in der Geographie? Versuchungen, Herausforderungen, Perspektiven",
   Geographische Zeitschrift, 81, 1993, p.249; Michael Fahlbusch, "Die verlorene Ehre
   der Deutschen Geographie", *Frankfurter Rundschau*, 1999.10.2.
37) 하우스호퍼에 대하여는 Bruno Hipler, *Hitlers Lehrmeister. Karl Haushofer als Vater
   der NS-Ideologie* (St. Ottilien, 1996); Hans-Adolf Jacobsen, *Karl Haushofer—Leben
   und Werk*, 2 Bde. (Boppard, 1979) 참조.
38) Davis Murphy, "Space, Race and Geopolitical Necessity", *Geography and Empire*
   (Cambridge, 1994), pp.177~178; C. Alexander, T. Geppert et al. *Verräumlichung,
   Ortsgespräche* (Bielefeld, 2005), p.21. 독일의 지정학적 학문조류는 1920년대부
   터 급속히 일본으로 수입되어 동아시아 공영권 이론과 제국주의적 정책의 이
   론적 토대가 된다. Kenich Takeuchi, "The Japanese Imperial Tradition, Western
   Imperialism and Modern Japanese Geography", *Geography and Empire* (Cambridge,
   1994).

로 받아들여지면서 더 이상 유지되기 힘들었던 것이다.

독일의 경우 역사학에서는 1945년 이후 처음에는 의도적인 외면 속에서, 그리고 60년대 이후에는 점차 지역사와 향토사를 통한 제한된 공간 내에서의 서술이 이루어지면서, 특별한 논의나 이론적 검토 없이 공간개념에 대한 방법론적, 이론적, 이데올로기적 전환을 겪게 된다. 영미권에서는 정치학을 중심으로 역사적 지리학 연구가 지정학적 역사 연구방식을 대체하였고, 이를 통해 맥킨더 이후 1940년대까지 지배적이던 지리정치적 사고모델로부터 분명하게 간격을 두는 비판적 지정학 연구와 연결시킬 수 있었다.[39] 이에 반하여 1920년대부터 아날 학파의 전통을 유지하고 있었으며, 공격적인 독일의 지정학적 전통에서 비교적 자유로웠던 프랑스에서는 지정학 이론을 지속적으로 발전시켜 나갈 수 있었다.

> 지정학은 단지 국가에 대한 정치적 지리분석 이상의 것이다. 왜냐하면 그 연구대상으로 정책이나 경쟁자를 설정하게 되면 그것은 언제나 적에 대해 연구하는 것이 되기 때문이다. 그것이 어떤 국가나 다른 이데올로기 시스템이 될 수 있고 또한 풍토병에 관한 것이 될 수도 있다. 이는 먼저 지리적으로 정확하게 위치를 설정하고 지도화해야만 한다는 면에서 동일하다.[40]

코젤렉(Reinhart Koselleck)도 1986년 트리어(Trier) 역사학 대회의 폐막강연을 통하여 독일의 지정학적 전통을 비판하면서 공간을 다루는

---

39) John Agnew, Stuart Corbridge, *Mastering Space. Hegemony, Territory and International Political Economy* (London, 1995); Derek Gregory, *Geographical Imaginations* (Cambridge, 1994); Gearoid O'Tuathail, Simon Dalby eds., *Rethinking Geopolitics* (London, 1998) 등 참조.

40) Yves Lacoste, *Geographies und Politisches Handeln. Perspektiven einer Neuen Geopolitik* (Berlin, 1990).

지정학의 성격을 역사와 관련지어 설명한다.[41]

　　첫 번째로 소위 지정학은 역사학 일반의 틀 안까지 밀고 들어와 인간의
자유를 결정론의 문제로 다룬다. 인간의 행위반경을 자유롭게 풀어주거나
제한하는 사회적, 경제적, 정치적 형태의 수많은 결정론이 있다. 소위 지정
학의 학문이론적 오류는 이러한 결정론으로부터 나온 자연결정론 혹은 존
재론에 기반한 법칙들을 가능한 행위들의 전제조건으로 만들어버리는 것
이며, 이러한 법칙들이 역사를 이끌거나 지배한다고 생각하는 데 있다. …
이는 당연히 인간의 자유를 제한하는 일이다. … 두 번째로 지정학은 자신
을 정치적 문제에 조언하는 실용적 학문으로 본다.…[42]

　그는 무엇보다 훔볼트 형제(A. & F. Humboldt), 리터(Ritter), 캅(Kapp),
라첼(Ratzel), 람프레히트(Lamprecht) 등으로 이어져 내려오던 경험적
역사서술에서의 공시적 구조(raumzeitliche konstitution)가 시간의 흐름
에 따른 분석으로서의 역사로 그 중심이 넘어갔음을 지적한다.

　　공간인가 시간인가, 형식상의 양자택일 앞에서 대부분의 역사가들은 이
론적으로 그 근거를 제시하기 힘든 시간 우위성(Dominanz der Zeit)을 선택
하였다.[43]

　그는 이 연설을 통해 역사학에서 공간에 대한 개념사적 기반 자체
가 아직 정립되어 있지 못함을 지적하면서, 공간과 역사의 관계에
관한 이해를 "자연적 시간범주"(naturale zeitkategorie)와 "역사적 시간범
주"(geschichtliche zeitkategorie)로 구분하여 설명한다.[44] 그에 따르면 공

---

41) 트리어 역사학대회의 주제는 "공간과 역사"(Raum und Geschichte) 였으며 그의 강
　　연은 Reinhart Koselleck, *Zeitschichten* (Frankfurt/M, 2000)에 수록되었다.

42) Reinhart Koselleck, *Zeitschichten*, p.88.

43) Reinhart Koselleck, 앞의 책, p.80.

간과 역사 간의 관계는 두 축 사이에서 오고 가는데, 한 축에는 인간의
역사를 자연적으로 이미 주어진 것으로 보는 경향 즉, 지질학적 상황이
존재하며, 다른 축에는 인간이 스스로 만들거나 혹은 살아가기 위해 만
들 필요가 있는 공간이 있다는 것이다. 이 양 극단의 한편에는 지리학
자와 지형학자가, 다른 한편에는 인류학자와 공간계획자들이 있다. 이
공간상의 과제를 어느 축에 더 무게를 두고 수행하느냐에 따라 바늘은
공간과 역사 사이를 오고가게 된다.[45] 역사가들의 영토, 경계 등에 관
한 관심은 지리학자들의 공간에 대한 관심과는 조금 다른 것이었다.
지리학자들의 관심이 공간을 구성하는 물리적 요소들에 있다면, 역사
가들은 공간적 변화의 추이와 그들이 주변과 맺어가는 관계들에 우선
관심을 갖게 된다. 역사가들은 공간과 시간이 상호작용하면서 자신들
학문의 전제로 작동한다고 이해한다. 그럼에도 공간과 시간의 관계는
시간이 공간을 압도하기 때문에 역사연구의 대상을 양자에게 체계적
으로 분배하는 것은 불가능하다고 본다. 무엇보다 역사란 시간의 흐
름에 기반하고 있기 때문이다. 코젤렉은 지리학이나 자연과학에서 다
루는 공간의 역사와 달리, 역사학에서 다루는 공간은 과거가 된 실재
(Wirklichkeit)의 재구성을 목표로 한다고 본다. 따라서 자연과학에서의
공간의 역사는 인간이라는 대상 없이도 연구가 가능하다는 것이다.[46]
　사실 역사학자들의 서술 속에서의 시간적 변화는 공간적 변화에 비
하여 훨씬 탄력적이다. 잘 알려진 대로 브로델은 일찍이 시간을 서로

---

44) 하지만 정작 그 자신과 Conze 등이 편찬한 역사개념사전 *Geschichtliche Grundbegriffe*
(Stuttgart, 1972~1997)의 목록에서 공간 관련 항목은 빠져있다.

45) Reinhart Koselleck, *Zeitschichten*, p.85. 비슷한 맥락에서 지리학, 역사학, 역사지리
학의 영역을 구분한 Leonard Guelke, "The Relations between Geography and History
Reconsidered", *History and Theory*, 36, 1997, no.2, p.216 참조.

46) Reinhart Koselleck, *Zeitschichten*, p.81.

다른 층위와 진폭을 갖는 셋(정치적인 것들로 이루어진 표면과 사회, 경제적 변화의 중간 층위, 장기적 변화를 갖는 심상과 지리적 변화)으로 분류하는 모델을 제시한 바 있다. 그는 공간과 역사적 변화를 상호 비대칭적 방식으로 관련지어 서술하였으며, 무엇보다 지중해라는 공간을 해양문화와 대륙문화가 상호 교류하는 '장기지속'(longue durée)의 흐름으로 표현하고, 지중해 지역의 느리고 긴 역사적 변화를 400~500년에 걸쳐 진행되는 느린 공간적 변화로 잡아냄으로써 지중해만이 갖고 있는 공간적 특성을 강조한 바 있다.[47]

오늘날 '공간적 전환'(spatial turn)[48] 혹은 '공간으로의 귀환'으로 표현되는 역사학과 인문/사회과학에서의 공간으로의 사고의 확장은 마이어의 경우처럼 국민국가의 영토적 확장이라는 관점에서 20세기를 통일

---

[47] Peter Burke, *Offene Geschichte. Die Schule der 'Annales'* (Berlin, 1991), p.37. 버크는 브로델의 '지중해'에 나타나는 지리사(geohistorie)가 프랑스와 독일의 지리학자 블라슈(Vidal de la Blache)와 라첼(Friedrich Ratzel)로부터 영향을 받은 것으로 추정한다(p.42). 그밖에 브로델의 지리사적 서술에 관하여는 S. Kinser, "The Geohistorical Structuralism of Fernand Braudel", *American Historical Review*, 86, 1981, pp.63~105 참조. 브로델의 공간이 갖는 독립적 영역에 대해서는 브로델의 *The Mediterranean and the Mediterranean World* 이외에, 페르낭 브로델, 『물질문명과 자본주의 III-I, 세계의 시간』 상권 (까치, 2005), 17~52쪽 참조.

[48] "spatial turn" 개념은 일반적으로 1989년 북미의 지리학자인 소자(Edward Soja)가 자신의 책 *Postmodern Geographies*에서 처음 언급한 것으로 이해된다. 그는 우선 현존 맑시스트 학자들의 역사유물론에 대하여 비판한 후 프랑스 사회학자 르페브르(Henri Lefebvre)의 *La production de l'espace*(1974)에 이르러 비로소 서구의 주류 맑스주의에서 소실되었던 공간의식이 극복되었음을 밝히는 가운데, "비판 사회이론의 역사주의를 공격하고 공간을 재주장하기 위한 일차적인 토대"를 마련했다는 의미에서 이를 "spatial turn"으로 표현하였다. 그런 의미에서 처음 용법은 오늘날의 인문/사회과학에서 사용되는 의미에서의 공간으로의 전환을 의미하는 것은 아니었다. 이후 제임슨(Fredric Jameson) 등 포스트모던 계열의 학자들이 "spatial turn" 혹은 "spatialise"를 공간에 기반한 포스트모던주의의 자기이해 방식으로 사용하면서 공론화된다. 에드워드 소자, 『공간과 비판사회이론』, 54~59쪽; Jörg Döring, Tristan Thielmann eds., *Spatial Turn. Das Raumparadigma in den Kultur-und Sozialwissenschaften* (Bielefeld, 2008), Einleitung 참조.

성 있게 해석할 수 있는 시각을 준다. 역사학에서의 이러한 변화는 역
사의 공간화와 공간의 역사화를 동시에 추구하고 있으며, 영속성보다
는 유동성에 기초해 장소와 그 상호 관계를 규정함으로써 공간적 준거
에 대한 재해석으로 이어진다.[49] 또한 노라(Pierre Nora)의 '기억의 공
간'(lieux de mémoire)에 관한 연구에서 확인할 수 있었듯이 공간에 대
한 관심은 민족적 공간에 대한 연구, 지도, 박물관, 전통의 발명, 예식
과 상징 등 '영토권력의 상상된 도출물'에 관한 연구들로 확장되었
다.[50] 하지만 'spatial turn'은 과거 역사학 논의에서의 'cultural turn'처럼
새로운 패러다임으로의 전환을 의미하는 것이라기보다는 역사학에서
지금까지 소홀히 하였던 공간이라는 테마를 의식적으로 사유의 범위
안에 끌어들이고자 하는 시도로 보는 것이 정확할 것이다.[51]

---

[49] Jörg Döring, Thielmann, Tristan eds., *Spatial Turn. Das Raumparadigma in den Kultur-
und Sozialwissenschaften* (Bielefeld, 2008); Jürgen Osterhammel, "Raumbeziehungen.
Internationale Geschichte, Geopolitik und historische Geographie", W. Loth ed.,
Internationale Geschichte (München, 2000), pp.287~308; Jürgen Osterhammel, "Die
Wiederkehr des Raumes: Geopolitik, Geohistorie und historische Geographie", *Neue
Politische Literatur*, 43, 1998, pp.374~397; Doris Bachmann-Medick, "Spatial Turn",
Cultural Turns. Neuorientierungen in den Kulturwissenschaften (Hamburg, 2006),
pp.284~328.

[50] 사실은 Pierre Nora의 공간은 경관과 지도나 지형학에 기반한 물리적 공간은 아
니다. 그에게서 '공간'(lieux)이란 인물과 일상과 역사적 유물 등을 망라한 일종
의 메타포이다. 또한 실재로 특정한 역사적 공간이(특정 도시나 지역, 기념장소
등) 분석의 대상이 될 때에도 물리적 공간 그 자체는 역사적 숙고의 대상이라기
보다는 사건의 조건이 되는 하나의 배경으로 취급될 뿐이며, 더 이상 분석의 대
상이 되지는 못하였다. 더욱이 노라가 선택한 공간과 기억의 장소로서의 고향,
여행지, 근원 등등은 향수를 불러일으키는 퇴행적 요소들을 품고 있음도 지적
할 만하다.

[51] David Blackbourn은 자신의 환경사 연구를 시작하기 전 이미 1988년 이러한 공
간으로의 전환을 촉구하는 논문을 발표한 바 있다. 독일의 대표적 역사학 잡지
*Geschichte und Gesellschaft*는 2002년 "mental map"을 특집으로 구성하여 지리학
의 역사적 발전 과정뿐 아니라 공간과 경계, 심상지리 등 지리학의 주요 테마들
과 역사학의 접점들에 대하여 논하고 있다. David Blackbourn, *A Sense of Place*,

　더욱이 지정학의 르네상스라고 불릴 만큼 오늘날 지정학은 더 이상 과거처럼 터부시 하던 시선 없이 학문적으로 인정받는 온전한 체계를 갖춘 분과학문으로 재등장하고 있다. 최근의 현상에서 보듯, 지역, 영토, 공간들과 관련된 GPS 정보 수요의 획기적 증가는 지리의 가치에 더 많은 인정과 무게를 부여하는 경향으로 진행되고 있다. 역사가들도 이제 전통적 역사학의 '경계'를 넘어 역사지리, 문화지리, 심상지리, 지도, 지정학뿐 아니라 환경, 도시, 기후, 열대, 경관(landscape) 등의 역사로 그 지향의 범위를 넓혀가고 있다.52)

New Directions in German History, The 1988 Annual Lecture, German Historical Institute (London, 1998). 문화인류학적 시각에서의 "spatial turn" 현상 분석은 Doris Bachmann-Medick, *Cultural Turns. Neuorientierungen in den Kulturwissenschaft* (Hamburg, 2006), pp.284~328, "spatial turn" 항목 참조. 하지만 다수의 역사학자들은 전반적으로 역사가들의 공간에 대한 관심의 집중에 대하여는 긍정적으로 평가하면서도 "spatial turn"이라는 표현 자체에 대하여는 부정적 시각을 드러낸다. 이미 예전부터 많은 역사가들(특히 동유럽 전공 역사학자들을 중심으로)이 공간에 관심을 보여 왔으며, "spatial turn"이라는 표현이 과거의 "cultural turn"처럼 패러다임의 전환을 의미하는 것도 아니고, 한때의 학문적 유행으로 그칠 문제도 아니기 때문이라는 것이다. 대표적으로 Jörg Döring, Tristan Thielmann eds., *Spatial Turn. Das Raumparadigma in den Kultur-und Sozialwissenschaften* (Bielefeld, 2008) 참조.

52) David Newman, "Geopolitical Renaissance: Territory, Sovereignty and the World Political Map", David Newman ed., *Boundaries, Territory and Postmodernity* (Oxon, 1999/2004), pp.1~16. 최근 우리 학계에서도 공간과 역사지리에 관한 다양한 번역서 외에도 도시사연구회 엮음, 『공간 속의 시간-유럽 미국 동북아 도시사 연구 현황과 전망』(심산, 2007); 부산대학교 한국민족문화연구소 엮음, 『로컬리티, 인문학의 새로운 지평』(혜안, 2009); 장석주, 『장소의 기억을 꺼내다』(사회평론, 2007); 설혜심, 『지도 만드는 사람-근대 초 영국의 국토·역사·정체성』(길, 2007); 한석정, 노기식 엮음, 『만주, 동아시아 융합의 공간』(소명, 2008); 구범진 외, 『근대 변경의 형성과 변경민의 삶』(동북아역사재단, 2009); 김백영, 『지배와 공간-식민지도시 경성과 제국 일본』(문학과 지성사, 2009) 등 공간의 문제를 역사와 인문학적 담론 속에 끌어들이려는 문제의식은 분명하다.

4. 맺음말

국경이 갖는 역할의 급속한 약화 앞에서 근대 공간인식의 근간인 영토 귀속성의 원칙은 위협받고 있으며, 과거의 정치적 전제들 또한 급격히 변화하고 있다. 그렇다면 주권과 경계는 점차 소멸하며 '영토 절대주의'[53)]는 종말을 맞게 되는 것인가? 대표적으로 아리기(Giovanni Arrighi)는 국민국가의 특권적 주권은 네덜란드, 영국과 미국 등의 순서로 역사적 자본주의의 헤게모니 이동을 거치면서 점차 소멸될 것으로 본다.[54)]

전 지구화가 국가주권에 영향을 미침으로써, 국민국가 시대를 마감하고, 이에 따라 국가와 국가 간의 경계의 기능 또한 바뀔 것이라는 예측도 오늘날 지정학의 탈영토화 및 포스트모던 논의와 함께 진행되고 있다. 가상공간의 발달은 전 지구화와 함께 국가의 탈영토화를 촉진시키고 경계의 유동성을 가속화시킬 것으로 예상된다. 인구 이동, 자본의 유동성, 환경의 상호의존 증가, 정보화, 새로운 군사기술의 변화, 영토국가의 프레임 바깥에서 벌어지고 있는 정치운동들의 출현 등 새로운 변화들은 기존의 국제 관계에 있어서 더 이상 과거와 같은 국민국가의 지리적 기반을 요구하지 않을 것이며, 장기적으로 국가와 국가 간의 경계의 컨트롤과 그 의미를 축소하는 쪽으로 작용할 것이다.

[53)] David Newman, "Geopolitical Renaissance: Territory, Sovereignty and the World Political Map", p.3; T. Wilson, H. Donnan eds., *Border Identities: Nation and State at International Frontier* (Cambridge, 1998), p.84.

[54)] 조반니 아리기, 『장기 20세기. 화폐, 권력, 그리고 우리 시대의 기원』(그린비, 2008). 네그리와 하트도 국민국가의 주권과 관련 '근대적 주권의 황혼'을 이야기하고 있다. 안토니오 네그리, 마이클 하트, 『제국』(이학사, 2001). Saskia Sassen, *Losing Control? Sovereignty in an Age of Globalization* (NY, 1996) 참고.

하지만 이러한 오늘날의 전 지구적 변화들이 반드시 공간의 동질화를 요구하거나 기존 국경과 경계들의 무력화를 의미하는 것은 아니다. 그렇다고 국경/경계의 역할 변화가 곧 경계 없는 세상으로 옮겨감을 의미하지도 않을 것 같다. 몇몇 국가의 주권에 속하는 요소들이 초국가적(supranational) 기구로 넘어간다고 하여 이것이 곧 전통적 영토국가의 종말을 의미하는 것은 아니지 않겠는가? '탈중심화'되고 '탈영토화'되는 포스트구조주의의 이 새로운 현상은 지역체제로의 분할과 역내 통일, 다양한 지역성의 부각에서처럼 지방적이고 특수한 것, 부분적이며 보편적인 것 등, 전지구화가 갖는 양가적 모습들을 보여준다. 이처럼 서로 상반되어 보이는 현상은 전지구화가 반드시 경계를 무력화시키고, 영토라는 공간이 갖고 있던 배타성, 순혈성, 동질성을 허무는 쪽으로 작용하는 것이 아님을 알 수 있다. 오히려 그보다는 세계를 새로운 질서로 조직하면서 새로운 공간과 경계를 지속적으로 만들어나가는 과정인 듯싶다.

영토국가 패러다임의 완만한 하강이라는 테제도 좀 더 관찰할 필요가 있다. 지구의 한편에서는 여전히 정치적 독립이나 전쟁과 연결된 영토적 변화의 시도가 지속되고 있다. 따라서 국민국가의 영토의식과 결부된 19세기적 관념은 당분간 지속될 것으로 보이며, 영토국가는 여전히 국제 관계에서 중심축으로 남게 될 것 같다. 국민국가를 대치할 분명한 대안이 없는 상황에서 쉽게 국민국가의 소멸을 예견하기란 쉽지 않다. 단지 분명한 것은 이제 더 이상은 '영토 귀속성'이 국가간 체제에 있어 근본적 전제로 작동할 수는 없을 것이라는 점이다.

중국과 일본이라는 대륙세력과 해양세력을 대표하는 동아시아의 양대 세력 사이에 위치한 한국의 지정학적 위상은 세계질서의 변동과 직접적으로 연동되는 미묘한 지점에 있다. 작금의 한중일 간의 역사분쟁 또한 이러한 양 세력들의 팽창과 직접적 관련을 맺고 있음은 물론이다. 하지만 우리가 이들 세력의 영토 패러다임에 함께 잡혀있는 한, 스스로 '영토라는 덫'(territorial trap)으로부터 빠져나오기는 힘들 것이다.[55] "우리가 어떻게 합리적으로 영토분쟁을 극복할 것인가"라는 문제의 해결은 우리 스스로가 이 '영토라는 덫'으로부터 빠져나올 때 가능해 질 것이다. 그리고 그 일은 영토분쟁 속에 숨어있는 이데올로기와 지배의 욕구를 세상에 드러내는 작업일 것이다. 특히 동북공정과 독도 문제 등 지금까지 일련의 역사분쟁이 영토 패러다임 중심으로만 진행됨으로써, 영토원칙 혹은 배타적 영토성에 어긋나는 공간형태들을 포착하는 일로 시야를 돌리기는 쉽지 않았다. 그렇다면 이제는 좀 더 시야를 넓힐 수 있는 시기일 수 있다.

동북아시아의 역사를 지금의 민족적, 지역적, 이념적 공방을 넘어 더 넓게 볼 순 없을까? 아시아 역사를 개별 국민국가의 역사가 아닌 아시아 전체의 역사 속에서 봐야하는 본질적 이유도 여기에서 나온다. 어느 경우든 우리가 국가중심의 관점에서 설정해 온 영토라는 공간 개념은 급속한 변화의 와중에 있다. 분명한 것은 우리가 불변의 중심을 상정하고 이를 중심으로 설명해나가는 중심/주변의 고정된 틀로는 더 이상 시공간의 변용을 제대로 포착하기 어렵다는 것이며,[56] 기존의 영토국가를 단위로 파악하는 한에서는 전통적 국경을 넘어서 생겨나는 다양한 수준의 사회관계들의 역사를 담아내기 어렵다는 점이다.

다시 역사로 돌아가 생각하자면, 우리는 역사학에서 변화를 강요당하는 시기를 맞고 있다. 오늘날 영토 중심 국가체제 자체의 몰락의 조

---

55) John Agnew, "Territorial Trap: The Geographical Assumptions of International Relations Theory", *Review of International Political Economy*, 1, 1994, pp. 53~80.

56) 왕휘, 『새로운 아시아를 상상한다』(창비, 2003), 206쪽.

짐은 어디에도 보이지 않지만, 근대 국제질서에서 영토 패러다임의 변화를 시사하고 있는 징표들은 다양하다. 전통 지정학이 국가들의 위계나 중심－주변 관계에 고착되어 영토와 주권원칙에 입각한 공간관에 기반하고 있었다면, 오늘날의 변화된 지정학은 공간을 유동적으로 구성하며, 사람과 재화, 정보의 소통에 기초한 다중심의 활동공간을 요구한다. 그것은 대륙중심 혹은 해양중심의 관점과 같은 충돌을 전제한 고정된 시각에서 벗어나는 일이기도 하다. 역사학의 역할을 시간중심의 연대기적 서술에서 벗어나, 공간으로 사고를 넓히는 일이 '영토성으로의 귀환' 혹은 '재영토화'를 의미하는 것은 물론 아니다. 현재 우리에게 필요한 것은 20세기 전체를 설명해낼 수 있는 이론적 구성물로서의 공간이론이 아니라, 구체적으로 지역과 특수성에 바탕하여 공간을, 혹은 동아시아적 공간을 설명해내는 작업일 것이다.

현재의 불안정이 앞으로 새로운 안정된 영토국가로의 변화단계일 것인지, 아니면 다양한 공간화의 형식이 함께 있거나 서로 작용하는 그런 시대로 특징화될는지는 아직 불확실하다.

한국의 역사학이 영토와 공간의 문제에 관심을 가져야 하는 것은 과거를 밝힘으로서 궁극적으로 '이후'(post)의 문제를 짚어보고자 하는 것일 터이다. 그 '이후'는 '통일된 남북한'이 될 수도 있고, '동아시아 공동체'가 될 수도 있으며, 혹은 중국의 '통일적 다민족국가 체제'의 분열이거나 지금까지의 형태와 결별한 그 어떤 새로운 형식의 지역주의 일수도 있다. 그리고 그것은 우리가 생각해 볼 수 있는 어느 경우든, 공간의 재구조화 즉, 새로운 영토적 구성을 전제로 하게 될 것이다.

언어학적 전환과 실재 – 효과

1. 언어학적 전환

소쉬르 이후의 언어학은 이른바 '언어학적 전환(linguistic turn)'이라는 새로운 문제틀을 낳았는데, 그것의 핵심적인 내용은 언어가 언어 외부의 세계로부터 자율적이고 독립적인 체계라는 것이다. '기호의 자의성'으로 집약되는 이러한 테제는 언어의 개인적인 사용(parole)이 가능하기 위해서는 개인을 초월하는, 따라서 사회적인 공동 소유물로서의 언어, 곧 언어의 내적인 구조라고 할 수 있는 랑그(langue)가 미리 존재하고 있어야 한다는 주장과 함께 전통적인 언어관을 파기하였다.

언어학적 전환은 철학적으로도 중요한 의의를 지닌다. 일반적으로 언어는 외적인 세계라는 객관적 실재를 투명하게 표상한다고 간주되어 왔다. 그러나 언어학이 제기한 바에 의하면 우리는 언어의 구조를 통해야만 여러 대상을 구별할 수 있으며 사물을 범주로 나누어 사유할 수 있다.[1] 그리고 이해(understanding)의 기본적인 범주들을 구성하는

---

[1] Eric Matthews, *Twentieth-Century French Philosophy* (Oxford Univ. Press, 1996) [김종갑 옮김, 『20세기 프랑스 철학』 (동문선, 1999), 214쪽].

것, 사람들이 행동하고 생각하는 사회적 · 정치적 · 문화적 환경을 구성하는 것은 다름 아닌 "말하기(speech)/글쓰기(writing)의 제도화된 양식으로서 권력의 효과를 지니고 있는 담론"이라고 할 수 있는 것이다.[2]

이와 같은 언어학적 전환이 담고 있는 핵심은 결국 언어라는 것이 언어 저편에 있는 것으로 간주되는 '실재(reality)'를 단순히 묘사하는 것이 아니라 오히려 '실재'는 언어에 의해 형성된다는 사실이다. 따라서 언어학적 전환은 글쓰기로서의 역사, 따라서 필연적으로 '언어'에 기반할 수밖에 없는 역사라는 학문분과에 많은 논란을 가져다 주었으며, 그것은 주로 역사적 진리가 언어를 통한 외부 세계의 정확한 기술에 기반한다는 가정을 비판하는 식으로 이루어졌다.

그러나 대부분의 역사가들은 언어학적 전환으로 인하여 그 동안의 역사학의 성과물이 실종될 위험에 직면해 있다고 항변하면서 새로운 이론이 제기한 질문들에 폐쇄적인 모습을 보여주기에 급급하였다. 특히 역사가들은 언어학적 전환이 실재를 언어로 환원하였다고 비판하면서 그것을 주관적 관념론 혹은 언어 환원론으로 배척하였는데, 이는 사실상 언어학적 전환에 대한 오해에서 비롯되는 바가 크다. 오히려 언어학적 전환은 실재에 대한 정확한 기술을 중시하는 전통적인 역사학에 인식론적인 반성의 기회를 제공하고 역사적 지식의 생산 과정을 재정의함으로써 역사학에 긍정적인 측면들을 지닌다고 할 수 있다. 따라서 이 글에서는 언어학이 제기하는 문제들의 내용을 살펴봄으로써 언어학적 전환에 대해 거의 모든 역사가들이 갖고 있는 오해를 해명하

---

[2] Peter Schöttler, "Historians and Discourse Analysis", *History Workshop Journal*, no.27, 1989, p.55; Geoff Eley, "Is All the World a Text? From Social History to the History of Society Two Decades Later", Terrence J. McDonald ed., *The Historic Turn in the Human Sciences* (Michigan: Univ. of Michigan Press), 1996, p.222.

면서 언어학적 전환이 역사학 일반의 인식론적 난점과 관련하여 지니
는 의의를 규명하고자 한다.

2. 역사적 '실재'와 언어학적 전환

'역사학의 위기'라는 말은 이제 더 이상 낯선 용어가 아니다. 이미
90년대 초반 원로 역사가인 로렌스 스톤은 "최근 25년 동안, 역사의
주제 즉, 사건들과 행위(behaviour), 동시대의 텍스트와 같은 자료(data)
그리고 변화에 대한 설명과 같은 문제들이 심각하게 의문시되어 왔
으며, 이는 특히 프랑스와 미국에서 전문 역사가들을 무엇을 할 것인
가 그리고 어떻게 할 것인가에 대한 자기확신의 위기로 몰아넣고 있
다"[3]라고 개탄하였다. 이러한 사정은 국내에서도 마찬가지여서, "사
료와 역사가, 언어와 경험, 원인과 결과 등에 관련된 역사학의 전통
적인 규정들과 토대들이 포스트모더니즘의 위세 아래 무너지고 있
다"[4]라는 한 지성사가의 진단은 로렌스 스톤의 염려를 그대로 반영
한다.

　그렇다면 왜 역사학은 위기에 처했으며, 역사가들이 말하는 위기의
구체적인 내용은 무엇인가? 그리고 무엇으로부터 그러한 위기가 발발
했는가? 로렌스 스톤은 역사학을 "위험에 처한 종"으로 만드는 주범으
로서 무엇보다도 언어학을 손꼽는다. 그에 의하면 역사학에 가해진 "최
초의 위협은 소쉬르에서부터 데리다에 이르는 언어학으로서, 그것은
해체론으로 절정에 이르렀다."[5] 계속해서 스톤은 다음과 같이 말한다.

---

3) Lawrence Stone, "History and Post-Modernism", *Past & Present*, no.131, 1991, p.217.
4) 육영수, 「지성사의 위기와 새로운 문화사」, 『역사와 문화』 창간호, 2000, 14쪽.

(언어학에 의하면) 텍스트 이외에는 아무 것도 없고 각각의 텍스트는 저자의 의도와는 관계없이 개개인의 해석에 활짝 열려 있다. 그리하여 텍스트는 단지 서로 서로를 비출 뿐, "진리"에 대해서는 아무런 빛도 던져주지 않는 거울방에 불과한 것이 된다. "진리"는 존재하지 않는다.[6]

실재와 표상에 대한 전통적인 견해에 의하면 언어 이전에 혹은 언어 외부에 실재가 존재하고 언어는 이를 반영 혹은 표상한다.[7] 언어의 외부에 무엇인가가 존재하고 그것이 언어에 의해 제시된다는 '지시 이론(referential-theory)'[8]이나 진리를 대상과 대상에 대한 인식의 일치로 간주하는 진리에 대한 조응 이론(correspondence theory)은 이러한 전통적인 견해에 근거하는 이론들이다.[9] 16세기 중반 피터 라무스(Peter Ramus)의 『변증법 훈련(Training in Dialectic)』을 계기로 강화되었던 실재론(realism)도 반영론과 마찬가지로 담론과 실재의 조응을 전제하면서 우리의 인식이 실재로부터 담론으로 나아간다고 간주할 뿐만 아니라 담론은 가능한 한 실재를 완벽하게 반영해야 하는 것으로 이해한다.[10]

그러나 이러한 '지시 이론'과 진리에 대한 조응 이론 그리고 그것에 근거하는 실재론은 그 '조응'의 타당성을 수립할 방법이 존재하지 않기 때문에 결국 난국에 봉착할 수밖에 없다. 물론 누군가가 '적당한' 조응

---

5) Lawrence Stone, "History and Post-Modernism", p.217.

6) Ibid., p.217.

7) Thomas Childers, "Political Sociology and the 'Linguistic Turn'", *Central European History*, vol.22, no.3, 1989, p.383.

8) Jane Caplan, "Postmodernism, Poststructuralism, and Deconstruction: Notes for Historians", *Central European History*, vol.22, no.3, 1989, p.267.

9) Alun Munslow, *Deconstructing History* (London and New York: Routledge, 1997), pp.188~189.

10) Antony Easthope, "Romancing the Stone: History-Writing and Rhetoric", *Social History*, vol.18, no.2, 1993, pp.235~237.

과 '부적당한' 조응을 측정하기 위한 기준을 제시할 수는 있다. 그렇지만 바로 그 순간에 그 기준의 타당성에 관한 질문이 즉각적으로 제기될 수밖에 없으며 그 결과 더욱 많은 기준이 요구될 것이다. 아마도 이러한 과정은 끊임없이 이어질 것이다.[11]

위의 이론들이 지니고 있는 이와 같은 문제점들은 현대 언어학 이론에 의해 더욱 의심받아왔고 새로운 학문분과로서의 언어학은 언어가 언어 외부의 실재를 지시한다는 생각에 점차 도전하였는데, 그 같은 의심과 도전에 결정적인 계기를 제공했던 사람은 바로 소쉬르였다. 소쉬르에게 있어 언어는, 실재론과는 반대로, 외적인 대상들로부터 자의적인 것으로 이해된다. 이 점에 관해 소쉬르는 다음과 같이 말한다.

> 언어 기호가 결합시키는 것은 한 사물(thing)과 한 명칭(name)이 아니라 하나의 개념(concept)과 하나의 청각 영상(sound-image)이다.[12]

---

11) Ibid., p.238; 언어를 둘러싼 이러한 대립적인 견해들은 언어학이라는 학문분과가 등장하기 이전에 이미 존재했었다. 플라톤의 『대화편』을 보면 언어가 '자연적(natural)'인 것인가 아니면 '관습적(conventional)'인 것인가의 문제를 두고 논쟁이 있었음을 알 수 있다. 이 논쟁은 언어는 대상들(objects) 안에 내재하는, 따라서 우리에 의해 타당하게 사용되기를 기다리는 이름(name)을 가지고 외적인 세계를 표상한다는 입장과 언어는 다만 관습적이고 자의적인 것으로서 우리에 의해 대상들에 부과되며 외적 세계와 어떠한 필연적인 연관도 지니고 있지 않은 언어 구조 내에서 사용된다는 입장 간의 대립이었다. 전자의 입장을 견지했던 크라틸루스(Cratylus)는 언어의 타당한 사용에 의해 사람들은 진리를 파악할 수 있다고 믿었으나, 플라톤이 간파하였듯이, 크라틸루스에게서의 문제점은 어떻게 사람들이 같은 언어에 의존하지 않은 채 외적인 상태를 체크하는 위치에 놓일 수 있는지는 알기 어렵다는 사실이다(Plato, *Cratylus* 438, B. Jowett ed., *The Dialogues*, 5 vols (Oxford: Clarendon Press, 1875), vol.2, pp.262~264 [Beverley Southgate, *History: What and Why? Ancient, Modern and Postmodern Perspectives* (London: Routledge, 1996), p.71에서 재인용]).

12) Ferdinand de Saussure, *Course in General Linguistics*, W. Baskin trans. (New York: Philosophical Library, 1959), p.66 [최승언 옮김, 『일반언어학 강의』 (민음사, 1990), 84쪽].

소쉬르는 언어를 사물들의 실재를 반영하는 그림들(pictures)로 간주하지 않았다. 소쉬르에게 있어서 단어들은 그것들이 지시하는 사물들(things) 즉, 대상체들(referents)[13]과 조응하지 않는다. 단어와 세계 사이에는 어떠한 자연적인 연관도 존재하지 않는 것이다. 이러한 의미에서 단어들과 그것들이 의미하는 것 사이의 관계는 자의적(arbitrary)이라고 할 수 있다. 그리고 사람들이 흔히 가정하는 지시성(referentiality) 즉, 실재(사건, 사람, 사물, 과정)와 그것에 대한 언어적 기술(description) 사이에 조응이 존재한다는 믿음은 다만 관습적인(conventional) 언어 사용에 의해 언어 내에 고정된 결과일 뿐이다.[14]

소쉬르에 의하면 외적인 세계로부터 자의적인 기호의 의미는 다른 기호들과의 '차이'에 의해 정의된다. 소쉬르는 이에 대해 다음과 같이 설명한다.

그러므로 이 모든 경우에서 우리가 발견하는 것은 미리 주어진 관념들이 아니라 체계에서 발생하는 가치이다. 가치가 개념에 상응한다고 말함으로써 개념은 순전히 異化的(differential)이며 그 적극적인(positive) 내용에 의해 정의되지 않고 체계 내의 다른 사항들과의 관계에 의해 소극적으로(negatively) 정의된다는 것이 이해된다.[15]

---

[13] 대상체(referent)란 일반적으로 자연의 물체들(objects)을 일컫는다. 이것은 퍼스(Charles S. Peirce)의 기호학적 삼부모형 즉, 기호(sign), 물체(object 혹은 referent), 해석체(interpretant 혹은 reference)로 이루어지는 모형에서 '기호화될 대상물'이다. 이 모형에서 대상체는 해석체(reference)와 대립 관계에 있다. 전통적으로 기호가 표상하는 것은 바로 이 대상체이고 기호는 항상 그것이 표상하는 대상체를 가리키고 있다고 간주되어왔다(김경용, 『기호학이란 무엇인가』(민음사, 1998), 30, 319쪽).

[14] Alun Munslow, op. cit., p.28, p.188.

[15] Ferdinand de Saussure, op. cit., p.117 (국역: 139쪽).

　따라서 어떤 개별적인 어휘는 다른 어휘들과의 차이를 통해서만 그 의미를 획득한다고 이해할 수 있다. 가령 '양'이라는 어휘는 대립의 체계 즉, '양,' '말,' '돼지,' '사람' 등과 같이 서로 대립하는 어휘의 체계 안에서만 그 의미를 지니는 것이다.[16] 다시 말해 언어의 각 요소를 지금과 같은 상태로 만들고 그것에 정체성을 부여해주는 것은 언어 체계 안에서 다른 요소들과 그것 사이에 초래된 대조이다.[17] 소쉬르가 직접 들었던 예를 보면 이는 보다 명백해진다. 24시간 간격으로 떠나는 '저녁 8시 45분 제네바發－파리行' 급행열차 두 대에 대하여 우리는 동일성이라는 말을 사용한다. 그러나 두 열차의 기관차, 객차, 승무원 등 모든 것은 분명히 다를 것이다. 그럼에도 우리에게는 그것이 동일한 급행열차로 보인다. 따라서 기차에게 정체성을 부여하는 것은 기차의 체계 내에서 그것이 차지하고 있는 자리이며 급행 열차를 규정하는 것은 발차 시간, 운행 노선 그리고 그 급행열차를 다른 것들과 구별하는 모든 상황이라고 볼 수 있는 것이다.[18]

　한편 소쉬르는 언어와 사고의 관계에 대해 다음과 같이 주장한다.

　심리학적으로 보아 우리의 사상은 단어들을 통한 그 표현을 빼면 단지 형태 없고 불분명한 덩어리에 불과하다. 기호들의 도움 없이는 두 관념을 분명하고 한결같은 방법으로 구분할 수 없다는 데 철학자들과 언어학자들은 항상 의견을 같이 해왔다. 언어가 없다면 사상은 그 자체로 보면 모호하고 구분되지 않은 하나의 성운(nebula)과 같은 것이다. 미리 존재하는 관념이란 없으며 그 어떠한 것도 언어가 등장하기 이전에 분명한 것은 없다.[19]

---

16) 에릭 매슈스, op. cit., 213쪽.

17) Jonathan Culler, *Literary Theory* (Oxford Univ. Press, 1997) [이은경 · 임옥희 옮김, 『문학이론』 (동문선, 1999), 95쪽].

18) Ferdinand de Saussure, op. cit., pp.108~109 (국역: 131쪽).

우리의 의식에는 매 순간마다 수없이 많은 자극이 주어진다. 그런데 만약 우리가 비어 있는 스크린과 같이 모든 자극을 수용하는 데 있어 수동적이라면 우리의 의식은 구별되지 않고 무의미한 혼동으로 가득 찰 것이다. 그렇기 때문에 우리는 세계를 이해하기 위해서는 선택해야만 하며 어떤 것들에는 보다 많은 주의를 기울이고 다른 것들에는 주의를 덜 기울여야 한다. 다시 말해 우리는 들어오는 자극들을 능동적으로 '분류'하고 '해석'해야만 하는 것이다.[20] 이것은 특히 색채어의 경우에 분명히 드러난다. 우리가 알고 있는 색의 수효(색에 대한 우리의 의식)는 우리가 사용하는 언어에 따라 다르며 햇빛 스펙트럼은 언어에 따라 자의적으로 분석되는 연속체이고 색채를 분류하는 방식 역시 언어에 의해 결정되는 것이다.

따라서 언어는 세계에 대한 우리의 인식을 단순히 표현하는 것이라기보다는 대상에 대한 인식을 근본적으로 구조화하는 것이라고 주장할 수 있다. 그래서 소쉬르는 우리는 언어의 구조를 통해야만 비로소 여러 대상을 구별할 수 있으며 사물을 범주로 나누어 사고할 수 있다고 말한다. 그러므로 소쉬르에 따르면 우리는 전통적인 실재론자들이 주장하는 바와 같이 세계를 '있는 그대로' 볼 수도 없고 칸트가 생각하듯이 일련의 선험적 범주에 입각해서 세계를 볼 수 있는 것도 아니다.[21] 언어가 의식을 구조화한다는 측면에서 즉, 언어를 통해야만 여러

19) Ibid., pp.111~112 (국역: 134쪽).
20) Deborah Cameron, *Feminism & Linguistic Theory*, rev. ed. (London: Macmillan, 1992), p.131.
21) 에릭 매슈스, op. cit., 214쪽; 이러한 측면에서 리처드 로티에 의하면 '언어학적 전환'의 초점은, 예전에는 아리스토텔레스를 따라 필연성이 사물로부터 나온 것이라고 생각했으며, 나중에는 칸트를 따라 필연성이 마음의 구조로부터 나온 것이라고 생각해왔던 반면에, 이제는 그것이 언어에서 발생한다는 주장이다(Richard Rorty, *Consequences of Pragmatism* (Minneapolis: Univ. of Minnesota Press, 1982)

대상을 분류할 수 있다는 측면에서 언어는 실재를 단순히 묘사하는 것
이 아니라 그것을 적극적으로 형성한다.

전통적으로 역사가들은 '실재(그것이 단순한 자료들이건 현상이건
혹은 일련의 사건들이건)'에 대한 묘사를 강조해왔다. 그리고 역사가들
은 언어를 주의 깊게 사용한다면, 특히 '사료'라는 형태로 물질화되는
언어를 면밀히 검토한다면, 있는 그대로의 '사실들' 혹은 상황에 대한
정확한 묘사와 설명을 제공하는 것이 가능하다고 믿고 있었다. 따라서
거기에는 언어와 외적 세계가 필연적인 연관을 지니고 있고 양자가 동
일시될 때 이른바 '진리'가 구성될 수 있다는 인식론이 내장되어 있는
것이다. 그러나 이제 언어를 외적 세계와의 관계에서가 아니라 독립적
이고 자율적인 체계로 파악하는 언어학적 전환에 따르면 실재는 단순
히 묘사되는 것이라기보다는 언어에 의해 형성되는 것이라고 할 수
있다. 또한 '사실'도 언어에 의해 형성되거나 조건 지워진 것이라고 이
해할 수 있는데, 그 결과 역사적 진리라는 것이 언어를 통한 실재와의
동일시에 의존한다는 모델은 비판을 면하기가 어렵게 되었다.[22] 그러
나 이와 같은 언어학적 전환이 제기한 논의에서 많은 역사가들은 그
것의 긍정적인 의의를 찾는다기보다는 비판적인 반응을 보여 주었다.
역사가들은, 극단적인 경우, 언어학적 전환의 문제의식을 수용하는
입장을 "부주의하고 경솔한 그리고 잠재적으로는 이데올로기적인 반
(反)마르크스주의"[23]로 단정 지으면서 이는 90년대라는 "특정한 정치

[김동식 옮김, 「철학의 순수화: 비트겐슈타인에 관한 에세이」『실용주의의 결과』
(민음사, 1996), 117쪽]).

[22] Beverley Southgate, op. cit., pp.70~76.

[23] Bryan D. Palmer, "Historical Materialism, and the Ostensible End of Marxism: The
Poverty of Theory Revisited", *International Review of Social History*, no.38, 1993,
p.134.

환경에서 나온 배교(背敎)이자 기회주의"24)이며 "계급으로부터의 후
퇴"25)라고 혹평하였다. 언어학적 전환에 대한 역사가들의 반대는 그들
의 상이한 정치적 성향들을 초월하는 것이었다.26) 특히 좌파 진영을
대표하는 브라이언 파머는 언어학적 전환이, 마르크스주의적 설명에서
오랫동안 중심적인 자리를 차지하였던 일단의 과정들 즉, 자본, 노동,
착취, 계급형성, 혁명 등에 대한 이해를 저버리고 권력 구조에 대한 인
식을 부정한다는 점에서, 세계를 탈중심화시키는 담론들로의 쾌락주의
적인(hedonistic) 추락에 불과하다고 비난하였다.27) 이는 우파에게 있어
서도 마찬가지였다. 그리하여 게르투르드 힘멜파르브와 같은 역사가
는 언어학적 전환이 제기하는 문제들에 대하여 그것은 일종의 지적인
자살로 귀결될 것이라고 비아냥거렸다.28)

물론 일부 역사가들은 브라이언 파머나 힘멜파르브와 같은 적대감
을 노골적으로 표현하지는 않았다. 예컨대 독일 노동사의 거장인 위르
겐 코카는 언어를 경험, 이해관계 및 구조의 반영으로 간주하는 것은
잘못이며 담론이 경험을 형성한다는 사실을 인정해야 한다고 주장한
다. 그러면서 그는 상징, 담론 그리고 레토릭을 분석함으로써 역사가들
은 노동자들이 그들의 실재를 어떻게 해석하였는지를 보다 잘 이해할
수 있고 무엇이 그들을 노동운동에서 단결시켰는지 그리고 무엇이 계

24) Ibid., p.134.

25) Ellen M. Wood, *The Retreat from Class: A New 'True' Socialism* (London: Verso, 1986).

26) Robert F. Berkhofer, Jr., *Beyond the Great Story: History as Text and Discourse* (Cambridge, Massachusetts: Belknap Press of Harvard Univ., 1995), p.18.

27) Bryan D. Palmer, *Descent into Discourse: The Reification of Language and the Writing of Social History* (Philadelphia: Temple Univ. Press, 1990), p.188.

28) Gertrude Himmelfarb, "Telling It as You Like It: Post-Modernist History and the Flight from Fact", *Times Literary Supplement*, October 16, 1992, p.15.

급형성의 과정에서 지적인 근원이었는지를 연구할 수 있을 것이라고 언어학적 전환의 의의를 인정하였다.[29] 그러나 위르겐 코카 역시, 이와 같은 언어학적 전환의 긍정적인 의의에 대한 인정에도 불구하고, 그것은 '과거의 실재'를 파악하는 것을 어렵게 하는 관념론적인 측면을 지니고 있다고 지적함으로써[30] 비판적인 입장도 보여주었는데, 그의 이러한 논평은 사실상 대부분의 역사가들의 생각과 동일한 것이었다. 90년대에 언어학적 전환을 둘러싸고 『사회사』를 중심으로 전개되었던 '사회사 논쟁'에서도 많은 역사가들은 경험과 이해관계들 그리고 계급이라는 정체성에 대해 담론 분석을 시도하는 스테드만 존스의 작업은 궁극적으로 '주관적 관념론'으로 귀결될 수밖에 없다고 비난하였으며[31] 나아가 역사서술의 차원에서도 실재가 언어 내에 존재한다고 주장하는 언어학적 전환으로 인하여 이제 역사적 진리라는 것이 실종되었고 역사적 분석과 '과학으로서의 역사학'은 종말을 맞이하게 되었다고 개탄하였다.[32]

---

29) Jürgen Kocka, "New Trends in Labor Movement Historiography: A German Perspective", *International Review of Social History*, no.42, 1997, pp.72~73.

30) Ibid., p.72.

31) Gareth Stedman Jones, *Languages of Class* (Cambridge: Cambridge Univ. Press, 1983); John Foster, "The Declassing of Language", *New Left Review*, no.150, 1985; David Mayfield and Susan Thorne, "Social History and Its Discontents: Gareth Stedman Jones and the Politics of Language", *Social History*, vol.17, no.2, 1992; idem, "Reply to 'The Poverty of Protest' and 'The Imaginary Discontents'", *Social History*, vol.18, no.2, 1993; Neville Kirk, "In Defence of Class: A Critique of Recent Revisionist Writing upon the Nineteenth-Century English Working Class", *International Review of Social History*, no.32, 1987; idem, "History, Language, Ideas and Post-Modernism: A Materialist View", *Social History*, vol.19, no.2, 1994; idem, "Class and the 'Linguistic Turn' in Chartist and Post-Chartist Historiography", Neville Kirk ed., *Social Class and Marxism: Defences and Challenges* (London: Scolar Press, 1996).

32) Lawrence Stone, "History and Post-Modernism", *Past & Present*, no.131, 1991, p.217; idem, "History and Post-Modernism Ⅲ", *Past & Present*, no.135, 1992, pp.189~194;

언어학적 전환에 대해 대부분의 역사가들이 지니고 있는 이러한 다
양한 반감의 공통된 근원은 결국 언어학적 전환이 실재를 언어로 환원
시켜 버렸다는 것,[33) 그 결과 텍스트의 외부에는 아무 것도 존재할 수
없다는 것이다.[34) 한마디로 언어학적 전환의 논리적 귀결은 '언어 결정
론'이라는 주장이다.[35) 언어학적 전환이 강조하고자 하는 것은 기록된
역사 없이는 실제 일어난 역사 역시 존재하지 않는다는 것이며 그것의
궁극적인 귀결은 '역사학의 종말'일 뿐이라는 한 연구자의 비판은 이러
한 측면을 잘 대변해준다.[36)

   앞서 보았던 노역사가인 스톤을 염려케 했던 것도 결국 텍스트 밖의
그 무엇인가의 부재 그리고 그로 인한 진리의 실종이었다. 스톤은 텍
스트와 실재의 (반영) 관계 그리고 그곳에서의 역사적 진리라는 통념
을 지니고 있었으며 자신의 이러한 생각들에 대한 침해를 역사학의 위
기라고 진단한 것이다. 스톤이 『과거와 현재』에서 역사학의 위기에 대

Geoffrey Field, "Signs of Crisis, Fin-de-Siècle Doldrums, or Middle Age?", *International Labor and Working-Class History*, no.46, 1994, pp.38~39; Perez Zagorin, "History, the Referent, and Narrative: Reflections on Postmodernism Now", *History and Theory*, vol.38, no.1, 1999; 김기봉, 「누가 포스트 모던을 두려워하랴: 열린 역사학을 위한 하나의 제언」, 『역사학보』 제161집, 1999, 192~193쪽; idem, 「역사적 사실이란 무엇인가?: '언어로의 전환' 이전에서 그 이후까지」, 제41차 역사학 대회 서양사 분과 발표 논문(1998.5.30), 2쪽; idem, 「'언어로의 전환'에서 '문화로의 전환'으로」, 『역사교육』 제71집, 1999, 180쪽.

33) N. Kirk, "History, Language, Ideas and Post-Modernism: A Materialist View", p.221.

34) Lawrence Stone, "History and Post-Modernism Ⅲ", p.190.

35) David Mayfield and Susan Thorne, "Social History and Its Discontents: Gareth Stedman Jones and the Politics of Language", p.175; Neville Kirk, "Class and the 'Linguistic Turn' in Chartist and Post-Chartist Historiography", p.120; 이영석, 「'언어로의 전환'과 勞動史의 위기」, 『영국연구』 창간호, 1997, 97쪽.

36) 김기봉, 「누가 포스트 모던을 두려워하랴: 열린 역사학을 위한 하나의 제언」, 192~193쪽.

한 대안으로 추천하고 있는 가브리엘 스피겔은 실재와 관련한 역사학의 위기를 다음과 같이 설명한다.

> 나는 역사의 걱정거리는 지금 "실재"라는 단어의 의미와 지위 주위를 맴돌고 있다고 말하고자 한다. 실재가 어떤 것을 의미하는 권력은, 어떤 것을 나타내고 뜻하는 권력은 급격하게 감소했다고 생각하며, 그것의 의심스러운 지위는 물음표의 지속적인 사용에 의해 나타난다··· 실재에 대해 언어에 기반한 개념으로서의 포스트구조주의는 지시적(referential)이고 물질적인 세계를, 우리가 한때 알 수 있고 과학적으로 기술할 수 있다고 믿었던 물질적인 세계를 부인함으로써 전통적인 문학과 역사의 해석 양식들을 파괴했다··· 만약 텍스트들이(그것이 기록들이건 문학 작품들이건) 실재를 투명하게 반영하지 않고 단지 다른 텍스트들만을 반영한다면 역사연구와 문학연구를 거의 분리할 수 없게 되며 "과거(past)"는 문학 속으로 분해되고 만다.[37]

힘멜파르브, 리처드 에반스 등이 실재에 대한 접근 가능성을 옹호하면서 과거는 분명히 사료를 통해서 자신의 실재를 부여하기 때문에 과거로부터 실재를 박탈하면 역사와 픽션의 구분은 사라질 것이라고 주장하는 것 역시 언어학적 전환에 의해 텍스트의 외부에는 아무 것도 존재하지 않게 되었다는 '이해'에서 비롯되는 것이었다.[38] 나아가 데이비드 메이필드 등이 언어학적 전환은 궁극적으로 칸트주의적이라고 비판하였던 것 역시 언어학적 전환이 실재를 언어로 환원시켜버렸다는 이해에 기반하는 것이었다.[39]

---

37) Gabrielle Spiegel, "History and Post-Modernism Ⅳ", *Past & Present*, no.135, 1992, p.195, p.197.

38) Gertrude Himmelfarb, "Some Reflections on the New History", *American Historical Review*, vol.94, no.3, 1989, p.665; idem, "Telling It as You Like It: Post-Modernist History and the Flight from Fact", p.13; Richard Evans, *In Defence of History* (Granta Books, 1997) [이영석 옮김, 『역사학을 위한 변론』 (소나무, 1999), 160쪽].

3. 실재―효과(reality-effect)

언어는 실재를 단순히 반영하는 것이라기보다는 실재를 형성하는 것이라는 언어학적 전환의 주장은 앞서 보았듯이 실재를 언어로 환원시키고 있다는, 그리하여 과거에 생생하게 존재하였던 억압의 현실과 착취의 경험을 외면하고 있다는, 그 결과 언어의 외부에는 어떠한 것도 존재할 수 없다는 것을 의미하는 관념론이라는 의심을 자아낸다. 이러한 의심의 끝에서 역사학의 정체성을 둘러싼 논쟁이 시작되었던 것이다.

그 논쟁을 마무리하기 위해서는 언어가 실재를 형성한다는 언어학적 전환의 핵심적인 테제를 보다 명확히 할 필요가 있다. 그리고 그 과정에서 언어학적 전환에게 빼앗긴 '실재'를 자신들의 '직업'을 위해 되찾으려고 하는 많은 역사가들의 일련의 비판들이 과연 어떠한 인식론적인 문제점을 지니고 있는지를 규명할 필요가 있다.

우선 언어학적 전환에 대해 비난하고 있는 역사가들의 가장 기본적인 오해부터 정정할 필요가 있다. 언어학적 전환에 대해 의심하는 역사가들은 특히 데리다의 주장을 끌어들여 그 의심을 정당화시키는 경우가 많은데, 그럴 경우 그 역사가들의 문제제기는 그들의 비판적인 열정만큼이나 통속적이기 때문에 무력한 것이라고 할 수 있다. 그들은 데리다의 "텍스트 바깥은 없다(Il n'y a pas de hors-texte)"[40]라는 주장을

---

39) David Mayfield and Susan Thorne, "Social History and Its Discontents: Gareth Stedman Jones and the Politics of Language", p.177; Alex Callinicos, *Making History: Agency, Structure and Change in Social Theory* (New York: Cornell Univ. Press, 1988) [김용학 옮김, 『역사와 행위』 (사회비평사, 1997), 216쪽].

40) Jacques Derrida, *Of Grammatology*, Gayatri Chakravorty Spivak trans. (Baltimore and London: Johns Hopkins Univ. Press, 1977).

상식적인 수준에서(따라서 그것을 필연적으로 왜곡하면서) 또한 존재
론적인 차원에서 이해한다. "텍스트 바깥은 없다"라는 다소 도발적인
데리다의 주장은, 언어학적 전환에 대한 반대자들이 말하듯이, 실제 일
어난 역사(geschichte)가 존재하기 위해서는 반드시 역사(history)로 기
록되어야 한다는 것을 뜻하는 것은 아니다. 데리다의 주장은 우리의
사고와 언어로부터 독립적으로 존재하는 그 무엇인가의 존재 자체를
부정하는 것이 아니며, 그렇기 때문에 존재론적인 견해를 제시하는 것
이 아니었다.[41] "텍스트 바깥은 없다"라는 데리다의 명제는 텍스트의
의미를 하나로 고정시키는 텍스트 읽기 즉, 텍스트에는 저자에 의해 전
달되는 단일한 의미가 존재한다는 전통적인 텍스트 읽기에 반대하여
제시된 것으로서 그것이 의미하는 바는 "독서는 텍스트가 아닌 다른 것
즉, 대상체(형이상학적이고 역사적이고 심리-전기적인 실재) 혹은 기
의를 향해 텍스트를 벗어날 수는 없다"[42]는 것이다. 달리 말해 텍스트
의 의미를 하나로 고정시켜주는 외적인 대상체 혹은 선험적인 기의는
존재하지 않는다는 것이다.[43]

---

[41] 리처드 로티, 「글쓰기로서의 철학: 데리다에 관한 에세이」, 『실용주의의 결과』,
229쪽.

[42] Jacques Derrida, *Of Grammatology*, p.158.

[43] 데리다의 명제는 텍스트에서 어떤 특정한 표현이 갖는 의미는 그것의 '대상체'
와 일치하지 않는다는 것이다. 따라서 이러한 측면에서 데리다는 의미와 대상
체가 다르다는 구조주의적 관점을 계승한다(에릭 매슈스, op. cit., 263쪽); 리처
드 로티에 의하면, 이와 같은 데리다의 주장은 진리를 '표상'과 '표상된 것' 사이
의 수직적 관계로 파악하는 칸트적 전통에 반대하여 진리를 수평적으로 즉, 재
해석에 대한 재해석이 절정에 달한 것으로 간주하는 헤겔적 전통을 전유하는
것이다. 진리를 수직적 관계로 생각하는 칸트적 전통은 모든 가능한 해석들의
구조를 밝혀 결국에는 재해석들이 연달아 이어지는 역사적 과정을 동결시키는
것이다. 이에 대해 데리다는 텍스트의 의미를 하나로 고정시키는 것에 반대하
면서 텍스트에 대한 '다르게 읽기'를 시도한다. 따라서 데리다의 명제는 진리를
재해석에 대한 재해석으로 간주하는 헤겔적 전통에 가깝다고 할 수 있다. 다만

단어들을 다른 어떤 곳에 존재하는 진정한 실체에 대한 기호일 뿐이라고 믿는 것이야말로 데리다가 '현존의 형이상학(metaphysics of presence)'이라고 불렀던 사유체계이다.[44] 데리다에 의하면, 서구의 철학적 전통은 바로 이러한 동일성과 현존의 형이상학을 추구하여왔다. '차연(différance)'은 이와 같은 전통에 대한 데리다의 저항을 응축적으로 담고 있는 용어이다. '차이'라는 의미의 프랑스어 différence와 '연기(延期)하다'를 의미하는 프랑스어 differer를 합성해서 만든 '차연'이라는 용어를 통해 데리다가 제시하려고 하였던 것은 모종의 '존재론적인 견해'가 아니다. 그것은 우리가 의미의 진정한 혹은 기원적인 지점을 식별할 수는 없다는 것이며 자기동일성이 아니라 차이의 관점에서, 영원한 현존이 아니라 끊임없는 연기의 관점에서 실재를 이해해야 한다는 주장이다.[45] 따라서 그것은 "기호와 텍스트 바깥으로 벗어나 '실재 그 자체'에 도달할 수 있다고 생각할 때 우리가 깨닫는 것은 더 많은 텍스트와 더 많은 기호와 보완의 연쇄가 있을 뿐이라는" 것, 따라서 "현존과 부재 사이에, 혹은 '실제' 사건과 허구적인 사건 사이에 아무런 차이도 없다는 것이 아니라 현존이 특수한 형태의 부재임이 밝혀짐으로써 여전히 매개와 보완이 필요하다는 것을 의미"하는 것이다.[46]

진리란 재해석들에 대한 재해석을 통해 얻어진다는 헤겔의 『정신현상학』의 관점은 '최종의 해석', 최후의 '올바른' 해석이라는 플라톤적인 이념을 여전히 견지하고 있는 것임에 반해, 데리다는 그것이 담고 있는 목적론과 방향성을 거부하면서 그 수평적 성격을 수용하는 것이다(리처드 로티, 「글쓰기로서의 철학: 데리다에 관한 에세이」, 217~225쪽).

[44] Chris Weedon, *Feminist Practice and Poststructuralist Theory*, rev. ed. (Cambridge, Massachusetts: Blackwell Publishers, 1997), p.81.

[45] 에릭 매슈스, op. cit., 257~258쪽; 김형효, 『데리다의 해체철학』(민음사, 1996), 22, 223쪽; Alun Munslow, op. cit., p.181.

[46] 조너선 컬러, 『문학이론』, 22~28쪽.

실재가 언어에 의해 형성된다는 언어학적 전환의 테제는 언어의 저편에 있는 그 무엇인가의 존재, 또는 과거에 실제로 일어났던 그 무엇의 존재를 부인하는 것은 아니며 노동사 및 사회사의 오래된 주제들을 형성해왔던 민중들의 빈곤과 억압과 착취를 부정하는 것도 아니다. "과거는 실제로 일어난 것이다"[47]라고 리처드 에반스가 힘주어 강조하는 바를 언어학적 전환이 부인한다고 비판하는 것이야말로 언어학적 전환의 문제의식에 대한 몰이해이며 왜곡이다. 과거의 현실성(actuality)은 당연히 존재하며[48] 사회적 불만이나 고통의 현실이 부정되는 것은 결코 아니다.[49] 언어학적 전환이 강조하고자 하는 바는 다만 그러한 실재가 언어를 통해서만 이해될 수 있다는 것이고 그런 한에서 언어가 실재를 형성한다는 것이다.[50]

---

[47] 리처드 에반스, op. cit., 327쪽.

[48] Keith Jenkins, "Editor's Introduction: For the Collapse of the Lower Case", Keith Jenkins ed., *The Postmodern History Reader* (London and New York: Routledge, 1997), p.117.

[49] Miles Taylor, "The Linguistic Turns in British Social History", from http://www.unina.it/serverWWW/DiDiSt/html, p.3(*Bollettino del Diciannovesimo Secolo*, anno. Ⅲ, no.4, 1995에 수록됨).

[50] Patrick Joyce, "History and Post-Modernism Ⅰ", *Past & Present*, no.133, 1991, p.208; James Vernon, "Who's Afraid of the 'Linguistic Turn'?", *Social History*, vol.19, no.1, 1994, p.89, p.96; "Letter from Joan W. Scott to Georg G. Iggers, October 14, 1994", Georg G. Iggers, *Historiography in the Twentieth Century: From Scientific Objectivity to the Postmodern Challenge* (Hannover and London: Wesleyan Univ. Press, 1997), p.132; 언어학적 전환은 언어의 본질 및 기능에 대한 새로운 이해에서 출발한 것이다. 그렇기 때문에 국내에서 '언어학적 전환(linguistic turn)'을 '언어로의 전환'이라고 번역(대표적으로는 안병직 외, 『오늘의 역사학』(한겨레신문사, 1998)의 저자들)하는 것은 언어학적 전환이 의미하는 바의 일면만을 파악한 것이라고 할 수 있다. 특히 연구 대상이 언어로 전환되었음을 함축하는 '언어로의 전환'이라는 번역어는, 비록 그 번역어가 언어의 중요성을 상기시킨다는 점에서 장점을 지니고 있지만, 언어가 모든 것이라는 극단적인 해석을 낳을 우려가 있으며 데리다의 주장에 대한 왜곡된 이해를 부추긴다는 점에서 잘못된 것이라고 할 수 있다.

전통적으로 역사적 실천은 과거의 실재에 대한 접근 가능성을 전제로 이루어졌다. 그러나 '과거(past)'는 결코 '역사(history)'와 동의어가 아니다. 역사가는 과거 그 자체가 아니라 문서적인 형태로 남아 있는 것을 기술적인 절차에 의거해 평가하고 문제의 구성을 통하여 그것들에게 관련성을 부여한다. 그리고 이러한 문제의 구성이 어떠한 중요성을 지니는가는 궁극적으로 역사가가 기반하고 있는 '이론'에 달려 있다.[51] 역사는 단순히 과거의 사료를 축적한다고 해서 구성되는 것이 아니라 사료에 대한 역사가의 해석을 통해 구성된다. 오랫동안 역사가의 해석은 실재를 지시한다고 간주되어 왔으나, 언어학적 전환에 의하면 실재는 해석에 의해 즉, 언어에 의해 '생산'된다. 물론 여기서 '생산'이라는 것은 사물들(things)을 만들어내는 것이 아니다. 그것은 하나의 학문분과가 제시하는 기준들—이 기준들은 흔히 학문분과적인 '상식'으로 기능하며 따라서 오늘날과 같은 역사학의 인식론적 위기가 도래하기 전에는 좀처럼 인식되지 않는다—에 따라 사물들을 '지식의 대상들'로, '지식의 정당하고 일관된 대상들'로 구성하는 것을 의미한다. 그럼에도 불구하고 언제나 그 해석의 정당함은 해석의 외부에 놓인, 혹은 그보다 앞서 존재한다고 가정되는 실재에 대한 해석의 충실함에 의해 평가된다.[52] 미셸 드 세르토가 예리하게 지적하듯이, 현재 일어나고 있는 것 혹은 과거에 일어난 것과 관련된 모든 이야기의 권위는 그 이야기가 설명하고 있다고 가정되는 '실재'에 기반하며 그렇기 때문에 역사서술이라는 담론은 그것이 표상한다고 가정되는 '실재'라는 이름으로 자신

---

51) Gareth Stedman Jones, "From Historical Sociology to Theoretical History", *British Journal of Sociology*, vol.27, no.3, 1976, p.296; 그렇기 때문에 '이론'에 대한 역사가들의 거부에도 불구하고 '역사연구'와 '역사이론'은 분리될 수 없는 것이다.

52) Joan W. Scott, "After History?", from http://www.ruf.rice.edu/~culture/interp.html, p.1(*Common Knowledge*, vol.5, no.3, 1996에 수록됨).

에게 신뢰(credibility)를 부여하는 것이다.[53] 바로 이것이 역사가의 실
천에 담겨 있는 '역설(paradox)'이다.

그러나 이와 같은 역설 즉, 역사는 실재에 대한 표상이라는 믿음과
그러한 믿음에 대한 역사가들의 공모는 여전히 강력하게 남아 있다.[54]
앞에서 보았듯이 언어학적 전환에 대해 역사가들이 지니고 있는 반감
의 공통된 기반을 이루는 것은 바로 이러한 실재에 대한 믿음이었다.
톰슨(E. P. Thompson)은『이론의 빈곤』에서 지식과 실재의 관계에 대
해 다음과 같이 주장한다.

> 실재 안에 '기입된' 속성들과 지식 사이의 조응을 수립하기 위해 고안된
> 과정들을 전제하지 않고서는 지식의 '타당함 혹은 부적당함'을 결정할 수
> 있는 방법이 존재하지 않는다… 지식과 실재 사이의 관계는 실재의 속성
> 들이 결정하는 방법들에 따라 발생한다. 실재의 속성들은 사유의 과정들
> (즉 그것들의 '타당함 혹은 부적당함')과 그 생산물을 결정한다.[55]

여기에서 알 수 있듯이 톰슨에게 있어서는 지식의 대상이 그 대상에
대한 지식의 가능성과 본질을 결정하는 것으로 간주된다. 그리고 톰슨
이 "사실들의 주어짐(given-ness of facts), 그리고 그것들이 연구자들에
게 제시하는 결정적 속성들이야말로 역사가의 학문분과를 구성하는
대화의 절반을 형성한다"라고 말하면서 역사연구를 통해 드러나는 것
은 "사실들 자체의 목소리"이지 결코 "역사가의 목소리"가 아니라고 강

---

53) Michel de Certeau, "History: Science and Fiction", *Heterologies: Discourse on the Other* (Minneapolis and London: Univ. of Minnesota Press, 1997), p.203.

54) Lionel Gossman, "History and Literature: Reproduction or Signification", Robert H. Canary and Henry Kozicki eds., *The Writing of History: Literary Form and Historical Understanding* (Wisconsin: Univ. of Wisconsin Press, 1978), p.32.

55) E. P. Thompson, *The Poverty of Theory and Other Essays* (London: Monthly Review Press, 1978), p.17.

조할 수 있었던 것은56) 그 역시 다른 역사가들과 마찬가지로 역사적 지식에 앞서 실재가 존재하고 그 실재가 지식을 결정한다는 가정, 따라서 역사적 지식은 그러한 실재에 대한 정확한 묘사로 구성된다는 가정을 공유하고 있었기 때문이다.

그렇다면 과연 역사가들이 그토록 견지하고자 하는 '실재'란 무엇일까? 그리고 역사란 그러한 실재에 대한 접근을 기반으로 형성된다는 주장은 인식론적으로 어떠한 측면을 지니고 있는 것일까? 이러한 질문들을 해결하기 위해서는 무엇보다도 롤랑 바르트의 분석이 매우 유용하다고 할 수 있다. 일찍이 1960년대에 바르트는 역사적 텍스트를 '실재'라고 하는 구조 외적인(extrastructural) 영역 안에 놓여 있는 다른 실존의 단순한 복사로 간주하는 경향에 대해 비판하면서 역사라고 하는 담론의 특징을 다음과 같이 설명한다.

> 따라서 우리는 (다른 유형의 담론과의 관련 속에서) 역사라는 담론의 특이성에 관한 전체 질문을 지배하는 역설에 도달한다. 사실(fact)은 담론 내에서의 용어로서 단지 언어적인 실존을 가질 뿐이다. 그럼에도 불구하고 이러한 실존은 마치 '실질적인 것'이라는 구조 외적인 영역에 놓여 있는 다른 실존의 지극히 단순한 '복사'인 것처럼 보인다. 의심할 바 없이 이러한 유형의 담론은 대상체가 담론의 외부에 있는 어떤 것으로서 추구되는 유일한 형태이다… 따라서 우리는 '실질적인 것'이 담론의 구조에서 어떤 역할을 하는지를 질문해야 한다.
>
> 역사라는 담론은 매우 교활한 이중적인 작동을 당연한 것으로 간주한다. 첫 번째 지점에서(물론 이러한 분리는 단지 은유적일 뿐이다) 대상체는 담론으로부터 분리되어 담론에 외적인 것이 되며 담론을 근거짓고 지배하는 원칙이 된다… 그러나 두 번째 지점에서는 기의 그 자체가 봉살되어(forced out) 대상체와 동일하게 된다. 대상체는 기표와 직접적인 관련 속으로 들어간다. 그리고 유일하게 실질적인 것을 '표현하는(expressing)'

---

56) Ibid., pp.27~30.

일을 맡게 되는 담론은 상상적인 구조들에서 근본적인 측면인 기의가 없
이도 스스로 권위를 지닌다고 믿는다… 이러한 상황은 우리가 '실재론적
효과(realistic effect)'라고 부르는 것을 특징짓는다.[57]

역사에 관한 전통적인 담론에 의하면 사물들의 세계가 기호들의 세
계를 근거짓는다. 그러나 바르트에 의하면 오히려 기호들의 세계가 사
물들의 세계를 구성한다. 그런 측면에서 실재는 단순히 주어진 것(a
mere given)이 아니다.[58] 그럼에도 불구하고 역사가들은 지금까지 하나
의 눈속임을 행해왔다고 볼 수 있다. 왜냐하면 일차적으로 어떠한 것
을 대상체로 간주하는 것은 담론임에도 불구하고 바로 그 대상체가 담
론의 저편에 있는 영역으로 객관화되어 그곳에서 담론에 앞서며 담론
을 결정하는 것으로 사유되기 때문이다.[59] 바로 이러한 속임수가 역사
라는 담론의 특징이며 바르트가 "지시적 환상(referential illusion)"[60]라
고 명명하였던 것의 내용이다.

요컨대 역사라는 담론은 사실상 자신이 구성하는 것을 단지 보고
(report)할 뿐이다.[61] 역사가들의 해석에 앞서 결정하는(determining) 실
재가 존재하고 역사는 그러한 실재를 충실히 기술하는 것이라는 인식
론은 단지 "실재에 대한 물신성"[62]에 지나지 않는다. 역사가들은 구체

57) Roland Barthes, "The Discourse of History", Stephen Bann trans., E. S. Shaffer ed.,
    Comparative Criticism: A Yearbook Ⅲ (Cambridge: Cambridge Univ. Press, 1981),
    p.17.
58) Lionel Gossman, op. cit., p.30.
59) Keith Jenkins, *Re-thinking History* (London and New York: Routledge, 1991), p.50.
60) Roland Barthes, "The Reality Effect", *The Rustle of Language*, Richard Howard trans.
    (Oxford: Basil Blackwell, 1986), p.148.
61) Joan W. Scott, "After History?", p.2.
62) Lionel Gossman, op. cit., p.33.

적으로 역사를 서술하는 데 있어서 플롯과 내러티브적인 논리를 그들
의 종합적인 설명에 적용할 뿐만이 아니라 역사로서의 과거 그 자체에
까지도 적용한다. 과거를 복잡하지만 내러티브적으로 조직된 사건들
의 통일된 흐름으로 가정함으로써 역사가들은 자신들이 사료를 통해
과거의 이야기를 재구성할 수 있을 것이라고 믿는다. 이런 측면에서
근대적인 역사적 실천은 역사가들이 살아 있는 과거(living past)를 사건
들의 통일된 흐름으로 즉, 하나의 통일된 설명 안으로 조직될 수 있는
사건들의 통일된 흐름으로 이해할 수 있다고 규정할 때 비로소 그 의
미를 지니게 된다. 그런데 바로 역사가들이 하는 작업은 그들이 '가정
하는' 과거의 통일된 흐름이 역사가의 해석이 지니고 있는 조직적 구
조를 마치 결정하는 것처럼 보이게 만드는 것이다. 다시 말해 역사가
가 '가정하는' 과거의 사건들이 지니는 통일된 흐름, 바로 이것이 무엇
보다도 역사가의 해석에 의해 구조화되었다는 것을 숨기는 것이다.[63]

---

[63] Robert F. Berkhofer, Jr., "The Challenge of Poetics to (Normal) Historical Practice",
Poetics Today, vol.9, no.2, 1988, pp.440~446; idem, *Beyond the Great Story: History
as Text and Discourse*, pp.36~40, pp.58~62; Richard T. Vann, "Turning Linguistic:
History and Theory and History and Theory, 1960-1975", Frank Ankersmit and Hans
Kellner eds., *A New Philosophy of History* (Chicago and London: Univ. of Chicago
Press, 1995), p.58; 요컨대 실재는, 리오넬 고스만이 주장하듯이 "인간적인 것
(human)"이다(Lionel Gossman, op. cit., p.30). 즉 그것은 역사가가 묘사해야할 대
상으로서 저기에 존재하는 그 무엇, 단순히 주어진 그 무엇이 아니라 언어와 해
석에 의해 구성되는 것이다. 이러한 측면에서 톰슨은, 레스닉과 울프가 주장하듯
이, 역사적 지식과 실재에 대해 논하고 있지만 그가 정작 인식하지 못하고 있는
것은 자신이 다루고 있는 것이 사실상 그 실재에 대한 '그의' 개념('his' concept
of that reality)이라는 점이다. 달리 말해 톰슨은 개념과 개념이 아닌 것 사이의
관계를 논하고 있는 것이 아니라 두 가지의 개념 즉, '역사적 지식'과 '그 지식의
실질적 대상'이라는 두 가지의 개념 사이의 관계에 대해 말하고 있는 것이다
(Stephen A. Resnick and Richard D. Wolff, *Knowledge and Class: A Marxian Critique
of Political Economy* (Chicago and London: Univ. of Chicago Press, 1987),
pp.30~31).

따라서 역사라고 하는 담론은 역사가의 주관적인 현존을 억압하면서 그(녀)를 객관적인 사람인 것처럼 대체함으로써 마치 역사가 스스로 말하고 있는 것처럼 보이게 만드는 것이다.[64] 이른바 실재를 정확히 묘사한다는 객관적·과학적 역사는 바로 이러한 자기 기만적인 인식론에 불과하다. 그리고 역사가들이 강조하곤 하는 원문 그대로의 인용과 세밀한 각주는 '과학'이라는 볼거리로 독자들을 현혹하는 것이며[65] 따라서 그것들은 역사가들이 독자들에게 행사하는 권위 즉, "실재(REALITY)라는 이름으로 행사되는 역사가의 권위"[66]에 기여하는 하나의 지적인 장치라고 할 수 있다. 이런 이유에서 실재가 해석과 언어에 앞서 존재한다고 가정하고 역사적 실천은 그러한 실재에 기반한다고 주장하는 역사 담론은, 라파엘 사무엘이 정확히 지적하였듯이, 자신의 존재 조건을 부인하는 것이며 자신이 생산되었던 흔적을 감추는 것에 다름 아니다.[67]

실재가 역사(history)라고 불리우는 해석적 실천에 의해 생산된다고 말하는 것은, 언어학적 전환에 대한 반대자들이 우려하듯이, 역사라는 학문분과의 종말(역사학의 종말)을 선언하는 것이 아니다. 오히려 그것은 실재에 대한 물신성에 기반하는 "근대적인 형태의 역사의 종말"[68]을 주장하는 것이며 역사로 하여금 자기 자신의 형성의 조건들을 질문하게 함으로써[69] 하나의 학문분과가 권위를 성취하는 방식들에 주의

---

64) Joan W. Scott, "After History?", p.2.

65) Raphael Samuel, "Reading the Signs", p.93.

66) Robert F. Berkhofer, Jr., "The Challenge of Poetics to (Normal) Historical Practice", p.449.

67) Raphael Samuel, "Reading the Signs", p.93.

68) Keith Jenkins, *On 'What is History?': From Carr and Elton to Rorty and White* (London and New York: Routledge, 1995), p.10.

를 기울이는 것이다.[70] 나아가 실재는 언어에 의해 형성된다고 주장하는 언어학적 전환은 텍스트의 의미를 결정한다고 간주되어 왔던 대상체를 제거함으로써 이제 반-독해(counter-reading)가 형성될 수 있는 여지를 마련하여 새로운 해석을 가능케 해준다.[71] 그리고 언어학적 전환은 이렇게 하여 만들어진 새로운 해석에 대해 판단을 배제하지도 않으며 평가 기준의 필요성을 무효화하지도 않는다. 왜냐하면 역사학이라는 학문분과(discipline)가 설득적이지 못한 독해로부터 설득적인 독해를 분리하는 방식들을 계속해서 제공할 것이기 때문이다.[72]

4. "열린 역사학"을 위하여

앞서 보았듯이, 언어학적 전환은 실재를 언어로 환원함으로써 언어결정론과 주관적인 관념론으로 경도될 수밖에 없다는 비판을 주로 받

---

[69] Keith Jenkins, *Re-Thinking History*, p.68.

[70] Joan W. Scott, "After History?", pp.1~2.

[71] Raphael Samuel, "Reading the Signs: Fact-Grubbers and Mind-Readers", *History Workshop Journal*, no.33, 1992, p.244; 그렇기 때문에 실재를 언어에 앞서 존재하는 것으로 믿는 역사가들이야말로 자신도 모르는 사이에 '역사학의 종말'을 앞당기고 있는 것이다. 왜냐하면 실재가 언어를 결정하는 것이라면 이는 결국 언어가 지니는 의미는 궁극적으로 하나일 수밖에 없다는 것을 함의하는 것이고 그 결과 그것은 재해석들이 계속해서 발생할 수 있는 구조를 동결시키기 때문이다. 따라서 그것은, 조앤 스코트(Joan W. Scott)가 비판하듯이, 역사적 실천에 폭력을 가하는 것이고 개방적인 연구를 독단론으로 대체시키는 것이다(Joan W. Scott, "After History?", p.3). 이러한 이유에서 이른바 과학적·객관적 역사는, 헤이든 화이트가 주장하듯이, 자신의 쇄신을 위한 위대한 근원을 억압하고 부인해왔다고 볼 수 있다[Hayden White, "The Historical Text as Literary Artifact", *Tropics of Discourse: Essays in Cultural Criticism* (Baltimore and London: Johns Hopkins Univ. Press, 1978), p.99.

[72] Joan W. Scott, "After History?", p.10.

아왔다. 많은 역사가들이 실재와 언어의 관계에 대한 언어학적 전환의
주장을 역사학의 위기의 요인으로 받아들였으며, 그들은 언어학적 전
환에 맞서 실재를 언어로부터 구출해내려고 하였다. 역사가들에게 실
재는 숭고한 이름, 자신들의 실천을 영원히 담보해주리라 믿어 의심치
않는 고귀한 이름인 것이다.

그러나 무엇보다도 언어학적 전환의 주장들에 대한 역사가들의 이
해에는 문제가 있음을 지적할 수 있다. 언어가 실재를 형성한다는 주
장은, 언어학적 전환에 대한 반대자들이 비판하듯이, 언어의 외부에 아
무 것도 존재하지 않는다는 것이 아니다. 그것은 언어의 의미를 하나
로 고정시키는 대상체와 선험적인 기의는 존재하지 않는다는 주장이
며 그렇기 때문에 그것은 임의의 존재론적인 견해가 아니다. 실재가
언어에 의해 구성된다는 언어학적 전환의 핵심적인 테제는 다만 실재
는 언어에 의해 인식될 수 있다는 것이며 그런 한에서 실재라는 원형
은 복제에 의해 만들어진 것으로서 언제나 지연되어 있어 결코 포착할
수 없다는 주장일 뿐이다.[73]

그럼에도 불구하고 전통적으로 역사가들에게 있어 실재는 자신들의
작업을 규정하는 것으로 간주되어왔다. 그것은 역사가의 해석에 앞서
존재하며 자신의 존재를 사료를 통해 부과한다는 것이다. 스톤에게 있
어서도, 가브리엘 스피겔에게 있어서도, 실재는 자신들의 존재 이유이
며, 자신들의 실천을 문학으로부터 구별시켜주고 허구라는 늪으로부터
자신들의 고귀함을 지켜주는 지점이었던 셈이다. 그러나, 롤랑 바르트
의 비판을 통해서 알 수 있듯이, 이러한 전통적인 역사가들의 담론은
하나의 지적인 속임수라고 할 수 있다. 왜냐하면 무엇보다도 실재는

[73] 조너선 컬러, 『문학이론』, 26쪽.

역사가의 해석적 내러티브에 의해 구성되는 것이기 때문이다. 그것은 역사가가 발견하기를 기다리는 선험적인 의미를 깊이 간직한 채 해석의 저편에 존재하는 그 무엇이 아니다. 실재를 이렇게 파악하는 시도야말로 "실재에 대한 물신성"에 묶여 있는 것이며 역사가의 주관적인 현존을 억압하고 역사가 마치 스스로 말하고 있는 것처럼 보이게 만드는 지적 사기이다. 실재가 언어에 의해 형성된다는 언어학적 전환의 주장은 결코 역사학의 종말을 수반하지는 않는다. 그것은 역사학이라는 학문분과가 재사유될 수 있는 지점을 제공할 뿐만 아니라 재해석이 끊임없이 이어질 수 있는 토대를 마련함으로써 역사가의 해석과 실천에 지속적으로 의문을 제기하는 것을 가능케 한다. 따라서 오히려 "실재에 대한 물신성"에 갇혀 있는 입장들이야말로 자기도 모르는 사이에 궁극적이고 선험적인 의미를 가정함으로써 재해석들이 계속해서 발생하는 과정을 동결시키고 "열린 역사학"의 가능성을 봉쇄하는 것이라고 할 수 있다.

낯선 귀환: 〈역사〉를 교란하는 유희*

> "나는 〈역사〉의 포로가 아니다. 나는 역사 속에서 나의 운
> 명의 의미를 찾으려 해서는 안 된다."
>
> —프란츠 파농
>
> "모든 정체성은 차이와 반복의 유희라는 더 깊은 유희에 의
> 한 위장 즉, 광학적 '효과'처럼 만들어진 것에 지나지 않는다."
>
> —질 들뢰즈

1. 머리말: 디아스포라의 역류

디아스포라라는 말은 이제 한국에서도 그리 낯선 말이 아니다. 지난
몇 년 사이에 '디아스포라'가 표제로 들어간 저작이나 논문이 많이 나
오기 시작했는데, 예전에는 특히 유대인에 관련된 것으로만 통용되던
'디아스포라'라는 인식틀이 재일조선인을 비롯한 '해외동포'에도 적용

---

* 이 글을 쓰면서 나눈 조경희와의 대화가 큰 도움이 되었음을 여기에 밝혀둔다.

되기 시작했다는 점은 주목할 만하다. 그것은 분단으로 인해 강요된 극심한 경계짓기 때문에 폐쇄적인 자아의식을 가지기 쉬웠던 남한 사람들이 해외에 있는 동포들에게 시선을 돌리면서 또 다른 '우리'의 모습을 모색할 계기가 될 수 있기 때문이다.

하지만 디아스포라에 대한 주목이 오히려 폐쇄적인 자아의식을 강화할 가능성 또한 존재한다. 즉, 디아스포라라는 관점은 흩어져 있는 상태만을 부각시킬 경향이 있는데, 그것은 결국 해외에 있는 동포들을 무언가 결여되거나 과잉된 존재로 보며 주변부에 고정시킴으로써 완전한 민족적 존재로서의 '우리'를 재확인하는 행위가 될 수도 있다. 재일조선인에 대한 스테레오타입으로 흔히 이야기되는 '말도 못하고 역사도 문화도 모른다'는 이미지는 그 거울효과로서 '언어와 역사, 그리고 문화를 공유한' '본국인'이라는 형상을 만들어낸다.

이 '본국인'이라는 '내부성'을 상상하게 만드는 쌍형상화 도식[1]은 재일조선인, 중국조선족과 같은 지정학적 호칭을 바탕으로 작동하는데, 최근에 들어서 이 바탕에 금이 가기 시작했다. 유학, 취업 등으로 한국으로 '돌아오는' 디아스포라들이 눈에 띄게 늘어나기 시작한 것이다. 경제의 전 지구화라는 바람을 타고 역류하기 시작한 디아스포라. 이제 디아스포라들은 저 멀리 있는 동정의 대상이 아니라 눈앞에서 어색한 한국어를 하는 존재로 나타난다. 그러면서도 이 낯선 귀환자들의 신체에는 다양한 역사가 접혀져 있어 '국민'이기 위해 잊어야 했던 기억들을 상기시키기도 한다. 조경희가 말하는 것처럼 한국사회와 '조선'적 재일조선인들의 만남은 분단과 갈등의 역사를 떠올리게 만들어 긴장감을 불러일으키는 계기가 될 수 있다.[2] '디아스포라의 귀환'을 가리켜

---

[1] '쌍형상화 도식'에 대해서는 사카이 나오키, 후지이 다케시 옮김, 『번역과 주체』 (이산, 2005) 참조.

호미 바바(Homi K. Bhabha)가 '탈식민적인 것(the postcolonial)'이라고
부른 것3)을 떠올린다면 이제 한국은 본격적인 탈식민화 과정의 길목
에 들어선 것인지도 모른다.

　탈식민화 과정으로서 디아스포라의 역류라는 현상에 주목할 때 김
우자의 다음과 같은 지적은 시사적이다. "디아스포라는 민족의 한 형태
이긴 하지만 디아스포라들의 존재는 바로 그 '민족'을 와해시킨다. 흥
미로운 것은, 기존의 국민국가(민족국가)가 전제로 삼아온 민족을 성립
시키는 요소(언어, 문화, 영토 등)가 '혈연'을 매개로 한 경우에는 성립
되지 않는다는 것이다."4) 민족주의의 가장 원초적이고 본질주의적인
기반으로 여겨지는 '혈연'이 오히려 민족을 와해시킨다는 이 역설에 주
목한다면, '민족의 피'를 근거로 하는 재일조선인들의 민족주의는 앤더
슨이 말하는 '원거리 민족주의(long-distance nationalism)'와 얼핏 보기에
유사하면서도 '원거리'가 아닌 맥락에서 발화될 때 전혀 다른 질을 지
닐 수 있다. 멀리 떨어져 있는 한에서 유지되었던 '상상된 공동체'를 역
류하는 디아스포라는 깨버리는 것이다. 낯선 사람들이 다른 역사들을
몸에 지닌 채 마주치면서 '동포'임을 주장할 때 일어나는 사태는 이미
민족주의라는 말로는 포착되지 않는 어떤 생성이다.5)

─────────

2) 조경희, 「'마이너리티'가 아닌, 고유명사로서의 재일조선인」, 『황해문화』 봄호
　(새얼재단, 2006), 279~280쪽. 조경희는 사상적 대립과 분단적 사고에서 벗어나기
　위해서는 분단과 갈등의 역사와 현실을 감지할 수 있는 긴장감이 필요하다고 보
　고, 이 만남을 적극적으로 그러한 계기로 만들 것을 주장한다.

3) Homi K. Bhabha, "DissemiNation: Time, Narrative, and the Margins of the Modern
　Nation", Homi K. Bhabha ed., *Nation and Narration* (London and New York:
　Routledge, 1990), p.319.

4) 金友子, 「「同胞」という磁場」, 『現代思想』 6월호 (東京, 青土社, 2007), 220쪽.

5) 그러나 여전히 한국에서는 재일조선인들의 '민족주의'를 안이하게 비판하는 경
　우가 있다. 한 예로 이진경은, 재일조선인들이 민족을 주장하는 것이 '재일 = 자
　이니치'라는 열린 '저항의 지대'가 '조선인'이라는 민족의 이름으로 포획되는 것을

이런 역설을 몸소 실천한 디아스포라들 중 한 사람이 작가 이양지이다. 이양지 또한 일본에서 조선인으로 사는 것에서 오는 억압과 불안 속에서 방황하다 정체성의 근거로 '우리나라'를 발견했다는 출발점에서는 이회성으로 대표되는 재일조선인 2세 작가들과 큰 차이가 없다.[6] 하지만 여느 재일조선인 작가들과 달리 이양지는 한국으로 건너가 거기서 생활하면서 소설을 썼다. 뒤에서 보듯이 역사적으로 주어진 '재일'이라는 위치에서 벗어나려고 한 이양지의 귀환의 궤적은 바로 〈역사〉와의 대결 그 자체였는데, 그 〈역사〉 속에는 '재일'과 마찬가지로 역사적으로 구성되어 있는 '본국인' 또한 포함되어 있다. '재일'과 '본국인'의 비대칭적 관계를 깨기 위해 이양지는 '본국인'에 도전했다.

그 결코 순탄치 않았던 궤적은 최인훈의 다음과 같은 말을 떠올리게 한다. "인생을 풍문 듣듯 산다는 건 슬픈 일입니다. 풍문에 만족치 않고 현장을 찾아갈 때 우리는 운명을 만납니다."[7] 한국이라는 현장을 찾아간 이양지가 어떤 운명을 만났는지, 이제 우리도 그 '현장'을 찾아갈 때이다.

의미한다고 보고 비판을 했는데, 이 비판은 재일조선인들이 일본 내부의 소수자로 고정되어 있는 것을 전제로 한다. 그렇다면 그때 이진경 또한 '본국인'이라는 위치에 고정되는 것이 아닐까? 재일조선인에 대해서 논한다면, '본국인' 이진경이 재일조선인들과 만났다는 것 자체를, 그 만남을 통해 느꼈을 불편함까지 포함해서 검토해야 할 것이다. 이진경, 「소수자와 반역사적 돌발」, 『부커진 R』 no.1 (그린비, 2007). 이 글에 대해서는, 이 글의 일본어 번역에 대한 '역자 후기'라는 형식으로 이미 간략하게 비판한 바 있다. 藤井たけし, 「譯者あとがき」, 『アジア太平洋研究』 no.31 (東京, 成蹊大學アジア太平洋研究センター, 2006).

[6] 재일조선인 2세 작가의 한 전형으로서의 이회성에 대해서는 竹田青嗣, 『〈在日〉という根據』(東京, 國文社, 1983) 참조.

[7] 崔仁勳, 「서문」, 『廣場/九雲夢』(文學과 知性社, 1989), 17쪽.

2. '우리나라' = 저승으로의 귀환

이양지는 그 작가생활의 첫 페이지를 '귀환' 장면으로 시작했다. 데 뷔작 「나비타령(ナビ・タリョン)」은 가출했던 애자/아이코(愛子)가 돌아와 오빠에게 전화를 거는 장면부터 시작되는데,[8] 이 장면은 일본에서 '우리나라'로 '돌아가는' 이양지 초기 작품 전체의 모티프를 압축적으로 보여준다. 가출해서 지낸 교토에서의 생활은 일본 생활의 알레고리이며 주인공이 일한 여관은 잠시 머무르는 공간으로서의 일본을 의미한다. 또한 이 첫 장면에서 오빠와의 재회는 전화를 통해서 이루어지는데,[9] 이 신체 없는 재회는 죽은 오빠를 찾으러 '우리나라'에 가는 행위로서 반복된다.

오빠들의 죽음을 계기로 소설을 쓰기 시작한 이양지는 오빠의 신체를 재일조선인의 알레고리로 형상화한다. '나'의 오빠가 "나는 내가 일본인이라고 생각하면서 살아. 그렇게 정했어."라고 하면서도 "솔직히 말해서, 나… 몸이 무거워서, 귀찮아… 여러 일들(28쪽)"이라고 말하는 것을 통해 이양지가 전하려는 것은, 일본에서 조선인의 몸을 가지며 산다는 것이 지니는 역사적 무게이다. 오빠의 신체를 뚱뚱하게 만든 역사의 퇴적물이 지닌 무게는 '나'로 하여 일본인에게 살해당하는 환각에 빠지게 만든다.

---

8) 李良枝, 『李良枝全集』(東京, 講談社, 1993), 13~14쪽. 이하 이양지 작품에서의 인용은 본문 중에 전집 쪽수만 표기한다. 이양지의 소설 작품은 모두 번역되어 있지만 정확하지 않은 부분이 적지 않게 존재한다. 그래서 이 글에서는 기존 번역을 참조하기는 했지만 인용문은 모두 인용자가 직접 옮긴 것이다.

9) 현전 없는 소통인 전화라는 매체가 지니는 유령성은 이양지 작품에서 중요한 역할을 하고 있다. 이 글에서는 그 점에 대해서는 다루지 못했지만 다음 기회에 제대로 분석해보고 싶다.

일본인에게 살해당한다—. 그런 환각이 시작된 것은 그 날부터였다. 만원 전철을 탔을 때는 한 정거장마다 승강장으로 내려 무사함을 확인하고 또 전철을 탔다. 홍수와 같은 사람들의 무리에 밀리며 역의 계단을 내려간다. 여기서 살해당해 나는 피투성이가 되며 길바닥에 쓰러져 죽는 것이다. 겨우겨우 무사히 내려도 또 계단을 올라가야 한다. 뒤에서 뛰어올라오는 인파. 내가 계단을 하나 오르는 순간, 밑에 있는 누군가가 나의 아킬레스건을 짼다. 나는 일본인들 밑에 깔려 숨을 거둔다. 어두운 영화관 또한 공포였다. 좌석에서 비어져 나온 뒷머리에 칼이 꽂혀 머리가 잘라진다는 생각에 빠져 제대로 영화도 보지 못한 채 밖으로 뛰어나갔다.(34쪽)

이 환각은 '나'가 여관에서 일하면서 접한 어떤 광경을 떠올리게 하는데, 이 광경이 재일조선인들이 느끼는 역사적 무게의 정체가 무엇인지 말해준다. '나'는 여관에서 밥을 짓는 일을 하는 가쓰라(桂)라는 노인이 아르바이트 학생을 상대로 막대기를 휘두르면서 사람 목을 어떻게 베는지 가르쳐주는 광경을 목격한 것이다. "가쓰라는 중국인의 목을 벤 그 손으로 쌀을 씻었다. 피가 묻은 그 손으로 지은 밥을 펐다.(34쪽)" 재일조선인들은 살인자들을 그대로 감싸주고 있는 일본사회에서 식민지배와 침략의, 아니, 더 정확하게 말해 살육의 역사가 전혀 지나간 일이 아니라 그대로 머물러 있음을 일상 속에서 느낀다. 재일조선인 시인 김시종 또한 이러한 공포에 대해 다음과 같이 말한다.[10]

요즘에는 더욱 그런 풍경을 아무데서나 볼 수 있게 되었지만 7, 8년 전에 도쿄에서 어떤 모임을 마치고 가는 길이었습니다. 마침 그런 시기라서 그랬겠지만 신주쿠역 개찰구를 지나 승강장으로 올라가는데 임립한 스키객들의 배낭과 앉은 사람들 때문에 길이 막혀 좀처럼 승강장으로 올라갈 수 없었습니다. 이 바캉스의 인산은 연연 하늘에 이르렀습니다. 기차 시간에 쫓기면서, 대군락 사이를 지나 승강장에 이르는 동안 나는 정말이지 이

---

10) 金時鐘, 『「在日」のはざまで』(東京, 平凡社, 2001), 214~215쪽.

루 다 말할 수 없는 공포에 시달렸습니다. 그것은 이미 인간이 무리지어 있다기보다는 벌레와 같은 것의 위집(蝟集)이 아닌가 싶을 정도였습니다.

뭐 바캉스라든지 스키에 빠진다든지 나는 그런 것을 문제 삼는 것이 아닙니다. 완전히 무관심한 체하고 오직 양으로서 모여 시간을 기다리고 있다. 스키 가는 것만으로 몇 시간이든 계속 기다린다. 신문 같은 것을 보면 하루를 꼬박 기다리는 것쯤은 흔히 있습니다. 그러한 무관심의 '양' 속을 내가 지나간다. 무관심이 절대량이 된 가운데를 나는 누비듯이 하늘로 이르러야 한다. 그러면서도 이 군중은 나를 '조선인'으로 식별할 수 있는 촉각만은 만전하다. 이때 느끼는 공포라는 것은 논리가 아닙니다. 개체로서의 조선인이 일본인의 절대량 속을 지나갈 때의 공포, 그것은 '나'라는 '개체'가 짊어진 절대적 공포입니다. 내 망막 속으로 기차가 들어온다. 차장이 내려서 너희가 갈 곳은 저기라고 가리킨다. 그 배낭은 순식간에 군용배낭으로 변하며 임립한 스키는 총검으로 휙 바뀌어 그들은 아무렇지도 않게 이동을 시작합니다. 나에게 이 공포를 '일본인'에게 알릴 방법은 없습니다. 알릴 수 없을 정도로 '일본인'과 '조선인'의 소통은 원체험의 단서부터 엇갈려 있습니다.

"법정도 재판소도 '일본'도 모두 산산 조각나서 내 몸도 사라졌으면 좋겠다―.(40쪽)"라는 '나'의 절규와 같은 말은 이러한 역사가 퇴적된 신체에서 벗어나려는 몸부림이다.

이러한 역사−신체에서 탈출하기 위해 선택된 것이 '우리나라'로 가는 것이었다. 흥미로운 것은 '나'가 한국으로 가고 나서는 단 한번도 '한국'이라는 말이 나오지 않는다는 점이다. "뎃짱(죽은 오빠−인용자)은 우리나라에 있다.(57쪽)"라는 말에 잘 나타나 있듯이 이 '우리나라'에는 죽은 오빠가 있다. 그런 점에서 보면 '나'는 역사적 신체에서 벗어날 수 있는 '우리나라' 즉, 저승으로 가려고 한 것이다.

이양지는 이 작품을 통해 '죽은 오빠'를 '오빠의 죽음'으로 치환시켜 그 죽음에 의미 부여를 함으로써 오빠를 '우리나라'에서 회생시키려고

했다. 하지만 이 노력은 오히려 죽음에 대한 일종의 고착을 낳고 만다.

역사가 퇴적된 신체를 파괴하고 싶다는 죽음을 향한 충동은 다음 작품인 「해녀(かずきめ)」에서 더욱 분명히 나타난다. 서울의 하숙집에서 쓴 「나비타령」과 달리 서울 생활을 일단 중단한 후 일본에서 쓴 이 작품에서는 직접 한국이 등장하지 않는다. 말하자면 현실적인 탈출구가 없는 상태에서 쓴 것이기 때문에 이 작품에서는 좀 더 순수하게 이념적인 탈출이 추구된다. 이름 없는 주인공인 '그녀'가 동거남에게 말했다는 다음 말은 「해녀」라는 작품의 특징을 잘 보여준다.

> "잇짱(한때 '그녀'와 같이 살았던 남자를 가리킴―인용자), 또 관동대지진 같은 큰 지진이 나면 조선사람은 학살당할까? 이치엔고줏센(一圓五十錢), 주엔고줏센(十圓五十錢)이라는 말을 시켜서 죽창으로 찌를까? 그런데 이번에는 그런 일이 안 일어난다고 봐, 그때하고는 세상 사정이 달라졌으니까. 그리고 거의 다 일본사람과 똑같이 발음할 수 있는 걸. 저기, 잇짱, 그래도 살해당하게 되면 나를 애인이라고 꽉 껴안고 나랑, 나랑 같이 있어줄래? 아니, 이번에는 절대로 학살 같은 거 안 당해. 그래도 그렇게 되면 곤란해, 나를 죽여줘야지. 나는 막 도망 다니고 그 뒤를 미친 일본사람들이 죽창이나 일본도를 들고 쫓아와, 나는 도망가다 못해 등에 칼을 맞고 가슴에도 맞아서 피투성이가 돼서 몸부림치면서 뒹굴어댈 거야. 잇짱, 그게 아프더라, 아주 ―얼마 전에 잇짱이 갈아놓은 식칼을 잡아봤어. 그랬더니 몸이 찌르르하고 흥분돼서 마치 섹스할 때 같았어. 나, 내가 왜 요리를 싫어하는지 알 것 같았어. 무서운 거야, 그 찌르르한 느낌을 견디지 못하는 거야. 그래서 그 식칼로 가슴과 손목을 베어봤어. 아팠어. 그리고 피가, 정말 쏟아져 나오더라고. 푹 찔러보고 싶었지만 더 피가 난다고 생각하니까 겁이 나서 ―다음에는 망치로 다리를 때려봤어, 그랬더니 역시 아팠어. 저기, 잇짱, 나는 학살당할까? 응? 어떻게 돼? 만약 살해당하지 않으면 나는 일본사람이란 말이야? 그런데 어쩌지, 그건 아프지? 피가 많이 나지?(81~82쪽)"

일반적으로 말해 정체성이라는 것을 구성하는 핵심적인 요소를 역사—기억으로 볼 때, 특히 정복당한 집단의 후예들의 경우 정체성을 확립하는 작업은 정복당한 기억, 살해당한 기억을 되살려 반복하면서 이루어질 수밖에 없다. 아무리 잊고 싶어 해도 사라지지 않는, 이미 몸에 새겨진 기억들. 미약한 지진에도 관동대지진을 떠올릴 정도로 재일조선인의 신체는 항상 그러한 역사—기억들과의 아슬아슬한 협상 속에 놓여 있다.11) 최진석은「해녀」의 이 부분을 언급하면서, 재일조선인들이 이러한 신체의 긴장을 통해서 민족에 대해 이야기를 나누는 것이 필요하다고 주장했지만,12) 고립된 '그녀'에게는 그러한 사람이 없었다. 그 대신에 이양지가 선택한 것은 '그녀'를 죽게 만들면서 그 죽음에 역사적 의미를 부여하는 것이었다.

'그녀'는 아파트의 욕조에서 죽음을 택하는데, 그 물 속에서 아버지의 출신지인 제주도의 파도소리를 들으며 난생 처음 느껴보는 편안함에 잠긴다(94쪽).「나비타령」에서도 거의 마지막 부분에서 큰오빠의 부음을 접한 '나'는 "뎃짱도 죽었다. 가즈오 오빠도 죽었다. 큰 바람을 느꼈다. 그 바람의 자력이 내 몸을 잡아 올린다. 나도 죽어서 이 큰 바람 속으로 들어가는 것이다.(60쪽)"라고 생각하는 대목이 나오는데, 이 바람이「해녀」에서는 '물'로 표현되고 있다고 말해도 될 것이다. 이 작품 제목인「해녀」가 시사하는 것은 이 죽음이 일시적인 잠수에 지나지 않는다는 것이며,「나비타령」에서 추구했던 상징적 죽음을 통한 '우리나라'와의 일체화를, 다른 방법으로 시도한 것이라고 할 수 있다. 그러한 '그녀'의 생각은, '그녀'와 한때 친하게 지내던 한 여성이 전해주는 다음

---

11) 자신의 몸에 새겨진 기억들을 되살리면서 이루어지는 이러한 협상이 지닐 수 있는 긍정적인 힘을 느끼게 해주는 것으로 宋安鍾,「もうひとつの故郷へ」,『現代思想』2월호 (東京, 靑土社, 2007), 참조.

12) 崔眞碩,「影の東アジア」,『現代思想』2월호 (東京, 靑土社, 2007), 156쪽.

과 같은 '그녀'의 말을 통해서도 알 수 있다.

> 어느 때, 그런 것(자궁과 난소를 떼어버리려는 생각－인용자)만 생각하
> 는 자기 자신을 견딜 수 없어서 차라리 죽어버리자고 자살 방법을 이것저
> 것 생각해봤습니다. 그런데 죽는다는 것으로는 정확히 알아볼 수 없는, 무
> 언가 그 터무니없이 커다란 존재를 깨달았어요. 그것은 완전히 갑작스럽
> 게 번쩍였죠. 저는 숨을 죽였어요. 그 커다란 누군가는 제가 그때까지 실
> 컷 해온 칠전팔도마저도 모두 다 알고 있었어요. 제 속에서 계속 응어리
> 졌던 것이 그때 한 순간에 사라져버렸어요. 물 속—바람도 없고 소리도 색
> 깔도 아무것도 없는, 마치 진공을 떠올리게 하는 그런 물 속, 거기에 자기
> 가 잠긴 것처럼 느껴졌어요. 자기 자신도, 자기를 둘러싼 모든 것들을 오로
> 지—그래, 그렇구나 하고 조용히 수긍할 수 있을 것 같은, 같은 눈높이로
> 가만히 쳐다보고 있을 수 있을 것 같은, 아무것에도 움츠러들지 않고 겁먹
> 지도 않으며, 아니, 여유 있게 미소 짓고 있을 수 있을 것 같은 느낌마저
> 들어서(90쪽)

「해녀」에서 죽음이란 이 '터무니없이 커다란 존재' 속으로 들어가는
것을 의미했으며 그래야만 편안함은 주어진다. 이 작품에서 이양지는
거의 죽음을 찬양한다.

「해녀」에 이어 발표된 세 번째 작품인 「오빠(あにごぜ)」는 화자인
'나'가 죽은 오빠에게 이야기하는 형식으로 민족적 정체성을 찾는 '언
니'의 방황과 한국행을 이야기하는데, 여기서도 계속 방황하던 '언니'를
한국으로 가게 만드는 계기는 '오빠'의 죽음이다. 이 작품에서 '오빠'는
민족적인 것에 대해 별 관심이 없다가 죽기 직전에 1세인 아버지한테
가서 갑자기 '연락선은 떠난다'를 한국어로 불러 달라고 부탁하는데, 마
치 그것이 계기라도 되었다는 듯이 '오빠'는 갑자기 세상을 떠난다. 여
기서도 죽음과 민족은 강하게 연결되어 있는 것을 확인할 수 있다. 「나
비타령」과 유사한 내용을 「해녀」와 유사한 형식으로 그린 이 작품은

이양지 작품 중에서는 거의 유일하게 약간 유머러스한 분위기를 풍기고 있다는 점에서 별도의 분석을 필요로 하지만, 우선 여기서 중요한 것은 죽음에 대한 인식에 미묘한 변화가 엿보인다는 점이다. 마지막 부분에 나오는 "살아가는 모습이라는 것을 생각했습니다. 살아간다는 것은 죽음, 아니, 결코 죽음에 이른다는 것이 아니라 죽어간다는 것. 그 모습이 아닌가 싶습니다.(134쪽)"라는 '나'의 말은, 이양지가 죽음으로의 도약이 아니라 '죽어가는 과정'을 발견하기에 이르렀음을 보여준다. 이 깨달음 속에서 이양지의 초기 3부작은 막을 내린다.

3. The time is out of joint

2년 만에 돌아온 서울에서 이양지는 「각(刻)」을 썼다. 미완으로 끝난 「돌의 소리」를 제외하면 제일 긴 이 작품은 한국사회에서 생활하면서 자아의식의 분열을 겪게 되는 '모국유학생'을 그린 작품이다. 하지만 이 작품에서 이양지가 대결하고자 했던 것은 결코 '본국인들의 편견'과 같은 피상적인 것이 아니었다. '나'가 생활하는 하숙집에서 식모살이를 하는 어린 소녀에 대해 "생년월일조차 알 수 없다는 소녀에게 선망에 가까운 감정(146쪽)"을 느꼈다는 말에 나타나 있듯이 여전히 문제는 역사에서 어떻게 벗어나느냐이다.

역사가 강요하는 질서가 '나'를 심리적으로 얼마나 옭아매고 있는지 다음 장면은 여실히 보여준다.

"언제, 어디서, 누가, 무엇을, 어떻게 해서, 어떻게 되었다"
나는 내 웃음에 재촉되어 점차 빨리 말하게 된다. 언제어디서누가무엇

을어떻게해서어떻게되었다언제어디서누가무엇을어떻게해서어떻게되었
다언제어디서누가무엇을어떻게해서어떻게되었다언제어디서누가무엇을
어떻게해서어떻게되었다…(144~145쪽)

다른 장면에서도 하숙집 아주머니의 신세타령을 떠올리면서 '나'는
"언제어디서누가무엇을어떻게해서어떻게되었다언제어디서누가무엇을
어떻게해서어떻게되었다언제어디서누가…(160쪽)"라고 중얼거린다. 육
하원칙에서 '왜'만 빠진 즉, 결과만을 다스리는 '오하원칙'으로 무장한
역사에 사로잡힌 듯한 '나'의 모습은, 역사 속에서 자기 자신에게 위치
를 부여해야 한다는 강박을 보여주는 것이기도 하지만, 역설적으로 누
가 개입해서 재구성하지 않는 한 단선적인 역사란 존재할 수 없다는
측면을 부각시키는 것이기도 하다.

초기 3부작에서 이양지는 신체의 파괴를 통해 자기를 억누르고 얽매
는 역사로부터 탈출할 것을 시도했는데, 이것은 역사를 이미 움직일 수
없는 '결과'로 보는 데서 오는 것이었다고 할 수 있다. 이미 역사가 퇴
적해버린 이상 그 결과인 신체를 파괴해서 역사 자체를 없었던 것으로
만들어야 한다고 생각했던 것이다. 그러나 「각」에서 이양지는 역사가
결코 확고한 실체가 아님을 보여준다. 바바는 탈식민주의적인 관점에
서 '국민/민족의 서사'에 대해 논하면서 다양한 사건들을 인과관계를
따라 단선적으로 배열하는 역사주의에 저항할 수 있게 해주는 것이 시
간성에 초점을 맞추는 것이라고 지적했는데[13] '죽어가는 과정' 즉, '우
리나라를 향하는 과정'에 대한 주목은 불안정한 수행적 시간을 발견하
게 만들었다.

이 수행적 시간을 보여주는 것이 중간 중간에 삽입되는 '째깍, 째깍,

---

[13] Bhabha, op. cit., p.292.

째깍'이라는 시계바늘 소리이다. '현재'라는 것이 매순간 지나가버리는, '있었다'고만 할 수 있는 '순수생성'임을[14] 드러내는 이 소리는 기억에 개입하며 역사적으로 구성된 현재를 해체시켜버린다.

> 기억의 영상이 끊긴다.
> 그 틈새에 숨어들려는 듯이 시계바늘이 생생하게 소리를 새기기 시작한다. 째깍, 째깍, 째깍, …나는 베개에 볼을 부비며 계속 엎드려 있었다. 자신이 서울의 이 방에서 지금 이러고 있다는 현재의 현실감이 시계바늘 소리의 생생함으로 오히려 맥락을 잃어간다.(150쪽)

"…시간이다. 시간에 무슨 은혜를 느끼란 말인가. 무언가가 사는 것을 강요하고 있다. 시간 속으로 나를 쑤셔 놓는다.(189쪽)"라며 '나'는 시간을 미워하기도 하지만, 탈출의 가능성 또한 시간 속에 있다는 것을 인정하지 않을 수 없다. 시간은 매순간 '나'를 생성시키며 또 도망가게 하기 때문이다.

> 째깍, 째깍, 째깍, …아마 감사해야 할 것이다…시계바늘 소리가 끊긴 틈새에서 내 목소리가 들렸다. …시간을 미워하는 나야말로 시간의 은혜를 입고 있는 것이다. 시간 덕분에 지금, 지금, 지금, 이 지금의 나에게서 도망갈 수 있다. …기억의 연쇄는 지금, 지금, 지금, 멀어진다. 그리고 지금, 이 지금 나는 이렇게 여기에 있다.(168쪽)

「각」에서 시간 그 자체의 운동 속으로 들어간 결과 시간의 이음매들이 풀려버리는데, 거기서는 역사를 잃은 사물들의 세계가 나타난다.

---

14) Gilles Deleuze, *Le bergsonisme* (Paris: Presses Universitaires de France, 1966), pp.49~50 [김재인 옮김, 『베르그송주의』 (문학과지성사, 1996), 72~73쪽].

　이 두 시간이 채 되지 않는 동안에 일어난 일들을 순차적으로 기억해내기란 어려울 것 같았다. 손바닥에는 가위 감촉도 편지를 썼을 때의 만년필 감촉도 이제 없었다. 하지만 일어난 일을 예증할 사물은 있다. 얼마든지 있다. 바닥에 흩어진 카드, 담배, 재떨이 화장품케이스, 만년필, 후지타한테 쓴 편지, 교과서, 공책, 실제로 벽에 걸려 있는 가야금, 그리고, 알람시계…(144쪽)

　정확히 말해 「각」은 '나'가 '나'를 둘러싼 사물들의 세계를 인지하게 되는 이야기이다. 사물의 세계가 부각되면서, '죽은 오빠'를 '오빠의 죽음'으로 치환시켜 의미 부여했던 이념으로서의 역사는 물러나기 시작한다. 그와 더불어 억눌렸던 과거들이 풀려난다.

　「그림자 저쪽(影繪の向こう)」에서는 과거 이양지가 지원했던 원죄(冤罪)사건 피해자인 한 재일조선인과의 관계가 이야기된다. 그런 과거를 떠올리면서 모색되는 것은 이제 '더불어 살기'라는 것에 대해서이다(256쪽). 그리고 역사의 굴레에서 풀려난 기억은 '오빠의 죽음'을 다시 '죽은 오빠'로 되돌린다.

　「갈색의 오후(鳶色の午後)」에서 이양지는 드디어 '오빠의 죽음'과 결별한다. 이양지가 초기작에서 왜 그토록 '오빠의 죽음'에 의미부여를 하려고 했는지 다음 대목이 잘 말해준다.

　죽었으면 좋겠다, 하고 생각했었습니다. 무능한 오빠 같은 건 죽었으면 좋겠다, 언제나 그렇게 생각하고 있었습니다. 미워했다. 나는 오빠가 너무 미워 어떻게 할 수가 없었다. …그런데 모르겠다. 왜 그렇게 내가 신경을 곤두세우고 있었는지. 어쨌든 모든 것이 미웠다. 자기가 살아 있는 것마저도 괘씸하고, 주위의 온갖 것들, 행동의 모든 것이 뜻대로 되지 않고, 그것을 알면서도 어떻게 할 수도 없는 자신을 견딜 수 없었다.
　오빠는 국가에 대해서도 민족에 대해서도, 정치, 계급, 차별, 뭐 하나 나와 대등하게 이야기할 수 없었다. 나는 정체를 알 수 없는 증오나 신경질을 말을 사용해 정당화하는 것을 어느새 몸에 익혔다. 나는 오빠의 무능함, 오빠의 평범함을 얕보았다. 오빠의 생활의 나약함을 고발하고 사상이 없다고 비웃었다.

　오빠는 가만히 참고 있었다. 늘 침묵했다. 내가 어떻게 욕하더라도 침묵을 지키며 내가 내뱉는 말을 오직 가만히 듣고 있었다.(285쪽)

주인공인 경자/게이코(敬子)는 오빠 장례식 때 너무 기뻐서 화장까지 하고 49재에 맞춰 친구들이 마련한 추모파티에는 새빨간 드레스를 입고 나가기까지 했는데(284~285쪽), 이양지가 오빠의 죽음을 민족과의 일체화로 형상화한 배경에는 오빠에 대한, 그리고 자기 자신을 포함한 재일조선인이라는 존재에 대한 모멸감이 있었던 것이다. 이런 감정은 처음 한국에 왔을 때 서울역과 주변 고층빌딩을 보면서 주인공이 느꼈다는 다음과 같은 심정에서도 잘 드러난다. "일제시대 유물과 한국 근대화의 상징. 힘내라, 힘내라, 겁먹지 마라. 발전하고, 과시하며, 그리고 미워해라, 끝까지 미워해라.(273쪽)"

그러나 어떤 기억이 되살아나면서 이러한 심정에 큰 변화가 일어난다. 마지막에 경자/게이코는 '오빠의 죽음'에 고착된 자기 자신을 상징하는 새빨간 드레스를 난지도 쓰레기장에 가서 버림으로써 '오빠의 죽음'과 결별하는데, 그 변화를 가능하게 한 기억이란 다음과 같은 것이다.

　구름 사이에 검은 한 점이 나타났다. 한 점은 점차 커지며 마치 새가 날아가듯이 경쾌하게 곡선을 그렸다.
　새가 날아가고 있다. 파란 하늘 속에서 새가 날아가고 있다. 어디로 가고 있는 것일까….
　눈이 휘둥그래지며 새가 그리는 곡선에서 시선을 뗄 수 없었다. 열 살의 어느 여름 날 오후가 떠올랐다. 어린 경자/게이코는 하늘의 파랑을 바라보고 넋을 잃을 채 멈춰 섰다.
　"오빠"

어린 경자/게이코는 중얼거렸다. 새는 갑자기 날다 멈추어 떨어지기 시작했다. 경자/게이코는 움직이지 않았다. 새가 떨어져 온다, 자기 머리 위에 떨어져 온다, 그걸 알면서도 경자/게이코는 움직이지 않았다. 어린 경자/게이코는 가만히 서 있으며 하늘의 파랑과 날아가는 새의 출현을, 마치 선물을 받은 것처럼 기뻐하며 계속 쳐다보았다.

순식간의 일이었다. 새는 눈 바로 위에서 갑자기 가슬가슬한 돌멩이로 변했다. 돌이다. 돌이 떨어져 온다. 그러나 어린 경자/게이코는 그래도 움직이지 않았다. 이미 알고 있었다. 검은 한 점이 새가 아니라 오빠가 멀리서 던져 올린 돌멩이임을 경자/게이코는 이미 알고 있었다.

둔탁한 소리가 들려 눈앞이 깜깜해졌다. (중략)

멋진 선물은 사라져버렸다. 투명한 파란 하늘도 경쾌하게 날아가는 새도 사라져버렸다…. 어린 경자/게이코는 갑자기 울기 시작했다. 하늘은 갈색으로 변해 있었다.(295~296쪽)

오빠도 그 파란 하늘에 넋을 잃었을 것이다. 그리고 그냥 돌을 힘껏 하늘을 향해 던져보고 싶었을 것이다. 그 마음을 알던 어린 나는, 그래서 아무것도 의심하지 않고 놀라지도 않았으며 두려워지도 않았다. 빛나고, 충족한, 그것은 멋진 선물이었다.(298쪽)

새가 되어 날아갈 수 있으면 '우리나라'에 갈 수도 있을 것이다. 하지만 결국 새는 날아가다가 다시 돌로 변해 떨어진다. 이양지가 계속 부인하려고 애썼던 것은 바로 이 떨어질 수밖에 없는 돌 즉, 오빠였다. 하지만 이 돌을 '멋진 선물'로 받아들이면서 이제 이양지는 완전히 '우리나라'에서 해방되었다.

4. 한국인 유희

'우리나라'에서 해방된 돌 = 재일조선인은 이제 꿈을 꾸기 시작한다.

김시종이 말한 것처럼 "돌이라도 마음속에서는 꿈을 꾼다."[15] 일본에서 단행본『유희』로 묶어지는 3부작은 바로 돌이 꾼 꿈이다.

「유희(由熙)」라는 작품은 아쿠타가와상을 수상했기 때문에 한국에서도 잘 알려져 있다. 하지만 그 해석은 '모국유학생의 비극'이라는 피상적인 수준에 머물러 있는 것 같다. 「유희」를 이해하기 위해서는 무엇보다 먼저 이 '유희'라는 제목을 由熙라는 고유명사가 아니라 보통명사로 즉, 遊戲로 읽어야 한다. 즉, 「유희」는 재일조선인 이양지가 '본국인'이 되어 이야기한다는 유희를 시도한 작품이라는 것이다. 모든 정체성이 차이와 반복의 유희에 의해 만들어진 위장에 지나지 않다는 지적처럼,[16] 이양지가 보여주는 것이 바로 그러한 유희이다.

그 점은 일본에서 단행본으로 출간된『유희』를 구성한 세 편의 단편들의 공통점을 보면 더욱 뚜렷해진다. 『유희』에는 표제작인 「유희」와 더불어 「Y의 초상(來意)」과 「푸른 바람(靑色の風)」이 들어 있는데 이 세 작품의 공통점은 화자와 이양지를 동일시할 수 없게 되어 있다는 점이다.[17] '소수자 문학'을 읽을 때 흔히 사람들은 거기서 저자의 경험을 읽어내려고 하는데, 이양지의 기존 작품들 또한 거기서 크게 벗어나지 않았다. 그런데 「Y의 초상」은 일본을 무대로 하고 일본인 남성을 화자로 한 사소설 형식을 취했으며, 「푸른 바람」 또한 일본이 무대이며 화자는 어린 소녀이다. 이양지는 이 '유희'를 통해 자신을 '소수자'로 고

---

15) 金時鐘,『化石の夏』(大阪, 海風社, 1998), 24쪽.

16) Gilles Deleuze, *Différence et Répétition* (Paris: Presses Universitaires de France, 1968), p.1 [김상환 옮김,『차이와 반복』(민음사, 2004), 18쪽].

17) 李良枝,『由熙』(東京, 講談社, 1989). 한국어판『유희』에는 이 외에 「나비타령」과 「해녀」도 추가되어 있어서 약간 구성이 다르지만, 「Y의 초상」이 같은 출판사에서 「내의(來意)」라는 원래 제목으로 이미 출간되어 있었는데도 이 책에 다시 수록된 것에서 이 세 작품을 한 묶음으로 보려는 이양지의 의도를 짐작할 수 있다. 李良枝, 김유동 옮김,『由熙』(삼신각, 1989).

정시키는 환원론적인 읽기 방식에 저항한다.

그런 '유희'의 첫 번째 작품인 「Y의 초상」은 화가지망생이었던 '나'가 Y라는 여성의 데생을 그리는 이야기인데, 모델을 하면서 Y는 급속도로 살이 쪄 뚱뚱해진다(338쪽). 변해가는 Y의 모습을 '나'는 따라잡으려고 하지만 Y는 결코 '나'가 그린 데생을 인정하지 않고 계속 찢어버릴 것을 명령한다(309쪽). 결국 Y는 '당신은 당신이어도 된다'라는 말을 남기면서 떠나고, '나'가 마지막 남은 데생을 찢어버리는 것으로 이야기는 끝난다(352~353쪽). Y의 뚱뚱한 몸은 이양지의 오빠를 떠올리게 하지만 여기에는 결정적 차이가 있다. 「나비타령」에서 오빠는 몸이 무겁다고 했지만 Y의 몸은 풍선처럼 무게감이 느껴지지 않는다. Y를 그려내려고 안간힘을 쓰는 '나'의 모습은 죽은 오빠를 재현하려 했던 이양지에 다름 아닌데, 이제 뚱뚱한 몸은 역사가 퇴적해 무거워진 부정적 존재가 아니라 재현을 통한 고정화에서 빠져나가는 풍선 같은 존재이다. 더 정확하게 말해 이 몸이 보여주는 것은 뚱뚱해짐이라는 생성이며 〈역사〉라는 포획장치에서 빠져나가는 반복이다.

「푸른 바람」에서도 주인공은 커서 무엇이 되고 싶은지 쓸 것을 거부하며 지금 눈앞에 있는 '현실'이라는 것에 대한 회의를 "이게 진짜일까?"라는 말로 표출한다(368쪽). 후반부에서 거울을 깨버리는 주인공의 모습(385~386쪽) 또한 재현에 대한 강한 거부감을 나타낸다. 이 작품의 압권은 가장 마지막 문단이다. "…그런데 우스워. 뭔가 우스워. 모두 너무 진지한 걸. 우스워 죽겠어.(390쪽)" 일본에서 출간된 단행본 『유희』의 마지막 구절에 이 말을 배치한 이양지의 의도는 분명하다.

「Y의 초상」, 「푸른 바람」이라는 유희 연습을 거쳐 이제 이양지는 본격적인 '유희'를 시도한다. 「유희」는 '모국 유학'이라는 이양지 본인의 경험을 전하려는 것으로 이해되기도 하지만, 사실 「유희」는 철저히 계산된 작품이다. 「유희」를 '비극'으로 읽으려는 글을 접할 때마다 나는 이양지가 그 뒤에서 웃고 있다는 느낌을 받는다. 유희 스스로도 말하지 않았던가. "저는 거짓말쟁이입니다(429쪽)"라고. 이 말은 곧이곧대로 들어야 한다. 이 말을 어떤 고백으로 받아들이면서 그 뒤에 숨은 진실을 이해하려는 얼핏 보기에 '양심적' 자세는 결국 이유희나 이양지를 '역사적 소수자'로 고정시키는 권력을 작동시킨다. 푸코가 지적한 것처럼 고백이란 말하는 주체와 그 진술의 주어가 일치하는 담론의 의식이며 그것은 권력관계 속에서 펼쳐진다. 그 의식에서 고백을 듣는 상대는 고백을 강요할 뿐만 아니라 그것을 평가하고 심판하는 법정(instance)인데,[18] 「유희」에서 유희를 화자로 하지 않고 그 말을 듣는 '본국인'을 화자로 삼은 것은 바로 이 '법정'을 가시화시키기 위한 것이다. 그러면서 이양지의 '유희'는 이 법정을 혼란시킨다. 말하는 주체와 그 진술의 주어가 일치한다는 이 법정에서 '저는 거짓말장이입니다'라고 고백하는 것은 도대체 무엇을 의미할까? 李由熙의 즉, '이 遊戱'의 정체는 독자들이 편입되어 있는 이 법정에서 결코 밝혀지지 않는다.

그런 점에서는 「유희」라는 작품을 '모국어를 찾는 모국 유학생 이야기'로 이해하게 만들었던 '말의 지팡이'라는 말에 대해서도 다시 생각해 볼 필요가 있다. 한국어판 『유희』에 붙여진 「作家의 말」에서 말하는 것처럼 이양지는 '말의 지팡이'를 찾으려고 「유희」를 썼다.[19] 하지만 흔히 생각하는 것처럼 '말의 지팡이'를 얻으려고 찾은 것은 아니다. '말의 지팡이'를 쥐고 있는 사람들의 손에서 그것을 빼앗기 위해서, 없애기 위해서 이양지는 '말의 지팡이'를 찾는다. 유희가 유학생활을 정리하고

---

18) Michel Foucault, *La volanté de savoir* (Paris: Éditions Gallimard, 1976), pp.82~83 [이규현 역, 『性의 歷史 제1권 앎의 의지』 (나남출판, 1990), 79쪽].

19) 李良枝, 김유동 옮김, 앞의 책, 355쪽.

일본으로 떠났다는 것을 놓고 흔히 사람들은 '좌절 이야기'를 본다. 그렇지만 한국을 떠나면서 유희가 '언니'의 '말의 지팡이'를 빼앗아갔다는 것에 주목해야 한다. 마지막 장면에서 '언니'가 '아'라고 발음해 보면서 그것이 '아'인지 'あ'인지 알 수 없게 되는 것은, 바로 '말의 지팡이'를 빼앗겼기 때문이다. 은둔하는 것도 덮개를 끌고 가 시스템의 일부를 탈주하게 만든다면 혁명적이다.[20] 李由熙는, 아니 '이 遊戲'는 '본국인'이라는 시스템에서 '언니'를 벗어나게 만든 혁명적 사건이다.

　'말의 지팡이'가 없어 휘청거리는 사람은 자신이 서 있는 땅바닥으로 시선을 돌리게 된다. '본국인'과 유희가 함께 서 있는 그 땅바닥에서 유희는 "복잡한 마음"이 있고 "자꾸 신경 쓰인다"면서 이광수라는 이름이 새겨진 돌을 주워 올린다(412쪽). 이광수라는 이름으로 유희는 '말의 지팡이'를 잃고 헤매야만 했던 것이 재일조선인들만이 아니라는 것을, '본국인'들이 서 있는 그 역사의 지평 아래 그러한 지층이 있다는 것을 상기시키면서, 지팡이 없이 땅바닥에서 뒹구는 돌들의 세계로 우리를 인도하려고 한다. 이 반시대적인 유희는 그 10년 후에 또 다른 재일조선인에 의해 반복된다. 이광수를 실마리로, '고향'을 버리기 위해 고향을 찾는 여행을 떠난 姜信子는 다음과 같이 말한다. "'우리 민족'이 압도적인 힘을 가진 타민족에 의해 통째로 삼켜져버린다는 이상 사태 속에서 발화된 이광수의 이야기. 50년 이상의 시간을 겪고 그 이야기에 귀를 기울여 듣는 나. 그와 내가 마주하는 자리에서 생겨나는 '흔들림'은, 아마도 이광수의 진의와는 가장 먼 곳, 우리의 현실을 이야기하는 하나의 형식에 불과한 '민족'이라는 틀 바깥에 펼쳐진 세계로 나가도록 나를 유혹한다."[21] 姜信子가 말하는 이 '세계'는 공간적인 의

---

[20] Gilles Deleuze et Felix Guattari *L'ANTI-ŒDIPE* (Paris: Les Éditions de Minuit, 1972), p.329.

미에서 '바깥'에 존재하는 것이 아니라 '말의 지팡이'를 잃고 휘청거리
는 운동 속에서 생겨나는 어떤 반 ─ 역사적 지평이다. 유희는 거기서
기다리고 있다.

5. 맺음말: "이들이 잠자코 있으면 돌들이 외치리라"

이양지 유작의 제목은 「돌의 소리(石の聲)」이다. 재일조선인들의 군
상을 그린 이 미완의 장편소설에서는 「갈색의 오후」에서 새에서 변이
한 돌이 다시 나타나 이제는 한국어 독자들 머리 위에 떨어진다.
「돌의 소리」의 첫 장면을 한국어판에서 인용해보자.[22]

> ─의로움(義).
> 나는 눈을 감고 눈꺼풀 안쪽에다 내 글씨체로 이 세 글자를 써넣는다.
> 천천히 입 속으로 중얼거리면서 눈꺼풀 안쪽에다 다시 글자를 겹쳐 적어
> 나간다.
> '올바르다'라는 음이 먼저 떠오른 것이었다. 이윽고 '올바르다'라는 말과
> 그 음이, 그 스스로가 지닌 구심력과 원심력의 물결에 내쏟아지는 힘의 움
> 직임 속에서 말 자체가 스스로 알맞은 한자(漢字)를 찾아내어 의로움(義)
> 이라는 글자가 되어 떠올라 왔다.

'올바르다'라는 음이 스스로 알맞은 한자를 찾은 결과 '의로움'이라는
글자가 된다는 거의 이해할 수 없는 내용이다. 같은 부분을 일본어 원
문으로 인용해보자.

---

21) 姜信子, 『棄鄕ノート』(東京, 作品社, 2000), 233쪽.
22) 李良枝, 신동한 옮김, 『돌의 소리』(삼신각, 1992), 9쪽.

　―義しさ
　私は目を閉じ、瞼の裏側に自分の字体でその三文字を書きつける。
ゆっくりと口の中で呟きながら瞼の裏側に、さらに文字を重ねて書きつけ
ていく。
　ただしさ、という音がまず浮かんだのだった。そのうちに、ただし
さ、という言葉とその音とが、それ自体の持つ求心力と遠心力の波状に放
たれる力の動きの中で、言葉自体が自ら当てはまる漢字を捜し出し、義し
さ、という文字となって浮かんできた。(455쪽)

　사실 이 내용은 한자와 그 음의 관계가 어느 정도 자의적일 수 있는
일본어의 논리 속에서 일본어로 읽어야 이해할 수 있다. 한국어 번역
은 원문에 충실한 번역이라고 할 수 있지만 오히려 그렇기 때문에 그
말들의 운동을 포착하지 못해 거의 이해할 수 없는 말이 되고 말았다.
「돌의 소리」는 아예 기술적으로는 번역할 수 없는 내용을 첫머리부터
제시함으로써 번역자의 '말의 지팡이'를 뒤흔든다. 어디 번역자뿐인가.
「유희」에서 '언니'가 읽을 수 없는 글을 유희가 남긴 것처럼, 「돌의 소
리」는 재일조선인을 한국어로 이해하려는 '본국인'들에게, 재일조선인
을 이해하고 싶다면 '한국어'에서 벗어날 것을 요구하고 있다. 하지만
이 '벗어남'이란 결코 '한국어'에서 '일본어'로 도약하는 것을 의미하지
않는다.
　최근에 한국에서도 개봉된 〈우리학교〉라는 영화가 있다. 홋카이도
에 있는 조선학교를 다니는 학생들을 찍은 이 다큐멘터리영화를 나는
어떤 행사장에서 보았다. 음향시설이 제대로 갖춰지지 않은 자리에서
본 탓도 있었겠지만 나는 조선학교 아이들이 하는 말을 제대로 알아듣
지 못했다. '본국인'인 감독이 하는 말은 다 알아들을 수 있었는데도 말
이다. 영화 속에서 감독도 처음에는 조선학교 아이들이 하는 말을 알

아듣기가 힘들었다고 말하는데, 그것은 일본어가 섞여 있기 때문만은 아니다. 또한 그 알아듣기 힘듦은 '모어'가 아닌 데서 오는 서투름으로 해석해서도 안 된다. 그 학교 아이들은 그 언어로 충분히 소통하고 있다.

세계 각지에서 온 디아스포라들끼리 모여서 문법도 발음도 서투르고 엉터리인 한국어에다 이중, 삼중의 통역까지 섞어가면서 수다를 떨 때 생성하는 말을 김우자는 "어느 나라에도 속하지 않는, 우리말"[23]이라고 불렀다. 조선학교 아이들이 하는 기묘한 말 또한 이 '우리말'이다. 디아스포라가 논의되기 시작하면서 최근에는 그들의 '모어'를 존중해야 한다는 '양심적' 자세도 조금씩 나타나기 시작했는데, 재일조선인들이 '괜히 불편한' 한국어를 하지 말고 '유창한' 일본어로 말하라고 하는 다문화주의적 자세는 그들을 또 다시 고정된 〈역사〉 속에 가두며 '우리말'을 하는 입을 막는다.

다양한 지역으로 흩어진 새의 화석들은 〈역사〉의 바깥에서 다시 새로 변한다. 날지 않는 새로. 우리는 새가 날기만 하는 것이 아니라 지저귀기도 한다는 것을 상기해야 한다. 날지 못하더라도 이 돌이자 새인 화석들은 계속 지저귀며 증식해나간다.

이런 화석들의 지저귐이 풍문으로 들릴 정도로는 한국사회도 열려 있다. 이제 풍문은 들었다. 그럼 그 다음에는?

---

[23] 각주 4)와 같음. 서울 한복판에서 이루어지는 이 수다의 자리에서 한국어는 더듬거리면서 낯선 '우리말'로 변이한다. 역사를 겪으며 변이한 이 '우리말'은, 최진석에게 중국 연변에서 일본 조선학교 출신 친구들을 떠올리게 한 중국 조선족 아이의 말이기도 할 것이다(崔眞碩, 앞의 글, 166~167쪽).

출처

이 책에 실린 논문은 대부분 저자들의 선행 논문을 일부 수정 · 보완한 것으로서 출처는 다음과 같다.

제1부 시간과 횡단적 역사학

■ 김영하 ㅣ 7세기 후반 한국사의 인식 문제
출처:『한국사연구』146, 2009

■ 박재우 ㅣ 고려의 정치제도와 권력관계: 통일신라의 정치제도와 비교
출처:『한국중세사연구』31, 2011

■ 조성산 ㅣ 18세기 후반~19세기 전반 조선의 세시풍속서(歲時風俗書)와
'일상'의 기술
출처:『역사교육』120, 2011

■ 임경석 ㅣ 사회주의 사상 수용에 반영된 전근대와 근대의 중층성:『동아
공산』신문을 중심으로
출처:『사림』27, 2007

찾아보기

필자소개(논문게재순)

김영하 성균관대학교 사학과 교수

저서로는 『한국고대사의 인식과 논리』(성균관대학교출판부, 2012), 『新羅中代社會研究』(일지사, 2007), 『韓國古代社會의 軍事와 政治』(高麗大學校民族文化研究院, 2003) 등이 있으며 논문으로는 「신라의 '통일'영역 문제 – 교과서 내용의 시정을 위한 제언」(『韓國史學報』 56, 2014), 「廣開土大王陵碑의 정복기사해석 – 신묘년기사의 재검토와 관련하여」(『한국고대사연구』 66, 2012), 「一統三韓의 실상과 의식」(『한국고대사연구』 59, 2010) 등이 있다.

박재우 성균관대학교 사학과 교수

저서로는 『고려전기 대간제도 연구』(새문사, 2014), 『고려 중앙정치제도사의 신연구』(공저, 혜안, 2009), 『고려 국정운영의 체계와 왕권』(신구문화사, 2005) 등이 있으며 논문으로는 「고려 최씨정권의 政房 운영과 성격」(『한국중세사연구』 40, 2014), 「고려후기 인사행정과 인사문서에 대한 비판적 검토」(『韓國史研究』 162, 2013), "Consultative Politics and Royal Authority in the Goryeo Period" (*Seoul Journal of Korean Studies*, vol.24, no.2, 2011) 등이 있다.

조성산 성균관대학교 사학과 교수

저서로는『19세기 조선의 문화구조와 동역학』(공저, 소명출판, 2013),
『조선후기 탕평정치의 재조명(하)』(공저, 태학사, 2011),『조선 후기 낙
론계 학풍의 형성과 전개』(지식산업사, 2007) 등이 있으며 논문으로는
「18세기 후반 李喜經·朴齊家의 북학사상 논리와 古學」(『역사교육』
130, 2014),「16~17세기 北人 學風의 변화와 事天學으로의 전환」(『朝鮮
時代史學報』71, 2014), "Discursive Structures and Cultural Features of
Nak-ron Thought in Late Joseon Korea" (*Korea Journal*, vol.51, no.1, 2011)
등이 있다.

임경석 성균관대학교 사학과 교수

저서로는『시대를 앞서 간 사람들』(공저, 선인, 2014),『모스크바 밀사:
조선 공산당의 코민테른 가입 외교, 1925-1926년』(푸른역사, 2012),『한
국근대외교사전』(공편, 성균관대학교출판부, 2012) 등이 있으며 논문
으로는「13인회 연구」(『역사와 현실』94, 2014),「두 밀사-경성지방법
원 정재달·이재복 사건기록과 그 실제」(『역사비평』109, 2014),「일본
인의 조선 연구: 사상검사 이토 노리오(伊藤憲郎)의 사회주의 연구를
중심으로」(『한국사학사학보』29, 2014) 등이 있다.

하원수 성균관대학교 사학과 교수

저서로는『사료로 보는 아시아사』(공저, 위더스북, 2014),『천성령 역
주』(공저, 혜안, 2013),『역주 중국정사 외국전』(공저, 동북아역사재단,
2009) 등이 있으며 논문으로는「魏晉南北朝 時期의 "士"에 관한 一試論
-日本 學界에서의 "貴族"論에 대한 再檢討를 중심으로」(『대동문화연
구』80, 2012),「科擧制度의 多重性: 傳統의 近代的 解釋과 관련한 一試
論」(『사림』39, 2011),「唐代 進士科의 등장과 그 變遷-科擧制度의 歷
史的 意義 再考」(『사림』36, 2010) 등이 있다.

구태훈 성균관대학교 사학과 교수

저서로는『근대전환기 동·서양의 상호인식과 지성의 교류』(공저, 선인, 2013),『전근대 동아시아 역사상의 사(士)』(공저, 성균관대학교출판부, 2013),『일본사 이야기』(재팬리서치21, 2012) 등이 있으며 논문으로는「일본적 유학의 성립과 그 의미」(『사림』42, 2012),「일본에서 꽃핀 조선의 도자기 문화: 임진왜란 당시 납치된 조선인 도공 이야기」(『역사비평』85, 2008),「임진왜란 전의 일본사회: 전국시대 연구 서설」(『사림』29, 2008) 등이 있다.

박기수 성균관대학교 사학과 교수

저서로는『중국 전통 상업관행과 금융의 발전』(공저, 한국학술정보, 2013),『遺大投艱集: 紀念梁方仲教授誕辰一百周年』(共著, 廣東人民出版社, 2012),『중국 전통상인과 근현대적 전개』(공저, 한국학술정보, 2010) 등이 있으며 논문으로는「최근의 한중관계사·한일관계사 연구의 쇄도와 새로운 동양사 연구 방향의 탐색」(『歷史學報』223, 2014),「淸代 行商의 紳商的 성격」(『대동문화연구』80, 2012),「葛藤·協力·隷屬: 淸代 廣東對外貿易中의 行商과 東印度會社의 關係를 중심으로」(『명청사연구』36, 2011) 등이 있다.

정현백 성균관대학교 사학과 교수

저서로는『젠더와 사회: 15개의 시선으로 읽는 여성과 남성』(공저, 동녘, 2014),『여성주의 연구의 도전과 과제: 각 학문 영역에서 이뤄온 여성 연구의 과거·현재·미래』(공저, 한울, 2013),『한반도는 통일 독일이 될 수 있을까?』(공저, 송정문화사, 2010) 등이 있으며 논문으로는「주거현실과 주거개혁 정치−19세기 말에서 바이마르공화국까지의 독일을 중심으로」(『역사교육』132, 2014),「독일여성사 서술의 현황과 과제」(『여성과역사』21, 2014),「독일제국과 식민지 폭력: 남서아프리카 헤레로 봉기(1904-1907)를 중심으로」(『독일연구』26, 2013) 등이 있다.

김택현 성균관대학교 사학과 교수

저서로는『트리컨티넨탈리즘과 역사』(울력, 2012),『서발턴과 역사학
비판』(박종철출판사, 2003) 등이 있고 역서로는『역사란 무엇인가』(까
치, 2015),『유럽을 지방화하기: 포스트식민 사상과 역사적 차이』(그린
비, 2014) 등이 있으며 논문으로는 「역사학 비판으로서의 서발턴 역사:
라나지트 구하의 역사작업에 대하여」(『사림』 49, 2014), 「홉스봄의 시
선: 제국주의와 '제3세계'」(『영국연구』 30, 2013), 「왜곡과 오용으로 헤
겔 구하기」(『서양사론』 118, 2013) 등이 있다.

이진일 성균관대학교 동아시아역사연구소 수석연구원

저서로는『서구학문의 유입과 동아시아 지성의 변모』(공저, 선인,
2012),『민족운동과 노동』(공저, 선인, 2009),『대중독재 3: 일상의 욕망
과 미망』(공저, 책세상, 2007) 등이 있으며 논문으로는 「서구의 민족사
서술과 동아시아 전이: 랑케(Ranke) 역사학의 수용을 중심으로」(『한국
사학사학보』 29, 2014), 「근대 국민국가의 탄생과 '국사'(national history):
동아시아로의 학문적 전이를 중심으로」(『한국사학사학보』 27, 2013),
「서양 지리학과 동양인식: 20세기 전환기 동아시아를 지리적으로 위치
짓기」(『아시아문화연구』 26, 2012) 등이 있다.

이찬행 성균관대학교 사학과 Post-Doc

저서로는 *Korean American History* (Co-authored, Korean Education Center
in Los Angeles, 2009)이 있으며 논문으로는 「『폴링 다운』(*Falling Down*)
과 분노한 백인 남성의 로스앤젤레스 오디세이」(『미국학논집』 46,
2014), 「두순자-할린스 사건에 관한 연구」(『미국사연구』 38, 2014), 「칼
라 블라인드: 1960년대 중반 이후 미국의 자유주의적 인종주의에 관한
연구」(『서양사론』 120, 2014), "'An Invisible Design': Asian Americans and
the Making of Whiteness in the Early Twentieth Century" (『도시연구: 역
사·사회·문화』 11, 2014) 등이 있다.

후지이 다케시

성균관대학교 사학과 연구교수

저서로는『파시즘과 제3세계주의 사이에서: 족청계의 형성과 몰락을 통해 본 해방8년사』(역사비평사, 2012),『죽엄으로써 나라를 지키자: 1950년대, 반공·동원·감시의 시대』(공저, 선인, 2007) 등이 있고 역서로는『다미가요 제창』(삼인, 2011) 등이 있으며 논문으로는「당국체제의 연쇄: 동아시아 내전과 냉전」(『동북아역사논총』43, 2014),「1950년대 반공 교재의 정치학」(『역사문제연구』30, 2013),「ファシズムと第三世界主義のはざまで: 冷戰形成期における韓國民族主義」(『歷史學硏究』868, 2010) 등이 있다.